——深圳观念创新的逻辑

吴定海　赵智奎　主编

中国社会科学出版社

图书在版编目(CIP)数据

思想破冰：深圳观念创新的逻辑 / 吴定海，赵智奎主编 . —北京：中国社会科学出版社，2022.8
ISBN 978-7-5227-0323-7

Ⅰ. ①思⋯ Ⅱ. ①吴⋯②赵⋯ Ⅲ. ①社会主义建设—研究—深圳 Ⅳ. ①D676.53

中国版本图书馆 CIP 数据核字（2022）第 099027 号

出 版 人	赵剑英
责任编辑	田　文
责任校对	杨沙沙
责任印制	王　超

出　　版		中国社会科学出版社
社　　址		北京鼓楼西大街甲 158 号
邮　　编		100720
网　　址		http://www.csspw.cn
发 行 部		010-84083685
门 市 部		010-84029450
经　　销		新华书店及其他书店
印　　刷		北京君升印刷有限公司
装　　订		廊坊市广阳区广增装订厂
版　　次		2022 年 8 月第 1 版
印　　次		2022 年 8 月第 1 次印刷
开　　本		710×1000　1/16
印　　张		25.25
字　　数		413 千字
定　　价		138.00 元

凡购买中国社会科学出版社图书，如有质量问题请与本社营销中心联系调换
电话：010-84083683
版权所有　侵权必究

理念引领行动，方向决定出路。

——习近平：《论坚持推动构建人类命运共同体》，中央文献出版社2018年版，第416页。

四十年来，中国人民始终与时俱进、一往无前，充分显示了中国力量。中国人民坚持解放思想、实事求是，实现解放思想和改革开放相互激荡、观念创新和实践探索相互促进，充分显示了思想引领的强大力量。

——习近平：《论坚持推动构建人类命运共同体》，中央文献出版社2018年版，第519页。

历史发展、文明繁盛、人类进步，从来离不开思想引领。

——习近平：《为建设更加美好的地球家园贡献智慧和力量——在中法全球治理论坛闭幕式上的讲话》，《人民日报》2019年3月27日。

必须坚持发展是硬道理，坚持敢闯敢试、敢为人先，以思想破冰引领改革突围。

——习近平：《在深圳经济特区建立40周年庆祝大会上的讲话》，人民出版社2020年版，第5页。

序　言

"思想破冰"一语来自习近平总书记在深圳经济特区成立40周年庆祝大会上的讲话，总书记用"以思想破冰引领改革突围"一语，对深圳的改革试验在观念层面的表现作宏观而深刻的描述。回顾深圳改革试验的历程，无不先是破除思想坚冰，紧接着一个又一个经济与行政制度的尝试与设计，然后在实践中付诸实施，实现一个又一个突破，逐步构建起一个业已完善的社会主义市场经济体系。我们以"思想破冰"为关键词，既是向总书记的讲话致敬，也是对深圳观念创新的逻辑历程的最好概括。

手中的《思想破冰——深圳观念创新的逻辑》一书，可以看得到我们试图从深圳观念创新的发展历程，来解释深圳发展的深层逻辑。全书内容涵括的范围颇为广泛：从思想观念到科技观念，从社会观念到生态观念，从政治观念到党建观念，从多层次、多角度来展示深圳建设欣欣向荣的现象背后，是得到哪一些思想和观念支持的。本书掌握了大量主要的纲领性史料，重要节点上的政策文件和基本事实大致完备，较为系统地反映了深圳40年改革开放探索的历程。既有结构清晰的发展脉络，也有正确的政治站位，并体现出一定的理论深度。我们对每一次深圳重要的改革，做了理论性解读，从理论性角度来阐释深圳发展史。

如何理解观念创新与深圳改革的关系？不同理论、不同角度甚至不同的人，都可能产生不同的理解。而本书给出自己的说法："改革创新是时代精神的核心。深圳经济特区40年发展史，就是一部深圳改革创新史。创新观念是深圳城市基因，创新精神是深圳人民精神风貌的集中写照，是激发深圳社会创造活力的强大力量。创新精神已经成为深圳人民的集体无意识，因为这是在实践中创造性激发出来的，因此更能反映社会进步的发展方向、引领时代潮流、为社会成员普遍认同和接受的思想观念、价值取向、道德规范和行为方式，是深圳最新的精神气质、精神风貌和社会时尚的综合体现。"（本书导论第三节第二小节）深圳观念来自实践，来自经济、社会和文化发展的迫切需要，因此这些观念才如此及时且符合事实需要、才如此有生命力、才产生如此广泛的共鸣。

跟风云激荡的深圳建设相比，本书的叙述也是热情洋溢的。全书每一位作者都富有激情，面对所有这些与深圳改革历程、观念变迁的材料，都难以抑制内心的波动。毕竟，深圳的每一个革新，每一个探索，都关系着每一个中国人，与每一个国人命运休戚相关。理论工作者尤其能从更深的层面来理解这种含义的重要性，因此我们的喜悦之心、激奋之情跃然纸上，也是因被深圳这些人所取得的突破与成就所感染。

当然，给正在蓬勃发展中的深圳来作一些精神、思想或观念上富有总结色彩的描述，总会面临这样一些困难。譬如，我们是深圳发展的同代人，同代人写同代事，难免有一些只缘身在此山中的盲点。但从另一个角度看，也因为我们是同代人，所以能感受到更多非常鲜活的事实与情感，可以直接而真切地体会到每一次"破冰"之旅的艰难以及为什么艰难，每一次进步的价值以及实现这些价值背后的各种喜悦与幸福。又如，深圳改革开放是我国的一次全面的伟大社会主义实践，几乎涉及整个社会生活，问题要比一个学科或一个学派的问题更为复杂。因此，不可能用一句话或几句话就可以对深圳实践做到真正深刻和全面的阐释。理论的"全面"与"深刻"有时候是存在着某种天然的矛盾的，但缺乏"全面"的认识，一定产生不了"深刻"的理论。在"全面"和"深刻"不能两全其美的时候，"全面"或许是更可贵的。再者，深圳当下依旧处于深刻的变化和发展中，每一种变化和发展，都可能影响着对过去的理解与解读。如此种种，都是这一课题的难点。

伴随着深圳这40年的发展成长，已经在民间形成或由多个机构在不同阶段总结出一些"深圳观念"，这些观念也已经深入人心，成为深圳进步的动力和对其他城市产生影响的精神内涵。我们充分吸收了这些已经形成并获得广泛共识的"深圳观念",勾勒出相应的背景,又吸纳一些更细节的观念,并尽可能给出一定的学理阐释。发展中的深圳,已有的和未有的"观念"也在成长、变化和出现,任何一次总结提炼都只能是阶段性的,代表着不同时代人对于深圳的理解和阐释。这可以视为深圳发展的一种特殊的历史书写,观念史也好,精神史也好,发展史也好,都会或多或少地丰富深圳的含义,留下一份相应时代的理论面貌。

吴定海

深圳市社科院党组书记、院长

目　　录

导论　思想观念的变革和引领 ……………………………………（1）
　一　中国改革开放的奇迹，世界城市发展史的奇迹 ……………（1）
　　（一）中国改革开放成功的缩影 …………………………………（2）
　　（二）理论与实践：硕果累累，成就辉煌 ………………………（6）
　　（三）学习借鉴香港，深港合作与良性竞争 ……………………（16）
　　（四）世界把目光聚焦在这里 ……………………………………（18）
　二　四十载征程以先进思想观念为引领 …………………………（23）
　　（一）先进思想观念的孕育和弘扬 ………………………………（23）
　　（二）深圳精神及十大观念是深圳奇迹的灵魂 …………………（26）
　　（三）深圳观念和广东"三个春天"与新时代 …………………（29）
　三　先进思想观念与深圳未来新飞跃 ……………………………（41）
　　（一）深圳先进思想观念从哪里来？ ……………………………（41）
　　（二）民族精神与时代精神的深圳演绎 …………………………（45）
　　（三）先进思想观念的变革和创新永无止境 ……………………（49）

第一章　先进思想观念引领深圳经济创造奇迹 ……………………（57）
　一　"创新"推动深圳高质量发展，现代经济体系日趋完善………（58）
　　（一）创新驱动转换增长动力，经济结构持续优化 ……………（59）
　　（二）支柱产业和战略性新兴产业成为主动力 …………………（60）
　　（三）创新使体制机制日趋完善，助推发展充满活力 …………（61）
　　（四）创新综合生态体系助力现代化国际化城市建设 …………（62）
　二　先进思想观念引领深圳探索建立社会主义市场经济体制 …（63）
　　（一）在创新发展中率先探索社会主义市场经济体制 …………（64）
　　（二）在思想解放中深化认识和把握社会主义基本经济制度……（83）

（三）新思想观念激发经济活力 …………………………………（92）
　三　先进思想观念继续引领深圳成为"先行示范区" ………………（97）
　　（一）产业布局面向未来，打造世界新经济策源地 ………………（98）
　　（二）加快形成全面深化改革开放新格局 ………………………（100）
　　（三）对标高质量发展要求，打造新的核心竞争力 ………………（103）

第二章　政治思想观念的先行地 …………………………………（107）
　一　政治文明建设的"最佳范例" …………………………………（107）
　　（一）国家政治制度显著优势突出彰显者 ………………………（108）
　　（二）"法治中国"示范城市 ………………………………………（111）
　　（三）"服务型政府"典范 …………………………………………（113）
　二　"敢为天下先"的政治文明探索 ………………………………（115）
　　（一）解放思想，勇于探索的"排头兵" …………………………（115）
　　（二）勇于自我革命，彰显"效率""民主"意识 …………………（121）
　　（三）甘冒"违宪"风险争取立法权，彰显"法治"意识 …………（128）
　　（四）"鼓励创新，宽容失败"载入法律 …………………………（132）
　　（五）政治文明探索成果的启示 …………………………………（134）
　三　政治理念引领先行示范区建设 …………………………………（140）
　　（一）增强政治责任意识，发挥破解百年未有之大变局
　　　　　先锋作用 ………………………………………………（140）
　　（二）增强政治"使命"意识，为实现治理能力现代化
　　　　　提供经验 ………………………………………………（142）
　　（三）提升服务意识，加强服务型政府建设 ……………………（144）
　　（四）确保先行示范区的社会主义方向 …………………………（145）

第三章　文化观念变迁与深圳文化创新发展 ……………………（148）
　一　观念创新带来的文化建设成就 …………………………………（148）
　　（一）高水平公共文化服务体系实现市民与文化
　　　　　"零距离" ………………………………………………（149）
　　（二）文化产业强势崛起，处于全国"第一方阵" ………………（151）
　　（三）文化国际影响力持续提升 …………………………………（152）

二　深圳文化发展观念的四次跃升 ……………………………… (154)
　（一）建设高度的精神文明 …………………………………… (155)
　（二）"增创文化新优势"，建设有深圳特色的
　　　　社会主义文化 ……………………………………………… (160)
　（三）"实现市民文化权利"，率先提出"文化立市" ……… (166)
　（四）新时代文化治理观念：文化强市战略 ………………… (175)
三　把握新战略定位：城市文明典范 ……………………………… (181)
　（一）以新时代中国精神为引领，瞄准城市文明典范发力 …… (181)
　（二）继续引领新时代城市公共文化服务体系建设 ………… (183)
　（三）增强文化产业核心竞争力，向创新创业创意之都
　　　　迈进 ………………………………………………………… (185)

第四章　以先进的社会文明观念建设幸福之城 ……………… (187)
一　"社会建设是人的建设" ………………………………………… (187)
　（一）社会建设人人参与 ……………………………………… (188)
　（二）社会建设人人共享 ……………………………………… (189)
二　"以人为本"的社会文明观念 ………………………………… (192)
　（一）"英雄不问出处，不以出身论英雄" ………………… (193)
　（二）砸了"铁饭碗"才有"金饭碗" ……………………… (195)
　（三）"房屋是商品，住房是消费" ………………………… (200)
　（四）"健康深圳，健康城市" ……………………………… (204)
　（五）"教育成就民生幸福，教育决定深圳未来" ………… (208)
　（六）"送人玫瑰，手有余香" ……………………………… (211)
　（七）从"社会管理"到"社会治理" ……………………… (214)
三　瞄准新战略定位：民生幸福标杆 ……………………………… (218)
　（一）构建优质均衡的公共服务体系 ………………………… (219)
　（二）建成全覆盖可持续的社会保障体系 …………………… (220)
　（三）实现"七有"民生幸福目标 …………………………… (222)

第五章　建设生态环境卓越、人与自然和谐的美丽家园 …… (225)
一　新时代生态文明建设"第一梯队" ………………………… (226)

二 40年生态观念变革引领"美丽深圳"建设 ……………………(232)
- （一）深圳速度时期："以合乎人性的方式去造就环境" ……(233)
- （二）深圳效益时期："环境也是生产力" ………………………(242)
- （三）深圳质量时期："以绿色低碳为导向" ……………………(249)
- （四）深圳新时代："发展观的一场深刻革命" …………………(256)

三 打造社会主义现代化强国"生态标杆" ……………………(265)
- （一）践行先行示范区"生态观念" ………………………………(266)
- （二）承担先行示范区"生态责任" ………………………………(267)
- （三）展示先行示范区"生态形象" ………………………………(269)

第六章 以创新观念引领，筑科技创新之都 ……………………(272)

一 全球最具影响力的科技创新城市之一 ……………………(272)
- （一）核心技术创新能力业绩骄人 …………………………………(273)
- （二）国家创新型城市试点成效显著 ………………………………(274)
- （三）高科技创新型企业活力迸发繁荣发展 ………………………(276)
- （四）全过程创新生态链建设日趋完善 ……………………………(277)
- （五）科技创新软环境体制机制建设引领未来 ……………………(278)

二 先进观念引领变革，创新活力竞相迸发 …………………(280)
- （一）以理念创新为引领，"敢闯敢试" …………………………(281)
- （二）打破"铁饭碗"，以市场为导向，建立新体制 …………(285)
- （三）以人才聚集为根本，"来了就是深圳人" …………………(290)
- （四）以政策法规为保障，"敢为天下先" ………………………(294)
- （五）致力完善机制，实现全方位创新 ……………………………(302)

三 面向未来，推动创新，打造"强国城市范例" …………(307)
- （一）适应新时代，推动原始创新 …………………………………(307)
- （二）做好顶层设计，规划未来发展 ………………………………(310)
- （三）延揽科技人才，筑科技创新持久动力 ………………………(312)

第七章 新时代党的建设"精彩样板" ……………………………(314)

一 "坚定不移推进党的建设新的伟大工程" ………………(314)
- （一）坚持"政治建设是党的根本性建设" ………………………(315)

（二）学好、用好"最强武器、最强法宝" ……………………（315）
　（三）"要把各级党组织锻造得更加坚强有力" ………………（316）
　（四）打造城市基层党建的"深圳品牌" ………………………（317）
　（五）坚定不移正风肃纪反腐 …………………………………（318）
二　先进思想观念引领特区党建行稳致远 ………………………（319）
　（一）先进思想观念之根本：坚持党的领导不动摇 …………（320）
　（二）先进思想观念之灵魂：一以贯之抓党建的高度自觉 ……（327）
　（三）先进思想观念之精髓：党的实事求是思想路线 ………（334）
　（四）先进思想观念之核心：以改革创新精神不断探索
　　　　特区党建新路 ………………………………………（345）
三　坚定不移加强党的领导，扛起先行示范区建设主体责任 ……（352）
　（一）坚持中国特色社会主义道路 ……………………………（353）
　（二）高举新时代改革开放旗帜 ………………………………（354）
　（三）为全国提供更多可复制可推广的经验 …………………（355）

结束语　深圳示范中国，中国将为人类作出更大贡献 ……………（357）
　（一）通过先行示范引领中国 …………………………………（357）
　（二）抓住历史新机遇，以科学技术革命新成果为引领 ………（365）
　（三）站在人类社会文明发展的高地上 ………………………（370）
　（四）践行构建人类命运共同体 ………………………………（376）

参考文献 ……………………………………………………………（380）

后　记 ………………………………………………………………（386）

导论　思想观念的变革和引领

公元 2020 年 8 月 26 日，中国广东深圳经济特区，迎来了 40 周岁的生日。

斗转星移，40 年弹指一挥间。

打开世界文明发展的史册，40 年固然是短暂的一瞬。但是，当人类把视野聚焦并定格在公元 1980 年 8 月 26 日至 2020 年 8 月 26 日这段历史和中国深圳这个城市时，蓦然发现，沧海桑田，40 年间，她从一个不到 3 万人的边陲小镇，成长为拥有 2000 多万人口的国际化城市；从一个仰望香港巨人的移民小城，发展为与香港比肩、赶超香港的创新型大城市；其声名显赫，使地球从此增添了特大城市的新地标，不仅影响和改变了中国，也影响着整个世界。

世界人民和各国政要都认为，深圳发展是一个谜。英国媒体说，全世界现有大约 4300 个经济特区，最突出的莫过于中国香港附近的那一个，后来被称为"深圳奇迹"。[①]

深圳发展是中国改革开放的奇迹，也是世界历史进步的奇迹。奇迹是怎样发生的？成功的秘钥是什么？其中的思想奥秘是什么？在我们看来，有一个答案，这就是——思想观念的变革和引领。

一　中国改革开放的奇迹，世界城市发展史的奇迹

让我们把历史的广角镜头推至 40 年前。

[①] 郭芳：《深圳：再创中国模式的奇迹》，《中国经济周刊》2019 年第 16 期。

1980年8月26日，全国人大常委会第十五次会议通过决议，批准《广东省经济特区条例》。从此，深圳开始了建设经济特区的伟大征程。与深圳同时被批准为经济特区的还有广东省的珠海、汕头；同年10月7日，福建省厦门也被批准为经济特区。

建设经济特区，这是中国改革开放迈出的关键性一步。

(一) 中国改革开放成功的缩影

1978年12月召开的中国共产党十一届三中全会，拉开了波澜壮阔的中国改革开放的帷幕。40年后，中共中央总书记习近平在庆祝改革开放大会上的讲话中指出："改革开放40年来，从开启新时期到跨入新世纪，从站上新起点到进入新时代，40年风雨同舟，40年披荆斩棘，40年砥砺奋进，我们党引领人民绘就了一幅波澜壮阔、气势恢宏的历史画卷，谱写了一曲感天动地、气壮山河的奋斗赞歌。"[①] 在讲话中，习近平总书记说："艰难困苦，玉汝于成。40年来，我们解放思想、实事求是，大胆地试、勇敢地改，干出了一片新天地。"[②] 讲改革开放的成就和兴办经济特区时，特别列举了深圳，而且深圳是唯一的例证。这就足以说明，深圳经济特区，是中国改革开放成功的缩影。深圳，已成为中国改革开放成功金光灿灿的一张名片。

兴办经济特区，是党和国家为推进改革开放和社会主义现代化建设进行的伟大创举。深圳经济特区建立40年后，2020年10月14日，习近平总书记在深圳经济特区建立40周年庆祝大会上的讲话中，充分肯定深圳奇迹："深圳是改革开放后党和人民一手缔造的崭新城市，是中国特色社会主义在一张白纸上的精彩演绎。深圳广大干部群众披荆斩棘、埋头苦干，用40年时间走过了国外一些国际化大都市上百年走完的历程。这是中国人民创造的世界发展史上的一个奇迹。"[③]

深圳奇迹折射了中国经济特区建设的巨大成就，证明了中国改革开放与中国特色社会主义道路的成功。

[①] 习近平：《在庆祝改革开放40周年大会上的讲话》，人民出版社2018年版，第10—11页。
[②] 习近平：《在庆祝改革开放40周年大会上的讲话》，人民出版社2018年版，第9页。
[③] 习近平：《在深圳经济特区建立40周年庆祝大会上的讲话》，人民出版社2020年版，第2—3页。

1. 经济特区之首，永远的"排头兵"

深圳成为经济特区之首，永远的"排头兵"，能够获得这一殊荣地位，实属来之不易，这不是靠哼着歌曲和敲锣打鼓就可以得到的，而是实实在在"干"出来的，"拼"出来的。深圳的成功不是偶然的，是历史形成的，有其历史发展的必然性。

关于建立经济特区的设想，可以追溯到1979年。① 1980年5月16日，中共中央、国务院批转《广东、福建两省会议纪要》，正式将"特区"定名为"经济特区"。1980年8月26日，第五届全国人大常委会第十五次会议决定：批准《广东省经济特区条例》，在深圳、珠海、汕头设置经济特区，完成了经济特区设立的决策和立法程序，标志着中国经济特区的正式诞生。

1980年9月23日至24日，中共中央书记处听取中共广东省委负责人关于广东工作的汇报。9月28日，形成《中央书记处会议纪要》（第50号），指出：中央在广东、福建两省实行特殊政策和灵活措施，目的是要充分发挥广东、福建两省的优势，使广东、福建先行一步富裕起来，成为全国"四化"建设的先驱和排头兵，为全国社会主义经济建设和体制改革探索道路，积累经验，培养干部。

中央要求广东充分利用和发挥本地优势，尽快把广东的经济搞活，闯出一条道路，使广东成为我国对外联系的枢纽。

我们看到，所谓"排头兵"的提法，最早是这样提出来的，这是中央对经济特区的定位之一，特指全国"四化"建设的先驱和排头兵。"先驱"和"排头兵"是并列的。40年间，"排头兵"这一称号，对深圳来说始终是名副其实；而"先驱"的提法，现在与中国特色社会主义先行示范

---

① 1979年1月，广东省委在传达十一届三中全会会议精神期间，就提出了广东在改革开放中先行一步的设想。1月13日广东省向国务院提交了将宝安、珠海建成"出口商品基地"的报告。邓小平从全国发展的全局考虑，认为广东、福建可通过实行特殊政策先富起来。1979年4月5日至28日，中央工作会议期间，当时广东省委领导人习仲勋、杨尚昆提出，希望中央下放一定的权力，允许广东有一定的自主权，在毗邻港澳的深圳、珠海、汕头举办出口加工区。邓小平赞同他们的意见，并说："还是叫特区好，陕甘宁开始就叫特区嘛！中央没有钱，可以给些政策，你们自己去搞，杀出一条血路来。"根据邓小平的提议，中央工作会议正式讨论了广东省的提议。在讨论如何扩大对外贸易的过程中，到会的许多负责同志认为，可以在广东的深圳、珠海、汕头以及福建的厦门试办出口特区，发展出口商品生产，这个建议被写入了会议的有关文件。

区，又是惊人的一致。这看似历史的巧合，实乃历史的必然！

深圳作为经济特区的"排头兵"，凭的是深圳领先于其他经济特区的优秀业绩。迄今为止，中国一共设立了深圳、厦门、珠海、汕头、海南、喀什、霍尔果斯等七个经济特区，但最为人们所熟知的依然是最初的四大经济特区：深圳、厦门、珠海、汕头。这四个经济特区2019年GDP分别为26927亿元、5995亿元、3436亿元、2694亿元，人均GDP分别为200350元、139743元、170099元、47597元。深圳是中国经济特区的排头兵，名副其实；是"四化"建设的排头兵、中国特色社会主义建设的排头兵，名副其实；未来实践还将证明，是中国特色社会主义先行示范区，名副其实。

2. 深圳速度和深圳创造影响中国，享誉世界

在深圳经济特区建设中，深深影响中国和享誉世界的是深圳速度和深圳创造。

所谓深圳速度，特指我国实行改革开放以来，工程建设速度非常快的一个专有名词，出自1981年10月至1982年8月，深圳人在承建深圳国商大厦时，以平均不到5天一层楼的速度创造了"深圳速度"，形象地反映了"时间就是金钱，效率就是生命"这一思想观念，由此成为中国改革开放代名词。1982年11月至1985年12月，在承建深圳国际贸易中心大厦时，又创下了三天一层楼的速度，刷新了"深圳速度"。

所谓深圳创造，是指深圳在"深圳速度"的基础上的升华和飞跃。在不断推进改革开放向纵深发展的实践中，深圳人敢为天下先，在各条战线创造了一千多个"第一"，反映了创新思想观念成为"主旋律"，用"深圳速度"形容深圳发展已经远远不够了；而用"深圳创造"来替代，是最真实的写照。

深圳创造的深层次涵义还在于，深圳最早在全国提出创建创新型城市，把自主创新作为深圳城市发展的主导战略，以前瞻性产业规划引导高科技创新型企业，为深圳有质量、可持续的发展提供有力支撑。深圳市高科技创新型企业依靠市场经济和自主创新，走出了一条内生研发的创新发展之路。现在，深圳形成了由国内外著名高科技企业为引领，一大批新崛起的创新企业为中坚力量，以华为、中兴、腾讯、迈瑞、比亚迪、大疆等一批既有创新动力又有创新能力的创新型企业为龙头，以1.44万家国家

高新技术企业为引领,以3万家科技型企业为依托的全国创新样板。

深圳速度和深圳创造,为深圳的发展插上了腾飞的翅膀。从根本上说,思想观念的变革和引领,是深圳发展最有生命力的特质,形成的"创新"思想观念,是深圳始终走在时代前列的不竭源泉和强劲动力。

3. 经济总量已超过香港,居亚洲城市前五名

深圳经济总量超过香港,在2018年就已经实现了。2018年,香港实现GDP 28453.17亿港元,折合人民币约24000.98亿元。而深圳2018年GDP为24221.98亿元。这意味着深圳的GDP总量首次超过了香港,成为粤港澳大湾区的"经济霸主"。深圳超越香港居亚洲城市前五名。2017年亚洲GDP前五名分别是东京、上海、北京、首尔、香港,深圳位居第六。2018年深圳经济总量超越了香港位居亚洲前五名,深圳2018年GDP突破2.4万亿元,换算成美元也有3600亿—3700亿美元,即使放眼全球城市,也能排进前三十名。

2019年深圳全年地区生产总值超过2.6万亿元,提前完成"十三五"规划目标。产业结构进一步优化,战略性新兴产业增加值增长8.5%,先进制造业增加值占规模以上工业比重、现代服务业增加值占服务业比重超过70%,发展质量进一步提升,规模以上工业企业利润增长10%以上,居民人均可支配收入增长8.5%。

今天的深圳,已成为一座具有影响力的国际性都市,拥有全球第四大集装箱港、亚洲最大陆路口岸,中国五大航空港之一,拥有华为、招商、平安、腾讯、万科、正威、恒大7家世界500强企业,吸引200多家世界500强企业前来投资。深圳新兴产业对经济增长贡献50%以上,创新成为经济发展的第一动力。

4. 世界最具发展潜力的城市

深圳是中国最具发展潜力的城市。所谓最具发展潜力,是指其未来发展趋势。换言之,未来中国将主要由哪些城市引领?按照人随产业走、产业决定城市兴衰、规模经济和交通成本等区位因素决定产业布局的基本逻辑,《中国城市发展潜力排名:2019》研究报告中对全国除三沙市和港澳台外的336个地级及以上行政单元的发展潜力进行客观排名,深圳、北京、上海、广州、成都、南京、武汉、重庆、天津、杭州位居前十名。

深圳何以成为全国最具发展潜力城市之首?原因主要是:其一,改革

开放推动深圳腾飞，从1979年GDP仅为香港1/172的小镇到2018年超过香港成为实力雄厚的一线城市，2015年以来年均人口增量超50万、居全国之首。其二，深圳从"制造工厂"迈向"硬件硅谷""创新之城"，新一代信息技术、生物医药、文化创意产业等战略新兴产业成为支柱，占GDP比重达到38%。

深圳又是世界最具有发展潜力的城市。根据全球最权威的世界城市研究机构GaWC发布的2018年世界级城市排名，深圳从2017年的Beta级连升两级至Alpha，成为全球55个世界一线城市之一。GaWC以六大"高级生产者服务业机构"在世界各大城市中的分布为指标，对世界城市进行排名。主要包括：银行、保险、法律、咨询管理、广告和会计，关注的是该城市在全球活动中具有的主导作用和带动能力。GaWC评估世界城市的指标并不包括直接的GDP和制造业产值等。也就是说，这些行业的国际性机构在城市中分布得越多、等级越高，城市的得分就越高，越被GaWC认为是有影响力的世界城市。

《2019全球城市指数报告》包括《全球城市综合排名》和《全球城市潜力排名》。按照国际影响力、人口和经济体量等因素，两份榜单选取全球130个城市进行排名，分别评估了当前世界顶级城市的表现和未来城市的发展潜力。其中，中国城市共26个，整体排名明显上升。《全球城市潜力排名》基于居民幸福感、经济状况、创新、治理四个维度的13个重点指标对城市未来潜力进行排名。通过对环保表现、基础设施配套、创新能力等指标的评估，帮助投资者考量该城市的长期投资潜力和成功可能性。《全球城市潜力排名》评选出可与老牌城市相媲美的新兴城市。中国26个城市全部进入榜单百强。其中，台北排名第25，北京排名第39。深圳、上海和香港分别排名第49、第51和第52。

（二）理论与实践：硕果累累，成就辉煌

如前所述，深圳是中国改革开放成功的缩影。简而言之，深圳取得的成功，证明了中国特色社会主义理论与实践的成功。

1. 坚持马克思主义理论创新，始终成为深圳的主旋律

40年来，深圳始终坚持解放思想、实事求是、与时俱进、求真务实，坚持马克思主义指导地位不动摇，坚持科学社会主义基本原则不动摇，勇

于推进理论创新、实践创新、制度创新、文化创新以及各方面创新，形成了具有鲜明的实践特色、理论特色、民族特色、时代特色的深圳道路、深圳模式、深圳经验、深圳精神、深圳之治，以不可辩驳的事实彰显了中国特色社会主义的鲜活生命力，社会主义的伟大旗帜始终在深圳大地上高高飘扬。

40年来，在深圳这片大地上，成长起来许多马克思主义思想理论家、经济学家、政治学家、文学艺术家以及一大批各行各业的专家学者。据不完全统计，他（她）们已出版了数以百千计的高质量的理论和学术专著，发表了数以万计的学术论文，在广东乃至全国都具有重要的影响。实事求是地讲，深圳取得今天的成就，和广大理论工作者与科研人员的辛勤耕耘和学术贡献是分不开的。40年来，中央课题，广东省委、省政府和深圳市委、市政府的委托课题，各大企业集团的委托课题，多达几千项，深圳的专家学者们都出色地完成了任务。其中绝大多数课题，都具有超前研究和创新的性质。

深圳的蓝皮书系列丛书，不仅在中国具有重大影响，也受到了国际社会的关注。2003年6月，深圳举行了《深圳蓝皮书：中国深圳发展报告（2003）》一书的首发式。当时在中国，北京和深圳引领蓝皮书出版之先。如今深圳每年都出版蓝皮书。涵盖了经济、社会发展、文化和劳动关系四大内容，超过100万字。是市委市政府领导和各部门、各领域了解深圳发展的最新动态及数据的重要参考工具。《深圳改革创新丛书》和《深圳学派建设丛书》，从2013年起至今已出版了7辑，共80余部著作。内容包括人才竞争、城市更新、社区管理、城市空间优化、GDP核算、党建等多个研究领域，涉及法学、哲学、艺术学、文化学、经济学、政治学等多个学科。其中在经济特区研究、深港关系研究、文化产业研究、城市创新研究、粤港澳湾区研究等领域，走在全国前列。从1996年以来，深圳已有48部作品获得全国"五个一工程奖"。

2009年，深圳学术年会首创。深圳学术年会是深圳社科理论界的盛大聚会。每年年底，深圳社会科学院、深圳大学、深圳市委党校、综合开发研究院、深职院等各个单位齐聚一堂，分享各自一年中最好的学术成果，成为深圳社会科学理论工作者的高质量交流平台，树立了深圳整体良好的学术形象。

2018年，评选出深圳社会科学院现代化与全球城市研究中心、深圳大学国际化发展战略研究中心、深圳职业技术学院党建与世界政党研究中心、清华大学深圳研究生院社会治理与创新研究中心等七个人文社会科学重点研究基地。各基地将积极整合各方面研究力量，创新科研组织形式，围绕深圳重大现实问题和学术前沿问题展开研究，推出一批有影响力的标志性研究成果，不断强化基地建设在繁荣发展深圳哲学社会科学事业中的示范和引领作用。

2. 协调推进"四个全面"战略布局的典型城市案例

2014年12月，习近平总书记在江苏调研时第一次明确提出"四个全面"，他说："要全面贯彻党的十八大和十八届三中、四中全会精神，落实中央经济工作会议精神，主动把握和积极适应经济发展新常态，协调推进全面建成小康社会、全面深化改革、全面推进依法治国、全面从严治党，推动改革开放和社会主义现代化建设迈上新台阶。"2015年2月，习近平总书记在省部级主要领导干部学习贯彻十八届四中全会精神全面推进依法治国专题研讨班开班式上，首次把"四个全面"定位于党中央的战略布局。

深圳在协调推进"四个全面"战略布局中，是全国做得最好、最成功的典型城市。

在全面建成小康社会方面。2018年11月24日，中国城市全面建成小康社会论坛在京召开，发布了《中国城市全面建成小康社会监测报告2018》。在这份报告中，深圳又取得了亮眼成绩。中国地级市（含副省级城市）全面小康指数排行榜显示，深圳全面小康指数达150.58分，位列全国地级市（含副省级城市）全面小康指数前100名榜首。这份报告，是以十八大和十八届五中全会提出的全面建成小康社会新目标为根本依据，全面贯彻落实新发展理念，按照高质量发展和建设现代化经济体系要求，构建了"中国城市全面建成小康社会监测体系"，对全国31个省区市（不含港澳台地区）、657个城市全面建成小康社会进行了全面监测的结果。

在全面深化改革开放方面。深圳经济特区作为我国改革开放的重要窗口，各项事业取得显著成绩，已成为一座充满魅力、动力、活力、创新力的国际化创新型城市。站在新起点上，深圳改革再出发，朝着竞争力、创新力、影响力卓著的全球标杆城市前行。深圳因改革而生、因改革而兴，因改革而强，要勇于自我革命，敢于直面问题，既当改革的促进派，又当改革的实干家。在深圳市委六届十一次全会上，广东省委副书记、深圳市委书记王伟中指出，必须始终坚持全面深化改革，要在全面深化改革上先行示范。当前，中国特色社会主义进入新时代，深圳高举新时代改革开放旗帜、建设中国特色社会主义先行示范区，有利于在更高起点、更高层次、更高目标上推进改革开放，形成全面深化改革、全面扩大开放新格局；有利于更好实施粤港澳大湾区战略，丰富"一国两制"事业发展新实践；有利于率先探索全面建设社会主义现代化强国新路径，为实现中华民族伟大复兴的中国梦提供有力支撑。

在全面实行依法治国方面。深圳是改革开放的窗口、试验田，肩负着先行先试、大胆探索的使命任务，在法制建设方面也当仁不让。从提出建设"一流法治城市"的目标，到率先喊出打造"法治中国示范市"的响亮口号，深圳就是要打造全面落实依法治国方略的深圳样本，为法治中国探索道路、摸索经验、提供示范。深圳几乎所有重要的改革都与特区立法相伴。各种与深圳经济社会发展相适应、与国家法律体系相配套、与国际惯例相接轨的立法，创造了大量的制度红利，为特区发展注入了强劲动力、提供了重要保障，同时也为国家立法提供了经验甚至蓝本。在法治政府建设方面，深圳全面形成统一规范的市、区（含街道）权责清单体系，涉及民生重大决策的听证率达到100%，推行行政执法全过程记录和公示制度、重大行政执法决定法制审核制度，实现执法程序网上流转、执法活动网上监督、执法事项网上查询。在法治社会建设方面，完善以"互联网+法律服务"为引领的公共法律服务体系。

在全面从严治党方面。深圳市委深刻领会党的十九大关于全面从严治党的战略部署，围绕新时代党的建设总要求，进一步增强政治责任感和历史使命感。深刻领会党的十八大以来全面从严治党的重要经验，充分认识"六个统一"的重要理论意义和实践意义，在实践中长期坚持并不断深化。深刻领会全面从严治党必须持之以恒、毫不动摇的重要论断，清醒认识全面从严治党形势的严峻性复杂性，坚持问题导向，保持战略定力，以坚如磐石的决心把全面从严治党长期坚持下去。市委书记王伟中特别强调，坚持以党的政治建设为统领，坚决维护以习近平同志为核心的党中央权威和集中统一领导，牢固树立"四个意识"，落实好管党治党政治责任，把深圳打造成为向世界彰显中国共产党先进性、纯洁性的"精彩样本"。"精彩样本"的提出，有着沉甸甸的分量，彰显了深圳市委在全面从严治党方面的意志、力度和目标，意义重大。

3. 社会主义市场经济成功的"开拓者"

在40年改革开放的实践中，深圳最成功的，首推对社会主义市场经济的探索。这种探索是超前的，不仅极大地推进了深圳改革开放的速度，取得一个又一个重大成果，继而向全面深化改革挺进，更重要的是影响了整个中国。

首先是率先突破旧体制，破除对发展的束缚。当年蛇口"四分钱的风波"曾惊动中央，提出"时间就是金钱，效率就是生命"，使国人重新思考"贫穷不是社会主义"，这是从思想观念上对市场经济的早期探索和认识。"实干兴邦、空谈误国"，孕育着对社会主义本质的深刻思考，发展才是硬道理，必须首先发展生产力，解放生产力。

习近平总书记在深圳经济特区建立40周年庆祝大会上的讲话中，高度评价深圳经济体制改革的成果："40年来，深圳坚持解放思想、与时俱进，率先进行市场取向的经济体制改革，首创1000多项改革举措，奏响了实干兴邦的时代强音，实现了由经济体制改革到全面深化改革的历史性跨越。"

深圳发展外向型经济取得了重大进展，从80年代引进外国资金和技术，到90年代实行产权制度改革，其中包括国有企业改革和股份制改革，进行制度创新，深圳在全国率先认识到改革就是建立社会主义市场经济体系，真正的市场觉醒者是深圳市委和各级领导干部，而他们的正确决策，则来自活生生的社会实践，来自深圳人对社会主义市场经济的探索和开拓。深圳对市场经济的成功探索，表明深圳坚持了社会主义市场经济方向，深圳姓"社"而不姓"资"，完成了从过去高度集中的计划经济模式，向中国特色社会主义市场经济模式的转变。在广东省委副书记、省长马兴瑞看来，深圳的成绩主要得益于改革开放、得益于市场在资源配置中的决定性作用以及政府发挥的重要作用。①

深圳对市场经济的成功开拓和探索，在全国具有巨大的示范效应。中

---

① 马兴瑞：《深圳正在努力适应和引领经济新常态》，《南方日报》2016年5月17日。

国的对外开放是从深圳实现突破和起步的。① 深圳成为内地封闭经济与世界经济对接的一个窗口,在中国经济纳入世界经济体系过程中,改善环境、引进外资、增加出口、增加就业、发展经济的外向型经济发展模式得以形成。此后,在深圳模式和经验的启示下,我国决定将沿海14个城市整体开放,形成东部沿海对外开放的战略大格局,从而使我国纳入了世界经济体系,融入了世界经济发展的潮流。应该说,在我国全方位的对外开放实践中,深圳的探索和开拓,居功甚伟。

4. 社会主义民主政治道路的"践行者"

回顾深圳40年对中国特色社会主义民主政治的探索,可以说,深圳人每迈出一步,都是坚实的。深圳人比较早地认识到,实行市场经济,就是法治经济。换言之,改革开放走社会主义市场经济道路,倒逼的是走法治经济之路。在这种思想观念引领下,深圳一步一个脚印,扎扎实实地推动了法治深圳建设。

深圳1992年获得经济特区立法权,此后不断推进依法治市进程;2009年1月提出建立法治政府意见,2015年提出"让法治成为一种生活方式",2018年最早提出法治政府指标体系,先后出台了七个方案。2018年9月在全市推行普法、宪法进万家。宪法宣誓活动在全市展开。自1992年至今,深圳市人大及其常委会共制定法规229项(现行有效168项),深圳市政府共制定规章319项(现行有效164项),初步建立了适应开放型经济的法律制度体系,为深圳打造良好的法治化营商环境奠定了坚实基础。②

深圳坚持努力规范政府与市场边界,建设最公开透明、最廉洁高效的法治政府。2017年至2018年,深圳市两度获评"全国法治政府建设典范城市"荣誉。在中国政法大学组织的2018年度中国法治政府评估中,深圳市位列100个参与评估城市第一名。

5. 科技立市和文化立市的"探索者"

早在1987年深圳市政府就颁布了一系列支持高新技术产业发展的文件。1995年市党代会进一步明确提出大力发展高新技术。与之相联系的

---

① 张思平:《深圳在改革开放中创造的奇迹》,《第一财经日报》2018年5月23日。
② 《深圳法治环境指数排名全国第一》,《深圳特区报》2019年12月27日。

是高素质人才的引进和培养，深圳的人才招工大市场，闻名遐迩。蔚然成风的是大力提倡和主张"鼓励创新、宽容失败"，"追求卓越、崇尚成功"。如今，深圳科技立市成效显著，硕果累累。从深圳市统计局发布的2018年统计公报中可以看出，深圳的四大支柱产业分别是高新科技产业、金融业、物流业、文化产业，其中2018年这四大支柱产业当中，增长幅度最大的是高新科技产业，年增长达到12.7%，成为独占鳌头的"深圳第一产业"。

科技立市，在深圳不是一句空洞的口号，而是切切实实的行动，是用正确的路线方针政策作保障的。改革开放初期出台了《1990—2000年深圳科学技术发展规划》《关于进一步扶持高新技术产业发展的若干规定》；步入新世纪颁布了《中共深圳市委关于加快发展高新技术产业的决定》《关于促进科技创新的若干措施》《关于促进人才优先发展的若干措施》等若干政策规定；进入新时代又有《深圳经济特区国家自主创新示范区条例》等。一系列鼓励和支持科技创新的政策文件，从制度机制、财政金融、人才支撑、创新载体建设、科技服务业发展等方面支持、鼓励和引导科技创新。

2003年深圳提出文化立市，与广东省1999年提出建立文化大省和推进文化强省有直接的关系。在全国来看，也是走在前面的。深圳提出的"实现市民的文化权利"，即"文化参与、文化享受、文化创造、文化保护"的权利观念，具有前沿性。"两城一都"（图书馆之城、钢琴之城、设计之都）的实现，彻底改变了深圳是"文化沙漠"的偏见。把文化产业作为支柱产业，与高新技术产业、金融产业、物流产业并列为深圳四大产业，是深圳具有战略意义的正确决策。现在，深圳的文化产业硕果累累、凯歌高奏，文化体制改革也走在了全国前列。作为连续六届"全国文明城市"[①]，文博会、书博会、数不清的这个"节"和那个"周"，城市文化菜单此起彼伏、频频推出。

深圳市委、市政府高度重视文化发展，特别是实施"文化立市"战略和开展"文化强市"建设以来，深圳文化发展迅速，公共文化服务体系建

---

① 2020年11月20日，全国精神文明建设表彰大会在北京举行。深圳作为前五届全国文明城市，复查确认保留荣誉称号。从首届全国文明城市评选开始，深圳已经连续六届获得这一称号。

设水平位居全国前列，主要体现在服务设施网络基本形成；产品和服务供给能力不断提高；品牌活动影响日益扩大；公共文化服务研究水平全国领先。"进一步提升城市文化综合实力，促进深圳文化大发展大繁荣，努力建设与现代化国际化创新型城市相匹配的文化强市"，是《深圳文化创新发展2020（实施方案）》确定的发展目标，如今已基本实现。

现在，深圳正在全面贯彻落实《中共中央国务院关于支持深圳建设中国特色社会主义先行示范区的意见》，努力"践行社会主义核心价值观，构建高水平的公共文化服务体系和现代文化产业体系，成为新时代举旗帜、聚民心、育新人、兴文化、展形象的引领者"。这一战略定位为深圳城市建设赋予了新目标、新要求、新使命。深圳正在率先塑造展现社会主义文化繁荣兴盛的现代城市文明，赶超发达国家或地区文明水平。①

如前所述，深圳在科技立市和文化立市上的探索，在全国起步早，出台的方针政策及时，成效显著。如今，在原有基础上，深圳正在做科技强市和文化强市的大文章，取得了重大成就，依然走在全国最前列。

6. 社会建设与生态文明建设的"领跑者"

深圳是改革开放的排头兵，在社会管理创新与社会建设上率先突破，领跑于全国。历届市委领导高度重视社会建设，清醒地认识到深圳是年轻城市，也是移民城市，严重的人口倒挂会带来社会治安、教育、卫生等方面的问题，危机感倒逼出深圳在社会管理方面的创新。对深圳而言，面临特殊的人口结构、特殊的地理位置、社会组织管理、虚拟社会监管等诸多挑战，重视社会建设，创新社会管理，有着更为重要的意义。②

深圳把社会管理的加强和创新，作为深化改革的一个重要领域、关键环节。坚持把社会建设摆在特别重要的位置来谋划和推动，以社会建设的力度来体现科学发展的力度，以社会发展水平的提升来体现科学发展的水平。深圳市委领导认为，社会管理核心在于处理政府、市场与社会三者之间的互动关系。社会管理创新，就是让这三者的关系更为融洽、协调，促进整个社会的良性发展。对于社会建设与社会管理领域重点环节的突破，

---

① 《让文明成为深圳闪亮的城市名片——〈关于支持深圳建设中国特色社会主义先行示范区的意见〉解读之三》，《人民日报》（海外版）2019年9月2日。

② 《深圳市委书记：深圳改革需要激活社会建设》，《人民日报》2012年5月3日。

就会带来其他领域改革的推进。要培育社会主体，就需要政府职能的转变，就涉及政府体制的改革；要改善民生，发展社会事业，就要涉及分配制度、公共服务的多元化供给的改革；要丰富群众文化生活，就会涉及文化体制改革等。①

在社会建设方面，先行先试。2009年，国务院批复通过的《深圳市综合配套改革总体方案》，就有积极推进社会领域改革的内容。在这样的总体框架之下，深圳连续出台了《关于加强社会建设的决定》，设定了《深圳市社会建设考核指标体系》，在全国率先发布实施了社会建设"基本法"——《深圳经济特区社会建设促进条例》。在全国，深圳较早提出要建"国家社会创新先锋城市"，并在2012年2月通过了《深圳经济特区社会建设促进条例》。

深圳努力打造通向共同富裕的幸福城市，在全国有许多首创和率先。例如，首创了暂住证制度；率先建立社会保险体系；率先打破铁饭碗，成为全国第一个实行劳动用工合同制的城市；率先实行工资制度改革；率先实行住房商品化改革；率先实行分级诊疗和"基层医疗集团改革"；最早出台最低工资保证制度；率先实施暂住人口子女教育；成为全国首个无农村、无农民城市，等等。深圳推进社会治理现代化，引领全国社会治理模式创新。

在生态文明建设方面，深圳也是全国的领跑者。深圳市全年空气优良天数，PM2.5年均浓度，生活垃圾、危险废物、医疗废物安全处置率，饮用水源地水质达标率等生态环境主要指标，均位居全国大中城市前列，经济效益和生态效益实现"双提升"。深圳认识到，作为全国一线超大城市，却是空间、资源、环境容量小市，在北上广深中土地面积是最小的。身处改革开放的最前沿，深圳较早承受了环境的压力，充分认识到生态资源是长远发展的基础、生态环境是竞争力的关键因素、生态质量是深圳质量的重要内容。

深圳提出"生态红线"就是"高压线"，以铁腕铁律管控"生态红线"。早在2005年就率先出台《深圳市基本生态控制线管理规定》，将市域近一半土地划定为基本生态控制线范围，明确规定全市生态用地比例不

---

① 《深圳市委书记：深圳改革需要激活社会建设》，《人民日报》2012年5月3日。

低于50%。2007年出台了《环境保护实绩考核试行办法》，随后2013年出台《生态文明建设考核制度》。十几年来，线内面积不减，空间格局不断优化，生态质量逐步提升。

绿水青山就是金山银山。深圳市科学谋划生态文明体制改革，积极探索具有深圳特色的生态文明发展模式。先后印发《关于加强环境保护建设生态市的决定》《关于推进生态文明、建设美丽深圳的决定》等，制定《深圳市生态文明建设规划》，把生态文明建设融入经济、政治、文化、社会建设各方面，落实在城市规划、建设、管理各领域。

创新生态环境管理制度，是提高生态监管质量和效率的保障。深圳积极探索运用科技和市场手段创新生态环境管理制度，提高生态环境监管质量和效率。通过率先试点环境污染强制责任保险和碳排放权交易，以市场化、法治化途径解决环境污染损害赔偿问题，促使企业加强环境风险管理和节能减排。构建绿色经济体系，实现经济转型和环境改善双赢。推动低碳绿色发展，出台了生物、互联网、新能源、新材料、文化创意、新一代信息技术、节能环保等七大战略性新兴产业规划政策，大力培育海洋、航空航天、生命健康及机器人、可穿戴设备和智能装备等未来产业，加快建设节能环保产业基地和集聚区，形成配套齐全、特色鲜明的绿色产业链和产业集群，以结构优化提高产业的"绿色含量"。

深圳实施最严厉的生态环境责任追究机制，促使各级干部转变发展观念。编制深圳市生态环境保护权责清单，制定相关细则，定责、分责、追责的制度链条逐步健全、体系完备，有效树立绿色发展政绩导向。构建科学合理的自然资源资产负债表体系，率先开展领导干部任期生态审计试点，对领导干部在任职期间自然资源资产数量、质量和价值的变化情况及变化原因等，开展全面审查。

经过40年的发展，深圳经济高速运转的背后，正面临资源、环境、人口和基础设施的约束，经济社会运行成本趋于上升等城市难题。通过"深圳蓝""深圳绿"等建设创下生态文明建设奇迹的深圳，也在抓住粤港澳大湾区建设历史性机遇，提升城市绿色竞争力。目前，粤港澳三地正在共同编制《粤港澳大湾区生态环境保护规划》，推动大气污染治理纵深拓展。①

---

① 张小玲：《深圳能再创生态文明建设奇迹吗》，《南方都市报》2019年2月22日。

（三）学习借鉴香港，深港合作与良性竞争

深圳和毗邻的香港之间的关系，从经济总量来看，已经发生了根本性的变化。1992年邓小平在著名的"南方谈话"中，寄希望于广东20年后赶超亚洲"四小龙"，其中就有香港。40年来深圳一路走到今天，从学习香港、借鉴香港到追赶香港、超越香港，实现了历史性的飞跃，在一定意义上，可谓"青出于蓝而胜于蓝"。如今，仅广东的深圳市就已经超越了香港，实现了邓小平的夙愿。40年深圳巨变，"春风吹绿粤港澳，换了人间！"

1. 仅一河之隔的双城今昔对比

有一篇来自互联网的文章《双城记：深圳的崛起和香港的衰落》，讲述了两首歌、两座城、两段迥异的历史变迁。文章写道：董文华《春天的故事》和罗大佑《东方之珠》，这是两首被打上深深历史烙印，推出时间几乎相同（只隔3年），并风靡当年深港两地乃至全中国的歌曲——它们分别讲述了一河之隔的两座城市迥异，甚至令人唏嘘的历史变迁。文中提问道："东方之珠，你的风采如今是否浪漫依然？1979年'春天的故事'又唱到了哪里？"此文采用比较详尽的数字和图表，回答了深圳为什么能够崛起。

也有一篇《深圳等待这一天花了40年》的文章说，这一天，深圳等待了40年。40年前的深圳，GDP仅仅只有2.7亿元；40年之后，在增长了近万倍之后，深圳终于跨过了山和大海，把香港甩在了身后。文章认为，能够成功实现超越，有香港的原因也有深圳的原因。40年前的深圳人口仅仅只有30万，40年后的深圳，常住人口实际上已经超过了2000万，并且还在以每年超过50万的速度增长。在人口流动放缓的今天，保持这样的人口吸纳速度，深圳的吸引力绝对是一流的。深圳之所以能够有源源不断的人才涌入，归根到底是深圳展现出来的诚意。目前深圳人口平均年龄仅为33岁，经过40年发展，成为中国最年轻、最有活力的城市。

需要指出，这两篇互联网上的文章只看到了深圳在GDP上超越香港，就得出香港已经衰落的结论，未免轻率，但是从某一个侧面也反映了深圳腾飞巨变的事实。当然，深圳在未来发展中，还要继续向香港学习。在医疗、教育、金融等方面，香港比深圳还有相当大的优势，这也是客观

事实。

2. 深圳与香港：合作与良性竞争相得益彰

事实上，尽管深圳在 GDP 总量上超过了香港，但是客观地讲，深圳的综合实力和香港仍然有不小差距。2018 年香港人均 GDP 为 381870 港元，折合人民币约 322120 元。深圳以常住人口 1253 万人为基数，2018 年人均 GDP 还不足 20 万元人民币，与香港的差距依然很大。香港在 GaWC 城市排行榜里面，是强一线城市，而深圳则只是弱一线，两者差两个档次。深圳还有许多需要向香港学习之处。

深圳与香港的关系，应该是合作与良性竞争相得益彰的关系。从最新的粤港澳大湾区规划中可以看出香港的金融地位得到进一步提升，而深圳的主攻方向在创新产业，即夯实实体经济。深圳的优势在于有制造业支撑，有产业配套，而香港则强在金融业。通过高级别的谋划，发挥两者的优势，互补短板，那么最终会让香港和深圳成为金融创新产业的全球枢纽。

诚然，深圳和香港的良性竞争，只能说是一种态势，更主要、更根本的是合作，努力形成"合力"。在新发展阶段和新发展格局中，这种合作定会渐入佳境，从而创造出更加辉煌的业绩，发挥更强大的作用。

3. 新时代深港关系："深圳 + 香港" = "1 + 1 > 2"

"深圳 + 香港"的提出，源于两个毗邻城市的特殊关系，两个城市经济体量和城市功能叠加所形成的辐射能力和带动效应，决定了大湾区的空间布局和发展格局。在多核心、多极点的城市群发展格局中，"深圳 + 香港"最能产生"1 + 1 > 2"的乘数效应，在形成大湾区发展内生动力，保障大湾区建设顺利推进、行稳致远中能够发挥独特作用。

深圳要"加快建成现代化国际化城市，努力成为具有世界影响力的创新创意之都"，香港要"巩固和提升国际金融、航运、贸易中心和国际航空枢纽地位"。"深圳 + 香港"等于"创新 + 服务"，既充分体现了大湾区的特点，也集中展示了大湾区的发展趋势："深圳 + 香港"是大湾区建设区域发展战略、对外开放战略乃至民族复兴使命的重要承担；是大湾区建设世界一流湾区，打造高质量发展典范的核心动力；是大湾区发展创新经济和服务经济的重要引领。"深圳 + 香港"是"创新 + 金融"，强化科技与金融深度融合，向创新驱动发展模式转型，打造全球"科技 + 金融"

中心。

4. 粤港澳大湾区的核心引擎

粤港澳大湾区已经是世界级湾区。与纽约、旧金山、东京三大世界一流湾区相比，粤港澳大湾区面积最大，人口最多，GDP 总量有望超越纽约湾区，紧随东京湾区之后；占国家经济总量的比重超过 10%，仅次于东京湾区。在规模性、数量性指标方面，粤港澳大湾区并不逊色，可以说已经是世界级湾区。但粤港澳大湾区人均 GDP 约为东京湾区的 50%、纽约湾区的 30%、旧金山湾区的 20%，差距巨大；三大世界一流湾区第三产业比重均在 80% 以上，粤港澳大湾区则刚超过 60%，有近 20 个百分点的差距；总部位于粤港澳大湾区的全球 500 强公司有 21 家①，也明显少于东京湾区和纽约湾区。在效益性、质量性指标方面，粤港澳大湾区还不是世界一流湾区。正因为如此，《粤港澳大湾区发展规划纲要》才特别强调要"打造高质量发展的典范"。

"科技湾区"是粤港澳大湾区的首要目标。深圳之所以成为粤港澳大湾区的核心引擎，就在于深圳高端制造、尖端科技的需求和发展与日俱增。现时，深圳已形成完善的制造业链条和支撑硬件，有雄厚的制造业基础，尖端科技走在世界前列，可打造媲美"硅谷"的国际性科技研发中心。

总之，深圳和香港是你中有我，我中有你。香港向全球金融中心的演进与提升，得益于深圳对香港所形成的支撑；深圳走上创新引领型全球城市之路，得益于香港所提供的全链条服务。两个一河之隔、制度不同的城市携手并进，在世界城市发展史上传为佳话。

（四）世界把目光聚焦在这里

深圳经济特区 40 年闯出来一条创新之路、富裕之路、巨变之路、幸福之路。这就是享誉中外的深圳模式，彰显着中国道路、中国经验、中国智慧、中国之治。如今的深圳，早已震惊世界、蜚声中外。

1. 深圳奇迹为世界瞩目，为世界叹服

如果挑选中国现代化建设征程中的一个世界级学习型城市，很多海外人士的第一反应是深圳。站在城市的视角，深圳几十年向世界学习，擅长

---

① 财富中文网发布 2020 年世界 500 强榜单，见《广州日报》2020 年 8 月 11 日。

从多角度多层次"瞄准国际标准提高水平"。"深圳奇迹"的诞生,正是深圳善于学习的结果。深圳多年来的发展实践显示,现代化建设征程中,中国学习世界善于结合国情,将学习所得内在化、本地化、中国化。这一过程中,创新是关键。[①]

深圳的发展史表明:深圳的发展经验拓展了中国和发展中国家走向现代化的途径。英国《经济学人》对深圳成就给予很高评价:"改革开放近40年,中国最引人瞩目的实践是经济特区。全世界超过4000个经济特区,头号成功典范莫过于'深圳奇迹'。"深圳奇迹为世界瞩目,为世界叹服。

现在,随着党中央和国务院把深圳定位为中国特色社会主义先行示范区,深圳在中国和世界的影响越来越大。世界把目光集中到这里。

2. 外国领导人和政要看深圳

许多国家领导人和政要都特别关注深圳发展,绝不是偶然的。其中深层次的原因,就是深圳代表了中国发展的方向,代表了未来。例如:

新加坡前总理李光耀从1985年起,先后7次访问深圳,是访问深圳最多的外国领导人之一。他对深圳经济特区的建立和实践,给予了极高的评价:"深圳的人才来自五湖四海,这一现象非常好";"谁拥有了人才,谁就拥有未来!"在李光耀看来,深圳有其独特的区位优势。"我从香港到深圳,只用了半个小时。深圳是连接香港和内地的桥梁,这是其他任何城市都不具备的区位优势,一定要好好利用。"他进而建议,深圳在经济发展中应积极引进香港的金融、会计、律师等服务业,服务内地。同时要进一步完善工作、生活、消费环境,吸引更多的香港人来深圳就业消费。他认为,香港深圳只要优势互补,那么和世界上任何一座城市、一个地区都有得一争。李光耀还对深圳评价说:"中国不能没有深圳,深圳是中国改革的试验田,深圳的试验取得成功,说明中国特色社会主义道路走得通。"[②]

仅从2015年3月至7月间,我们就看到有5名外国首脑访问深圳。例如,3月27日荷兰首相马克·吕特一行、4月1日赞比亚总统伦古一行、6月26日比利时国王菲利普一行、7月17日南非共和国副总统西里尔·

[①] 《深圳是中国的,更是世界的!新华社多篇重磅报道"点赞"深圳》,《晶报》2017年12月9日。

[②] 《推动新加坡深度参与中国改革开放进程》,《人民日报》2019年1月22日。

拉马福萨一行、7月19日斐济总理姆拜尼马拉马一行，先后访问了深圳。这些国家领导人都对深圳给予了高度评价。

2018年5月25日，德国总理默克尔访问深圳，出席德国工商会深圳创新中心揭幕仪式。在揭幕仪式现场，默克尔总理特别关注优必选Qrobot Alpha机器人。优必选机器人作为最具代表性的深圳名片，在人工智能和人形机器人核心技术上拥有强大的实力。此刻，这款机器人让默克尔总理爱不释手，与德国总理默克尔同框，受到了她的特别关注。默克尔总理了解到，深圳是一座创新之城，被称为"中国硅谷"，培育了一批包括优必选在内的拥有全球领先的创新技术且具有高估值的初创企业。默克尔总理表示，深圳也是中国经济开放的摇篮，更有许多德国公司的总部和生产基地。同时，她还表示："我们也知道中国已经有计划在2030年成为人工智能领域领先的国家。"

法兰西共和国总理爱德华·菲利普于2018年6月22日下午，在深圳开启了他就任法国总理后的首次访华之旅。访深期间，菲利普重点了解深圳经济社会发展情况，并参观相关机构、企业，推动法国与深圳的友好交流与合作。作为第一个访问深圳的法国总理，他风趣地表示非常荣幸成为第一个访问深圳的法国总理，中国改革开放就是从深圳开始，深圳科技创新卓越成就使其成为先进工业集聚地，知识创新枢纽，代表中国发展方向。菲利普认为，未来全球经济都在向数字化、信息化为代表的创新经济转型，此行他带来了很多年轻的法国企业家，他们非常渴望了解并参与深圳的发展。

智利总统皮涅拉则在2019年4月27日至28日访问了深圳。在深圳的24小时，用四个字概括，就是"创新之旅"。在深圳，皮涅拉参加了一场特殊的会议：与深圳企业家座谈创新与教育。皮涅拉说，"智利希望通过智慧城市、新技术和教育领域的发展，在未来几年中焕发国家的新生机。"目前智利倡导低碳发展，全力支持新能源技术的发展，尤其是在交通领域的电动化。访问期间他不禁感叹道："还有什么深圳不能制造？"皮涅拉引用了在智利非常流行的一句话：想看古代中国，去北京；想看现代中国，去上海；如果想看未来中国，那就去深圳。在他看来，深圳之行至关重要，正是在于其"未来感"，智利希望从深圳创新技术发展中汲取更多智慧，为其领跑拉美创新发展提供动力。

3. 驻华使节、外国学者和企业家看深圳

2010年2月4日，以色列驻华大使安泰毅和以色列驻广州总领事倪·亚伯拉罕一行，访问了深圳报业集团旗下的英文《深圳日报》。"您对中国的哪个城市最感兴趣？"面对英文《深圳日报》总编辑的提问，安泰毅回答说："我很喜欢像深圳和上海这样高度发达的城市，同时深圳也是我去过的这个世界上最美丽的城市之一。"据悉，安泰毅从2007年起任以色列驻华大使，此前其任以色列外交部亚太司副总司长，2008年安泰毅首次访问深圳，这是他第二次来到深圳。安泰毅说，深圳和以色列都以它们的高科技产业为傲，双方有很大的合作潜力。目前已经有一些以色列的风投公司对中国市场表现出浓厚的兴趣并开始在中国投资。安泰毅表示："我们欢迎深圳公司来以色列参加风投会议，我们也将鼓励以色列高科技产业的决策者来访问深圳。这座城市已经完全不是三十年前的样子了，它已经经历了高速城市化的进程。如果你想知道一个地方在最短的时间内可以做些什么，那就去深圳吧，它是一个经济奇迹的最佳例子。"除了高科技合作，安泰毅也希望能与深圳在文化方面有所合作，并希望英文版《深圳日报》协助其安排以色列著名的音乐家吉尔·舒豪来深演出。

2010年6月22日，美国驻华大使洪博培访问深圳。当日下午，在北京大学深圳研究生院面向该校国际法学院的师生演讲时表示，美国政府完全支持中国建设创新型国家的努力，并希望中国继续加强知识产权执法以保护创新。洪博培认为，当今世界，全球化和技术进步已改变了旧有的创新模式，创新不再是个人的"灵光一现"，而更多的是在于创建一种生态系统，使得思想与知识能跨越边界自由流动。洪博培提到中兴通讯、华为、比亚迪等中国公司在世界创新领域的卓越表现。他认为这些企业是中国寻求提升价值链的光辉典范。中国领导人正在积极寻求帮助更多的中国企业这样做。而美国政府完全支持这一努力。他说道："我们相信竞争对美国和中国的产业部门来说是有益的。如果没有竞争，企业将不再追求新的事物。而在国内缺乏竞争，将使企业在国际上失去竞争力。我们也支持中国的创新追求，因为我们的经济前景息息相关。我们如何共同创新，将决定未来的前景。"

2019年7月，中国社会科学院国际合作局组织外国学者来京出席"中国发展 世界机遇"论坛，并到深圳市交流访问。在与深圳市政府发展研究中心等相关部门交流座谈的过程中，参加活动的外宾都对深圳改革开放以来取得的发展成就表示由衷钦佩，并就未来可开展交流合作的领域与深圳交换意见。这些外国学者有哥斯达黎加驻华大使帕特里夏·罗德里格斯；塔吉克斯坦科学院副院长穆哈马德·阿卜杜拉赫蒙；世界粮食奖基金会主席、美国前驻柬埔寨大使肯尼思·奎恩；俄罗斯科学院远东分院副院长、俄罗斯科学院通讯院士拉林；瑞典高等研究院创始院长比约恩·维特罗克；新南亚论坛主席、印度观察家基金会（孟买）前主席库尔卡尼则；等等。①

深圳经济的外向程度很高，目前是全球发展最快、最具活力、最适宜投资的国际化城市之一。外商投资已成为深圳经济的重要组成部分，是深圳推动经济发展、创新驱动、扩大开放的重要引擎，也是深圳高质量发展的重要支撑。截至目前，已有超过8万个外商投资项目落户深圳，实际投资资金超过1000亿元人民币。特别是2019年1至5月，全市新设立外商投资企业2746家，实际使用外资22.93亿美元，同比增长6.4%。深圳有什么样的吸引力？

在外商和企业家看来，深圳拥有一流的综合创新生态；有完善的产业配套；有市场化、法治化、国际化的营商环境；有国际化的市场；有一流的宜居宜业环境。外商和企业家与深圳的创业者们共建国际科技创新中心，打造国际化创新的高地和原始创新的策源地，建设国际一流的湾区和世界级城市群。未来外资将更多地参与深圳的城市发展建设，外资企业也将迎来更多发展机遇，在深圳注册的外资公司将有更加光明的前景。

美国国际投资银行家罗伯特·劳伦斯·库恩是中国问题研究专家，从20世纪90年代中期起就踏足深圳。这位中国改革友谊奖章的获得者在接受《南方日报》采访时说："每一次重返深圳，都会看到巨大的变化，就像是走进了一座新的城市。"他说："中国经济特区的发展历程是一个经典案例，来研究一个国家如何仅用一代人的时间，实现由中低层次发展阶段向中高层次发展阶段的跃升。""特区经验的可贵之处不仅仅在于特区自身崛起，更在于创新和先行先试。经济特区的内核，就是要带头探索新模

---

① 余剑飞、徐琼：《外国学者访问深圳 借鉴创新发展经验》，《社科院专刊》第489期，2019年8月2日。

式、创造新经验。""随着特区经验向外扩散,中国持续扩大对外开放,在更大范围、更深层次与世界接轨。其中,作为国家新一轮对外开放重要突破口的自贸试验区战略,正是中国积极参与全球经济治理的重要举措。"

综上所述,一个"世界级"的深圳已经屹立在中国和全球面前。深圳人民胸怀中华民族伟大复兴的战略全局和世界百年未有之大变局,担当起历史重任。历史选择了深圳。中国特色社会主义新时代选择了深圳。当前,深圳的国际影响力,仍处在动态的向前发展变化之中。随着深圳努力打造具有世界影响力的创新创意之都,把深圳建设成为全球标杆城市,深圳人民对中国和全世界的重大贡献都是可以期待的。

二 四十载征程以先进思想观念为引领

深圳在中国崛起,影响深远,吸引了世界的目光。当世界人民和中国人民一样,对深圳发展的奇迹及巨大变化发出由衷的赞叹时,也会自然地提出疑问:奇迹为什么出现在深圳?深圳是怎样做到的?其内在的原因究竟是什么?

实践经验告诉我们,最重要的内在原因,是思想观念的变革与引领。深圳人民坚持解放思想、实事求是,实现解放思想和改革开放相互激荡、观念创新和实践探索相互促进,充分显示了思想引领的强大力量。

(一)先进思想观念的孕育和弘扬

先进的思想观念不是头脑中的臆造,而是来自活生生的实践。这一结论,都可以用来佐证和解读深圳发生的一切。

1. 敢试、敢闯、敢创:"杀出一条血路"

"杀出一条血路"出自于邓小平对经济特区建设的希冀和指示,同时也是深圳经济特区建设的真实写照。40年间,深圳的每一次重大变革、每一次大踏步前进、每一次重大决策,都首先是在思想领域的激烈较量中,甚至是在血与火的洗礼中,靠"杀出一条血路"来实现的。这是因为,在布满荆棘的道路上,不仅没有任何先例可循,而且险象环生,关系到深圳经济特区的兴衰和生死存亡。

曾几何时,深圳被扣上了走资本主义道路的帽子,说深圳是资本主义的附庸，搞证券市场就是资本主义；说深圳已经被和平演变了；说经济特区就是"国中之国"，应该取消；说深圳市委主要领导关于所有制研究的文章，是反党反社会主义的政治宣言和经济纲领；说深圳是经济寻租，行贿受贿成风；说深圳是靠全国人民勒紧裤带的援助起家和发展，不是靠公平竞争；说深圳是文化沙漠；等等，不一而足。今天，评论这些已不再重要。事实胜于雄辩，当我们考量40年间深圳创造了一千多个"第一"时，哪一个不是靠"杀出一条血路"来得到的？

  道路是曲折的。时至今日，当我国正处在抗击新冠肺炎疫情的关键时刻，那些非议和攻击深圳的声音也没有停止。2020年3月互联网上的一篇短文《武汉疫情，深圳为何没有派出一兵一卒驰援湖北？原因不寒而栗》，说原因就在于深圳几乎所有的医院和医疗机构都已经改为民企经营，大部分已经完全私有化了。事实上深圳早在2月9日以来就派出5支医疗队77人，支援湖北武汉和荆州，战斗在疫情防控第一线并取得了重要成果，作出了重要贡献。但是，为什么偏偏不顾事实，编织并散布这样低级的谣言呢？这说明总是有人想否定深圳取得的成就，总是有人质疑党中央把深圳作为中国特色社会主义先行示范区的正确性。

  这里需要特别指出，深圳"杀出一条血路"的历史地位和意义，不仅仅在于深圳经济特区建设自身，更重要的是为全国的改革开放"趟路"和"试水"。过去是"先驱""排头兵""尖兵"；现在是"先行示范区"，其历史地位不可撼动，意义重大，影响深远。

2. 人民的伟大实践和聪明才智是先进思想观念产生的土壤

  先进思想观念来自于社会实践。深圳所有先进思想观念的产生，都不是某些天才人物的"发明"和"创造"，而是来自于人民群众的实践和认识，是深圳人民的伟大实践和聪明才智，促成了这些先进思想观念的产生、定型和发展。

  "实践出真知"，"人民，只有人民才是推动历史前进的真正动力"，这个朴素的真理性认识，能够被深圳市委市政府的领导班子所掌握并运用于指导深圳的改革开放实践，实在是深圳人民的一大幸事，也是深圳之所以能够在协调推进"四个全面"战略布局中走在全国前列的重要原因之一。

  对此，我们为深圳人民的智慧点赞，为深圳这块热土孕育出来的深圳精神所感动和鼓舞。深圳市委和市政府曾在市民中遴选"十大观念"，这一决策和举措在深圳社会思想观念的变革和发展中，具有里程碑意义。

深圳十大观念的产生，具有深厚的群众基础。一方面，作为经济特区，站在改革开放的最前沿，站得高，看得远，具有产生先进思想观念的土壤。另一方面，作为移民城市，深圳人来自全国各地，都是从零开始，没有条条框框，思想解放，加快改变深圳面貌成为集体共识。因此，他们敢想敢说敢做，勇于探索，勇于开拓，只要能够想到，就能够做到。深圳推出"十大观念"，可以说是开了全国探索和推出本土精神文明成果的先河，彰显了广大人民群众智慧的伟大力量。

深圳"十大观念"的推出，是从300进100，再从100进30再进10层层筛选的结果。也就是说，十大观念是从300多个思想观念，用层层递进的办法，完全尊重群众的意见，采用投票的方式，逐步地"遴选"出来的。十大观念具有深厚的思想基础和强大的文化底蕴。

如果我们从整体上考量这一遴选的过程，可以得出如下认识和启示：

一是社会存在决定社会意识，思想观念来源于社会实践。伟大的社会实践孕育、萌发、形成了先进的思想观念乃至伟大的理论，形成一种强大的力量，从而又引领和指导社会实践，反作用于社会实践，推动社会向前发展。

二是天道酬勤，春华秋实。深圳人民用双手谱写了改革开放深入发展的壮丽史诗，结下了丰硕的成果。他们提出的"十大观念"，不仅鼓舞和引领了深圳人民艰苦奋斗、顽强拼搏，为国家和民族发展作出巨大贡献，走在全国前列，也成为全国人民认可、学习和遵循的先进思想观念，鼓舞和引领中国人民勇往直前，展现了中国精神的新境界和思想观念的强大影响力。

三是群众是真正的英雄。无论是革命、建设还是改革，不管遇到任何困难，要虚心向群众学习，从群众中汲取智慧和力量。必须始终站在人民群众的立场上，真正解决相信谁、依靠谁、为了谁的问题。只有始终坚持马克思主义的群众观，紧紧团结和依靠人民群众，党和人民的事业才能无往而不胜。

四是坚持党的优良作风和光荣传统，是推进党建工作的重要抓手。密切联系群众是我们党的三大作风之一，任何工作一刻也不能脱离群众，一切从人民群众的利益出发，坚持向人民负责和向党的领导机关负责的一致性，坚持把这些原则作为党的一切工作的出发点。对此，深圳市委市政府作出了表率，基层党组织起到了战斗堡垒作用。

我们看到深圳市委市政府在世界观和方法论的统一中，高度重视精神文明建设，正确决策，行动坚决，富有成效，体现了党的优良作风，彰显了较高的马克思主义理论水平和较强的执政能力，值得学习和借鉴。

（二）深圳精神及十大观念是深圳奇迹的灵魂

分析和论证深圳先进思想观念产生的原因、条件和基础，阐述深圳十大观念的地位、作用及启示，仅在理论层面作一般性的解读，是远远不够的。必须结合深圳改革开放的实践，进行具体的分析和论证。

1. 拓荒牛精神与深圳精神的形成与发展

拓荒牛精神蜚声中外，在国内外产生重大影响。拓荒牛雕塑现位于深圳市政府门前，是深圳市的重要标志之一。拓荒牛精神是在深圳经济特区建设初期形成的。拓荒牛精神代表了深圳经济特区第一代建设者们的拼搏和奉献。当年深圳的创业者们就像这头拓荒牛一样，任劳任怨，勇于开拓，把一个贫穷的边陲小镇，开垦成为一个国际性现代化城市。

拓荒牛精神是深圳精神的重要组成部分。随着深圳经济特区的蓬勃发展，深圳精神也不断被赋予新的内容。在每一个重要发展阶段，都以不同形式彰显着深圳精神的伟大力量。

在改革开放实践中，深圳精神经历过四次提炼。1987年深圳市委首次概括提出"开拓、创新、献身"六个字的特区精神。1990年，又进一步根据实践加以完善，提炼为"开拓、创新、团结、奉献"八个字的深圳精神。2002年3月至8月，深圳市开展了"深圳精神如何与时俱进"大讨论活动，在社会各界引起了强烈反响。深圳市委常委会集中全市人民的建议意见，经过慎重研究，决定将深圳精神重新概括为四句十六个字。新的深圳精神是"开拓创新、诚信守法、务实高效、团结奉献"。2020年10月9日，在深圳市委六届十五次全会上，全会报告发布了16个字的"新时代深圳精神"："敢闯敢试、开放包容、务实尚法、追求卓越"，这是在深圳建设中国特色社会主义先行示范区的新征途上，凝练出来的"新时代深圳精神"。

深圳精神植根于中华民族优秀传统文化土壤，孕育在深圳这个改革开放的前沿阵地，体现了鲜明的时代特色和创新精神，是深圳人民改革开放新时期开创新事业的重要精神动力。深圳市委用深圳精神激励全市人民团结一心，锐意创新，形成了强大的精神动力，带领深圳人民共同奋斗，倾力筑造深圳人的精神家园，成效显著。

拓荒牛精神与深圳精神的形成与发展，逐渐积淀和固化为深圳这座城市的灵魂，深深地扎根于这片沃土，嵌入每一个领域、每一个角落，镌刻在深圳人的心灵里，融化在深圳人的血液中，并由此衍生出许多先进的思想观念。

2020年10月14日，习近平总书记在充分肯定深圳经验的基础上，对深圳的精神文明建设提出要求："经济特区要'坚持两手抓、两手都要硬'，在物质文明建设和精神文明建设上都要交出优异答卷。要加强理想信念教育，培育和践行社会主义核心价值观，深化中国特色社会主义和中国梦宣传教育，教育引导广大干部群众特别是青少年坚定中国特色社会主义道路自信、理论自信、制度自信、文化自信。要弘扬以爱国主义为核心的民族精神和以改革创新为核心的时代精神，继续发扬敢闯敢试、敢为人先、埋头苦干的特区精神，激励干部群众勇当新时代的'拓荒牛'。"

2. 十大观念与改革开放主旋律

2010年8月深圳经济特区建立30周年之际，在深圳市委的领导和组织下，深圳举办了深圳最有影响力十大观念评选活动，引起了全社会的广泛关注。这是深圳精神文明建设的一次伟大创举，具有里程碑的意义。

一切相信群众，一切依靠群众，从群众中来，到群众中去。经过全体市民两个月严格认真的筛选，十大观念终于出炉了。这十大观念是：（1）时间就是金钱，效率就是生命。（2）空谈误国，实干兴邦。（3）敢为天下先。（4）改革创新是深圳的根，深圳的魂。（5）让城市因热爱读书而受人尊重。（6）鼓励创新，宽容失败。（7）实现市民文化权利。（8）送人玫瑰，手有余香。（9）深圳，与世界没有距离。（10）来了，就是深圳人。

十大观念的产生，是深圳人民精神生产的伟大成果。根据马克思主义的精神生产理论，精神生产是一个历史范畴。在精神生产中，人们进行创造性的精神劳动，生产和创造出具有价值的产品，以满足整个人类社会的需要。精神生产作为人类特有的生产活动和实践形式，在人类社会发展过程中起着特殊的作用。主要表现为两个方面：一是生产精神产品满足人们的精神需求；二是为物质生产、社会发展提供理论观点、实践观念、价值取向、行为规范，从而保证人类社会发展的合规律和合目的性的统一。十大观念就是这样的精神产品。

十大观念是深圳人民对中国特色社会主义建设的本质性认识。换言之，是对客观事物的本质认识，是对中国特色社会主义建设的规律性认识。表面上看，这些观念十分朴素、直白、简洁、明了，都是大白话，从300进100，从100进30，再从30进10逐次筛选。实际上，它们却是深入浅出、反映本质的真理性结论、主张和诉求，蕴藏着深奥的道理。十大观念的形成，是对中国特色社会主义认识不断深化的过程，也是对精神产品再加工、再生产的过程。具有从现象到本质、从具体到抽象、从感性认识到理性认识深化的特点，完全符合马克思主义的认识论和实践观。

十大观念彰显了改革开放的主旋律和时代的最强音。我们看到，十大观念真实地反映了深圳改革开放的历史进程和客观现实世界的本质。例如，"时间就是金钱，效率就是生命"不仅是对深圳速度的真实写照，更彰显了深圳人民通过改革开放改变山河面貌的使命和担当，这种只争朝夕的精神，也正是中国改革开放的主旋律。又如，"空谈误国，实干兴邦"不仅是反对"坐而论道""不作为""乱作为"和倡导"实干精神"，更彰显了深圳人民和广东人民一道，赶超亚洲"四小龙"的决心和气概，彰显了时代的最强音。如今，这一观念已成为党的执政理念。再如，"敢为天下先"不仅是对深圳经济特区作为改革开放的"先驱""排头兵"的自我肯定，更彰显了中国走自己的路，坚持和发展中国特色社会主义的主题和时代命题所表现的时代精神。"让城市因热爱读书而受人尊重"，表明深圳城市文化的基础就是读书。深圳绝不是浮躁的文化虚无城市，而是有丰厚的阅读文化为底蕴。读书不但提高市民素质，还和创新直接相关，创新指数和市民阅读指数高度重合。国家倡导的全民阅读就是从深圳开始的，这是一个具有历史意义的伟大创造。"实现市民文化权利"，作为深圳倡导的先进观念，亦具有重要的现实意义。城市文化权利的主体当然是市民，市民享有共享文化成果的权利、参与文化活动的权利、开展文化创造的权利。深圳对这一观念的呼唤、倡导和高度重视，特别是努力践行的社会实践，无疑是中国改革开放向纵深发展和时代伟大进步的缩影。上述列举的部分观念和深圳精神,与新时代中国精神一起所反映的深圳模式、深圳经验,充分体现了中国道路、中国智慧、中国方案、中国之治,都是对世界人类文明发展作出的重要贡献。

需要指出,十大观念的产生,是对深圳经济特区建立30年的社会思想观念的总结。事实上,这只是在民间和社会上的一次"评选",来自于深圳广大民众。其实,深圳先进的思想观念,从来没有仅仅停留在十大观念上,而是随着实践的深入发展,与时俱进,不断结出新的"果实"。

综上,我们阐述了深圳先进思想观念的产生和发展,其中对敢试、敢闯、敢创"杀出一条血路"的精神进行分析,略述了"拓荒牛精神"和"深圳精神",论证了"十大观念"的作用、意义和启示,旨在从不同层面阐述深圳先进思想观念。事实上,这是从总体上理解和把握先进思想观念,并没有从不同层次和不同视角进行深入分析和仔细考量。我们认为,目前不必也没有必要从中分出孰高孰低,其各种表述虽然不同,但是作用和意义却都是一样的。或许有人认为观念处在最低层次,精神处在最高层次,在形式上似乎是如此;但是在本质上,却不能不认识到观念的基础性作用及其所表现出来的核心力量,从而决定精神的力量。这也就是先进社会思想观念之所以能够产生决定性的力量之原因所在。我们强调思想破冰引领改革开放突围,阐述深圳观念创新的逻辑,旨在表明先进观念产生伟大力量。这些先进观念的伟大力量,以其雷霆万钧、排山倒海之势,引领和推动中国特色社会主义道路越走越宽广;以其潜移默化之功,深深地积淀和镌刻在深圳市民的心中。

(三) 深圳观念和广东"三个春天"与新时代

如上所述,"杀出一条血路"精神、拓荒牛精神、深圳精神、深圳十大观念,它们产生在中国改革开放的最前沿,产生在深圳、广东这片沃土当中。它们的出现绝不是偶然的,有其孕育的土壤和条件。广东是中国经济第一大省,珠三角是我国最富裕的地区之一。结合广东和全国改革开放发展的历程,深圳先进思想观念更与广东"三个春天"具有紧密的联系;而新时代中国特色社会主义思想,赋予它们更深刻更丰富的内容。

何谓"广东'三个春天'"?第一个春天,是指1979年春天邓小平批准广东提出的请求,作出建立经济特区的决策,1992年春天邓小平视察珠海、深圳等地，发表了著名的"南方谈话"，《春天的故事》这首歌曲曾回顾了深圳建立经济特区的起始过程。第二个春天，是江泽民同志提出"三个代表"重要思想，时值2000年2月早春，地点在广东省高州市。第三个春天，是胡锦涛同志提出的"科学发展观"，于2003年4月中旬在广州，时值春夏之交、非典（SARS）在全国肆虐。这就是"广东'三个春天'"的来历。①党的十八大以后，习近平总书记多次亲临广东，首先到深圳莲花山拜谒邓小平铜像，发出了中国改革开放再出发的动员令。中国特色社会主义进入新时代，习近平新时代中国特色社会主义思想指引着广东及深圳继续走在全国的前列。

1. "春天的故事"与邓小平理论

每当我们听到《春天的故事》这首歌曲的旋律，中国改革开放的总设计师邓小平的光辉形象，就会浮现在眼前。中国老百姓耳熟能详的《春天的故事》这首歌曲，讲了两个故事。故事一：1979年那是一个春天，有一位老人在中国的南海边画了一个圈，神话般地崛起座座城，奇迹般聚起座座金山。这是指党的十一届三中全会以后，邓小平将深圳划为经济特区。深圳这个昔日的小镇就此繁荣起来。故事二：1992年又是一个春天，有一位老人在中国的南海边写下诗篇，天地间荡起滚滚春潮，征途上扬起浩浩风帆。这是指1992年邓小平的"南方谈话"。歌曲写法通俗，充满生活气息，比喻清新贴切而又充满深情，写出了人民对改革开放的拥护和对小平同志的崇敬，是百姓真正的心声。这是一首感人至深的歌，记录了深圳乃至整个中国的变化。虽是歌曲，《春天的故事》却有史诗般的气势，气势恢宏，又十分亲切，使人如沐春风。

邓小平关于经济特区的论述，经济特区必须坚持社会主义方向、经济特区姓"社"不姓"资"、经济特区是体制改革的试验场、特区经济要从内向转到外向、经济特区有多种形式、经济特区的发展要借鉴外国的文明成果、经济特区要发挥带动和示范作用、实现共同富裕等思想，是邓小平理论的重要组成部分。"邓小平经济特区思想是邓小平理论中一个颇具特

---

① "广东'三个春天'"的提法，最早出自于中共中央政治局委员、广东省委书记张德江同志。2007—2008年，笔者曾任中国社会科学院赴广东调研的党建课题组组长，当面第一次聆听到张德江同志对此问题的总结和看法，深受启发。笔者和课题组成员赞同张德江同志的提法和观点。

色的组成部分,是建设中国特色社会主义理论的重要内容,是马克思主义基本原理同中国具体实际相结合的产物。邓小平同志不仅是经济特区的缔造者,首倡建立经济特区,为经济特区建设提出了根本方针和指导思想;而且还结合经济特区实践,就社会主义的本质、衡量一切工作成败得失的根本标准、市场经济与社会主义、正确利用资本主义等重大理论原则问题发表了许多精辟论述,进一步丰富了建设中国特色社会主义理论。"①

邓小平称自己是"实事求是派",强调实践是检验真理的唯一标准。他最尊重实践,善于把握时代发展的脉搏,善于从新的实践和新的条件中总结新经验、提出新观点、拓展新视野、开辟新道路。正如胡锦涛同志所指出的:"邓小平同志以其深厚的马克思主义理论修养和高瞻远瞩的政治远见,抓住什么是社会主义、怎样建设社会主义这个根本问题,深刻揭示了社会主义的本质,第一次比较系统地初步回答了在中国这样经济文化比较落后的国家如何建设社会主义、如何巩固和发展社会主义的一系列基本问题,实现了马克思主义与中国实际相结合的又一次历史性飞跃,提出了许多对党和人民事业发展具有开创意义的思想,创立了邓小平理论。"②

深圳经济特区的发展成就,表明深圳是邓小平理论的实践者、受益者,同时也是邓小平理论科学性和真理性的佐证者。深圳人民和全国人民热爱邓小平,莲花山上那座巍峨的邓小平铜像和市中心"邓小平'基本路线要管一百年'的巨幅宣传画像",见证着深圳已有的辉煌成就,也将见证深圳未来的飞跃发展。深圳的名字与邓小平理论已融为一体,深圳人民永远怀念中国改革开放的总设计师、经济特区的缔造者邓小平。试想,如果没有邓小平在经济特区特别是在深圳等地巡视和调查研究,那不朽的名篇南方谈话能够产生吗?南方谈话的思想观点,能有那样地斩钉截铁和雄浑底气吗?当我们党用邓小平理论指导改革开放和中国特色社会主义现代化建设时,显然,也包含着深圳先进思想观念及其理论贡献。

2. 贯彻"三个代表"重要思想,"增创新优势,更上一层楼"

江泽民同志是"三个代表"重要思想的主要创立者。江泽民同志也是

---

① 钟坚:《邓小平经济特区思想的丰富内容和时代意义》,《人民日报》2004年9月16日。
② 胡锦涛:《在邓小平同志诞辰100周年纪念大会上的讲话》,人民出版社2004年版,第6—7页。

最早参与创办经济特区的领导同志之一。他先后15次来深圳视察指导工作，代表中央提出了经济特区"四个不变"，勉励深圳"增创新优势，更上一层楼"，"努力形成和发展经济特区的中国特色、中国风格、中国气派"，有力地推动了深圳的跨越式发展。

2000年2月，江泽民同志在广东茂名高州市领导干部"三讲"教育会议上，第一次精辟阐述了"三个代表"重要思想。随后于21日至25日在深圳考察，围绕加强新时期党的建设和推进高新技术产业发展这两个题目进行调研。同年11月15日，江泽民同志在国外访问后取道深圳回国，出席深圳经济特区建立20周年庆祝大会。江泽民同志指出："在新的历史条件下，经济特区要认真总结成功经验，抓紧解决存在的问题，继续'增创新优势，更上一层楼'，努力创造新的业绩，率先基本实现现代化。发展经济特区，是建设有中国特色社会主义事业的重要组成部分，将贯穿我国改革开放和现代化建设的全过程。发展是硬道理。经济特区要继续当好改革开放和现代化建设的排头兵，继续争当建设有中国特色社会主义的示范地区，继续充分发挥技术的窗口、管理的窗口、知识的窗口和对外政策的窗口的作用，努力形成和发展经济特区的中国特色、中国风格、中国气派。这是历史赋予经济特区的光荣使命。"[①]

江泽民同志还指出，经济特区要带头加快体制创新，率先为全国建立比较完善的社会主义市场经济体制积极探索和实践；要带头大力推进科技创新，在加快结构调整和产业优化升级、实现经济增长方式的根本转变上创造新鲜经验；要带头增强服务全国的大局意识，加强与内地的经济技术交流与合作，积极支持实施西部大开发战略；要带头始终不渝地坚持"两手抓，两手都要硬"的方针，大力加强社会主义精神文明建设，交好物质文明建设和精神文明建设两份答卷；要坚持进行"致富思源、富而思进"的教育；要带头按照"三个代表"的要求全面加强党的建设，不断提高党组织的战斗力和凝聚力，增强拒腐防变的能力。

深圳贯彻落实"三个代表"重要思想，交出了让党中央和全国人民满意的答卷。深圳市委领导班子，认真贯彻落实江泽民同志关于经济特区要努力做到"三个继续，五个带头，一个率先，一个示范"的要求，进一步

[①] 《江泽民论有中国特色社会主义（专题摘编）》，中央文献出版社2002年版，第202页。

解放思想，实事求是，与时俱进，开拓创新，不断在体制创新上取得新成果，把深圳的改革开放和现代化建设提高到新水平。我们分析了深圳市政府2001年、2002年、2003年三年的政府工作报告，从中可以看出深圳在此期间贯彻落实"三个代表"重要思想的基本情况。2003年深圳政府工作报告表明，国民经济快速健康增长，发展后劲进一步增强；投资发展环境不断优化，对投资者和各类人才的吸引力进一步提高；以国有企业改革为重点的各项改革全面推进，对外开放向纵深发展；城市规划管理工作增强，基础设施建设进展良好；各项社会事业全面进步，精神文明和法制建设再上新台阶；人民生活水平进一步提高，维护社会稳定工作卓有成效。①

这里需要指出，"江泽民同志创造性提出了'三个代表'重要思想。显然我们党这个重大理论创新成果也凝聚着深圳经济特区发展经验"②。这就表明我们党的重大理论创新成果，均来自中国特色社会主义建设的伟大实践，表明党的指导思想的与时俱进，彰显了中国化马克思主义的理论品格和实践品格。因此，我们可以说，"三个代表"重要思想的产生和发展，也来自于经济特区包括深圳经济特区的伟大实践。实践出真知，伟大的实践产生伟大的理论；同时，伟大的理论指导伟大的实践。

3. 坚持科学发展观，协调发展走在全国前列

胡锦涛同志是科学发展观的主要创立者。胡锦涛同志提出科学发展观，与广东和深圳都有直接或间接的关系。

2003年4月10日至15日，胡锦涛同志在中共中央政治局委员、广东省委书记张德江等领导同志的陪同下，先后考察了湛江、深圳、东莞、广州四市，并听取了广东省委、省政府的工作汇报。4月11日下午，胡锦涛同志来到深圳市中兴通讯股份有限公司考察。12日上午，胡锦涛同志来到华为技术有限公司，仔细察看各类产品，听取了公司总裁任正非的汇报。中国长城计算机深圳股份有限公司、深圳清华大学研究院、深圳高新技术产业园区、富士康企业集团，也先后留下了胡锦涛同志考察的足迹并听取了他的有关指示。

胡锦涛同志高度重视和十分关心深圳等经济特区的发展，他指出在新形

---

① 于幼军：《政府工作报告》，2003年2月27日深圳市第三届人民代表大会第五次会议。
② 冷溶：《30年深圳举世瞩目 要继续改革创新敢闯敢试》，中国广播网，2010年8月22日。

势下，经济特区地位和作用不仅没有改变，而且将在实践中进一步突显重要地位，发挥出更大的作用。他要求深圳在加快发展、率先发展、协调发展方面继续走在全国前列。特别是4月15日他在广东考察工作时发表的重要讲话，明确提出要坚持全面的发展观。他指出，在发展问题上我们始终要坚持两条，一是发展是硬道理，是解决中国所有问题的关键，必须抓住一切机遇。二是发展要有新思路，必须实施科教兴国战略、可持续发展战略，实现速度、结构、质量、效益相统一，经济发展和人口、资源环境相协调，促进中国特色社会主义经济、政治、文化的全面发展。胡锦涛同志在广州的讲话，已经阐述了科学发展观的基本思想。"可以看出，胡锦涛同志在这次讲话中已经转变发展思路、树立新的发展理念。不久他就明确提出科学发展观重大思想。这再一次凸现了深圳经济特区的经验对于探索中国特色社会主义发展道路，推动我们党的理论创新所发挥出的重要作用。"①

2010年9月4日到6日，在深圳经济特区建立30周年之际，胡锦涛同志来到广东深圳考察工作。提高自主创新能力，推动产业结构升级，使经济特区在加快转变经济发展方式中充分发挥带头作用，是胡锦涛同志关注的问题。在深圳期间，他重点考察了这方面工作。在深圳腾讯计算机系统有限公司、中国科学院深圳先进技术研究院、中国广东核电集团有限公司大亚湾核电基地、深圳市中心的罗湖区南湖街道渔民村社区，胡锦涛同志希望广大干部群众紧紧抓住宝贵机遇，在新的起点上继续解放思想、坚持改革开放、奋力攻坚克难，努力当好推动科学发展、促进社会和谐的排头兵，在夺取全面建设小康社会新胜利、开创中国特色社会主义事业新局面的征程上再立新功。

9月6日，胡锦涛同志出席深圳经济特区建立30周年庆祝大会并发表重要讲话。他说深圳"创造了世界工业化、现代化、城市化发展史上的奇迹"，"向世界展示了社会主义中国的勃勃生机和光明前景"。他表示，在全面建设小康社会、加快推进社会主义现代化的进程中，经济特区不仅应该继续办下去，而且应该办得更好。中央将一如既往支持经济特区大胆探索、先行先试、发挥作用。经济特区要适应国内外形势新变化、按照国家发展新要求、顺应人民新期待，面向现代化、面向世界、面向未来，继续

---

① 冷溶：《30年深圳举世瞩目 要继续改革创新敢闯敢试》，中国广播网，2010年8月22日。

解放思想，坚持改革开放，努力当好推动科学发展、促进社会和谐的排头兵，在改革开放和社会主义现代化建设中取得新进展、实现新突破、迈上新台阶。① 在这次讲话中，胡锦涛同志对深圳经济特区提出了"五个继续"要求：第一，继续加快转变经济发展方式，努力为推动科学发展探索新路。第二，继续深化改革开放，努力为推动科学发展提供制度保障和动力源泉。第三，继续加强社会主义精神文明建设，努力为推动科学发展提供良好文化条件。第四，继续促进社会和谐，努力为推动科学发展营造良好社会环境。第五，继续推进党的建设，努力为推动科学发展、促进社会和谐提供坚强保证。②

深圳市委市政府贯彻落实科学发展观，提出了转变发展模式的战略思路，其核心内容是深圳面临土地、资源、环境、人口四个难以为继，必须改变传统模式，痛下决心加快转变经济发展方式。2005年5月，中国共产党深圳市第四次代表大会提出，以科学发展观统领经济社会发展全局，以改革创新为动力，以全面加强党的建设、提高执政能力为保证，努力建设"和谐深圳""效益深圳"。建设充满活力的深圳；建设公平正义的深圳；建设诚信友爱的深圳；建设安定有序的深圳；建设民主法治的深圳；建设人与自然和谐的深圳。③ 从根本上认识和解决发展是为了谁的问题。

2006年3月，来自新华社的一篇通讯说，在深圳市，以企业为主体的自主创新体系基本形成。深圳落实科学发展观"4个90%"：90%以上研发机构设立在企业，90%以上研发人员集中在企业，90%以上研发资金来源于企业，90%以上职务发明专利出自于企业。显现出自主创新三大亮点：亮点一：政府的角色定位是服务；亮点二：企业是创新的真正主体；亮点三：创新的社会氛围尤为可贵。2009年2月，省委书记汪洋在广东省十一届人民代表大会第二次会议上，充分肯定深圳围绕"科学发展，先行先试"进行大量积极探索，为全省实施"三促进一保持"创造了丰富经验

---

① 参见胡锦涛《在深圳经济特区建立30周年庆祝大会上的讲话》，人民出版社2010年版，第6页。

② 参见胡锦涛《在深圳经济特区建立30周年庆祝大会上的讲话》，人民出版社2010年版，第6—13页。

③ 李鸿忠：《全面落实科学发展观 大力推进改革创新 努力建设和谐深圳效益深圳》，《深圳特区报》2005年8月16日。

和好做法。当前要紧紧抓好"三促进一保持"。深圳作为改革开放的排头兵和全国最早发展"三来一补"的地区之一，之所以能在国际金融危机中仍然保持 GDP 增速 12.1% 的好势头，就是因为深圳勇于先行先试，较早抓自主创新和产业转型升级。在当前应对国际金融危机的情况下，只有在"三促进"基础上的"一保持"才是可持续的，而"三促进"的核心是提高自主创新能力，同时要坚持传统产业的转型升级和建设现代产业体系二者不可偏废，前者是从我国国情出发，立足于富民，后者是从提高竞争力着眼，立足于强市。[①] 深圳市委书记刘玉浦在发言中强调："深圳是改革开放的试验田。今年，要争当保增长保民生保稳定的排头兵。我们开展了'服务年'活动，以'三服务'促'三保'，即服务企业保增长，服务群众保民生，服务基层保稳定。"

胡锦涛同志提出科学发展观，其思想的源泉，当然与深圳和广东有关。中国发展中遇到的所有问题，在深圳都程度不同地存在着。过去是这样，现在也是这样，将来还会是这样。问题在于，深圳人敢于面对问题，绝不回避问题，善于解决问题。市委市政府坚持以人为本，善于倾听群众的呼声，关注民生问题，较早地认识到协调发展的重要性。深圳始终抓住第一要务，坚持发展是硬道理，发展有新思路。因此，深圳作为改革开放的排头兵，是货真价实的，深圳模式和深圳经验，值得全国借鉴和学习。

4. 习近平新时代中国特色社会主义思想指引新征程

党的十八大以来，中国特色社会主义进入了新时代，形成了习近平新时代中国特色社会主义思想。深圳经济特区又站在了新的历史起点上。深圳市委市政府在习近平新时代中国特色社会主义思想的指导下，全面贯彻党中央关于"五位一体"总体布局和协调推进"四个全面"战略布局的指示精神，开辟了深圳经济特区发展的新局面、新境界。2019 年 8 月 16 日《中共中央国务院支持深圳经济特区建设中国特色社会主义先行示范区的意见》正式公布。这是深圳新的历史使命与担当。

支持深圳建设中国特色社会主义先行示范区，是习近平总书记亲自谋划、亲自部署、亲自推动的重大国家战略。我们从国内媒体提供的信息获悉，从 2008 年 7 月至 2018 年 10 月，习近平先后三次来到深圳考察工作。

[①] 《汪洋称绝不排斥深圳在各个方面超越广州》，《南方日报》2009 年 2 月 16 日。

第一次是在 2008 年 7 月，正值中国改革开放 30 周年，时任国家副主席的习近平在广东考察期间，专程去到深圳调研。2012 年 12 月，习近平同志当选中共中央总书记后，首次离京考察，再赴广东，首站便来到深圳。这是习近平第二次到深圳。第三次是在 2018 年 10 月 24 日，习近平再次来到深圳市调研，他说："再一次来到深圳，再次来到广东，我们就是要在这里向世界宣示：中国改革开放永不停步！下一个 40 年的中国，定当有让世界刮目相看的新成就！"①

2018 年 12 月 26 日，习近平总书记对深圳作出重要批示，充分体现了对深圳经济特区特别的重视、特别的厚爱、特别的嘱托、特别的寄望。习近平总书记的重要批示高屋建瓴，进一步明确了深圳在全国发展大局中的使命任务和责任担当，进一步明确了深圳在粤港澳大湾区建设中的地位和作用，进一步宣示了将改革开放进行到底的信念和决心，为新时代深圳发展明确了战略定位、注入了强大动力、提供了根本遵循，对于深圳奋力开创新时代改革开放新局面，更好发挥探路先锋、攻坚突破、示范引领作用，具有重大政治意义、现实意义和深远历史意义。②

2020 年 10 月 12 日至 14 日，习近平总书记赴广东考察，这是他的第四次广东之行。在潮州调研企业和在深圳出席庆祝大会时，总书记两次强调，要深刻领会、准确把握党中央战略意图。在十九届五中全会即将召开之时、在中国改革开放先行之地，这一表述意味深长。

2020 年 10 月 14 日，在深圳经济特区建立 40 周年庆祝大会上的讲话中，习近平总书记回顾了 40 年深圳经济特区实现的历史性跨越，总结了经济特区 40 年改革开放创新发展的十条经验，对新时代深圳经济特区建设提出明确要求。习近平总书记明确指出深圳等经济特区发展的十条经验："以上十条，是经济特区 40 年改革开放、创新发展积累的宝贵经验，对新时代经济特区建设具有重要指导意义，必须倍加珍惜、长期坚持，在实践中不断丰富和发展。"③

---

① 《习近平十年三下深圳 传递的信号有何异同？》，中国新闻网，2018 年 10 月 27 日。
② 《牢记嘱托勇担当 奋力作为谱新篇——写在习近平总书记对深圳工作作出重要批示一周年之际》，《深圳特区报》2019 年 12 月 26 日。
③ 习近平：《在深圳经济特区建立 40 周年庆祝大会上的讲话》，人民出版社 2020 年版，第 5—6 页。

习近平总书记的讲话，高度评价了深圳奇迹和成功经验，是对深圳市委历届领导和广大干部群众所作重大贡献的充分肯定，是对深圳人民的巨大鼓舞。

习近平在担任国家领导人之前，一共有多少次来过深圳，由于资料有限，目前还不得知。但是我们知道，深圳经济特区是在习近平的父亲习仲勋同志首倡和主导下建立起来的。1978年8月，习仲勋同志时任中共广东省委书记，他在广东惠阳农村调研时，在清华大学读书的习近平利用暑假时间参加社会实践，随同父亲一起下乡。这期间，他对广东的基本情况增强了了解。更重要的是，习近平从政以后，具有管理和发展经济特区的经历，1985年，国务院批准将厦门经济特区范围扩大到厦门全岛。这年夏天，习近平从河北南下，担任市委常委、常务副市长。作为厦门经济特区初创时期的领导者、拓荒者、建设者，习近平同志在这片充满激情的热土，与广大经济特区建设者并肩奋斗，开启了一系列改革开放、经济建设、环境保护、文化遗产保护等生动实践，取得了丰硕的成果。凝结其中的科学理念、宝贵经验和优良作风①，对于亲自谋划和部署深圳作为中国特色社会主义先行示范区，一定会有很大的帮助。

深圳建设中国特色社会主义先行示范区，站在新的历史起点上，开始了新的征程。深圳迎来了续写自身发展奇迹、再创辉煌的重大历史机遇。在习近平新时代中国特色社会主义思想的指引下，深圳人民建设先行示范区，信心百倍、志在必得。信心和底气，来自哪里呢？来自于"改革创新是深圳的根，深圳的魂"，来自于"深圳，与世界没有距离"；来自于深圳人民的团结和奉献："来了，就是深圳人"；更来自于习近平总书记的掌舵领航，来自于党中央的关怀厚爱，来自于广东举全省之力的强力支持和全国人民的支持。

我们看到的是，现在深圳坚定地扛起建设先行示范区的主体责任，将之作为各项工作的总牵引、总要求，围绕先行示范区建设的战略定位、阶段发展目标和重点任务，画出了"施工图"，制定了"任务书"，确保跑好先行示范区建设的"第一程"，开局良好，形势喜人。深圳人民和全国人民一道，和全世界人民一道，将目睹深圳续写自身发展奇迹的华章，将

---

① 《习近平与厦门的几个鲜为人知的故事》，新华网，2018年6月22日。

成功地实现习近平和党中央对先行示范区既定的目标，为社会主义现代化强国建设贡献全部力量。

如上所述，深圳先进思想观念的产生与改革开放取得的巨大成就，都和广东"三个春天"、习近平新时代中国特色社会主义思想的指引，密切相关。从实践逻辑的视角分析，深圳经济特区是中国特色社会主义建设的产物，是中国共产党在改革开放新时期缔造出来的。深圳取得的所有成就，都取决于中国特色社会主义道路的成功。深圳经济特区是中国特色社会主义实践形态最闪光的亮点。从理论逻辑的视角看，深圳先进思想观念与中国特色社会主义理论体系是融汇在一起的，它们从属于中国特色社会主义理论体系。在一定的意义上说，深圳先进思想观念与中国特色社会主义理论体系，是个别与一般、特殊与普遍的关系。从整体上说，正是中国特色社会主义理论体系决定了深圳先进思想观念的生命力和影响力，也决定了它们的深刻性。同时，深圳先进思想观念，也为丰富中国特色社会主义理论体系，作出了应有的贡献。

5. 难忘大潮起珠江，"春天的故事"永远传唱

对于新一代深圳人来说，中国特色社会主义先行示范区建设的使命，是最光荣的，能够在中国特色社会主义先行示范区里学习、工作、生活，是最幸运的，也是最幸福的。

饮水思源，深圳人心中应有五个铭记：

一是永远铭记邓小平对深圳的关怀。邓小平是中国改革开放的总设计师，也是经济特区的缔造者。一首"春天的故事"表达了深圳人民对邓小平的爱戴。他们将牢记邓小平对经济特区的寄望和重托，同时也牢记党中央其他老一辈领导人的殷殷教诲，一代又一代薪火相传。

二是永远铭记以习仲勋为代表的广东省委的正确指导。经济特区是在习仲勋同志的斡旋下产生的，他指导并呵护着深圳健康发展。晚年的习仲勋长时间生活在深圳，已经和深圳人民融合在一起。

三是永远铭记深圳市委新老班子成员的正确决策和指挥。深圳发展的奇迹，凝聚着深圳市委每一届领导班子的心血，正是有了他们的决策和指挥，深圳人民创造了今天的辉煌。有的老书记老领导已经故去，有的仍在为深圳发展出谋划策，奔走呼号。他（她）们将永远镌刻在深圳发展的史册上。

四是永远铭记来自全国各地的优秀创业者和企业家们，还有两万多基建工程兵和十几万干部的奠基性贡献。正是他们风尘仆仆地从祖国的四面八方汇聚在深圳，从此成为深圳建设的奠基者和开拓者。他们是深圳经济特区建设的"先驱"，深圳人民永远铭记他们的贡献。

五是永远铭记全国人民的鼎力支持和无私帮助。深圳经济特区属于中国。全国人民都关心和支持深圳经济特区发展。没有全国人民的鼎力支持和无私帮助，也没有深圳的今天。[①] 全国人民为深圳奇迹感到"自豪"，深圳已成为每一位中国人心中那张闪光的"名片"。

以"五个铭记"类推，深圳人民也将永远铭记中央领导人江泽民、胡锦涛、习近平对深圳的寄望和嘱托；铭记广东省委李长春、张德江、汪洋、胡春华、李希等同志的正确领导；铭记深圳各级领导以及广大干部队伍和最广大人民群众的历史性贡献。

继往开来，深圳人民对未来充满了憧憬和自信。《中共中央国务院关于支持深圳建设中国特色社会主义先行示范区的意见》，具有划时代和里程碑意义，将引领深圳谱写崭新的篇章、开创更加辉煌的未来。

中国特色社会主义先行示范区赋予深圳"高质量发展高地、法治城市示范、城市文明典范、民生幸福标杆、可持续发展先锋"五个战略定位。通过加快实施创新驱动发展战略、加快构建现代产业体系、促进社会治理现代化、全面推进城市精神文明建设、发展更具竞争力的文化产业和旅游业、提升教育医疗事业发展水平、完善社会保障体系、构建城市绿色发展新格局等举措，实现新的发展目标，这就是：

到2025年，深圳经济实力、发展质量跻身全球城市前列，研发投入强度、产业创新能力世界一流，文化软实力大幅提升，公共服务水平和生态环境质量达到国际先进水平，建成现代化国际化创新型城市。

到2035年，深圳高质量发展成为全国典范，城市综合经济竞争力世界领先，建成具有全球影响力的创新创业创意之都，成为我国建设社会主义现代化强国的城市范例。

到21世纪中叶，深圳以更加昂扬的姿态屹立于世界先进城市之林，

---

① 在深圳十大观念遴选的过程中，从100进30的前30个观念里曾有："感恩改革开放，回报全国人民"，虽然最后落选，但是这一观念已在深圳人中具有足够的分量。

成为竞争力、创新力、影响力卓著的全球标杆城市。

届时，中国人民和世界人民将见证这一切；届时，深圳新的先进思想观念、新的精神生产成果也将在实践中不断涌现、争相问世，继续引领深圳人民勇往直前。美哉，深圳，新的奋斗和新的辉煌在向你招手；壮哉，深圳，新征程任重而道远，"雄关漫道真如铁，而今迈步从头越"。

三 先进思想观念与深圳未来新飞跃

阐述先进思想观念与深圳经济特区发展的关系，旨在说明先进思想观念所产生的伟大力量，进而阐述坚持和发展中国特色社会主义是党的全部理论和实践的主题；中国特色社会主义理论体系是深圳创造伟业和奇迹的思想武器和行动指南。这是我们从社会思想观念的视角，探寻深圳取得发展奇迹原因的尝试。

为什么要重视思想观念的变革？为什么要研究深圳先进的思想观念？深圳的先进思想观念是从哪里来的？这些问题需要回答。今天，中国特色社会主义进入了新时代，深圳已经踏上了建设中国特色社会主义先行示范区的新征程，先进思想观念对深圳未来发展和新的飞跃会有什么影响？也是需要回答的问题。

（一）深圳先进思想观念从哪里来？

深圳的先进思想观念是从哪里来的？是深圳人头脑中固有的、臆造出来的吗？当然不是！它们来自深圳鲜活的伟大实践，是在伟大实践中产生和发展的。这是马克思主义的基本原理和常识。

1. 社会思想观念的内涵

社会思想观念，是人们在社会活动（社会生活、社会交往、社会关系、社会运动）中，通过头脑思维反映客观事物而形成的各种见解和认识。这些见解和认识，具有抽象的性质。在马克思看来，"观念的东西不外是移入人的头脑并在人的头脑中改造过的物质的东西而已"。社会思想观念，属于意识形态的范畴。具体来说，社会、思想、观念，各自有不同的含义。

观念作为哲学术语，是主体进行思维和抽象的结果。它是在意识中反映、掌握外部现实和在意识中创造对象的形式化结果,同物质的东西相对立,属于精神层面的东西。"观念"一词来自希腊文,原意是"看得见的"形象。在柏拉图哲学中,它(译作"理念")是指永恒不变的真实的存在,是人脑对感性事物的完善的样本或模型化的结果。在日常生活中,在很多情况下,理念和观念可以互用,即理念就是观念,观念也是理念。从认识论上看,理念是观念的结合和重构。

思想是比观念更宽泛的主体行为,观念来源于思想,是在思想中形成的。思想是动态的意识,是一系列的信息,输入人的大脑后,经历一个包括采集、整理、汇总、分析、判断等得出一个成型结论的复杂过程,形成的一种可以用来指导人的行为的意识。思想是客观存在反映在人的意识中经过思维活动而产生的结果。这样一来,思想和观念又都是客观存在反映在头脑中的结果。因此,有时候人们把思想和观念连在一起,简称思想观念。

社会是由人与环境形成的关系总和,是共同生活的个体通过各种各样关系联合起来的集合。这种关系叫作"社会关系"。人类最主要的社会关系包括家庭关系、共同文化以及传统习俗,还包括个体之间的关系、个体与集体的关系、个体与国家的关系,还有群体与群体之间的关系、群体与国家之间的关系,等等。一个城市或国家,在实质上是以一方领土为界限的大社会。而人类的生产、消费娱乐、政治、教育等,都属于社会活动范畴。

综合上述理解,社会思想观念,就是观念、思想、社会的集合。社会思想观念不是某个人的思想和观念,具有社会的性质。社会思想观念具有普遍性。即它不是一个或几个人的见解,而是形成了群体认识,具有普遍的认同性,并具有广泛的传播性。我们通常把思想观念,称为社会思想观念,就是这个道理。当然,社会思想观念虽然不是个体或某人的见解,但是,它们是通过个体或某个人的行为来表达和表现的,这就是个别与一般的辩证关系,不能将之割裂开来。

社会思想观念具有层次性和阶段性。通常所说的社会思想观念,已经不是感性认识阶段的粗浅见解,不是停留在一般概念的层次;而是在理性认识阶段形成的见解,是成熟性的见解,具有一定的深刻性。但是,任何社会思想观念都有待于不断深化,而且深化是无止境的。

社会思想观念是社会思潮的根基。有什么样的社会思想观念，就会形成什么样的社会思潮。社会思想观念在见解和认识的基础上，形成各种诉求、主张乃至世界观。

社会思想观念对社会发展具有反作用力。社会思想观念不仅反映客观现实，而且还能根据对客观现实的反映为实践创造观念的对象，以作为实践的目的。社会思想观念可以推动社会进步，也可以反其道而行之。因此，推动社会进步的社会思想观念，就是先进的社会思想观念。反之，就是落后的社会思想观念；开社会历史倒车，则是反动的社会思想观念。

2. 社会存在孕育新思想新观念

仅就思想观念而言，思想观念是思想和观念的复合词组。按照马克思主义哲学的基本原理，存在决定意识，社会存在决定社会意识。因此，思想和观念都是存在或社会存在的反映。某种思想和观念出现，与客观存在和客观现实的影响与需求密切相关。本质上是思维和存在的关系，是社会意识和社会存在的关系。其中，存在与社会存在是第一性的，思维与社会意识是第二性的。换言之，存在决定思维，社会存在决定社会意识。同时，思维与存在、社会意识与社会存在具有同一性；思维和社会意识反作用于存在与社会存在。引申开来，思维与存在、社会意识与社会存在的关系，也是精神和物质、精神文明与物质文明之间的关系。同样，也是物质决定精神，精神反作用于物质；物质文明决定精神文明，精神文明反作用于物质文明。

任何思想观念，必然是客观存在的反映，所谓先天的或天赋的思想观念，就已经存在于人的头脑中，那是唯心主义臆想出来的，是站不住脚的。同理，先进的思想观念，只能来自于实践，绝不是天上掉下来的，更不是人的头脑中所固有的。新思想新观念也是如此，它们必然来自于新实践和新的客观存在及其发展。所谓实践是思想观念之母，说的就是这个道理。我们来看深圳的新思想新观念，反思深圳先进思想观念的产生，就会更加证明马克思主义哲学基本原理的科学性和真理性。

3. 先进思想观念"破茧而出"及其影响

如果人们要问：深圳先进的思想观念是怎样产生的？形象地说是怎样"破茧而出"的？回答就是来自于实践，是深圳经济特区改革开放活生生的实践，决定了诸多先进思想观念的产生。

先进思想观念的产生，绝不是一蹴而就的。"破茧而出"的形象说法，是指先进思想观念的产生，是一个过程，是一个前进的过程，也是科学认识真理和掌握真理的过程。毛泽东在《实践论》中明确指出："要完全地反映整个的事物，反映事物的本质，反映事物的内部规律性，就必须经过思考作用，将丰富的感觉材料加以去粗取精、去伪存真、由此及彼、由表及里的改造制作工夫，造成概念和理论的系统，就必须从感性认识跃进到理性认识。这种改造过的认识，不是更空虚了更不可靠了的认识，相反，只要是在认识过程中根据于实践基础而科学地改造过的东西，正如列宁所说乃是更深刻、更正确、更完全地反映客观事物的东西。"[1]

我们看深圳诸多的先进思想观念，从"敢闯敢试""杀出一条血路来"，到"改革创新是深圳的根、深圳的魂"；从"时间就是金钱，效率就是生命"，到"空谈误国、实干兴邦"；从"来了就是深圳人"到"送人玫瑰，手有余香"……这些之所以被视为先进思想观念，就在于它们积淀于深圳波澜壮阔的改革开放实践之中，迸发出伟大的精神力量，鼓舞了无数深圳人在经济特区的建设中冲锋陷阵、贡献自己的全部智慧和力量，从而又引领了深圳特区建设向纵深发展。这些先进思想观念的产生，不是感性的，更不是片面和表面的东西，而是反映了客观事物的本质，反映了客观事物内部的规律性。更进一步说，这些先进思想观念不仅仅是正确地认识和解释世界，更在于能动地改造世界。

换言之，深圳这些来自于实践的先进思想观念，能够能动地指导和引领深圳改革开放的伟大实践，能动地改造深圳的客观世界。这也就是先进思想观念的伟大能动作用，形成了推进深圳改革开放的伟大力量。这是深圳巨变的内在原因。正如毛泽东同志如此重视理性的认识必须回到实践中去："认识从实践始，经过实践得到了理论的认识，还须再回到实践去。认识的能动作用，不但表现于从感性的认识到理性的认识之能动的飞跃，更重要的还须表现于从理性的认识到革命的实践这一个飞跃。"[2] 正是这个伟大的飞跃，成就了深圳奇迹，成就了深圳腾飞。

如果具体发问：这些先进观念是如何影响深圳经济、政治、文化、社

---

[1] 《毛泽东选集》第1卷，人民出版社1991年版，第291页。
[2] 《毛泽东选集》第1卷，人民出版社1991年版，第292页。

会发展的？一般说来，它们表现在三个方面：一是影响市委、市政府的决策。当这些先进思想观念被决策层接受之后，出台相应的方针和政策是必然的。二是在更高的层面上，从根本上贯彻和落实这些先进思想观念，即通过立法的方式来实现。三是就其普遍性来说，它们会产生民间和政府之间的互动，特别是引起广大市民之间的互动。例如"来了就是深圳人"，首先影响了广大市民的心理状态；其次直接影响决策者的决策理念，促使政府下决心调整有关政策；再次强化了市民之间的平等意识，促进了深圳社会和谐发展。这一观念的意义和影响无疑是深远的，其先进性与科学性不断得到彰显，随着时间的推移和社会的进步，它历久弥坚，历久弥新。

（二）民族精神与时代精神的深圳演绎

在学理上讨论社会思想观念，仅停留在这个层面也是不够的。重要的是紧密结合深圳经济特区发展的伟大实践，认识和把握民族精神和时代精神，继而弘扬新时代深圳精神。

1. 气壮山河的民族精神

在深圳经济特区发展的伟大实践中，我们看到，无论是拓荒牛精神、深圳精神，还是十大观念，都是社会主义精神文明建设的产物，践行了社会主义核心价值观，弘扬了以爱国主义为核心的民族精神。深圳经济特区40年的历史表明，深圳精神生产的伟大成果，是深圳人民在前进的征途中，披荆斩棘、百折不挠、流汗、流泪、流血甚至牺牲，付出了千辛万苦换来的。深圳人民的奋斗史，可谓惊天地、泣鬼神，诠释了气壮山河的民族精神。

我们所说的民族精神，是指中华民族精神，即多元统一的中华民族精神。中华民族精神的形成，有着极其深厚的土壤。在世界历史上，只有中华文明历悠悠五千年而绵延不绝。历史上曾称雄于世的四大文明古国，由于各种复杂的原因，埃及、印度和巴比伦文明在发展延续中产生了断裂、颓败甚至彻底毁灭，而中华民族在激流奔腾的历史长河中，却始终得以延续，孕育了伟大的民族精神。中华民族精神源远流长、博大精深、多彩多姿，内容丰富。有学者把世界观、价值观、思维方式（方法论）看作民族精神的内核和根据；也有学者把"自强不息、厚德载物"作为中华民族精神的主要内容，主张中华民族精神是境内各民族不断融汇和凝聚的结晶，是维护祖国统一和民族团结的强大纽带。

"一个国家,如果没有自己的精神支柱,就等于没有灵魂,就会失去凝聚力和生命力。有没有高昂的民族精神,是衡量一个国家综合国力强弱的一个重要尺度。综合国力,主要是经济实力、科技实力,这种物质力量是基础,但也离不开民族精神、民族凝聚力,精神力量也是综合国力的重要组成部分。"[1] 在五千多年的发展中,中华民族形成了以爱国主义为核心的团结统一、爱好和平、勤劳勇敢、自强不息的伟大民族精神。今天,拓荒牛精神、深圳精神、深圳十大观念,是深圳经济特区在改革开放、建设中国特色社会主义伟大事业的实践中,不断形成和发展的中华民族精神,已成为中华民族精神的宝贵财富,成为中华民族精神演进的重要成果。

从上述对民族精神的认识和把握出发,可以进一步认识和理解深圳精神。深圳精神就是深圳人民精神,也就是深圳人的精神。深圳精神是一种革命精神,"实干兴邦,空谈误国",深圳人民在改革开放作为中国第二次革命中所表现出来的革命精神,可谓战天斗地,永垂青史。"来了就是深圳人"这一思想观念,也是深圳精神的反映,体现了伟大的团结精神。深圳这座年轻的城市,是由全国各地移民过来的创业者组成的,是真正的来自五湖四海。值得重点提及的是,深圳汇集了全国55个少数民族,成为多民族居住的城市。2017年全市少数民族人口总数105.18万人,是继北京之后全国第二座汇聚齐56个民族成分的大城市,被国家列为全国12个"少数民族流动人口服务管理体系建设工作试点城市"之一。拓荒牛精神、深圳精神、深圳十大观念,就是深圳人以爱国主义为核心的团结统一、爱好和平、勤劳勇敢、自强不息的伟大民族精神。

2. 时代精神

事实上,民族精神与时代精神是不能分割的。民族精神是每一个历史时期的"时代精神"的积淀和累积,这是民族精神的本质特性即时代性决定的。民族精神在其历史性的演化中所体现出的时代性特征,就是民族精神的时代性。

时代精神,是关于时代的哲学反映,是从哲学上对时代的经济、政治、文化观念、意识的抽象、反映、概括。马克思曾经说过,哲学是时代

---

[1] 《江泽民文选》第2卷,人民出版社2006年版,第230—231页。

精神的精华。按照黑格尔的观点，一个民族的精神文明必须达到某种阶段，一般才会有哲学；哲学作为一个时代的精神的思维和认识，无论是怎样先验的东西，本质上也是一种产物；思想是一种结果，是被产生出来的，思想同时是生命力、自身产生其自身的活力。

黑格尔指出："哲学是这样一个形式：什么样的形式呢？它是最盛开的花朵。它是精神的整个形态的概念，它是整个客观环境的自觉和精神本质，它是时代的精神、作为自己正在思维的精神。这多方面的全体都反映在哲学里面，以哲学作为它们的单一的焦点，并作为这全体认知其自身的概念。""时代精神是一种贯穿着所有各个文化部门的特定本质或性格，它表现它自身在政治里面以及别的活动里面，把这些方面作为它的不同成分。它是一种客观状态，这状态的一切部分都结合在它里面，而它的不同方面无论表面看起来是如何地具有多样性和偶然性，并且是如何地互相矛盾，但基本上它决没有包含着任何不一致的成分在内。"① 拓荒牛精神、深圳精神、深圳十大观念，无不反映了时代精神。

时代精神集中表现于社会的意识形态中，但并不是任何意识形态中的现象都表现着时代精神，只有那些代表时代发展潮流，标志一个时代的精神文明，对社会生产的发展产生积极影响的思想才是时代精神的体现。

改革创新是时代精神的核心。深圳经济特区 40 年发展史，就是一部深圳改革创新史。创新观念是深圳城市基因。创新精神是深圳人民精神风貌的集中写照，是激发深圳社会创造活力的强大力量。创新精神是深圳人民的创新观念，在实践中创造性激发出来的，反映社会进步的发展方向、引领时代进步潮流、为社会成员普遍认同和接受的思想观念、价值取向、道德规范和行为方式，是深圳最新的精神气质、精神风貌和社会时尚的综合体现。创新观念和创新精神是时代的最强音，是深圳这座城市繁荣发展的灵魂，是深圳在新的历史征程中再创辉煌的不竭动力。

3. 新时代深圳精神

民族精神、时代精神、哲学三者之间都是紧密相连的，它们在人类文明发展中，往往都扮演着定海神针与灵魂的角色。

首先，民族精神、时代精神、哲学都是理论思维的产物。三者作为理

---

① ［德］黑格尔：《哲学史讲演录》，贺麟、王太庆译，商务印书馆1981年版，第56页。

论思维的产物,性质是一致的。其次,民族精神、时代精神、哲学也是时代的产物。三者都不能脱离自己的时代,它们都具有的时代特点是一致的。最后,民族精神、时代精神、哲学是相互结合的,三者之间相互渗透,相互关联。民族精神的培育和弘扬,必须结合时代精神;时代精神的高扬,需要民族精神的支撑和依托;哲学反映民族精神和时代精神,时代精神反映哲学理论思维的精华;民族精神闪烁着时代精神,时代精神内含着民族精神。无论是民族精神,还是时代精神,都是从哲学理论思维的高度抽象、概括,体现着哲学理论思维的精华。

从上述观点及其意义可以得出结论:拓荒牛精神、深圳精神、深圳十大观念,就是民族精神,就是时代精神,就是深圳哲学。它们是时代精神的精华,一言以蔽之:它们是深圳奇迹的灵魂。

中国特色社会主义已经进入新时代。任何民族精神、时代精神都存在于特定的时代条件下,与一定的时代的政治、经济、文化紧紧相连。民族精神和时代精神,归根到底都是一定社会历史生活条件的反映;总是与一定历史时期的历史任务相联系。为了保证历史任务的胜利完成,民族精神和时代精神,应该也必须与时俱进。于是,我们有必要讨论新时代深圳精神。

毛泽东在《实践论》中指出:"对于过程的推移而言,人们的认识运动是没有完成的。任何过程,不论是属于自然界的和属于社会的,由于内部的矛盾和斗争,都是向前推移向前发展的,人们的认识运动也应跟着推移和发展。依社会运动来说……当某一客观过程已经从某一发展阶段向另一发展阶段推移转变的时候,须得善于使自己和参加革命的一切人员在主观认识上也跟着推移转变,即是要使新的革命任务和新的工作方案的提出,适合于新的情况的变化。"[①] 我们要按照毛泽东《实践论》的立场、观点和方法,认识和把握新时代深圳精神。

什么是新时代深圳精神?这是在新时代,深圳人民在建设中国特色社会主义先行示范区的伟大实践中需要回答的问题。2018年3月20日,习近平总书记在第十三届全国人大一次会议上的重要讲话中,深刻阐述了中国人民的伟大创造精神、伟大奋斗精神、伟大团结精神、伟大梦想精神,

---

[①] 《毛泽东选集》第1卷,人民出版社1991年版,第294页。

赋予了伟大民族精神以新的时代内涵。我们认为，新时代深圳精神是以"四个伟大"精神为核心的具体表述，具有鲜明的深圳特性。而新时代深圳精神，一定是对新时代中国精神的特殊性表述，体现了马克思主义个别与一般的认识论原理，成为体现新时代中国精神的缩影。

基于上述认识，我们对新时代深圳精神的发展，寄予更高的期许。2020年10月9日，深圳市委六届十五次全会报告发布了16个字的"新时代深圳精神"："敢闯敢试、开放包容、务实尚法、追求卓越"，这是在深圳建设中国特色社会主义先行示范区的新征途中，凝练出来的"新时代深圳精神"。"敢闯敢试、开放包容、务实尚法、追求卓越"，承载着崭新的时代内涵。"敢闯敢试"是深圳最为鲜明的"创新"特质，"开放包容"彰显了深圳扩展改革力度和开放深度、广度及包容失败的恢宏气度；"务实尚法"呈现了深圳人埋头苦干、务实高效、崇尚法治、积极推进全面依法治市的坚定信念；"追求卓越"则体现了新时代深圳建设"先行示范区"的战略定位和"全球标杆城市"的远大追求。

（三）先进思想观念的变革和创新永无止境

先进思想观念的变革和创新，形成推动社会发展的伟大力量。当它们与主流意识形态——中国化马克思主义融汇在一起之后，正确地指引深圳经济特区始终坚持社会主义前进方向，以中国特色社会主义理论体系武装各级领导干部和党员队伍，用先进思想观念鼓舞深圳广大市民群众，开拓、创新、团结、奉献，形成一种合力，创造出深圳发展和腾飞的伟业和奇迹。深圳经济特区四十载征程，就是这样走过来的。

1. 伟大的历史性变革与深圳经验

思想观念的变革从来都是与历史性变革紧密相关、紧密结合的。历史性变革，必然导致新思想观念的产生；新思想观念又促进了历史性变革。经济特区，是在党的十一届三中全会实行改革开放的伟大历史性变革之后，开始建设并逐步发展起来的。是在没有任何可借鉴经验前提下"杀出一条血路"，萌芽、形成和发展了诸多新思想观念；这些新思想观念又促进深圳不断变革，引领深圳经济、政治、文化、社会、生态等向前发展。这是一种社会进步发展的良性循环，是从理性认识到实践的第二次飞跃，再次生成新思想观念，循环往复的过程。

经验就是在这一循环往复的过程之中形成的。经验不是感性认识的结果，而是在理性认识的积淀中形成的。当然，经验不是绝对的，也需要不断深化，例如将经验上升为规律性认识，总结出规律。深圳经验是在深圳经济特区建设40载的历史进程中，不断积淀而形成的。深圳经验对中国改革开放，具有重大影响。对于深圳经验，深圳学界已有很多研究和总结，我们在此不详细阐述。应该看到，深圳经验也有其历史阶段性。党中央对深圳经验也非常重视。

例如，在深圳经济特区建立十周年的时候，中央的提法是"要在过去十年成就的基础上，不断总结经验"，"在实际工作中不断探索、开拓、进取，共同推进建设有中国特色社会主义的宏伟事业。在这方面，希望特区创造更多更好的经验"。①

深圳经济特区建立二十周年的时候，中央的提法是"在坚持社会主义基本制度的前提下，经济特区率先进行改革，为探索有中国特色社会主义的现代化建设道路，积累了新鲜经验"，以"四个作用"进行了总结："在由过去的计划经济向社会主义市场经济转变的历史进程中发挥了重要的试验场作用，在实行对外开放的历史进程中发挥了重要的窗口和基地作用，在我国各地区共同发展的历史进程中发挥了重要的示范、辐射和带动作用，在完成祖国统一大业的历史进程中对香港、澳门的顺利回归并保持繁荣稳定发挥了重要的促进作用。"②并希望深圳经济特区在新的历史条件下做到"五个带头"。

深圳经济特区建立三十年的时候，中央的提法是"五个坚持"：

坚持锐意改革，敢闯敢试、敢为天下先，勇于突破传统经济体制束缚，率先进行市场取向的经济体制改革，在我国实现从高度集中的计划经济体制到充满活力的社会主义市场经济体制的历史进程中发挥了重要作用；

坚持发展第一要务，大力解放和发展社会生产力，积极推进自主创新，提高经济发展质量和效益，改善人民生活，创造了"深圳速度"，探索和积累了实现快速发展、走向富裕的成功经验；

---

① 《十三大以来重要文献选编》中，人民出版社1991年版，第1311、1312页。
② 《十五大以来重要文献选编》中，人民出版社2001年版，第1440—1441页。

坚持对外开放，有效实行"引进来"和"走出去"，积极利用国际国内两个市场、两种资源，成功运用国外境外资金、技术、人才和管理经验，为我国实现从封闭半封闭到全方位开放进行了开拓性探索；

坚持服务国家发展大局，全国支持经济特区发展，经济特区回馈全国，促进东中西部协调发展，对全国发展起到重要辐射和带动作用；

坚持"一国两制"方针，加强同香港、澳门、台湾地区的多领域交流合作，为推动香港、澳门回归祖国并保持繁荣稳定和促进祖国和平统一大业发挥了桥梁和纽带作用。①

同时，中央对深圳还提出了五点希望。

深圳经济特区建立四十周年的时候，中央的提法是"十个必须"：

"一是必须坚持党对经济特区建设的领导，始终保持经济特区建设正确方向。二是必须坚持和完善中国特色社会主义制度，通过改革实践推动中国特色社会主义制度更加成熟更加定型。三是必须坚持发展是硬道理，坚持敢闯敢试、敢为人先，以思想破冰引领改革突围。四是必须坚持全方位对外开放，不断提高'引进来'的吸引力和'走出去'的竞争力。五是必须坚持创新是第一动力，在全球科技革命和产业变革中赢得主动权。六是必须坚持以人民为中心的发展思想，让改革发展成果更多更公平惠及人民群众。七是必须坚持科学立法、严格执法、公正司法、全民守法，使法治成为经济特区发展的重要保障。八是必须践行绿水青山就是金山银山的理念，实现经济社会和生态环境全面协调可持续发展。九是必须全面准确贯彻'一国两制'基本方针，促进内地与香港、澳门融合发展、相互促进。十是必须坚持在全国一盘棋中更好发挥经济特区辐射带动作用，为全国发展作出贡献。"②

同时，中央还对深圳提出了六点希望和要求。

那么，深圳经验对于深圳人自己来说，是怎样认识和总结的？这些认识和总结也值得重视和研究，值得学习和借鉴。我们看到不同的历史阶段，深圳经验也有不同的表述。尽管表述的内容和方式各有不同，但在本

---

① 胡锦涛：《在深圳经济特区建立三十周年庆祝大会上的讲话》，人民出版社2010年版，第3页。

② 习近平：《在深圳经济特区建立40周年庆祝大会上的讲话》，人民出版社2020年版，第5页。

质上是一致的、一脉相承的。我们注意到 2019 年 12 月 26 日，中共深圳市委六届十三次全会王伟中书记的报告，提到了重点抓好十个方面工作，以优异成绩庆祝深圳经济特区建立 40 周年。这十个方面工作具有经验的性质和特点，它们是：一是坚定不移贯彻新发展理念，充分释放"双区驱动效应"，加快形成高水平全面开放新格局。二是持续推进全面深化改革，确保在重要领域和关键环节改革上取得决定性成果。三是坚持把创新驱动发展作为城市发展主导战略，不断巩固和提升创新发展优势。四是牢牢把握高质量发展根本要求，着力建设现代化经济体系。五是聚焦打赢三大攻坚战，确保如期高质量全面建成小康社会。六是加强城市精细化智慧化管理，进一步提高城市品质和整体形象。七是扎实做好文化强市工作，加快建设区域文化中心城市和彰显国家文化软实力的现代文明之城。八是坚持不懈保障和改善民生，不断增强市民群众有温度可感受可拥抱的获得感幸福感安全感。九是大力推进民主法制建设，巩固团结和谐、安定有序的良好局面。十是坚持和加强党的全面领导，确保深圳经济特区宏伟事业不断推向前进。① 2020 年 10 月 14 日，王伟中书记在深圳经济特区建立 40 周年庆祝大会上的发言中，虽然没有讲深圳的具体经验，但是在总体上强调指出："40 年的成功实践，让我们深刻体会到：没有中国共产党的坚强领导，没有中国特色社会主义制度的显著优势，没有改革开放这场伟大革命，没有习近平新时代中国特色社会主义思想的科学指导，没有全国人民的大力支持，就没有深圳经济特区的今天。衷心感谢党中央和总书记的关心厚爱，全国人民的鼎力支持，港澳台同胞、海外侨胞、国际友人的积极参与，全体特区建设者的拼搏奋斗！深圳将永远铭记在心、感恩奋进新时代！"这是深圳市委和深圳全体市民的肺腑心声。

2. 先进思想观念与精神生产：中国发展的深圳经验

黑格尔曾说过，最简单的经验即是最抽象的观念。人们感觉世界，经验看似最具体，靠的却是最抽象的观念。仅凭经验来感知整个世界的人，是一种低级的动物，而仅凭自己一种抽象的立场、价值或信念来要求整个世界的人，也必落入一种"无生育力的亢奋状态"。米涅瓦的猫头鹰只有

---

① 《深圳 2020 年重点抓好 10 个方面工作！市委六届十三次全会定了》，人民网，2019 年 12 月 26 日。

到了黄昏才会起飞，只有将现实生活的一切经验，与这个世界的不同起源和不同历史融汇一处，人类才会有未来。① 黑格尔讲述了经验和观念的关系，对我们认识深圳经验和先进思想观念，具有启发意义。

而马克思的"从具体到抽象，从抽象上升到具体"思维方法，则是我们正确认识深圳经验和先进思想观念的一把钥匙。这就是将思想观念的基础植根于具体而完整的经验世界，并升华为新的经验和新的生命，从而实现抽象上升到具体的过程。换言之，把具体的深圳经验抽象为先进思想观念；再从先进思想观念上升到深圳经验。这时经验不再是简单的，而是具有普遍性的经验了。这是一个辩证统一过程。再进一步说，具有普遍性意义的深圳经验，蕴含着先进思想观念的全部丰富性。而先进思想观念也不再是束之高阁或高不可攀，而是成为切切实实的改造客观世界的伟大力量了。这也就是马克思在《关于费尔巴哈的提纲》中所讲的那句名言"哲学家们只是用不同的方式解释世界，问题在于改变世界"的寓意。因此，深圳经验被学习、借鉴乃至引领、指导改变客观现实世界，才成为可能，成为必然。

深圳经验是中国经验的一个亮点，代表了中国经验。有学者指出这样一种现象："无比丰富复杂的中国经验是创造性地提出各种问题和检验各种观念的最好背景。"然而，"中国经验是一个落后大国的经验，'既落后又是大国'这两个因素造成了非常独特的经验效果——落后者倾向于追求尽可能广阔的视界，惟恐不知道所有较为'先进'的观念和方法（由此似乎可以解释为什么中国相当了解西方而西方不懂中国），而且还试图在各种可能作为参考的视界中进行比较选择。这意味着落后者可能会发现更多原来意想不到的问题甚至更深入地思考问题"。同时，"中国是一个巨大规模的政治、社会和文化存在，它暗含着远远超出其'地方性'的宏大问题和可能的影响力，因此，中国经验将是世界经验中最重要和最具创造性的因素之一，或者说，中国经验将是世界文化体系的一个关键性的变量，中国问题将是世界问题的一个核心部分"。② 这一认识，对于为什么中国在发展中能够引领世界，作出了初步解读。

---

① [美] 帕克、伯吉斯：《城市：有关城市环境中人类行为研究的建议》，商务印书馆2016年版，总序第1页。

② 赵汀阳：《中国经验到中国理念》，《现代性与中国》前言，广东教育出版社2000年版。

研究深圳思想观念的变革与引领，必须重温马克思主义的精神生产理论。马克思主义的精神生产理论，散见于《1844年经济学哲学手稿》《神圣家族》《德意志意识形态》《共产党宣言》《资本论》等著作之中。《德意志意识形态》中明确指出："思想、观念、意识的生产最初是直接与人们的物质活动，与人们的物质交往，与现实生活的语言交织在一起的。人们的想象、思维、精神交往在这里还是人们物质行动的直接产物。表现在某一民族的政治、法律、道德、宗教、形而上学等的语言中的精神生产也是这样。人们是自己的观念、思想等等的生产者，但这里所说的人们是现实的、从事活动的人们，他们受自己的生产力和与之相适应的交往的一定发展——直到交往的最遥远的形态——所制约。"[1]

马克思主义精神生产理论的逻辑是：从社会存在决定社会意识出发，在一定的历史条件下，从物质生产与精神生产的相互关系入手，揭示精神生产的本质和发展规律。精神生产是社会观念和人与人之间思想关系的生产与再生产，表现为具有精神价值的精神文化产品的生产、交换、消费、分配的活动总和，具有独创性、个体自主性、历史继承性、意识形态性等特征。精神生产力和精神生产关系相互联系、相互作用形成了精神生产方式；而精神生产与物质生产的相互关系构成了精神生产形成和发展的历史。精神产品的价值不同于物质产品的价值，在于其内在的精神价值，所以精神产品的价值评价以经济效益和社会效益相统一为标准。[2]

有学者指出，精神生产与物质生产的发展具有不平衡性，精神生产在阶级社会中具有阶级性，精神生产的发展具有世界化趋势，马克思主义精神生产理论还展望了精神生产的未来前景。随着社会生产力的不断发展，精神因素在经济发展过程中的作用越来越重要，精神经济开始登上了人类发展的舞台，在国民经济中的地位和作用越来越重要。在当前国际竞争中，是否掌握精神经济的主导权，不仅涉及一国的经济发展，而且关系到该国的国际竞争力。[3]

---

[1]《马克思恩格斯选集》第1卷，人民出版社1995年版，第72页。
[2] 幺建鹏：《马克思主义精神生产理论与中国先进文化》，硕士学位论文，河北师范大学，2004年。
[3] 陆昱：《从精神生产到精神经济——马克思主义精神生产理论及现代启示》，《学术评论》2009年第10期。

从上述马克思主义的精神生产理论出发，我们研究深圳先进思想观念，逻辑地再现其在不同历史阶段的产生和发展过程，在经济建设、政治建设、文化建设、社会建设、生态建设、科技创新、党的建设方面，对深圳经济特区乃至全国的引领，具有重要的理论价值和现实意义。

3. 新时代伟大实践呼唤新的伟大精神和思想观念

毫无疑义，精神生产成果具有传承性。中华民族就是在继承和发展优秀传统文化、革命文化和中国特色社会主义先进文化中不断前进的。今天，建设中国特色社会主义先行示范区的使命，使深圳人站在了新的历史起点上，新的伟大实践开始了。

新时代伟大实践呼唤新的伟大精神和思想观念。这是在中国特色社会主义进入新时代的大背景下的客观现实需求。

诚然，每一代人都要在继承前代创造出来的物质生产成果和精神生产成果，以及物质生产力和精神生产力的基础上继续前行，这是既定的条件，"人们不能自由选择自己的生产力——这是他们的全部历史的基础，因为任何生产力都是一种既得的力量，以往的活动的产物"[1]。这是不以人的意志为转移的历史发展的客观规律。每一代人都要在前人创造的既定的生产力基础上进行新的物质生产活动和精神生产活动。所以，我们必须对历史具有足够的尊重，在这个问题上，绝不能搞历史虚无主义。

但是，精神生产成果确有时代性。[2] 精神生产成果固然是历史和时代的产物，没有超越时代的精神生产。但是，其先进思想观念的永恒性就在于随着时代的发展而发展。马克思指出，适应自己的物质生产水平而生产出社会关系的人，也生产出各种观念、范畴，即这些社会关系的抽象的、观念的表现。"所以，这些观念、范畴也同它们所表现的关系一样，不是永恒的。它们是历史的、暂时的产物。"[3] 马克思和恩格斯在《共产党宣言》中还说："人们的观念、观点和概念，一句话，人们的意识，随着人们的生活条件、人们的社会关系、人们的社会存在的改变而改变，这难道需要经过深思才能了解吗？"[4] 马克思和恩格斯的这些思想和观点告诉我们，思

---

[1] 《马克思恩格斯文集》第10卷，人民出版社2009年版，第43页。
[2] 王鹏：《马克思精神生产理论及其启示》，《党史文苑》2016年第10期。
[3] 《马克思恩格斯选集》第1卷，人民出版社1995年版，第142页。
[4] 《马克思恩格斯选集》第1卷，人民出版社1995年版，第291页。

想观念的创新和与时俱进是必然的。

精神生产成果的创新性，是必然的。这种创新，不是另起炉灶，而是站在前人的肩膀上，迈出新的步伐，实现新的飞跃。我们深信，在中国特色社会主义先行示范区建设新的伟大实践中，深圳还将不断涌现新的先进思想观念、新的伟大精神。从本质上说，这也就是中国特色社会主义理论自信。

第一章　先进思想观念引领深圳经济创造奇迹

沧海桑田。40年来，在先进思想观念引领下，深圳经济特区敢闯敢试，敢为天下先，以"杀出一条血路来"的勇气和气魄，率先实行市场经济方向改革；以"不争论"的智慧和"空谈误国，实干兴邦"的精神，率先建立起社会主义市场经济体制基本框架，率先建立起比较完善的社会主义市场经济体系，形成了制度红利、释放了制度威力，彰显了中国特色社会主义基本经济制度优势和生机活力。

毫无疑义，深圳作为经济特区，先行先试，对社会主义市场经济的探索，为我国经济转型、建立和完善社会主义市场经济体制，充当了"铺路石"和"试验场"，立下了汗马功劳，提供了深圳方案。

2020年5月11日，《中共中央国务院关于新时代加快完善社会主义市场经济体制的意见》（以下简称《意见》）在全国颁布。《意见》明确指出："社会主义市场经济体制是中国特色社会主义的重大理论和实践创新，是社会主义基本经济制度的重要组成部分。"

社会主义市场经济体制这一重大理论和实践创新，是和深圳经济特区的先行探索分不开的，蕴含着深圳经济特区在理论和实践结合上作出的重大贡献。仔细品读研究和贯彻落实《意见》的全部内容，从中可以看到深圳走在全国前列，已经形成的具体做法和经验。这些做法和经验，弥足珍贵。

然而，深圳经济特区对社会主义市场经济体制的探索，绝不是一帆风顺、一蹴而就的，而是经历了艰辛、曲折、充满思想斗争的长期历程。"抬望眼、仰天长啸，壮怀激烈"，正如俗话说"不经风雨，怎能见彩虹"？

深圳对社会主义市场经济的艰辛探索，是在我国改革开放的总设计师邓小平提出的"解放思想、实事求是"思想路线指导下进行的，是在实践中不断形成先进的思想观念，继而用先进的思想观念引领实践，而逐步走向成功的。

今天，当我们寻觅深圳经济发展奇迹与巨大成功的内在原因，就会发现，深圳伟大的社会实践，引发思想观念的变革，产生先进的思想观念；先进思想观念产生伟大力量，促进深圳发生巨变。总结深圳巨大的经济成就，追溯深圳探索社会主义市场经济的艰辛历程，继承和弘扬深圳先进思想观念的伟力，分析和总结其产生的吸引力和影响力，努力建设中国特色社会主义先行示范区，这是新时代深圳更光荣更伟大的使命。

一 "创新"推动深圳高质量发展，现代经济体系日趋完善

深圳之所以能取得今天巨大的成就，取决于深圳强烈的创新意识和融化在血液中的创新观念。"创新"观念成为深圳的基因，积淀于深圳经济特区40年改革开放的历程；同时，还将更加彰显于深圳中国特色社会主义先行示范区建设的伟大实践中，促进形成高质量发展格局和现代经济体系的日趋完善。

从20世纪80年代到90年代初，深圳主要依靠引进港资、台资，以"三来一补"原料加工为主要模式，诞生了"深圳加工"；90年代后期中国加入WTO后，在"世界工厂"形成过程中形成了"深圳制造"；再到21世纪一大批具有自主知识产权的民营高科技企业不断改革创新而崛起了"深圳创造"。适应新形势，面向未来，深圳主动转变发展模式、实现经济转型升级，这一切背后都伴随着发展势头的强劲或减缓所带来的巨大阵痛。正是因为处理好了转型的压力，思想观念主动求变，"创新"才成为必然，成为今天深圳的基因及先进思想观念，引领深圳不断破浪前行，远航世界。

40年来，深圳锐意创新，推进经济体制改革和体制机制完善，构建起依靠创新驱动为主、要素资源高效配置、注重发展质量和效益的相对完善的现代经济体系，打造出战略性新兴产业、未来产业、现代服务业和优势

传统产业"四路纵队",形成经济增量以战略性新兴产业、工业以先进制造业、三产以现代服务业等"三个为主"的产业结构,实现了向梯次型现代产业体系的跃升。

从强烈的创新意识到创新观念的形成,从一般的创新观念到创新理念的积淀、传播、外化和发展,无不彰显"创新"这一先进观念的丰富内涵和引领实践的强大力量。

(一) 创新驱动转换增长动力,经济结构持续优化

创新是深圳经济社会发展的核心密码。凭借创新,从"三来一补"到高新技术产业,从前瞻布局战略性新兴产业、未来产业,到加快建设国际科技、产业创新中心,深圳加快构建现代产业体系。创新驱动战略的实施,使深圳经济结构持续优化,三次产业结构日趋合理。2018年,三次产业结构已调整为0.1:39.6:60.3。[1] 以金融业为代表的现代服务业GDP占比增加,意味着深圳经济结构更加合理;第二产业中,以最具发展潜力、含金量更高的高新技术产业、新兴产业为主,表明实体经济质量更高。产业结构的持续优化,使深圳经济孕育的潜力逐渐释放,正转化为经济发展的动力。

依靠创新转变发展方式,经济质量全面提升。转变发展方式,淘汰低端落后产能,鼓励高端重大项目,尤其是培育、引进创新机构、新兴产业的高端项目,以及产业链、价值链的高端环节和缺失环节,令深圳成为投资和创业创新的热土。新兴产业成为新优势,推动深圳经济规模效益迈上新台阶。深圳先进制造业和高技术制造业增加值,以及占规模以上工业增加值比重,同比均不断提高。深圳七大战略性新兴产业增加值皆高于GDP增速。华为、华星光电、大族激光、大疆等一批先进制造业,夯实深圳实体经济根基,提升深圳制造业和GDP的质量。

依靠创新提升发展质量。深圳坚持实施自主创新战略,推动经济发展从要素驱动向创新驱动转变。一方面,深圳不断完善以企业为主体、市场为导向、产学研相结合的技术创新体系,引导和支持创新要素向企业集聚,形成自主创新的企业梯队和良好的创新生态;另一方面,政府不断加

---

[1] 吴德群:《深圳产业结构持续优化》,《深圳特区报》2018年8月12日。

大对科技创新的支持力度,加强创新平台建设,集中优势资源推进重大科技专项和重点技术攻关,在新一代信息技术、互联网、基因工程、干细胞、新能源、新材料、新能源汽车、节能环保等领域,取得了一批自主知识产权和技术标准,正在抢占全球科技制高点。同时,深圳重视基础研究,为深圳后续发展聚集强劲动力。深圳吸引着无数海内外高端人才的聚集,他们是深圳创新发展的动力之源。

(二) 支柱产业和战略性新兴产业成为主动力

深圳四大支柱产业的形成和新兴产业的快速发展,得益于"创新"观念的渗透和引领。

1979年7月,深圳蛇口工业区响起填海建港的开山炮,创办了全国第一个出口工业加工区。40年来,深圳工业乘着改革开放的春风,抓住历史机遇,实现了跨越式发展,为深圳经济发展奠定了雄厚基础,努力实现习近平总书记提出的"深圳高新技术产业发展成为全国的一面旗帜,要发挥示范带动作用"重要指示。经过40年的发展,深圳已经基本形成了适应当今科技发展的"四大支柱、七大战略新兴、六大未来"为架构的产业格局。

以四大支柱性产业的文化创意产业平稳快速发展为例。文化创意产业是深圳经济发展的重要支柱,而"文化+"更成为创新发展的"加速器"。2019年,深圳文化及相关产业(规模以上)增加值1849.05亿元,增长18.5%。

金融业也是如此。2019年金融业增加值3667.63亿元,比上年增长9.1%,金融业作为支柱性产业发展迅速,创新观念贯穿在其中。金融业对全市税收的贡献超过制造业,成为全市纳税第一的产业。央行下辖的数字货币研究院在深圳成立了唯一的全资子公司——深圳金融科技有限公司,被业界解读为数字货币从研究走向实践的重要标志。2019年8月18日,《关于支持深圳建设中国特色社会主义先行示范区的意见》明确支持在深圳开展数字货币研究和移动支付的创新应用。2020年9月,数字货币在深圳落地。

深圳物流业的迅猛发展,也离不开创新。2019年深圳物流业增加值2739.82亿元,增长7.5%。物联网技术对深圳物流业的影响更是起着不可估量的作用，深圳电商的蓬勃发展推动了物流管理运作水平的提高，进入物流智能化新阶段，而深圳物流系统自动化、信息化能力的提升又反过来促进了电商的进一步发展。电商物流为物联网技术提供了良好的应用环境。

高新技术产业的形成，更是创新的产物。深圳作为我国最重要的高新技术产业聚集地，培育和发展战略性新兴产业具有独特的优势和产业基础。深圳市政府出台了一系列发展战略性新兴产业的地方产业政策及一系列配套政策，形成了着力发展战略性新兴产业的规划、机制和资金支持等实施方案，重点发展新一代信息技术、高端装备制造、绿色低碳、生物医药、数字经济、新材料、海洋经济等战略性新兴产业，是国内率先出台战略性新兴产业振兴发展规划及配套政策的地区。深圳战略性新兴产业快速发展，其增加值从2012年的3878.22亿元增长至2017年的9183.55亿元，占GDP的比重逐年提升，从29.9%增长至40.9%。[①] 深圳是国内战略性新兴产业规模最大、集聚性最强的城市，2019年高新技术产业增加值9230.85亿元[②]，增长11.3%。以此为基础，深圳正加快打造具有国际竞争力的万亿级和千亿级产业集群。

（三）创新使体制机制日趋完善，助推发展充满活力

改革开放以来，深圳充分发挥特区"试验田"作用，敢闯敢试、先行先试，展现敢为人先的特区精神，创造了在全国领先的一千多项改革创新举措，形成了相对完善的经济发展体制机制，助推深圳发展不断克服难题迈向新阶段。

持续推进市场化取向的经济体制改革。深圳经济特区以完善产权制度和要素市场化配置为重点，大力推进优化营商环境体制机制改革、加快实体经济供给侧结构性改革、深化收入分配制度改革、构建创新大空间发展格局体制机制、深化科技创新供给侧改革、深化粤港澳大湾区背景下深港合作机制创新、探索建设自由贸易港区、推进基础设施投资管理体制改

[①] 闻坤：《深圳加快布局发展战略性新兴产业》，《深圳特区报》2018年8月24日。
[②] 以上关于四大支柱产业2019年数据均来自深圳统计局发布的《深圳市2019年国民经济和社会发展统计公报》。

革、深化国企混合所有制改革、推进财政预算管理体制改革、推进土地管理制度改革、深化商事制度改革、构建发展绿色金融体系的体制机制、创新地方金融监管体制等。与上述系列改革相配套，深圳聚焦惠民生，在教育、医药卫生、养老、新型城镇化等领域改革上迈出更大步伐，加快就业、社保、扶贫等制度创新，完善基本公共服务投入、收入分配等机制，促进城乡居民增收，增强人民群众获得感，为经济发展提供了坚实保障、持久动力。

以开放眼光接轨国际、拥抱世界。深圳在经济发展实践中致力发挥先行优势和示范引领作用，增强区域经济布局中的核心引擎功能，持续优化现代化经济体系的空间布局，为高质量发展动力系统提供强劲动力源；充分发挥开放优势，推进制度型开放，放眼全球招大商、招好商、招优商；强化高科技产业、新兴产业以及全要素协同优势，实现人才、跨境资金、创新要素等高效便捷流动，推动头部企业的高科技试点、示范项目落地深圳，新增产能、新建项目留在深圳，外地投资、关键供应商引入深圳；深度挖掘消费潜力，持续推动消费升级，大力发展平台经济、智能经济、健康经济、会展经济等新产业新业态，做强现代物流业，支持电商龙头企业在深开展新业务，创建国际消费中心城市。

把握好政府和市场关系，是建设现代化经济体系的核心，优化营商环境，坚定不移"优服务"。不断深化"放管服"改革，加强贸易摩擦风险预警与应对，努力做好补链、强链、延链、控链、稳链工作，助力企业化解各种风险。通过"制度+技术"革新，提高政府服务针对性、匹配度，为深圳企业"走出去"提供安全、高水准的专业服务；精准消除企业"痛点"，千方百计为企业减轻负担，推动降低制度性交易成本，不断巩固和拓展减税降费成效，推动产业布局更加优化。

（四）创新综合生态体系助力现代化国际化城市建设

深入实施创新驱动发展战略，通过一系列强有力的政策"组合拳"，在全国率先建立起"以企业为主导、市场为导向、政产学研资介相结合"的创新综合生态体系，为深圳建设科技、产业创新中心，加快建成现代化国际化创新型城市提供有力的政策保障和战略引领。2017年深圳全面启动"十大行动计划"，并组织开展重大项目技术攻关，积极筹建了8个重大科技基础设施，新组建基础研究机构3家、制造业创新中心5家、海外创新中心7家，新增福田区、腾讯等3家国家级"双创"示范基地，新设立新型研发机构11家和创新载体195家。充分发挥企业在技术创新决策、研发投入、科研组织和成果转化中的核心作用，推动形成了由国内外著名高科技企业为引领，一大批新崛起的创新企业为中坚力量，创客空间以及各类创业型创客建立的企业为重要补充的大、中、小、微企业间的阶梯式企业创新版图。深圳已形成覆盖各个新兴产业的"基础研究＋核心技术＋成果转化＋金融支持"的全链条多梯度全国创新样板。

总之，深圳经济特区的"创新"，无论是反映在头脑中的创新观念，还是敢闯敢试的创新行动，伴随着深圳经济特区一起走过40年的改革开放，融化在深圳人民的血液和意识里。在不断创新中，深圳有效应对了国内外风险挑战，在复杂局面中推动经济稳中求进、稳中提质，走过了不平凡的征程，总体保持了经济平稳健康发展，经济结构不断优化，质量效益持续提升，经济总量连年跃上新台阶，GDP年均增长率创造了世界城市发展史奇迹。正因为如此，可以将"创新"作为深圳的灵魂，看作是深圳这座城市的另一名号，体现了表里如一，融为一体。

二　先进思想观念引领深圳探索建立社会主义市场经济体制

站在40年的历史节点上看深圳经济特区，有"杀出一条血路来"的勇气，有"还是叫经济特区好"的自信，也有"不争论"的智慧，还有"只争朝夕，不负韶华"的实干，更有建设中国特色社会主义先行示范区"舍我其谁"的气魄。这40年，是深圳创造经济奇迹的40年，也是先进思想观念持续迸发，激发社会活力和创造力，不断解放和发展生产力的40年。

从发展方式上看，深圳经济特区发展经济的40年，大体上可以分为四个时期或阶段：一是经济起飞时期（1980—1992年），其特点是"深圳加工"创造"深圳速度"；二是增创新优势时期（1993—2002年），其特点是"深圳制造"推动"第二次创业"；三是科学发展时期（2003—2012年），其特点是"深圳创造"建设"效益深圳"；四是全面创新时期

(2013—　），其特点是"深圳创新"打造"深圳质量"。①

从探索社会主义市场经济体制的历史进程看，大体上可以分为五个阶段：一是"率先突破传统经济体制，以市场调节为主"阶段（1980—1984年）；二是"率先建立商品经济新秩序"阶段（1985—1992年）；三是"率先建立起社会主义市场经济体制和运行机制"阶段（1992—1997年）；四是"率先建立比较完善的社会主义市场经济体制"阶段（1998—2011年）；五是"率先构建更加完善的社会主义市场经济体系"阶段（2012—　）。

这五个阶段，可视为社会主义市场经济体制探索相当长的历史时期。在这个相当长的历史时期中，党的领导、中国特色社会主义理论体系的指导、先进思想观念的引领，形成一条红色的主线，贯穿在探索的历史进程中。也正是在这一探索的历史进程中，深圳对社会主义基本经济制度不断深化认识，把握中国特色社会主义建设规律，走在了全国前列。

（一）在创新发展中率先探索社会主义市场经济体制

从全国来看，深圳经济特区对社会主义市场经济的探索，始终是在"创新"观念的引领下"率先"进行的。

深圳在发展经济中，一是率先突围传统经济体制；二是率先建立商品经济新秩序；三是率先建立社会主义市场经济体制和运行机制；四是率先建立比较完善的社会主义市场经济体制；五是率先发展外向型经济，积极参与经济全球化；六是率先发展创新型经济，探索自主创新模式；七是率先构建更加完善的社会主义市场经济体系。在这"七个率先"中，体现了对社会主义市场经济体制认识不断深化的过程。而发展外向型经济和创新性经济，积极参与全球化，是深化认识社会主义市场经济体制的必然结果。

1. 率先突围传统经济体制

深圳的经济奇迹在于自经济特区建立伊始，就走上了一条不同于传统计划经济的道路，这就是具有中国特色的社会主义市场经济道路。对此，中国改革开放的总设计师邓小平对深圳的探索，给予了充分肯定。他说："实际上我们是在这样做。深圳就是社会主义市场经济。不搞市场经济，

---

① 参见袁义才《改革开放四十年深圳经济发展阶段性特征研究》，载《第十一届深圳学术年会论文集》，2019年11月，第254—262页。

没有竞争，没有比较，连科学技术都发展不起来。产品总是落后，也影响到消费，影响到对外贸易和出口。"①

在探索、建立和完善社会主义市场经济的过程中，深圳经济特区一直走在全国最前列。由于传统思想观念的禁锢，走上和坚持这条道路并非一帆风顺，完善这条道路也并非易事。这其中，有争论、有非议，也有责难；这其中需要特区人的勇气和魄力，也需要特区人的坚定和智慧，更需要先进正确的思想观念来引领。

（1）经济运行"市场调节为主"

深圳经济特区自成立起就被赋予特殊历史使命，可以利用特殊政策，对内冲破传统计划经济体制的固定模式，对外进行经济技术交流，为改革开放和中国特色社会主义现代化建设探路。1980年，党中央41号文件明确提出"特区主要实行市场调节"。这意味着，深圳经济特区自建立伊始就要走一条以市场为导向的经济发展道路。

1980年底，吴南生同志作为深圳经济特区筹办者，明确提出深圳经济特区要以引进外资为主，以实行市场调节为主。这在当时引起很多非议。面对这些非议和阻力，吴南生与同事约法三章：只做不说，多做少说，做了再说。在特区开发和建设的过程中，吴南生借鉴香港及国外经验，采取"滚雪球"方式，用小钱干大事：先开发0.8万平方千米的罗湖小区，之后，拿出40万平方米土地作为商业用地，可收入20亿港元，作为下一步开发的资金。②

此后，被称为"计划经济体制的突围者"的梁湘同志，按照中共中央对经济特区的定位和发展方向，根据深圳经济特区的发展实际，提出了"四个为主"的方针，即"建设资金以吸收和利用外资为主，经济结构以中外合资和外商独资经营企业为主，企业产品以出口外销为主，经济活动在国家计划指导下以市场调节为主"③。

（2）经济运行"市场调节为主"引发的争论

在全国实行计划经济体制的背景下，深圳经济特区实行经济运行"市

---

① 中共中央文献研究室编：《邓小平年谱（1975—1997）》（下），中央文献出版社2004年版，第1347—1348页。
② 深圳创新发展研究院编：《改革者：百位深圳改革人物》，中信出版社2019年版。
③ 张思平：《深圳奇迹：深圳与中国改革开放四十年》，中信出版社2019年版，第84页。

场调节为主",探路市场经济改革,没有样本可参照,更没有经验可借鉴,谈不上按市场经济发展要求建立有序的市场竞争和市场秩序。当时的深圳出现了走私、黑市交易、套汇等意想不到的问题。有人认为深圳"外资充斥市场,宗教迷信活动加剧,淫秽物品大量流进,暗娼增多,台湾反动宣传加紧渗透,港台电视也占领了阵地,特区几乎成了不设防的城市"[1]。这样的观点传播,一些人便认为深圳经济特区是在搞资本主义。与此同时,外资的大量引进和外向型经济的发展,在当时引发了一些争议。有人怀疑,办特区会不会变成新的"租界""殖民地";也有人怀疑这些做法违背了马克思主义基本原理。

(3) 社会主义市场经济初露端倪

深圳的市场经济改革并没有因为这些争议和噪音而停止脚步。在"四个为主"方针下,深圳开始利用外资或银行贷款推进基础设施建设;改革价格制度,放开粮食、蔬菜、副食品价格,在全国率先取消票证,用市场机制配置资源,为全国价格改革和全国统一的市场体系建设提供鲜活的深圳经验;改革劳动用工和工资制度,实行竞争就业制度,吸引了全国各地大批人才参与深圳经济特区建设;改革经营管理制度,实行各尽所能,多劳多得,责权利相结合,以物质利益为基础的分配制度;改革传统外资外贸体制,扩大外贸自主权;实行"建筑工程施工招标制度",发展建筑市场,改革基建体制,创造"深圳速度";借鉴香港土地管理制度经验,实行土地使用权转让,发展土地市场。通过一系列改革,打破原有传统计划经济体制,加强政府调控能力,充分发挥市场调节作用,使市场有效配置资源。社会主义市场经济在深圳经济特区初露端倪。

当时,深圳经济特区"以市场调节为主"的改革,无疑是对全国计划经济体制的突破。这场改革不仅使深圳"杀出一条血路",而且为随后全国的经济体制改革提供了可资借鉴的深圳做法和深圳经验。

2."率先建立商品经济新秩序"

深圳经济特区建设初期,发展速度之快,超乎人们想象。同时,对深圳的议论也不少,认为深圳建设规模过大,经济结构不合理,隐藏着危机。有人说"深圳办经济特区,内地就变灾区"。还有香港的媒体发表的

---

[1] 白天:《走向现代化——深圳20年探索》,海天出版社2000年版,第11页。

《深圳庐山真面目假大空》系列报道,将深圳经济特区的建设成就说得一无是处。1985年,中央决定派李灏同志到深圳工作时,有人劝李灏不要去,"去了等于送死"。当时,李灏自己也感觉"调任深圳就像上前线"。[①] 李灏到深圳之后,通过调研,认识到政府决策得有制度才行,首先建立了市长办公会议制度,这是深圳经济特区制度化的集体领导机构。

"深圳要率先建立商品经济新秩序"。李灏同志和市领导决定在打破旧的传统的计划经济体制的基础上,围绕建立市场经济新体制进行大刀阔斧的改革。

(1) 培育多元化市场主体

市场经济条件下,企业是最重要的市场主体,是市场机制运行的微观基础。在传统计划经济条件下,产品生产主体比较单一,谈不上市场竞争。当时,内陆通过"放权让利"进行国有企业改革,激发企业活力。深圳则按照市场多元化的要求,多管齐下,培育市场竞争主体。首先,按照政企分开原则,把政府单位的企业集中起来,建立深圳投资管理公司。这是全国第一家国有资产管理公司,履行"投资、管理、监督、服务"四大职能,专门负责监管市属企业国有资产、收缴和支配国有资产收益。深圳首创的这项国有出资人制度,实现了政府所有者职能与政府管理职能的初步分离,开辟了国有资产管理体制改革的新途径。

1986年,深圳颁布《深圳经济特区国营企业股份和试点暂行规定》,进行国营企业股份制改革,使国有企业成为真正的市场主体。这是国内第一份国营企业股份化改革的规范文件和地方法规。1987年3月,《深圳经济特区国营企业股份化试点登记注册暂行办法》颁布并实施。1988年3月,深圳市属赛格集团、城建开发集团、物资总公司、石化总公司等6家大型国营企业实行股份化,资产分设国家股、企业股、社会股和职工私人股。国有企业股份制改革为建立"自主经营,自负盈亏,自我发展,自我完善"公司治理结构和"产权清晰、权责明确、政企分开、管理科学"的现代企业制度进行了先行探索,为《中华人民共和国公司法》的出台提供了宝贵的深圳经验。在国营企业股份化的基础上,出台《关于鼓励科技人员经办民间科技企业的暂行规定》,培育、扶持、鼓励民营企业发展。《规定》指出,举办民办科技

---

① 戴北方:《深圳口述史(1992—2002)》上卷,海天出版社2017年版,第4页。

企业，不仅可以资金入股，商标、专利、技术等无形资产均可入股。这是全国最早鼓励科技人员入股的文件。华为得益于这项规定，后来成为世界级的高科技公司。通过发展内联企业，鼓励内地各省、市与深圳联合办股份公司，以及发展商会、行业协会等丰富市场主体。

（2）发展证券等资本市场，探索相适应的政府管理体制

成立深圳经济特区外汇调剂中心，进行外汇管理制度改革，建立外汇市场。1988年，深圳借鉴新加坡和香港经验，提出"双轨三模式"住房制度改革方案，探索住房商品化改革，启动深圳住房制度改革。之后，推动建立深圳证券交易所，不仅带动证券、基金、银行等金融机构和深圳金融业发展，而且推动了国有企业改革和高新技术发展。深圳逐步形成比较规范的市场体系和运行机制。

推进政府机构和行政管理体制改革，加强政府宏观调控职能；建立城市规划委员会，做好深圳城市发展规划；学习新加坡反贪局、香港廉政公署的做法，在政府中建立监察局，管好干部队伍，探索政府内部决策、执行、监督三者分工协调、相互监督制约的政府运行新机制。

（3）按照市场经济发展要求争取特区立法权

深圳市政府深刻认识到，市场经济就是法治经济，没有法律保障，投资者不敢进入市场；有了立法权，法制健全，深圳经济特区才能发挥好市场经济试验田作用。经过深圳市的争取，1992年7月1日，七届全国人大常委会第二十六次会议通过《关于授予深圳经济特区立法权的议案》，正式授予深圳经济特区立法权。这既是深圳民主法制建设的成绩，也是社会主义市场经济新体制的内在要求。

3. "率先建立社会主义市场经济体制和运行机制"

经过十多年的改革探索，到90年代，深圳的市场经济框架基本形成。1992年邓小平南方谈话对深圳经济特区高度认可，党的十四大明确了我国经济体制改革的目标是建立社会主义市场经济体制，深圳经济特区市场化改革方向更是不可逆转。1993年4月，厉有为同志担任深圳市委书记。1994年，深圳市根据党的十四大和十四届三中全会精神，制定了《建立社会主义市场经济体制总体规划》，提出了率先建立社会主义市场经济体制的目标。

厉有为回顾在深圳当市委书记的经历时说："如果说要总结做了什么

事情,可以说,除了城市建设,完善城市功能,把深圳建成一座功能齐全的现代化城市以外,就是发展市场经济,率先建立起社会主义市场经济体制和运行机制。这是中央交给我们的任务,我认为,我们尽了力,算是不辱使命。"①

为了发展和完善市场经济,在深圳率先建立起社会主义市场经济体制和运行机制,深圳市委领导班子进行了一系列理论思考,开展了一系列改革,既回应对深圳经济特区的种种质疑,从理论上回答深圳经济特区推进所有制改革的重要性和必要性,又用深圳改革和发展的实践证明深圳经济特区建立和完善社会主义市场经济体制的正确性。

(1)推动深圳市产权制度改革

深圳率先建立了国有资产管理的法律保障。1995年7月,深圳市第二届人大常委会通过的《深圳经济特区国有资产管理条例》,用法律形式确定了国有资产管理机构及其职责、国有资产管理方法、国有产权转让、资产经营公司的设立及操作运行规范等,使国有资产管理有法可依。1996年,深圳市委《关于调整深圳市国有资产管理体制的通知》进一步明确了国资办、资产经营机构和企业三个层次的职能定位,促使深圳市投资管理公司向真正的资产经营公司转化。

深圳市有了立法权之后,出台《深圳经济特区股份合作公司条例》和《深圳经济特区股份有限公司条例》,推进股权社会化;实施农村股份制改革,19个乡镇全部把村民变成股民,每个镇都有股份公司;帮助华为制定《华为基本法》,体现职工主人地位,调动职工积极性,助力华为发展高科技。

1994年,深圳市在部分国有企业开展内部员工持股试点。1997年出台《深圳市国有企业内部员工持股试点暂行规定》,全面推行内部员工持股试点。1994—1998年,深圳市先后选择了140家中小型国有企业进行员工持股试点。其具体做法是:在企业进行公司制改制的同时,通过转让原有股份或者增资扩股等方式,使企业内部员工成为公司股东,形成按劳分配和按股分红相互补充的分配方式。企业内部员工持股既调动了员工的积极性,又强化了企业内部监督和约束,使企业与员工真正成为利益共同

---

① 戴北方:《深圳口述史(1992—2002)》中卷,海天出版社2017年版,第17页。

体。这项改革为国有企业转变经营机制，进行产权改革提供依据。

（2）在全国率先进行政府审批制度改革，完善市场经济五大体系和四大机制

根据市场经济发展要求，提出"两转"（政府转变职能，企业转变机制），建立"三无"（特区企业无固定经营范围、无固定地域界限、无上级主管部门）、"四跨"（跨行业、跨所有制、跨地区、跨国界经营）的现代企业制度。探索建立适应社会主义市场经济要求的新型政府，推进行政体制改革。为推动政府职能转变，深圳市提出"政府培育市场，市场解放政府，政府解放企业，企业解放生产力"；发布实施《深圳市政府审批制度改革方案》《深圳市审批制度改革若干规定》，在全国率先开启政府审批制度改革，拉开全国以转变政府职能为主要内容的行政体制改革序幕。

五大体系，一是由商品市场、生产要素市场和产权市场三个层次构成的市场体系；二是介于政府和企业之间，为发展生产力服务的多层次、多功能的社会服务体系；三是包括离退休保障、待业保障、住房保障、医疗保障在内的社会保障体系；四是法律体系；五是宏观管理和宏观调控体系。四大机制即发展的动力机制、市场的压力机制、法律的强制力机制和道德的自制力机制。[①] 这样，到 20 世纪 90 年代中期，深圳建立了土地市场、资本市场、劳动力市场、经理人才市场、技术市场、信息市场、产权交易市场、较为健全的金融市场，生产要素市场已经形成了一定规模。会计师事务所、律师事务所等各种中介机构 3300 多家。

（3）以十大市场体系为市场经济体制基本框架

1997 年，深圳市已初步建立起以十大市场体系为标志的社会主义市场经济体制基本框架。这十大体系是：（1）以公有制为主体，多种经济成分平等竞争、共同发展的所有制体系；（2）以资本为纽带的国有资产监督管理和营运体系；（3）以市场为基础的价格体系；（4）以商品市场为基础，以要素市场为支柱的市场体系；（5）社会共济与个人保障相结合的社会保障体系；（6）以中介组织为主体的社会经济服务监督体系；（7）适应市场经济需要的国民经济核算和企业财务会计体系；（8）以按劳分配为主，多种分配形式并存的分配体系；（9）以间接手段为主、面向社会的经济管

---

① 张思平：《深圳奇迹：深圳与中国改革开放四十年》，中信出版社 2019 年版，第 96 页。

理调控体系；（10）适应特区社会主义市场经济体制需要的法规体系。①

厉有为同志因此被认为是"深圳市场经济新体制的完善者"②。1997年3月，国家体改委调查组到上海和深圳调研，全面总结两市建立社会主义市场经济体制的经验。在向国务院提交的《关于上海、深圳建立社会主义市场经济体制进展情况的报告》中，调查组认为："深圳市作为改革开放以来新兴的城市和经济特区，在建立市场经济体制方面起点较高，新体制的框架已初步形成。""深圳作为改革开放的先行试验区，提供了初步建立社会主义市场经济体制框架的范例，值得借鉴学习。"③ 深圳经济特区探索出了一条从计划经济走向市场经济的转轨路径，为中国经济转型提供了实践基础。④

4."率先建立比较完善的社会主义市场经济体制"

深圳率先建立社会主义市场经济新体制的基本框架，为全国建立社会主义市场经济体制提供了可资借鉴的做法和经验。但是，初步建立的市场经济体制还不成熟、不完善，深化经济体制改革还面临着许多深层次问题。经济特区所担负的特殊使命促使深圳在完善和发展社会主义市场经济体制的道路上进行更加积极的探索和更深层次的改革。1998年，根据党的十五大精神，深圳市制定了《全面建设比较完善的社会主义市场经济体制纲要》。2000年，深圳市第三次党代会正式提出，到2005年率先建立比较完善的社会主义市场经济体制。围绕率先建立比较完善的社会主义市场经济体制这一目标，深圳开始不断深化各项改革。

（1）进行国有企业布局调整

进入21世纪，深圳根据市场经济发展要求，推动企业重组、企业内部机制转换，引进大型企业战略投资者，进行建设施工企业改制，做强一批产业集团，同时加强国有企业监管。根据中央关于国有企业"抓大放小"布局调整要求，深圳根据自身实际，对竞争性领域处于劣势的工业、流通、商贸、建筑等领域的国有企业，进行产权改革，通过经营者员工持

---

① 江潭瑜：《深圳改革开放史》，人民出版社2010年版，第188—189页。
② 张思平：《深圳奇迹：深圳与中国改革开放四十年》，中信出版社2019年版，第93页。
③ 张思平、高兴烈：《十大体系——深圳社会主义市场经济体制的基本框架》，海天出版社1997年版，前言。
④ 陶一桃等：《深圳改革创新之路：1978—2018》，中国社会科学出版社2018年版，第29页。

股,实行改制退出;转化国企员工身份,进行经济补偿,纳入社会保障制度,大部分国企和员工走向市场。经过改革,深圳市属国企布局大致合理,国有资本监管体系基本到位,企业内部合理法人治理结构基本形成,国有企业内部经营体制与市场经济接轨,企业内部管理水平、自我发展能力和竞争能力提升。当时,深圳市属国有企业经济效益在全国处于领先水平。深圳基本上完成国企改革任务,为全国的国企改革提供经验。

(2)建立产权交易市场

作为中国改革开放的产物,产权交易产生于20世纪80年代中后期我国第一次股份制改革潮流。邓小平"南方谈话"之后,出现了更大的产权交易潮流。1993年,深圳市率先成立国有、集体、民营、外资等各类企业产权合法交易的专门机构即深圳市产权交易所。这是全国第一家跨地区产权交易机构。2000年8月,深圳市产权交易所改制为市属事业单位——深圳市产权交易中心。该中心直属于深圳市国有资产监督管理委员会领导。2000年10月,深圳成立国际高新技术产权交易所。这是全国首家以公司制形式创建,专门以高新技术成果、项目或成长型企业产权为主要交易对象的产权交易所,为深圳及全国高新技术产权交易提供平台。高新技术产权交易所提出"中小企业成长实施路线图计划",第一次将产权市场与资本市场进行对接,使产权市场在多层次资本市场中准确定位,为各地的区域初级资本市场建设提供可资借鉴的深圳经验和可行做法。[①]

(3)深化审批制度改革,不断进行行政体制创新

在审批制度改革方面,深圳提出政府要从计划经济的管理方式向市场经济的管理方式转变。1997年初,在全国率先进行政府审批制度改革,随后市政府成立审批制度改革领导小组,正式发布实施《深圳市政府审批制度改革方案》。1999年2月还以政府令的形式发布施行了《深圳市审批制度改革若干规定》,在这一轮改革中,深圳市政府部门和单位审批事项减少了418项,减幅57.8%。深圳进行的审批制度改革,拉开了全国以转变政府职能为主要内容的政府改革的序幕,为在全国进行的审批制度改革提供了成功的经验。

---

① 深圳市史志办公室:《深圳改革开放实录》第一辑,深圳报业集团出版社2015年版,第107页。

各项改革的不断深入，促进了社会主义市场经济新体制的不断完善。深圳率先确立了比较完善的社会主义市场经济体制。

5. "率先发展外向型经济，积极参与经济全球化"

发展外向型经济，是发展中国家经济发展的成功之路，是经济现代化的内在要求。深圳经济特区作为改革开放的试验场，发展外向型经济，与国际市场接轨，这是在探索社会主义市场经济体制的历史进程中的必然选择。这就需要借鉴人类一切先进文明成果，学习和借鉴资本主义国家先进的管理经验。这需要勇气和智慧，更需要解放思想，变革思想观念。

大力发展外向型经济，深圳经济得以迅速发展。但是，深圳经济特区并不满足于简单地构筑外向型经济大厦，而是勇于把握经济全球化时代发展的大趋势，积极参与经济全球化，把握机遇，迎接挑战，加快自身的现代化建设，争取更大的作为。

（1）建立开放的经济系统

深圳经济特区建设初期，由于毗邻香港，学习香港的管理方法和经验，已经具有外向型经济的特色。当时以"四个为主"：建设资金以外资为主；经济结构以"三资"企业为主；企业产品以外销为主；经济活动在国家计划指导下以市场调节为主。深圳经济特区正是在这个基础上，逐步形成高层次、宽领域、全方位开放型经济格局的。

根据海关总署的统计资料，1980—1999年深圳进口商品总额由627万美元增长到222.19亿美元，年均增长41%，出口总额由1100万美元增长到282.08亿美元，年增长42%。从1993年开始，深圳出口总额连续七年居全国首位。外贸出口一直是深圳经济增长的重要推动力量。1999年，深圳外贸出口占GDP的比重达到19.6%。[①]

深圳外贸出口格局表现为一般贸易、外商投资企业和"三来一补"企业出口为主要形式，外贸出口市场日益国际化，除巩固包括中国香港以及日本和东南亚为主的重点外贸市场，同时开拓拉美、东欧、非洲等新的目标市场；出口商品结构明显改善，高科技、高附加值的机电产品增长较快，形成了一批出口"拳头"产品；海外企业有了一定的发展；以技术出口和服务贸易为代表的外贸出口成为深圳对外贸易的新增长点。与此相

---

① 白天：《走向现代化——深圳20年探索》，海天出版社2000年版，第119页。

应，外贸体制改革不断深化，逐步建立了以国际市场为导向，按国际惯例办事，以市场机制运行的外贸体制。

在外贸经营管理方面，基本上以市场调节为主，取消了出口收汇、进口用汇等多项外贸指令性计划，在外贸出口配额和出口许可证制度上，对国家给予深圳的出口配额进行公正、合理的二次分配，根据不同出口商品的特点，分别进行有偿招标、无偿招标和非招标分配改革，加强对配额许可证的科学管理，实现了许可证联网核销。

（2）引进利用外资、设立保税区与内地经济联合

20 世纪 80 年代深圳以大规模兴办"三资"企业作为利用外资的重点。90 年代利用外资的重点在开辟新渠道和优化外商投资结构方面。在继续引进中国香港和东南亚地区投资的同时，提高欧美发达国家的投资比重；从投向上看，从工业项目投资为主逐步转向以第三产业投资为主，除房地产、股票市场外，外商投资还逐步扩大到零售商业、交通运输、通讯等部门；从方式上看，利用外资朝着多元化方向发展，包括国际租赁、国内股权向外商转让、外商技术入股、在境外发行债券、争取我国政府贷款等形式。优化外商投资结构，高科技项目占较大比重；投资结构由劳动密集型转向技术、资金密集型。"请进来"和"走出去"相结合，在积极引进外资的同时，也逐步开展了对外投资活动。

设立保税区，是在投资环境得到改善、开放步伐加快的条件下提出来的。保税区一开始就以市场有效配置资源的思路，建立一套全新的经济体制模式。保税区实行管委会和海关机构共同管理，管委会是深圳市政府的派出机构，统一管理保税区的行政事务。海关则依法对进出保税区的运输工具、货物和个人携带物品进行管理。保税区享受平等的政策待遇，开展公平竞争。经营范围、经营方式不受限制；实行自主经营、自负盈亏、自我发展、自我约束的经营机制。深圳当时共设立三个保税区（沙头角、福田、盐田），成为深圳二次创业过程中的一个强劲的经济增长极。保税区成为外商投资的关注热点，成为国际经济的"信息窗"，可以通过它洞察国际市场的变化趋势。保税区为深圳培养了技术人才和国际营销人才，其"境内关外"的管理原则，使其成为最典型的联结国内、国际两个市场的"桥梁"，推动了经济特区向国际市场拓展。

深圳经济特区初期的建立，得益于国家和内地的支持，需要广泛开展

与内地的经济技术合作。因此，深圳成为全国改革开放的"先行者"和经济发展的"辐射源"，承担起帮助和带动全国经济发展的历史责任，与内地经济紧密联合，则成为必然。

深圳与内地的经济联合有两个特征：一是阶段性。1980—1986年，深圳与内地的经济协作主要集中在基建领域。1987年内联工作开始向有计划、有步骤、有选择的方向发展，着重发展技术先进型和出口创汇型工业项目，使知识密集型、外向型生产项目在1990年达到90%以上。1990年以后，呈现出"以科技联合为重点、第三产业联合合作、双向投资全面发展"的新格局。二是双向性。1987年以前主要是内地向深圳的单向投资，主要是一些军工企业和国内大中型企业。1987年开始深圳向内地投资，到1994年，投资方向主要是大中型企业、第三产业和高科技项目。逐步发展为"三点一线"（内地、特区、海外），充分发挥各自的优势，实现内联经济由内向型向外向型转变。

（3）加入世贸组织给深圳带来机遇和挑战

加入世贸组织，深圳经济特区迎来了新的机遇。

深圳企业"走出去"的环境越来越好，海外投资环境大为改善，以前在跨国经营过程中遇到的受限制和歧视性现象，得到遏制，吸引深圳更多企业进行跨国投资经营活动。深圳企业"走出去"的天地越来越宽，以国际市场为舞台，以全球经营战略为指针，以获取国际分工和资源全球配置利益为目的，国际性活动越来越广泛。同时，"走出去"的规模也越来越大。深圳驻外企业1997年就已经达到212家。加入世贸组织以后，积极参与国际竞争，深圳企业形成了专业化、集约化、规模化的跨国经营。

加入世贸组织以后，深圳首先有一个"制度适应性"问题。尽管深圳与国际市场的联系比较紧密，但是对世贸组织的规则必须有一个学习和适应的过程。其次，随着"入世"，深圳原有的高新技术产业、金融保险、港口运输业的产业竞争优势，也在发生改变，与发达国家具有较强实力的对手进行竞争，能否在经济全球化的国际竞争中发挥产业优势，面临着巨大的挑战。此外，特区政策一般化也随之出现，使得特区政策不再"特"成为可能。再就是人才流动国际化的挑战，如何将优秀人才留在深圳，对人才培养、管理机制、就业环境和收入水平，提出了更高要求。

(4) 参与国际经济合作与竞争的战略选择

2000年6月深圳市第三届人民代表大会通过的《政府工作报告》提出："要以更加积极主动的姿态参与国际经济合作与竞争，抓住国际产业结构调整的机遇，提高我市支柱产业在国际分工中的地位；要继续大力改善投资综合环境，把引进外资和优化产业结构，推动科技进步有机结合起来，进一步提高引进外资的质量和水平；要积极稳妥地实施'走出去'的战略，在经济全球化的挑战中赢得主动权。"①

积极参与国际经济合作与竞争。首先，深圳强调提高支柱产业的国际竞争力。高新技术产业已成为深圳经济的第一增长点，提高深圳高新技术产业在国际分工体系中的地位，是加强深圳产业国际竞争力的必然选择。根据自身实际情况，考虑国际市场竞争关系和发展趋势，深圳选择了以电子信息、生物工程、新材料、光机电一体化、激光技术等五大高新技术产业作为支柱产业，形成有深圳特色的高新技术产业群。为了提高支柱产业在国际分工中的地位，增强深圳企业海外生存和发展能力，深圳的主要做法和目标，一是强化产业配套优势，扩大规模效益，巩固和发展优势产业群。二是加快科技创新体系建设，增强科技创新能力，保持科技竞争力。三是继续完善高新技术产业的资金投入体系和人才培养、引进机制，解决高新技术产业发展中的资本资源和人力资源的双重"瓶颈"制约。其次，切实提高外资引进的质量和水平。深圳经济特区建设初期，引进的外资以港澳资金为主，在全部境外投资中，来自港澳的资本占80%以上。1993年以后，美、日、欧等国家和地区的大型跨国公司开始进入深圳，投资规模和行业技术水平有了显著提高。到了2000年前后，在深圳投资建厂的跨国公司已有100多家，其中20多家在全球排名前100位。再次，深圳积极稳妥地实施"走出去"战略。把"请进来"和"走出去"紧密而有机结合起来。从经济特区成立起，深圳在跨国经营方面"先行一步"，作出了有益的探索，尽管规模效应还不突出，但毕竟为我国企业"走出去"提供了有力的支撑平台和诸多经验，为国家在"入世"的大背景下，主动出击，抢占国外市场，提升本国在国际市场的竞争力，作出了重要贡献。为了稳妥地实施"走出去"战略，深圳积极探索，稳步推进，以开发国际市

---

① 白天：《走向现代化——深圳20年探索》，海天出版社2000年版，第169页。

场为目标，全方位提升特区的国际竞争力；调整布局结构，重点开发欧美、非洲、东南亚及南半球地区；变革管理方式，按照国际通行的惯例运作和经营，简化驻外企业投资项目的审批手续；等等。

"深圳与世界没有距离"这一先进理念，始终引领深圳"走出去"，参与国际经济合作与竞争。不断探索出了多种合作和竞争形式，或加工贸易，或海外营销，或科研，或工程承包、劳务合作，或境外参展，都取得了骄人的成绩。在国际市场站稳了脚跟，开辟了国际经济合作和竞争的多种渠道，为"入世"后，深圳经济特区更广泛、更深入地融入经济全球化，打下了坚实深厚的基础。

6."率先发展创新型经济，探索自主创新模式"

2000年5月，深圳第三次党代会总结第二次党代会以来五年的经济发展，在分析促进经济增长方式转变所取得的成绩与存在问题之后，进一步提出了未来五年大力发展高新技术产业、继续推动经济增长方式转变而采取的政策举措。加大对产业结构、技术结构和产品结构调整的力度，大力发展"三高"农业和现代都市农业，加快发展高新技术产业，进一步提高科技进步对经济增长的贡献率。加快发展物流业，建设区域性物流中心。全面推进特区内外协调发展，形成各具特色优势互补的整体经济新格局。

（1）深圳经济在科技创新中转型

深圳经济在科技创新中转型，是一个不断升级发展的过程。1985年以前，深圳特区经济处于铺摊子、引进项目、打基础的起步阶段。80年代中后期到90年代初，深圳工业超高速发展，在短时间内建立起门类比较齐全的工业体系。1992年以后，深圳把调整优化产业结构列入重要议程，先后确定"以高新技术产业为先导"，建设"高新技术产业开发生产基地"的发展战略和奋斗目标，促进了经济结构的升级和转型。

在科技创新转型中，对传统产业进行改造，将高新技术注入传统产业，促使传统产品不断更新换代，向高性能、高质量、高竞争力方向发展。深圳一大批传统工业企业引进了大量新技术、新设备、新工艺、新材料，技术和工艺水平迅速提高，在产品的设计开发、技术装备、制作工艺、管理手段等方面，处于全国领先地位。例如，在机械行业，集中推动基础件和配套件产品向专业化发展，加强机械与电子技术融合，走出了机电一体化创新的路子，使机械产品具有数控化、高精度、高适应性，在国外市场具有较大份额,如集装箱产量已占据全球产量的四分之一,排名世界第一;深圳的"智能"登机桥,牢固占据国内市场,并打入了国际市场。

把高新技术作为第一经济增长点,深圳致力于发展壮大信息产业,把信息产业作为主导产业。在软件业、集成电路设计业、网络产业、信息家电数字技术、信息服务业等领域下大气力,加大研发力度。深圳大力发展生物技术产业,将生物技术产业作为21世纪高新技术产业发展的重点。例如,生物工程及医药工业被列为重点产业,加大基因工程为核心的现代生物技术发展的力度,重点生产基因工程药物、生化诊断试剂、计划免疫用品以及生化医疗保健用品。深圳积极开发新材料,以国内科研技术和力量为依托。以国际市场为导向,着重开发阻燃材料、电子信息材料、新型高分子材料、新型复合材料及功能材料、新型化工材料等。同时,全面贯彻经济建设和环境保护同步规划、同步实施、同步发展的方针,把环保产业作为产业发展的重点,发展绿色经济产业。

(2)从"深圳制造"迈向"深圳创造"

从21世纪初到2012年的十年间,深圳加工制造业高速发展,给深圳打下了雄厚的经济基础。但是,经济快速发展遗留下来的问题,也逐渐暴露出来。2005年前后,"四个难以为继"问题摆在深圳面前:土地空间有限,难以为继;能源、水资源短缺,难以为继;人口拥挤、负担过重,难以为继;环境承载力严重透支,难以为继。为此,深圳市委作出了从"速度深圳"向"效益深圳"转变的重大战略决策,着力推动经济建设由数量型、资源消耗性的粗放经营方式向质量型、效益型、集约化经营方式转变,努力推动"深圳制造"转型升级为"深圳创造"。[1]

深圳将自主创新确定为城市发展的主导战略,探索自主创新模式,强调提高单位土地产出量,向科技和品牌要效益。2004年,深圳颁布《关于完善区域创新体系、推动高新技术产业持续快速发展的决定》,促进形成"以市场为导向,以企业为主体,以政府为环境,官产学研资相结合"的自主创新体系。还实行了一系列政策措施,包括打造现代产业体系,提升要素利用率,推动现代产业集群发展。

---

[1] 袁义才:《改革开放四十年深圳经济发展阶段性特征研究》,载《第十一届深圳学术年会论文集》,2019年11月,第254页。

这一时期，深圳建立起以企业为主体的技术创新体系，呈现出"4个90%"特征（即90%以上的研发机构设在企业，90%以上的研发人员集中在企业；90%以上的研发资金源于企业；90%以上的研发专利出自于企业）[①]，一直保持了较高水平的研发投入。

据统计，2012年，在深圳从事开发、生产高新技术产品的骨干企业有1700多家，从事高新技术产品研发的科技人员约7.8万人，共研发生产高新技术产品2352种，资金投入125.02亿元，企业自主创新蔚然成风。[②]深圳以高新技术为主的制造业，以金融、物流、文化为代表的现代服务业全面发力，多元产业体系逐步形成。高新技术产业已发展成为深圳经济的第一增长点和第一大支柱产业，挺起了深圳经济脊梁。深圳正在成为中国高新技术产业化最重要的基地之一和国家创新型城市。深圳高新技术产业已具备相当规模，形成了以电子信息产业为主导的高新技术产业集群，成为全国高新技术成果产业化的重要基地。

（3）形成良好的创新生态

深圳高科技产业快速发展，需要形成开放包容的创新生态，而创新生态的核心是"智力"。强烈的创新意识，彻底的思想解放，使得深圳在"杀出一条血路"上勇往直前。深圳已建立起以基础研究为引领，产业及市场化为导向，企业为主体的开放合作、民办官助的创新载体体系。以重点实验室为核心的基础研究体系，以工程实验室、工程中心、技术中心组成的技术开发创新体系，以科技创新服务平台、行业公共技术服务平台组成的创新服务支撑体系，构成深圳科技创新体系三大支点。深圳将科学发现、技术发明和产业发展结合起来，将产、学、研、资、商融合，实现研发平台、投资孵化、科技金融、园区基地、人才培养和国际合作六大板块互动融合发展模式，探索出高等院校科研成果产业化新路。

深圳有一群新型研发机构。这些机构没有任何行政级别，没有事业编

---

① 深圳以企业为主体的技术创新体系，在发展中又形成"6个90%"。即90%以上的创新型企业是本土企业，90%以上的研发机构设立在企业，90%以上的研发人员集中在企业，90%以上的研发资金来源于企业，90%以上的职务发明专利出自于企业，90%以上的重大科技项目发明专利来源于龙头企业。

② 袁义才：《改革开放四十年深圳经济发展阶段性特征研究》，载《第十一届深圳学术年会论文集》，2019年11月，第258页。

制，也没有专门的人头费，被称为"四不像"。"四不像"研发机构将单位、高校、企业、科研机构四者的优势相结合，从体制上解决了经济、科技"两张皮"的问题，遵循市场经济规律和科技创新规律。创新科技成果转化新方式，创造出产学研融合新模式，即以企业为主体，以市场为导向，"深加工"高科技成果，成为市场风向的"守望者"、企业的"孵化器"、科研机构的"供血者"。

深圳良好的创新生态，与深圳先进思想观念的引领，息息相关。表现为深圳培育崇尚创新的社会氛围，营造有利于科技创业的综合环境。大力倡导鼓励创新、敢闯敢试、崇尚竞争、宽容失败、脚踏实地、不骄不躁的创业风尚，鼓励和引导企、事业单位探索建立创新文化氛围，培育企业家精神、团队精神、合作精神。这样的创新生态一旦形成，并成为大气候，经济的发展和腾飞，则成为必然。

7. "率先构建更加完善的社会主义市场经济体系"

中国特色社会主义新时代，深圳已经从经济特区建立之初的政策优势发展到当前的制度优势。坚持社会主义市场经济改革方向，加快社会主义市场经济体制建设，率先构建更加完善的社会主义市场经济体系，建立健全社会经济发展的体制机制，是深圳经济特区完成新使命、开创新局面、再创新优势、铸就新辉煌，并继续为全国经济体制改革提供深圳经验、深圳样本和深圳智慧的必然要求。党的十八大以来，深圳经济特区适应全面深化改革和党中央对深圳经济特区再创新优势、铸就新辉煌的要求，不断深化社会主义市场经济体制改革，率先构建更加完善的社会主义市场经济体制。深圳市提出全面深化改革要在推进"三化一平台"建设上实现重大突破，即：围绕市场化的改革目标，按照使市场在资源配置中起决定性作用的新要求，率先构建更加完善的社会主义市场经济体系，在重塑经济特区改革新优势上有重大突破。

（1）深化商事登记制度改革，打造国际一流的营商环境

商事登记制度改革，包括建立商事登记主体资格与经营资格分离，审批监管相统一的登记制度；实行注册资本认缴制度；实行"三证合一"制度，公司注册网上登记，取消企业登记年审制度等。这项改革是对传统公司登记制度的一个颠覆性改革，是深化政府审批制度改革、转变政府职能和监管方式、发挥市场在资源配置中的决定性作用的一项重要改革。

改变"重审批、轻管理"的方式,深化商事登记制度改革,将不断优化营商环境,建立完善的市场监管体系作为一项重点领域改革。2012年10月30日,深圳市五届人大常委会第十八次会议表决通过了《深圳经济特区商事登记若干规定》。这是全国第一部新型商事登记法规,为深圳商事登记制度改革奠定了法律基础。① 不需要验资、地址可自由申报、免交注册登记费,许可审批大部分后移,90%以上的商事主体设立等业务可通过全流程无纸化办理。2013年3月1日,深圳市成功实施商事登记制度改革,深圳市第一张新版营业执照准时发到企业代表手中。深圳商事主体总量跃居全国大中城市首位。深圳经济特区商事登记制度改革的成功,推进了全国工商登记制度改革,党的十八届二中、三中全会将改革工商登记制度列为重大改革项目。2015年10月1日,深圳先行先试的商事登记制度改革惠及全国,"三证合一、一照一码"商事登记在全国推开。

2017年7月17日,在中央财经领导小组第十六次会议上,习近平总书记提出:"北京、上海、广州、深圳等特大城市要率先加大营商环境改革力度。"深圳牢记习近平总书记要求和嘱托,将营商环境改革作为全年改革任务"一号工程",发力建设国际一流营商环境改革创新实验区,明确提出"群众和企业办什么事烦,就把什么列入改革的范围;办什么事难,就把什么纳入解决的范畴"。坚持"有事服务、无事不扰",个性问题个性解决、共性问题政策解决,为企业提供贴身、贴心服务。近年来,深圳对标世界银行营商环境评价指标体系,出台"营商环境改革20条",从贸易投资环境等6个方面提出20条措施、127个政策点,配套制定40多个文件,进一步激发市场活力。② 深圳商事主体数和创业密度保持全国第一。

深圳商事登记制度的改革,减轻了企业负担,激发了创业热潮,创造了优良的营商环境,促进了政府审批和监管方式的转变,是"使市场在资源配置中起决定性作用和更好发挥政府作用"有效落地的重要途径。

---

① 中国人民政治协商会议广东省深圳市委员会:《敢闯敢"试":改革开放以来深圳创造的全国"率先"》上,海天出版社2018年版,第158页。

② 中共广东省委宣传部、深圳市委宣传部联合课题组:《用好改革开放关键一招,把深圳经济特区办得更好办出水平》,《深圳特区报》2018年12月12日。

(2) 充分发挥市场配置资源的决定性作用，激发各类市场主体创新活力

在国有资本和国有企业改革方面，探索建立以管资本为主的国资监管新模式和新体系，进一步优化国资布局结构，更好地体现国有资本出资人的角色；大力发展混合所有制经济，加快国有资本从一般竞争性领域有序退出；加快现代企业制度建设，建立健全董事会决策效能评估机制，完善外派监事和财务总监管理体制，深化企业劳动、人事、分配"三项制度"改革，加大市场化选聘职业经理人力度；完善国有企业分类监管，健全投资后评价机制和经营投资责任追究机制。在集体资产和集体经济管理方面，以转型发展、规范监管、政企社企分开、股权改革四个方面内容为重点，积极推进股份合作公司改革，促进股份合作公司可持续发展。修订《深圳经济特区股份合作公司条例》，逐步剥离股份合作公司承担的社会管理职能，不断提升股份合作公司市场竞争力和集体经济发展质量，鼓励引导股份合作公司转型发展，推动多元化经营，增强可持续发展能力。同时，优化股份合作公司股权设置，强化股权管理，完善集体资产监督管理体系。完善公司内部治理结构，加强财务公开和资产监督，推动股份合作公司规范管理和阳光运作。在要素市场体系建设方面，推进土地管理制度创新，深化土地资源市场化配置，完善土地市场运行机制。

(3) 推动前海开发，搭建深圳改革开放高端平台

在国家新一轮对外开放中，转变对外经济发展方式，适度控制对外资、外贸、国外技术的依赖程度，提升国内国外两个市场的协调程度，是深圳提升对外开放水平、构建更加完善的社会主义市场经济体系的必然要求。深圳适应经济全球化新形势和总要求，抓住机遇，以改革促开放，以更深入、更全面、更系统的改革为对外开放创造更好的体制机制环境；同时，积极与国际规则体系接轨，以开放促改革，深入实施"引进来"与"走出去"相结合的战略，扩大对外开放战略平台，构建更高水平、更高质量的开放型经济新体系。前海开发，是深圳经济特区适应新一轮对外开放的成果，也是深圳深化改革的突破口。

前海，地处深圳蛇口半岛西侧，珠江入海口东岸，与香港海陆相连，处在中国—东盟自贸区的中心地带，具备得天独厚的海、陆、空区位优势。通过前海开发，不仅可以加强与香港金融等高端服务业合作，促进深圳经济升级转型，而且有助于深圳按照国际惯例和国际规则探索现代服务

业运行体制机制和新模式，促使深圳改革开放再上新台阶，同时为促进香港繁荣稳定作出新贡献。

2010年8月26日，国家批复深圳前海深港现代服务业合作示范区总体规划和先行先试政策。前海开发上升为国家战略，也是粤港澳合作和广东转型升级的三大平台之一。前海迎来大开发、大开放历史机遇。作为深港紧密合作先导区、现代服务业体制机制创新区、现代服务业集聚区、珠三角地区产业升级引领区和经济结构调整区，前海借鉴香港及国际先进地区的成功经验，重点发展创新金融、现代物流、总部经济、科技及专业服务、通讯及媒体服务、商业服务六大领域。

作为"特区中的特区"，前海成为新一轮改革开放的先行先试者，也是国内发展速度最快、效益最好、质量最高的代表性区域之一。近几年，前海每年平均诞生超过3万家企业。从2013年允许企业注册，到2018年，注册企业增加值从49.9亿元增长到2000亿元，增长40多倍，税收收入增长70多倍。2015年前海蛇口自贸片区挂牌以来，注册企业增加值从1019亿元跃升至2018年的2510亿元，税收收入从174亿元增长至446亿元。作为新时代全面深化改革、全面扩大开放条件下，以制度创新为核心实现高质量、高速度发展的区域开发建设模式，"前海模式"初步成型。"前海模式"累计推出制度创新成果358项，其中133项全国首创或领先，28项全国复制推广。

（二）在思想解放中深化认识和把握社会主义基本经济制度

社会主义基本经济制度的提出和不断丰富完善，体现了中国共产党人将马克思主义理论创造性地运用于中国特色社会主义的伟大实践，丰富和发展了科学社会主义理论，增强了道路自信、理论自信和制度自信，从实践上有力地促进了我国公有制经济和非公有制经济的快速发展。[1]综观深圳对基本经济制度在理论和实践上的认识和做法，他们敢试敢闯，先行先试，走在了全国前列。

党的十九届四中全会通过的《中共中央关于坚持和完善中国特色社会

---

[1] 王勇：《坚持公有制为主体多种所有制经济共同发展（学习贯彻党的十八届五中全会精神）》，《人民日报》2015年11月24日。

主义制度推进国家治理体系和治理能力现代化若干重大问题的决定》指出:"公有制为主体、多种所有制经济共同发展,按劳分配为主体、多种分配方式并存,社会主义市场经济体制等社会主义基本经济制度,既体现了社会主义制度优越性,又同我国社会主义初级阶段社会生产力发展水平相适应,是党和人民的伟大创造。"

事实上,《决定》说社会主义基本经济制度是"党和人民的伟大创造",其中就包括深圳市委和市政府的辛勤探索,包括深圳人民的伟大创造和重大贡献。

1. 对坚持和完善公有制为主体、多种所有制经济共同发展的探索

深圳经济特区建立40年来,以公有制为主体、多种所有制经济共同发展,一直是深圳经济的基本骨架。深圳对公有制为主体、多种所有制经济共同发展,具有独到的理解和把握,它不是取自于书本,照抄照搬经典著作,而是来自于活生生的实践。实践表明,公有制实现形式的创新,是促进公有制经济发展的内在要求。在深圳,除国有制企业、集体所有制企业外,还有约占三分之一的资产组织形式采取的是丰富多样的混合所有制企业形式,包括股份制、社团所有制、社区所有制、社会基金所有制、股份合作制企业,由技术入股、经营管理资本入股组成的企业,以及以公有资本为主导的中外合资、中外合作企业。这些企业是对公有制实现形式的探索。

从所有制形式来看,经济特区建设初期,就呈现出多样化的特征。由于深圳投资的多元化,决定了所有制结构的多样化。深圳股份制企业的兴起,促进了所有制结构多样化。此外,又由于国内外其他地区来深圳投资和发展,也存在多种所有制形式,使深圳形成众多大小不一、来源不同、性质多样的利益群体,从而使其多样化特征更为突出。

尽管深圳的所有制结构呈现出多样化的形式,公有制占主体的地位并没有发生改变。也就是说,公有制占主体,是深圳特区经济特征的基本判断。公有制占主体,不是简单地看公有制企业的数量,更主要的是看质量。公有制占主导,也是公有制占主体的表现形式。针对理论界曾经流行"深圳特区的所有制是以国家资本主义所有制为主"的观点,深圳大学的学者分析了所有制结构在深圳特区经济发展过程中的变化特点和发展趋势,分析了三资企业在深圳特区经济中的地位和作用等问题,认为现阶段

深圳特区经济仍是以全民所有制为主体,同时,其他经济成分尤其是三资企业对深圳特区经济的发展及其外向程度的提高发挥了重要作用。因此,认为"深圳特区的这种生产关系是符合其生产力性质和发展水平的,能够巩固和发展社会主义特区的经济基础"[①]。

深圳经济特区所有制结构是以公有制为主体,可以从20世纪90年代以来深圳第三产业发展迅速进行分析。"1999年第三产业占国内生产总值的比重达到48.3%,第三产业对外开放的步伐在加快,外资逐渐融入了金融、旅游、商贸等行业,其中公有制仍然占主导地位。"[②] 例如,就农业所有制结构而论,仍然是以集体所有制为主体。在建筑业领域,始终是以全民所有制企业为主。无论从企业户数还是从劳动人数来看,公有制企业占90%以上。由于交通运输、邮政、通讯等各种公用事业的特殊经济地位,在深圳,基础行业一直以全民所有制为主体。[③]

对所有制问题,时任市委书记厉有为同志有比较深入的思考。1996年12月,他撰写了《关于所有制若干问题的思考》一文,现在看来,主要观点在当时是比较超前的,也是与深圳经济发展的实践相符合的。

在特区建设中,深圳较早地认识到国有企业在国民经济发展中的主要作用:一是市场运作缺欠的补充作用;二是发展战略性产业的主干作用;三是维持社会稳定的基础性作用。体现在通过国有企业加强国家对国民经济和国家安全的控制,尤其是国家通过国有资本的参股、控股或出售、减持股份,更加有效地调控国民经济运行;加大对国家战略性产业和高新技术产业的支持力度,提高产业升级的速度;加大对公益性基础设施的投入,创造良好的投资环境。[④] 深圳认识到国有经济既要保持必要的数量,更要有布局的合理和质量的提高。通过调整、优化布局,提高质量。深圳做了大量细致的工作,在基础设施建设、工业、房地产及商贸旅游等领域,建立了一批国有独资或国有控股企业,为深圳经济发展作出了重要贡献。

深圳在发展混合所有制经济方面,进行了大胆探索。积极稳妥推进国

---

① 梁文森:《深圳特区所有制结构问题》,《经济学家》1990年第4期。
② 白天:《走向现代化——深圳20年探索》,海天出版社2000年版,第133页。
③ 白天:《走向现代化——深圳20年探索》,海天出版社2000年版,第133页。
④ 参见白天《走向现代化——深圳20年探索》,海天出版社2000年版,第95—98页。

有企业混合所有制改革。在深入开展重点领域混合所有制改革试点基础上，按照完善治理、强化激励、突出主业、提高效率要求，推进混合所有制改革，规范有序发展混合所有制经济，走在了全国前列。

例如，2017年，深圳地铁集团成为万科集团第一大股东，支持万科的混合所有制结构，支持万科城乡建设与生活服务商战略和事业合伙人机制，支持万科管理团队按照既定战略目标运营和管理，支持深化"轨道+物业"发展模式。深圳地铁集团因入股万科而获得深圳国资委奖励。这样的混合所有制企业，在深圳还有相当多的案例。

2. 坚持按劳分配为主体、多种分配方式并存

深圳在全国率先进行了收入分配制度改革，努力建立按劳分配为主体、多种分配方式并存的分配制度。20世纪80年代至90年代末，深圳按照市场规律，实事求是地大胆探索，收入分配结构和分配方式得到突破性的改革。与此相应，以新的社会保障体系为目标的社会保障体制的改革，也取得了重大进展。

为了进一步调动广大职工的积极性，深圳在落实"两个低于"（企业工资总额增长幅度低于经济效益增长幅度，员工平均工资增长幅度低于劳动生产率增长幅度）的基础上，逐步放宽对企业工资的控制，让企业自主决定分配标准和分配方式。为了适应市场竞争的需要，深圳不断加大生产要素参与分配的力度，不仅资本可以参与利润分配，技术和管理都可以取得相应的报酬，企业可以进一步拉开分配差距，向经营管理人员、技术人员和有突出贡献的员工倾斜。

为适应股份制经济的特点，深圳开始了企业经营者年薪制和员工持股制度的探索。不断地推出适应经济发展要求的分配制度改革新举措，收入分配结构和分配方式得到突破性的改革。

深圳对分配制度改革的探索，是在解放思想、实事求是思想路线的指导下，不断向前推进的。他们认为，生产决定分配，所有制形式的多样化决定了分配形式的多样化；所有制结构的调整和完善，必然会带动和促进收入分配形式的调整和完善。深圳提出必须坚持效率优先、兼顾公平，以按劳分配为主、多种分配方式并存的分配制度；把按劳分配和按生产要素分配结合起来。各种生产要素包括资本、劳动力、土地、技术、信息等都要进入市场，也必然参与分配；地租、房租、利润、利息、股息等也属于

社会主义分配形式，有其存在的必然性和合理性。

2020年5月颁布的《中共中央国务院关于新时代加快完善社会主义市场经济体制的意见》，其中第六部分"坚持和完善民生保障制度，促进社会公平正义"指出："坚持按劳分配为主体、多种分配方式并存，优化收入分配格局，健全可持续的多层次社会保障体系，让改革发展成果更多更公平惠及全体人民。"在一定意义上看，这一表述，就是对深圳分配体制改革的真实写照和肯定，有深圳在全国率先探索的成果："在经济增长的同时实现居民收入同步增长，在劳动生产率提高的同时实现劳动报酬同步提高。健全劳动、资本、土地、知识、技术、管理、数据等生产要素由市场评价贡献、按贡献决定报酬的机制。"[①] 这是深圳在20世纪90年代就已经完成的改革，为中国社会主义基本经济制度的确立，作出了卓越贡献。

3. 坚持"两个毫不动摇"的方针

"两个毫不动摇"的方针，即毫不动摇巩固和发展公有制经济，毫不动摇鼓励、支持、引导非公有制经济发展，探索公有制多种实现形式，支持民营企业改革发展，培育更多充满活力的市场主体。贯彻和落实"两个毫不动摇"的方针，深圳经济特区作为全国的"排头兵"，也当仁不让地走在前列。

深圳在全国较早地推进国有经济布局优化和结构调整。坚持有进有退、有所为有所不为，推动国有资本更多投向关系国计民生的重要领域和关系国家经济命脉、科技、国防、安全等领域，服务国家战略目标，增强国有经济竞争力、创新力、控制力、影响力、抗风险能力，做强做优做大国有资本，有效地防止国有资产流失。通过资本化、证券化等方式优化国有资本配置，提高国有资本收益。在积极稳妥推进国有企业混合所有制改革方面，深圳深入开展重点领域混合所有制改革，按照完善治理、强化激励、突出主业、提高效率要求，规范有序发展混合所有制经济。对充分竞争领域的国家出资企业和国有资本运营公司出资企业，探索将部分国有股权转化为优先股，强化国有资本收益功能。

深圳市第六次党代会作出深入推进国资国企改革的战略部署，广东省委副书记、深圳市委书记马兴瑞在市属国企系列调研时强调，坚决贯彻落

---

① 白天：《走向现代化——深圳20年探索》，海天出版社2000年版，第55—56页。

实党中央、国务院《关于深化国有企业改革的指导意见》及其配套文件精神，深入谋划改革思路与举措，研究培育世界500强企业，打造更多国有骨干企业，不断增强国有经济活力、控制力、影响力和抗风险能力。

深圳在做大做强做优国有企业方面，取得了优异成绩。例如，深圳市宝安区投资管理集团有限公司（简称宝投集团），是宝安区政府投资设立的国有资产经营公司。其前身为1986年7月成立的宝安县投资管理公司，1993年9月成立深圳市宝安区投资管理公司，2002年由事业单位规范登记为国有独资企业，2017年2月区四大国企重组整合，公司定位为"民生保障商和特定国有资产运营平台"，2017年3月宝安区投资管理集团有限公司成立，注册资本30.5亿元。这个直接关系国计民生的国有企业，每年130多万头生猪屠宰量稳居全市首位；粮食储量在区级企业中排名第一；4000多亩蔬菜种植面积位列全市区属国企榜首；投放使用3755台纯电动车辆，成为全省新能源客车应用十佳运营单位。依靠宝安区雄厚的工业基础和优越的区位优势，宝投集团聚焦"深圳质量，宝安智造"，在宝安建设"湾区核心、智创高地、共享家园"，以海纳百川总部大厦、中德（欧）产业示范园、宝投创谷、创意大楼、石岩湖国际院士村等十多个大产业载体项目建设为抓手，全力推进新型产业载体建设和城市更新，助力宝安转型升级，为宝安产业名城建设注入新的强劲活力。宝投集团作为区属老牌国企，开拓进取、勇于担当，主动适应国企改革发展方向，正努力打造"千亿级"企业。

在发展民营企业方面，深圳大力支持和引导民营经济健康发展，营造支持非公有制经济高质量发展的制度环境。健全支持民营经济、外商投资企业发展的市场、政策、法治和社会环境，进一步激发活力和创造力。无论是数量规模、创新能力，还是国际化水平等方面，深圳民营经济形成显著的引领态势，培育出一批世界级的本土民营企业。如华为、平安、腾讯、正威集团等一个个"顶天立地"的产业巨头，大疆、光启、优比选等一个个细分行业的领跑者。这些深圳本土企业，都是民营经济的领军力量。

我们从如下现象可以看到深圳民营经济的崛起和发展。创立于1995年的比亚迪由成立之初的20人壮大到如今的24万人，并在全球设立30多个工业园，成长为电子、汽车、新能源和轨道交通等领域的创新代表。在数字经济驰骋的腾讯，专注扮演连接器的角色，打造开放的互联网生态。在庆祝改革开放40周年大会上，作为"互联网+"行动的探索者，腾讯公司董事会主席兼CEO马化腾，被授予改革先锋称号。依托深港创新资源迅速崛起的大疆创新科技有限公司，在短短数年间迅速撬动非专业无人机市场，成为全球领先的无人飞行器控制系统及无人机解决方案的研发和生产商。

深圳入围世界500强的7家企业，有6家是民企；中国民营企业500强榜单，深圳25家企业入围；主营收入超百亿企业60余家。目前，深圳民营经济越来越呈现出全球创新型城市强劲的对外辐射能力，以及稳定的内生带动效应。深圳民营经济走在全国前列，得益于国家改革开放政策以及深圳自主创新基因。深圳民营经济拥有得天独厚的厚植土壤，实现从改革开放之初依赖出口加工制造贸易的一般工业集聚区，到拥有大批世界级本土高新企业的全球创新型门户城市的巨大跨越，形成具有鲜明中国特色的民营经济发展新特征。

深圳民营经济不仅发展快，而且质量高。2018年前三季度，深圳民营经济实现增加值7367.33亿元，同比增长10%，占同期深圳GDP的42%。深圳市委市政府全力支持民营企业健康发展。2018年12月，深圳出台《关于以更大力度支持民营经济发展的若干措施》，推出减负降成本1000亿元以上、实现新增银行信贷规模1000亿元以上、实现新增民营企业发债1000亿元以上、设立总规模1000亿元的民营企业平稳发展基金"四个千亿"等措施，降低企业生产经营成本，缓解融资难融资贵困境，建立长效平稳发展机制，支持企业做优做强，优化政策执行环境，以更好服务支持民营企业发展。深圳2018年前11个月减免民企税收1638亿元。深圳中小板和创业板上市企业数量连续12年位居全国大中城市首位，其中90%以上是民营企业，民营企业连续多年成为深圳企业上市的主力军。

4. 坚持改革的社会主义方向，走共同富裕道路

深圳对社会主义基本经济制度的深化认识和把握，从根本上说，是坚持改革的社会主义方向，走共同富裕道路。邓小平在视察深圳等地时发表的南方谈话中明确指出："社会主义的本质，是解放生产力，发展生产力，

消灭剥削，消除两极分化，最终达到共同富裕。"① 他还说："走社会主义道路，就是要逐步实现共同富裕。共同富裕的构想是这样提出的：一部分地区有条件先发展起来，一部分地区发展慢点，先发展起来的地区带动后发展的地区，最终达到共同富裕。"②

伟大的实践产生伟大的理论；伟大的理论又指导伟大的实践。邓小平关于社会主义本质理论，是对深圳等经济特区发展的肯定，从根本上回答了深圳姓"社"还是姓"资"的问题。深圳经济特区经济建设的发展历程，特别是对社会主义市场经济体制的探索，对社会主义基本经济制度的深化认识和把握，有力地印证了邓小平理论的真理性和科学性。

但是，20世纪90年代以来至今，社会上怀疑和否定深圳经济发展的声音，仍不绝于耳；质疑深圳的看法和观点，依然存在。思想界和理论界更不例外。1994年3月，有学者撰写了一份报告并以内参的形式上报高层。报告称，特区不能再"特"了，不能再无限制享受优惠政策！中国必须对经济特区的政策进行彻底调整，坚决取消各种减免税和优惠政策，取消不利于缩小地区差距、优惠于某些地区的经济特区。因为公平竞争是现代市场经济制度的基本原则之一，中央政府是市场竞争规则的制定者和监督者，不能带头破例对某些地区实行优惠政策或提供垄断，任何地方都不得享有法律和制度之外的经济特权。

1995年8月7日发表在《深圳特区报》头版头条的长文《深圳的实践说明了什么——深圳市委书记厉有为访谈录》，厉有为说："现在有人否定特区，主张取消特区，说什么特区培养了特殊利益集团，是和中央争利分利的特殊利益集团，是用寻租的手段发展的。政治寻租是向中央要特殊政策；经济寻租是向京官行贿。这不仅仅是把脏水泼在特区建设者身上，而且还把中央领导诬陷在里边了。东北话叫'埋汰人'。"

2020年3月，新冠肺炎疫情期间，有人在互联网上造谣说深圳没有派医疗队驰援武汉，就是因为深圳的医院都已经私有化了。这些对深圳不顾事实的贬损和中伤，足以说明"树欲静而风不止"，社会上和思想理论界关于经济特区的争议并没有因为深圳取得巨大成就而消失。

---

① 《邓小平文选》第3卷，人民出版社1993年版，第373页。
② 《邓小平文选》第3卷，人民出版社1993年版，第373—374页。

"深圳是不是走资本主义道路？深圳发展起来之后，有没有帮扶落后地区的经济发展？"事实是最好的回答。有资料显示：

1990年，深圳首次结对帮扶广东省梅州市，拉开了特区帮扶山区老区的序幕。1995年，深圳市先后对口支援西藏林芝地区、墨脱县、察隅县和察隅农场，累计投入资金13.55亿元。同年，深圳市开始对口支援重庆市巫山县，共安排帮扶资金近2亿元，援建各类项目101个。从2010年开始，深圳市累计投入财政资金69.82亿元援助新疆。2018年，深圳市安排援疆资金8.4549亿元，实施援疆项目53个，重点是喀什深圳城、深圳产业园、喀什大学、喀什综合保税区等"一城一园一校一区"。

2015年开始，深圳对口帮扶四川省甘孜州的石渠县、德格县、甘孜县。此后3年多时间，深圳已上交财政资金2.12亿元，每年额外安排1000万元行业帮扶资金，实施了乡村旅游以及牧民新居、中小学校升级改造、医疗设施提升等脱贫攻坚、教育医疗帮扶等民生项目，在招商引资、市场开拓、旅游开发、干部人才培训等方面予以大力支持。2016年9月起，深圳市对口帮扶百色、河池市，等等。

深圳对口帮扶包括对口支援、东西部扶贫协作和广东省内全面对口帮扶三大领域，先后与全国17个省（自治区、直辖市）109个县（区）开展帮扶合作。统计显示，截至2020年7月，深圳对口帮扶地区共有建档立卡贫困人口204.01万，已帮助194.36万贫困人口实现脱贫，脱贫率约95%；累计投入财政资金418.73亿元，2020年为40.12亿元；累计募集社会帮扶资金超过760亿元，2020年已募集超过20亿元；累计派出党政干部人才8048人次，现在还有654名干部奋战在扶贫工作一线。[①]

深圳已形成了"1+1+5"整体推动的矩阵式工作架构，两个"1"指深圳市对口支援工作领导小组、深圳市扶贫协作和合作交流办公室，统筹领导全市对口帮扶工作，负责全市对口帮扶统筹协调工作，推动脱贫攻坚工作加快突破；"5"指5个前方机构：新疆、广东河源、广东汕尾3个前方指挥部和广西、西藏2个工作组，负责前方规划实施、项目落实、沟通协调等。

---

① 杨阳腾：《共走小康路 深圳先后对口帮扶109个县（区）》，《经济日报》2020年8月30日。

从上述资料可以看出，深圳坚持改革的社会主义方向，走共同富裕道路，在贯彻落实邓小平关于"先发展起来的地区带动后发展的地区，最终达到共同富裕"的思想方面，也是走在全国前列的。

（三）新思想观念激发经济活力

如上所述，我们从思想观念变革与引领的视角，追溯了深圳经济特区40年率先探索社会主义市场经济体制与社会主义基本经济制度确立的历程；展示了深圳的创新基因及其观念，有力地助推了深圳的发展和腾飞。

经济特区是党的十一届三中全会之后诞生的新事物，它的建设和发展没有先例可循，没有成功的经验可资借鉴。在"杀出一条血路"的过程中，特区人要面对各种各样的新现象、新情况、新问题，进行不断地探索、思考和试验。不断地解放思想，不断地改革，不断地创新，成为经济特区建设和发展过程中的常态，新的思想观念不断涌现。这些具体的新思想观念，既是经济特区砥砺前行的真实写照，也为经济特区的持续发展提供源源不断的精神动力。试想，深圳经济特区40年一千多项创新，哪一项不是先进思想观念引领的结果？哪一项不是创新观念当先？那些层出不穷的先进思想观念，表现方式多种多样，表述语句也各自不同。我们不妨将其中影响深圳和全国最突出的几个先进思想观念，进行解读和分析。

1. "时间就是金钱，效率就是生命"

这个思想观念的提出者，是被称为"蛇口之父"的袁庚同志。事实上，"时间就是金钱，效率就是生命"的提出、定型和广泛传播经历了一波三折的过程。

1979年4月1日，蛇口工业区建设指挥部成立。袁庚时任香港招商局常务副董事长。7月2日，蛇口工业区开始炸山填海，基础工程正式破土动工，打通蛇口五湾、六湾之间的通道，这被认为是我国改革开放第一声"开山炮"。当时，蛇口征集一个符合蛇口特色、容易落实又富有凝聚力和号召力的口号。袁庚提出了"时间就是金钱，效率就是生命，顾客就是皇帝，安全就是法律，事事有人管，人人有事管"。后来，人们把"时间就是金钱，效率就是生命"用红油漆写在一块三合板上，立在指挥部门前。

这块牌子立起来没多久，就有人对这个口号提出批评，认为蛇口是在宣扬拜金主义。加之当时特区能不能继续办下去的争论也很激烈，袁庚不想过多卷入争论，就示意把牌子摘下来，放到仓库里。后来，这块标语牌就被当作废料烧掉了。1982 年，"时间就是金钱，效率就是生命，事事有人管，人人有事管"的牌子又被立在蛇口微波山下。11 月 22 日，这句口号第一次刊登在报纸上，《深圳特区报》的一篇新闻报道提到这句口号，并认为"这就是蛇口精神，也是特区建设的写照，令人耳目一新。但愿这种精神遍地开花，结出累累硕果"①。之后，"时间就是金钱，效率就是生命"较为广泛传播开来。在"时间就是金钱，效率就是生命"这一口号激励下，蛇口工业区进行了分配制度、管理制度、干部人事制度、用工制度、工资制度、住房制度等一系列配套改革，创造出多项中国第一。②

1984 年，邓小平视察深圳。袁庚命工程公司连夜加班，重新作出一个红底白字钢结构的"时间就是金钱，效率就是生命"的标语牌，立在港务公司办公楼拐弯处。邓小平在视察过程中看到了这块标语牌，并默许了这句口号。回京后，邓小平召集 7 位中央负责人开会，提到了深圳建设发展的成绩和这句口号。他说："这次我到深圳一看，给我的印象是一片兴旺发达。深圳的建设速度相当快，盖房子九天就是一层，一幢大楼没有多少天就盖起来了。那里的施工队伍还是内地去的，效率高的一个原因是搞了承包制，赏罚分明。深圳的蛇口工业区更快，原因是给了他们一点权力，五百万美元以下的开支可以自己作主，他们的口号是'时间就是金钱，效率就是生命'。"③ 这一口号得到中央认可和高度评价。8 月 31 日，新华社报道深圳经济特区在实行对外开放中锐意改革，促进经济迅速发展，获得了 10 个全国第一。其中提到，蛇口工业区是国内第一个凭借大量贷款建设的，诞生于蛇口的"时间就是金钱，效率就是生命"在国内产生深刻影响。随后，中共中央政党工作委员会发文，要求把"时间就是金钱，效率就是生命"作为一条重要指导思想。同年，这句口号出现在庆祝新中国成立 35 周年的阅兵式和群众游行队伍的深圳经济特区建设成就彩车上。这句口号便随着电视广播传遍海内外。

"时间就是金钱，效率就是生命"当时被誉为"冲破旧观念的一声春

---

① 王京生：《十大观念》，深圳报业集团出版社 2011 年版，第 24 页。
② 中国人民政治协商会议广东省深圳市委员会：《敢闯敢试：改革开放以来深圳创造的全国"率先"》下，海天出版社 2018 年版，第 740 页。
③ 《邓小平文选》第 3 卷，人民出版社 1993 年版，第 51 页。

雷"。它打破了传统体制下谈钱色变的思维方式和平均主义的分配理念,激励人们多劳多得、提高经济效益,体现着市场经济所固有的竞争和效率意识,契合社会主义市场经济的改革方向。这句口号能够以最高票当选"深圳十大观念",说明它体现社会主义市场经济改革要求,凝聚社会共识,顺应时代发展需要。2018年10月24日,习近平总书记在参观"大潮起"珠江展览时,饶有兴趣地站在"时间就是金钱,效率就是生命"图片前跟大家分享他的感悟。"时间就是金钱,效率就是生命"不仅属于蛇口和深圳,它属于整个改革开放和社会主义现代化建设事业。

2. "空谈误国,实干兴邦"

20世纪80年代末90年代初,关于特区姓"资"姓"社"的争论甚嚣尘上,严重干扰了改革开放和中国特色社会主义现代化事业。在深圳经济特区,"蛇口风波"所引发的"淘金者"和"创业者"的激烈争论,凸显了当时传统计划经济体制和社会主义市场经济体制在价值观上的分歧。

1992年1月,邓小平视察南方,在武昌同当时的湖北省委书记谈话时提出:"空谈误国,实干兴邦!以经济建设为中心的基本路线不能动摇,要管一百年。""空谈误国,实干兴邦"八个大字传递出一个强烈的信号:必须停止姓"资"姓"社"的无谓争论,多干实事,用发展的成绩推进改革开放和社会主义现代化的进程。《深圳特区报》发表的宣传邓小平南方谈话精神的"猴年新春八评",其中的第四篇评论文章《多干实事》,以"空谈误国,实干兴邦"八个字作为文章结尾,铿锵有力,耐人深思。

邓小平视察南方后不久,在蛇口工业区负责人袁庚授意下,"空谈误国,实干兴邦"蓝底白字的标语牌立在当年蛇口工业区大道上。此后,历任深圳市委书记张高丽、李鸿忠、王荣等都将"空谈误国,实干兴邦"与"时间就是金钱,效率就是生命"等重要思想观念总结为深圳经济特区的宝贵精神财富。2010年8月,在深圳"十大观念"评选中,"空谈误国,实干兴邦"全票当选,位列十大观念第二位。"空谈误国,实干兴邦"伴随深圳经济特区发展历程,始终随着深圳发展的脉搏一起跳动。深圳经济特区成立近40年来,"空谈误国,实干兴邦"激励一代又一代深圳人不断开拓新事业,取得新成就,使深圳从一个边陲小镇迅速发展为一座充满魅力、动力、活力、创新力的国际化创新型城市。

2012年11月29日,习近平总书记在参观《复兴之路》展览时指出:

"实现中华民族伟大复兴是一项光荣而艰巨的事业,需要一代又一代中国人共同为之努力。空谈误国,实干兴邦。"① 12月7日至11日,习近平总书记首次离京视察广东深圳、珠海等地,再一次强调"空谈误国,实干兴邦"。"空谈误国,实干兴邦"从深圳走向全国、影响全国,成为凝聚全党全国人民的共识和实现中华民族伟大复兴中国梦的精神动力。今天,我们前所未有地接近实现中华民族伟大复兴的中国梦,摒弃无谓的争论,用脚踏实地的实干和奋斗追逐中国梦、托举中国梦、实现中国梦,是践行"空谈误国,实干兴邦"思想观念的最好方式。

3. "敢闯敢试,敢为天下先"

40年前,深圳担负着"杀出一条血路"的历史使命,开始走上一条冲破封闭僵化传统寻求开放新格局和市场经济新体制的道路。邓小平在南方谈话中指出:"深圳的重要经验就是敢闯。"②《深圳特区报》在2月20日至3月6日发表了"猴年八评"宣传邓小平南方谈话精神,掀起了一股思想理论冲击波。随后,《深圳商报》八论敢闯,连续刊登《为进一步解放思想鸣炮》《快马再加鞭》《防右,更防"左"》《实事求是贵在"敢"》《敢用他山之石》《险处敢攀登》《胸怀大局才敢闯》《借鉴香港互利共荣》等8篇文章,进一步将思想舆论引向改革开放和敢闯敢试主题。"敢闯敢试""敢为天下先"等顺应市场经济发展要求的新思想观念迅速流行起来。2010年5月,"敢闯敢试、敢为天下先的改革精神"成为深圳特区经济的重要内容;10月,"敢为天下先"入选深圳"十大观念"。2018年7月17日,深圳市委书记王伟中在六届十次全会上指出:新时代要大力传承邓小平同志倡导的"杀出一条血路"的气魄和胆略,大力发扬以习仲勋同志为代表的广东改革开放开创者"敢为天下先"的勇气担当、革命精神,大力弘扬"敢闯敢试、敢为人先、埋头苦干"的特区精神,成为新时代全面深化改革开放的新标杆,形成更高层次改革开放新格局。

40年来,敢闯敢试、敢为天下先,早已融入深圳经济特区自身的基因里,伴随着经济特区建设、发展和腾飞的全过程。在"敢闯敢试、敢为天下先"精神的鼓舞下,深圳经济特区一路走一路试,在价格改革、劳动工资改

---

① 《习近平谈治国理政》,外文出版社2014年版,第36页。
② 《邓小平文选》第3卷,人民出版社1993年版,第372页。

革、要素市场建立、股份制改造、科技体制创新、行政审批制度改革、事业单位改革、商事登记制度改革、社会组织改革等方面"敢为天下先",率先突破旧体制和传统观念的束缚,创造出数不胜数的"全国第一"。

在庆祝改革开放 40 周年大会上的讲话中,习近平总书记在讲到正确处理改革发展稳定关系时指出:"我们既要敢为天下先、敢闯敢试,又要积极稳妥、蹄疾步稳,把改革发展稳定统一起来,坚持方向不变、道路不偏、力度不减,推动新时代改革开放走得更稳、走得更远。"① 敢闯敢试,敢为天下先,成为改革开放精神的基本内涵。改革开放再出发,坚持和弘扬敢闯敢试、敢为天下先的改革精神,大胆探索、勇于试验,新时代中国特色社会主义才能呈现出更加旺盛的生命力。

4. "以经济密度论英雄"

"经济密度"是指每平方公里的生产总值。相对于传统意义上的"以经济总量论英雄","以经济密度论英雄"更注重在提升经济密度中做大经济总量,因而也更符合高质量发展要求。2018 年 7 月 17 日,深圳提出:"要在构建推动经济高质量发展体制机制上率先突破、做得更好,以经济密度论英雄、以发展效益论英雄、以环境质量论英雄,打造高质量发展示范区。"

事实上,以经济密度论,深圳是当之无愧的英雄。深圳每平方公里创造的产值为 9.76 亿元,位居经济密度排行榜之首,其次分别为上海、广州、无锡、苏州、南京。但是,在全面深化改革背景下,各地纷纷将科技创新作为推动经济发展的主导力量,追求高质量发展,在这种形势下,深圳当前的经济密度优势有可能被超越。在建设中国特色社会主义先行示范区历史使命下,"以经济密度论英雄",不仅要求深圳在总量、规模、速度上继续发力,继续走在前列、勇当尖兵,更要在构建高质量发展体制机制上率先突破、做得更好,打造高质量发展示范区。

应该说,深圳作为高密度经济体,展现了深圳经济高质量发展,彰显了深圳的强大竞争力和雄厚底气。这也正是深圳能够成为先行示范区的基本条件。

综上,我们对几个影响较大的思想观念进行了解读和分析。2020 年

---

① 《十九大以来重要文献选编》上,中央文献出版社 2019 年版,第 736 页。

10月14日,习近平总书记在庆祝深圳经济特区建立40周年大会上的讲话中,对深圳思想观念的引领作用给予了高度评价,称之为"以思想破冰引领改革突围"[①]。这里应该指出,深圳这些思想观念绝不是头脑里臆造出来的,更不是先天固有的,而是通过活生生的实践形成和发展起来的。在深圳,通过社会实践,即在经济特区中国特色社会主义建设的伟大实践中,思想上的争论和博弈、较量和斗争,从来没有停止过,有时候是于无声处听惊雷,有时候则是社会思潮惊涛拍岸。深圳经济特区40年历程回首,当年蛇口"四分钱"奖金曾惊动中南海;蛇口关于青年价值观争论的风波;特区是不是租界的质疑;土地拍卖第一锤的震撼;股票发行引发的人群疯狂购买;有关深圳"输血"的争论;建立特区是对还是错;特区姓社还是姓资的争论;等等,其实并没有离我们远去,至今仍然记忆犹新,回味无穷。而在经济领域中,具体的思想斗争和博弈,对思想观念的形成和发展,都有直接的重大影响,甚至直接影响到意识形态建设和上层建筑。对这些思想史上的事件,有必要进行深入总结,从中找出规律性的认识。这就需要进行思想史专题性的深入研究了,这里不展开赘述。

三 先进思想观念继续引领深圳成为"先行示范区"

经过40年的建设发展,深圳从一个边陲小镇迅速建成为一座现代化大都市,创造了世界工业化、城市化和现代化史上的奇迹。进入新时代,当深圳以更开阔的视野推进自身建设的时候,中央对深圳也提出了更高的要求,即建设中国特色社会主义先行示范区。要求深圳建立高质量发展高地。深化供给侧结构性改革,实施创新驱动发展战略,建设现代化经济体系,在构建高质量发展的体制机制上走在全国前列。

依靠创新突破自身发展的瓶颈,加快推动科技创新与社会发展深度融合,探索可复制、可推广的超大型城市可持续发展路径,依靠制度完善实现自身科学发展,为中国乃至世界上的其他城市提供示范,这是新时代深

[①] 习近平:《在深圳经济特区建立40周年庆祝大会上的讲话》,人民出版社2020年版,第5页。

圳肩负的责任与使命。毫无疑问，在经济领域，实现高质量发展是必须完成并成功跨越的方面，而在这方面，无论是顶层设计、体制机制还是具体方略，深圳已做好准备。先进思想观念将继续引领深圳高质量发展，成为全国典范和世界标杆。

（一）产业布局面向未来，打造世界新经济策源地

广东省委按照习近平总书记"四个走在全国前列"要求，明确了深圳发挥核心引擎功能、强化引领带动作用。基于此，深圳市委提出深圳要在新时代走在最前列的目标。怎样的深圳才能不辱使命？怎样的深圳才能在全球城市之林中，从跟跑、并跑迈向领跑？答案也许很多，但其中关键一条，深圳必须成为世界新经济策源地，才能掌握发展的主动。为此，深圳在经济方面的布局早已展开。而在先进思想观念上，已经站在了新时代的制高点。

1. 立足当前，发展战略性新兴产业

俗话说，站得更高，才能望得更远。在思想深处，以先进思想观念引领时代，才能深谋远虑，统领全局。

深圳立足当前，非常重视发展战略性新兴产业。战略性新兴产业增加值从2012年的3878.22亿元增长至2017年的9183.55亿元，占GDP的比重逐年提升，从29.9%增长至40.9%。[①] 2020年上半年，深圳战略性新兴产业实现增加值4146.04亿元，成为国内战略性新兴产业规模最大、集聚性最强的城市。围绕产业规划确定的重点领域，深圳已组织实施九批次战略性新兴产业和未来产业专项扶持计划，对创新载体、基础研究、技术攻关、产业化、应用示范等新兴产业项目给予扶持。依托科研资源优势和高新技术产业基础，培育壮大战略性新兴产业，对于深圳构建具有国际竞争力的现代产业体系，增强经济发展新动能起到重要推动作用。

2. 抢占先机，布局未来产业

2013年年底，深圳制定了生命健康、可穿戴设备、机器人、智能装备制造、海洋经济、航空航天六个未来产业的产业政策，自2014年起至2020年，连续7年，市财政每年安排10亿元专项资金，用于支持产业核

[①] 闻坤：《深圳加快布局发展战略性新兴产业》，《深圳特区报》2018年8月24日。

心技术攻关、创新能力提升、产业链关键环节培育和引进、重点企业发展、产业化项目建设等。深圳在生命健康、海洋经济、航空航天等未来产业领域规划建设10个集聚区，培育若干千亿级产业集群，勾勒了清晰的深圳未来产业轮廓。同时，深圳着眼未来，广纳良才。除重点引进未来产业领域的海外高层次人才和创新团队，划拨"孔雀计划"专项资金予以支持外，还每年安排1000万元专项资金支持创业大赛优胜者在深圳实施竞赛优胜项目或者创办企业。借助未来产业的先发优势，深圳正抢抓新一轮科技和产业变革战略机遇。

3. 引领变革，大力发展数字经济

贯彻落实中央《关于支持深圳建设中国特色社会主义先行示范区的意见》打造数字经济创新发展试验区的要求，深圳正在以更加包容审慎的态度，扶持和监管并重，为数字经济发展提供良好的发展环境，加快推进智慧城市基础设施建设、加大数字经济创新载体搭建、加强数字经济知识产权保护力度，从人工智能、大数据、物联网等多个重点领域不断突破与创新，全力打造数字经济发展试验区。随着智能终端及物联网技术不断完善，"万物互联"正逐步成为现实，数字化、网络化与信息化发展快速崛起，数字经济产业已成为驱动我国经济社会发展和技术变革的重要力量。深圳作为我国"最互联网城市"，数字经济已成为引领区域经济发展的重要推动力。统计显示，2018年，深圳全市规模以上计算机、通信和其他电子设备制造销售产值达到20144.23亿元，同比增长12.2%，占深圳规模以上工业销售产值约60%；同年，深圳软件和信息服务业总收入超过6200亿元。[①] 得益于技术创新的不断驱动，深圳数字经济发展成绩斐然，在5G、智慧城市、AI（人工智能）、智能可穿戴设备等新一代信息技术应用领域已经处于全球领先地位。其中，人工智能领域是数字经济的重点发展领域之一。深圳作为首个国家创新型城市，目前已拥有292家人工智能企业，居世界第八，已逐步形成了覆盖设计、开发、制造、服务等环节的全链条人工智能产业系统。深圳数字经济在民生政务、生命健康、生态环保等多方面的实践如火如荼。数字化进程全面融入深圳经济社会的方方面面。

---

① 李玫：《行业领军人探讨"中国芯"》，《深圳商报》2019年5月29日。

4. 发展海洋经济，助力建设海洋强国

对照全球海洋中心城市的目标定位要求，濒临南海、毗邻港澳的深圳具有突出的区位优势，深圳海洋产业具备一定的规模优势。深圳涉海企业有7000多家，已成为深圳经济发展的重要支撑。

2018年，深圳海洋生产总值约2327亿元，同比增长4.63%，海洋经济生产总值占全市GDP的9.6%。① 2018年10月，深圳出台《关于勇当海洋强国尖兵加快建设全球海洋中心城市的决定》，确定了三个阶段性目标，计划到2035年基本建成全球海洋中心城市。

深圳牢牢把握加快建设海洋强国和粤港澳大湾区战略契机，以建设全球海洋中心城市为统领，坚持改革开放、创新引领、陆海并重、一体发展，推动海洋经济发展实现新突破。

一是海洋产业链正在加速向附加值高、经济效益好的高端配套延伸，海洋产业结构和层次不断优化提升。其中，海洋高端装备和海洋电子信息产业已与海洋油气、交通运输和滨海旅游业共同构成深圳海洋经济四大支柱产业。深圳加快向海洋发展，全力打造更具全球影响力的海洋中心城市，已涌现出一批技术先进、成长潜力大的涉海企业。

二是深圳以海洋新兴产业为重点，以海洋金融等高端服务业为核心，推动海洋高端工程装备产业、海洋电子信息产业、海洋生物医药产业、海洋新能源产业、海洋金融业、航运物流等产业发展；以"大海工、大港航、大远洋、大旅游"的模式撬动蓝色经济发展，推动海洋产业集聚发展，提升城市核心竞争力和全球影响力。

三是深圳充分整合和集聚国内外海洋科技力量，从发展海洋教育研究机构、集聚海洋领域专业人才、提升企业自主创新能力、规划建设海洋科技创新高地等方面打造从科技前端研究到后端成果转化的全链条创新体系，并从人才和空间保障等多方面营造科技创新环境，大力提升海洋科技创新和转化能力，提升深圳海洋科技在全球的地位。

（二）加快形成全面深化改革开放新格局

加快形成全面深化改革开放新格局，是深圳建设中国特色社会主义先

---

① 徐强：《深圳亮出海洋经济"家底"》，《深圳特区报》2019年6月6日。

行示范区，率先实现高质量发展的重要内容。加快形成全面深化改革开放新格局，要求深圳坚持社会主义市场经济改革方向，完善产权制度，依法有效保护各种所有制经济组织和公民财产权，布局粤港澳大湾区，增强区域协同的核心引擎功能。

1. 推进高度市场化以强化核心竞争力

经济特区40年，率先实行社会主义市场经济体制改革，让深圳在多个领域成为"吃螃蟹的第一人"，创造了很多新做法，市场化国际化法制化程度不断提高。前海深港合作提速，港交所前海联合交易中心、汇丰集团华南总部、首家港资控股基金公司等约2000家港企落户深圳。前海蛇口自贸片区在扩大投资开放、金融制度创新、法治环境改善等领域的改革领先全国，部分领域已接近国际自由贸易水平。

2. 促进区域协同发展以增强核心引擎功能

深圳正抢抓建设粤港澳大湾区和支持深圳建设中国特色社会主义先行示范区"双区驱动"的重大历史机遇，携手港澳及珠三角各市共建国际一流湾区和世界级城市群。深圳正大力推进"东进、西协、南联、北拓、中优"战略，提高城市内部的平衡性与协调性，加强与周边城市合作，推动形成大区域协同发展新格局，增强核心引擎功能，推动示范区建设做实、有效。

一是推进基础设施联通，辐射带动周边携手共同发展。深圳以深中通道等战略通道建设为抓手，加强与周边城市合作，加快"深莞惠+河源、汕尾"经济圈建设，助推粤东粤西两翼与珠三角城市串珠成链建设沿海经济带，共同为大湾区建设作出积极贡献。

二是加快城市平衡协调发展，"东进""西协""北拓""中优"协调推进，推动高质量发展。深圳把龙岗区作为"东进"战略的核心区和主战场加速推进，推动龙岗展现强大的发展动能，迸发巨大的发展活力。在"东进"另一阵地坪山建设国家高新区坪山园区，旨在深入对接海内外创新创业资源，集中挖掘、引进、培育一批高质量的科技创新项目落地，为坪山建设增添新动能，跑出高质量、跨越式发展加速度。深圳湾区西翼的南山区、宝安区是落实"西协"战略的主力军。按照规划，深圳将立足城市全域发展、系统发展，加快"北拓""中优"的协同发展。光明科学城，是位处深圳西北部的光明区高质量发展的"关键一招"，是加快打造粤港澳大湾区国际科技创新中心的重要引擎。深圳中轴,是深圳南联北拓、连贯东西的重要通道,龙华区就处于这条中轴线上,是落实"中优"的主阵地。龙华区正以人工智能产业为核心,依托龙华制造业雄厚基础,从南至北布局国际科技成果转移转化区、国家级智能制造示范区和深圳人工智能产业集聚区,形成一条纵贯龙华南北、多轴复合的优质科技创新产业带。

三是打造深港科技创新合作区以提升深港协同发展水平。深圳与域外区域的协同发展,核心是推动"南联",实现深港合作。实施"南联"战略,重在提升深港协同发展水平。目前,合作区已初步形成"一核、一圈、两带"的发展架构思路,打造集跨境旅游合作区、国际商贸消费先行地、深港先行先试承载平台、大湾区深度合作示范区于一体的宜居宜业宜游区域发展范例。深港合作正在深圳自西向东逐步推开,将逐步形成西有前海合作示范区、中有深港科技创新合作区、东有沙头角罗湖深港国际旅游消费合作区的战略新格局,整个口岸经济带有望成为粤港澳大湾区的重要发展极。

3. 面向世界,推动企业"走出去"

深圳始终支持、鼓励企业"走出去",开拓国际市场。在"一带一路"倡议的背景下,深圳企业积极走出去开展对外投资和国际合作。截至 2017 年底,深圳企业对外协议投资总额达 433.22 亿美元,深圳企业已在全球 137 个国家及地区,累计直接投资设立企业和机构 6000 余家。[①] 企业"走出去"已成为深圳市开放型经济发展的新特征。

对外投资形态日趋多样化,由以境外贸易"销售窗口"形式为主,发展到生产、服务、研发、资源开发、资本运作等多种投资合作形式。华为、腾讯、中广核、中集、比亚迪、大疆等企业通过境内外资源深度整合,要素高效配置,显著增强了产业地位和竞争力。深圳正以粤港澳大湾区建设为契机,充分发挥自身在创新方面的体制机制优势,积极拓展深港澳合作新空间,全方位加强与香港在金融、教育、科技等领域的合作,加强河套地区开发。同时,又大力加强与澳门在基础设施建设、文化创意特

---

① 王丰:《企业"走出去"成深圳开放型经济发展的新特征》,新华网(深圳),2020 年 5 月 30 日。

色金融等各领域合作联手开拓葡语国家市场。

探索创新对外投资方式，走高质量发展道路，提高企业参与国际合作的质量和效益，形成完善的企业"走出去"服务体系。除了华为和中信等发展成熟的企业之外，还有一大批以初创型为主，以高技术为导向的新锐企业，它们数量众多，素质良好，自成立之初就具备国际化的特征和全球化视野，它们凭借先进的技术、优质的产品进军世界市场、打开世界市场。一个全新的对外开放格局正在深圳形成。

4. 助力国家战略，打造"一带一路"枢纽城市

深圳地处粤港澳大湾区核心，无论是资金竞争力、人口竞争力与科技竞争力，都是大湾区当之无愧的核心，具有"一带一路"枢纽城市得天独厚的优势。强化互联互通，发挥枢纽作用，特别是强化海港、空港、信息港"三港联动"，完善集装箱班轮航线网络，推动机场24小时通关，加快推动IT企业参与沿线国家信息基础设施建设；聚焦优势互补，加强产能合作，推动成立企业"走出去"联盟，搭建海外投资风险保障服务平台，打造中国（深圳）—印尼电子产业园等对外合作园区，促进与沿线国家产业链、供应链、价值链深度融合；制定实施的"一带一路"市场开拓计划进展顺利，推动企业在沿线建设展示中心、保税仓等分销网络，壮大供应链和跨境电商等外贸新兴业态，推进国际贸易"单一窗口"试点，全面开展面向沿线国家的贸易促进活动；突出开放创新，提升创新能级，与沿线国家开展全方位、多层次、高水平科技合作，并通过人文交流，增进了解互信；着力促进现代服务业特别是金融业开放创新，推进深港澳更紧密合作，积极构建与国际投资贸易基本规则有机衔接的制度框架，打造前海"一带一路"综合性发展平台。

(三) 对标高质量发展要求，打造新的核心竞争力

平台打造是深圳的优良传统和基本经验。深圳经济特区40年的建设发展中，打造了诸如深圳高交会等一系列经济、科技创新发展平台，为深圳发展提供了科学技术支持、人才资源支持等，在推动深圳跨越式发展中发挥了重要作用。党的十八大以来，深圳一如既往推动各类平台建设，致力通过平台打造培育新的核心竞争力，取得了明显的成效。

1. 奠基铸魂，打造科技创新平台

深圳作为经济特区和国家创新型城市，集聚了一大批在全球有影响力的科技企业资源，高新技术产业发展成为全国的一面旗帜。作为广深港澳科技创新走廊的重要部分，深圳积极打造一批科技创新走廊的支撑平台和关键节点。一是以服务香港、建设国际科技创新中心和综合性国家科学中心为光荣使命，建设深港科技创新合作区。目前，深港科技创新合作区深方园区已引进或确定入驻的优质科研机构和项目合计70个，为合作区实现新一轮跨越式发展创造了更为广阔的空间。二是瞄准世界科技前沿和国家战略需求，在光明区集中规划建设一批国家级重大科技基础设施，合理布局核心装置区、科研配套区、生活配套区等功能片区，打造影响力卓著的世界级科学城。三是以把西丽湖国际科教城建设成为世界一流大学城、国家基础研究和应用基础研究高地、粤港澳大湾区创新智核为目标，助推粤港澳大湾区发展。西丽湖国际科教城与河套深港科技创新合作区、光明科学城是深圳打造综合性国家科学中心的重要组成部分，它们正在深圳新一轮创新引领中发挥着重要作用。

2. 面向智能新未来，做全球5G应用"实验室"

深圳围绕打造5G产业链这一主线，坚持"以网络基础设施促进应用发展，以应用拉动产业发展"，推动5G网络、技术、产品与应用深度融合，形成5G产业良好生态，着力打造具有全球影响力的5G产业集聚地，加快构建现代化经济体系。一是主动参与粤港澳大湾区5G建设，重点配合国家做好粤港澳大湾区5G频率协调工作，组织开展深港边界5G信号测试工作，快速推进5G产业发展。二是在重点片区加快开展5G规模组网，启动建设5G智慧医院，率先开展5G试点建设。三是积极搭建5G行业应用试验网络，构建5G时代技术产业优势，推动5G通信产业走在全球最前列。深圳5G布局日臻完善，已成为全国乃至全球5G发展的重要阵地。

3. 推动融合发展，构筑世界级产业集群

2018年，深圳成为全国唯一工业增加值突破9000亿元的城市。从产业聚集区到产业集群，是深圳打造新的核心竞争力，抢占未来制高点的重要战略抓手。在建设粤港澳大湾区和支持深圳建设中国特色社会主义先行示范区"双区驱动"的重大历史机遇面前，推动产业融合发展，构筑世界级产业集群，成为深圳最近一个时期和未来相当长一段时间的重要任务。

一是围绕生命健康、航空航天、海洋经济、智能装备等未来产业领域规划建设未来产业集聚区，打造一批产业特色鲜明、产业链比较完整、龙头企业主导、创新能力突出、辐射带动作用强的产业集聚区，培育产业集群，掌握未来产业发展主动权。2017年，深圳启动首批包括龙岗阿波罗未来产业集聚区、南山留仙洞未来产业集聚区、龙华观澜高新园未来产业集聚区、大鹏坝光生命健康未来产业集聚区、坪山聚龙山智能制造未来产业集聚区、宝安立新湖智能装备未来产业集聚区以及深圳高新区北区未来产业集聚区等7个未来产业集聚区建设；2018年，深圳市启动建设包括福田深港科技创新特别合作区、罗湖大梧桐新兴产业集聚区、宝安大空港新兴产业集聚区、光明石墨烯新兴产业集聚区、坪山第三代半导体新兴产业集聚区、盐田河临港新兴产业集聚区、龙华九龙山新兴产业集聚区、龙岗宝龙科技城等在内的8个新兴产业集聚区，为深圳市现代化国际化创新型城市和国际科技产业创新中心建设提供坚实的支撑。

二是利用大湾区完整产业链配套，联合东莞、惠州、中山、江门等大湾区城市开展先进制造业合作试点，推动大湾区电子信息、汽车、电气、机械设备等优势制造业集聚发展，打造以深圳、东莞为核心的具有全球影响力和竞争力的电子信息等世界级先进制造业产业集群。推动深港之间以打造金融、高科技产业、高端物流和航运服务以及现代国际专业服务为特色的四大"世界级产业集群"为目标的合作，同时在时尚产业集群方面不断发力。

4. 深入实施创新驱动发展战略

积极探索建设国际一流营商环境改革创新实验区、探索创建新经济创新试验区、推进科技计划管理改革、深化拓展改革开放的"前海模式"改革、高标准推进深港科技合作区制度创新改革、深化国有企业混合所有制改革、推进公共设施建设运营管理机制改革、深化财政预算管理制度改革、深化大数据开发利用和保护制度改革、探索以公共交通为导向的城市发展模式改革等。着力改革科技体制，推动改革创新形成新突破。充分发挥政府引导和市场运作的协同作用，形成总体布局基本合理、功能定位基本清晰的科技计划体系，为全国科技体制改革发挥领头雁作用，助推全国各地科技体制改革创新。通过政策与服务双轮驱动，构建起包括种子基金、天使投资、创业投资、担保资金和创投引导资金、产业基金在内的立体化、多元化的全链条金融服务体系。

要坚定不移贯彻新发展理念，牢牢把握高质量发展主题，以创新驱动、高质量供给引领和创造新需求。加快建设具有全球影响力的科技和产业创新高地，培育壮大战略性新兴产业和未来产业，提升现代服务业发展能级和竞争力，着力打造国际人才高地，努力实现更高质量、更有效率、更加公平、更可持续、更为安全的发展。

深圳，因市场经济而兴起，成就斐然，震惊中国和世界。从未来发展全局看，还存在一些短板和不足，也是实然。在城市的公共项目上，尤其是地铁、医院、学校等三大领域严重滞后，不仅落后于"北上广"，甚至还落后于南京、武汉等经济强省的省会，这与深圳先行示范区的地位极其不符。高等教育资源稀缺，中小学及幼儿园的教育资源紧张。目前三甲医院数量仅为11家，也远低于北上广等城市的水平。此外，人才短缺和土地供应紧张等也需要统筹解决。深圳房价持续攀升，让很多想来深圳发展的年轻人望而却步。这些都是深圳在"先行示范区"建设中提高治理能力现代化水平和治理效能亟待解决的重大课题。

今天，站在40年的门槛，回首深圳经济特区建设和发展，为全国经济体制改革和发展提供了具有深圳特色又普适改革开放伟大事业和中国特色社会主义现代化建设事业的深圳方案、深圳智慧和深圳经验；展望未来，深圳致力于建设中国特色社会主义先行示范区和社会主义现代化强国的城市典范的过程中，定会不辱时代使命，为中华民族伟大复兴的中国梦和"两个一百年"奋斗目标的实现贡献更多的深圳方案、深圳智慧和深圳经验。

第二章 政治思想观念的先行地

2020年深圳被赋予粤港澳大湾区的核心引擎、中国特色社会主义先行示范区、社会主义现代化强国的城市范例的光荣使命。回顾"文化大革命"结束后,面对世界范围内掀起新一轮经济发展、产业转移大潮,尤其是中国周边亚洲"四小龙"的崛起,全国人民迫切希望突破"左"倾思想观念,急切发展经济、改善生活。在当时那个人心思变的关键时刻,历史的眼光聚焦于深圳,这个边陲小镇紧邻香港,但当时由于在经济发展方面与香港的巨大差距使许多深圳居民偷渡到香港。借助于这种得天独厚的地域优势,以及当时经济发展的紧迫性,深圳被中央赋予改革开放、现代化建设先行探路的使命,成为中国的经济特区。

深圳经济特区建设过程中,在"杀出一条血路来"的思想引领下,通过中央授权"新事新办、特事特办",凭借敢闯敢试、敢为天下先、埋头苦干的锐气,深圳经济特区大胆开展政治与行政体制改革,把政治体制改革融入行政体制改革过程中,大力进行民主改革尝试,勇于推进法制建设,大胆探索服务型政府改革。40年间砥砺前行,突破了经济特区建设过程中发生的"经济特区"与"政治特区"之争,"租借"之争,姓"社"姓"资"之争等诸多争议。为我国改革开放实现"左"倾思想突破、政治理念转变、政治体制改革、行政体制改革、法治政府建设、服务型政府改革等,积累了丰富的政治文明建设成果。

一 政治文明建设的"最佳范例"

深圳经济特区是全球4300多个经济特区中的佼佼者,已成为中国闪耀全球的亮丽名片。唯物史观认为经济基础决定上层建筑,深圳经济特区在取得物质文明巨大成就的同时，也极大促进了政治文明建设的发展和进步。深圳经济特区成立40年在政治文明建设过程中大胆探索，积累了丰硕成果，产生了一系列响当当的政治建设名片。如始终"坚持党的集中统一领导"、协商民主"深圳样板"、"法治中国"示范城市、三届"中国法治政府奖"、宪法宣传"精彩样板"、"服务型政府"典范、"数字政府"深圳品牌、"i深圳"APP实现"秒批"服务，习近平总书记视察深圳时第一次践行领导视察不封路，等等。

（一）国家政治制度显著优势突出彰显者

中国特色社会主义政治制度是坚持党的领导、人民当家作主、依法治国的有机统一。党的十九届四中全会提出了我国国家制度的十三个方面显著优势，政治制度方面的显著优势主要表现在坚持党的集中统一领导、坚持人民当家作主、坚持全面依法治国等方面。深圳经济特区在40年建设过程中，在坚持党的集中统一领导、人民当家作主和全面依法治国方面堪称典范，为我国政治制度显著优势的彰显作出了杰出贡献。

1. "坚持党的集中统一领导"，确保改革的社会主义方向

深圳经济特区在坚持党的集中统一领导方面始终做到率先垂范，以确保经济特区改革的社会主义方向。历次党代会都强调坚持党的领导，坚持社会主义方向。如深圳市委第一次党代会指出党的领导是办好经济特区的根本保证，"发挥党的领导核心作用，是办好经济特区的根本保证。深圳经济特区的实践证明，越是改革开放，越要加强党的建设，充分发挥我们的政治优势"[1]。第二次党代会提出只有坚持党的领导才能保证改革的社会主义方向，"只有坚持党的领导，自觉维护党中央的权威，特区的改革和发展才能保持正确的方向"[2]。由于始终坚持党的领导，确保了深圳经济特区的社会主义方向，并显示出社会主义的优越性，"深圳经济特区成功的

---

[1] 李灏：《继续办好深圳经济特区 努力探索有中国特色的社会主义路子——在中国共产党深圳市第一次代表大会上的报告》（1990年12月15日）。

[2] 厉有为：《为把深圳建设成为社会主义现代化的国际性城市而奋斗——在中国共产党深圳市第二次代表大会上的报告》（1995年4月25日）。

实践充分证明有中国特色社会主义的优越性和生命力"①。党的十九大闭幕后，深圳经济特区上下将学习宣传贯彻党的十九大精神作为首要政治任务，坚决把习近平新时代中国特色社会主义思想作为最强法宝、最强武器。"把政治建设摆在首位，牢固树立'四个意识'，一切听党中央的，一切听习近平总书记的，习近平总书记怎么讲、我们就怎么做，做到唯一的、彻底的、无条件的绝对忠诚。"②深圳市政府通过讲政治、顾大局，自觉把思想和行动统一到中央和省的决策部署上来，以保证经济特区发展始终沿着中国特色社会主义方向前行。

其实，经济特区建立之初，党中央就强调实行特殊的经济政策，但必须坚持社会主义方向，邓小平曾指出搞"政治特区"就不好了。1992年邓小平在南方谈话中要求广东要力争用20年的时间赶上亚洲"四小龙"，并且强调物质文明与精神文明都要搞好以体现中国特色社会主义的优越性。"不仅经济要上去，社会秩序、社会风气也要搞好，两个文明建设都要超过他们，这才是有中国特色的社会主义。"③前国务院副总理谷牧在谈到我国经济特区的性质时也指出："它是我国人民民主政权管辖下的行政区域，在政治、思想、文化领域坚持社会主义方向，在经济上坚持以社会主义经济为主导，只是在对外经济活动中采取更加开放的方针，实行特殊的经济管理体制和特殊的经济政策。"④针对当时有人把经济特区比喻成旧中国的"租界"，谷牧指出我国的经济特区与旧中国的"租界"根本不同，"它是我国自主举办的，我国政府行使完全的主权，与旧中国的'租界'根本不同"⑤。

2. 践行以人民为中心，"发展人民民主"

坚持人民当家作主，必须贯彻群众路线。深圳经济特区发展过程中在践行群众路线方面率先垂范，贯彻以人民为中心的发展理念。中共深圳市委六届四次全会指出："必须着力践行以人民为中心，坚持发展为了人民、发展依靠人民、发展成果由人民共享，在学有所教、劳有所得、病有所

---

① 张高丽：《增创新优势更上一层楼率先基本实现社会主义现代化——在中国共产党深圳市第三次代表大会上的报告》（2000年5月22日）。
② 《中共深圳市委六届八次全会主要内容》（2017年12月9日）。
③ 《邓小平文选》第3卷，人民出版社1993年版，第378页。
④ 陈夕主编：《中国共产党与经济特区》，中共党史出版社2014年版，第426—427页。
⑤ 陈夕主编：《中国共产党与经济特区》，中共党史出版社2014年版，第427页。

医、老有所养、住有所居上持续取得新进展，不断增强人民群众的获得感和幸福感。"① 并且结合深圳经济特区生产力水平较高、物质条件较好的具体实际进一步提出更高、更好要求和标准，努力做到"幼有善育、学有优教、劳有厚得、病有良医、老有颐养、住有宜居、弱有众扶"。

加强人大代表与选民之间的沟通，确保人大代表始终代表人民的利益。为了保障人民民主权利，深圳市委市政府不断打造保障人民权力行使的各种便利平台。如人大代表之家、人大代表社区联络站、代表履职网络平台，开展代表活动月活动，等等。通过这些平台和相关活动来宣传人民代表大会制度、联系选民、服务企业、展示代表风采，以及促进代表之间相互学习交流，通过一系列活动使代表真正成为促进地方发展的"推进器"、联系选民的"窗口"、服务民众的"服务区"、提升自身素质的"加油站"、代表履职的"示范点"。使人民代表真正代表人民、接受人民监督、服务人民群众。

3. 协商民主"深圳样板"

协商民主是我国社会主义民主政治的特有形式和独特优势。为了凝聚各方力量，深圳致力于打造新时代协商民主"深圳样板"，围绕团结和民主两大主题，逐步提升政治协商的规范化、法制化、科学化水平；支持市人大、市政协依法依章程履行职能、开展工作；广泛凝聚各方面智慧和力量，充分调动各族各界群众团结奋斗，形成同舟共济、共谋发展的"大统战"工作格局，为推动经济特区事业发展凝心聚力，不断树立深圳政协工作品牌。

全方位打造民主协商平台促进协商民主顺利开展。深圳建立了"委员议事厅""委员讲堂"等工作平台；大力开展协商，不断把立法协商打造成协商于决策之前的工作品牌；运用多媒体技术打造网络议政、远程协商工作品牌；建立"智慧政协"移动平台，为委员提供一站式掌上履职服务；设立专题微信议政群，扩大市民群众有序政治参与，强化凝聚共识平台作用，委员微信议政群获评"深圳2019治理现代化十大优秀案例"。建立委员学习座谈会、专题宣讲等制度，探索凝聚共识新路径；成立市政协研究咨询委员会，打造具有政协特色的应用型智库。

---

① 《中共深圳市委六届四次全会主要内容》（2016年11月25日）。

(二)"法治中国"示范城市

深圳经济特区在法制建设方面成绩斐然，拥有三届"中国法治政府奖"殊荣，在普法方面创新"谁执法谁普法"的责任制原则，宪法宣传方面，在全国率先开展市民向宪法宣誓，全力打造深圳样板，成为全国学习的榜样。

1. 三届"中国法治政府奖"荣获者

"中国法治政府奖"由中国政法大学法治政府研究院于2010年发起设立，每两年评选一次，系国内首个由学术机构发起设立的奖项。随着该活动影响力的不断增强，从2014年第三届起，"中国法治政府奖"发展为由新华网与中国政法大学联合推出。"中国法治政府奖"的评判标准主要是对各级行政机关在依法行政、法治政府建设、法治环境营造等方面的制度创新、有效措施的评价，以及政府治理的有益经验、重要成果的评选和表彰。因其评选环节严格科学、客观、公正而拥有较高的社会关注度和较大的公众影响力。

在已开展的五届"中国法治政府奖"评选中，深圳市获得第二、三、五届，共计三届"中国法治政府奖"奖项，由此可以看出社会对深圳市政府在法制建设方面取得成就的充分认可和肯定，以及深圳市政府为建设法治中国示范城市奉献的智慧和力量。2012年，在第二届"中国法治政府奖"评比中，"深圳市法治政府建设指标体系"项目获奖。2014年深圳市申报的"深圳市政府法律顾问制度"，再次获得第三届法治政府奖。2018年在第五届"中国法治政府奖"终评中，深圳市坪山区申报的"构建公共信用信息应用新机制助推法治政府和诚信坪山建设"项目获奖，是深圳市首个获此殊荣的区级项目，具有一定的标志性意义。三届法治政府奖的获得，是对深圳经济特区法制建设成就的充分肯定，也是深圳法治观念提升的必然结果，对于建立先行示范区所规定的法治城市示范，具有重要的引领和示范作用。

2. 加大普法力度，创新普法新形式

深圳市不断创新普法模式，加大全民普法力度，已初步形成全流程、全覆盖、全社会的普法工作模式，努力推进法治中国示范城市建设。创新"谁执法谁普法"的责任制原则，将普法与法治实践有机融合，普法工作由主管部门的"独唱"变成各部门的"合唱",以最终达到全民守法的目标。

大力开展执法和司法普法,树立人人守法理念。深圳市在执法过程中加强普法,把执法与普法相结合。城管执法与律师现场释法相结合,在执法过程中律师讲解我国刑法、治安处罚法相关内容,既起到了顺利执法的目的,又帮助市民树立守法理念,增加法律知识。开展"星期三查餐厅"行动,以"贴身式"直播报道的方式将160多家餐厅后厨呈现给市民,将检查过程、结果全程直播公开发布。在全国首创矩阵式执法视频直播,将警务活动实时呈现在公众面前,实现交警执法与普法相结合。深圳通过执法实践让广大市民在参与执法活动中接受法律教育,增强法律意识和法治素养,使守法成为一种行为习惯,形成人人守法的社会格局。开展司法普法,传播司法公正理念,深圳法院开展"万场直播,当庭宣判"活动,实现司法执行与市民普法相结合;通过司法开展法制教育。普法教育的全方位开展有利于营造尊法学法守法用法的良好社会风尚。

3. 宪法宣传"精彩样板"

深圳市不断创新宪法宣传形式,增强宪法意识,实现全国多个"首创",打造宪法宣传的"精彩样板"。在QQ音乐库首发原创宪法歌曲;通过聚合深圳广播电影电视集团、深圳工商银行、市国资委、深圳机场、深圳地铁、深圳公交、盐田司法局等多元化宣传主体,实现了"海陆空地"多样化空间全覆盖;开展宪法进万家、宪法进酒店、宪法字帖、《深圳法治》宪法专刊、诗歌《宪法,我想对您说》、口袋书《走近宪法》和歌曲《宪法,我想对您说》等一系列具有首创意义的活动和举措。让宪法条文"活起来"、"落下去"、接地气,以生动鲜活的形式"飞入寻常百姓家",实现与民众"零距离接触"。

树立宪法权威,打造全国第一家宪法宣誓平台。2018年深圳市政府将原"东和法治文化公园"更名为"深圳宪法公园",在全国建立首个公民宪法宣誓平台,在全国率先倡导公民向宪法宣誓。2018年,深圳市普法办、深圳市司法局和深圳广电集团联合举办20名"新深圳人"代表面对宪法庄严宣誓。深圳经济特区以这种形式开展深圳人的法治第一课,对于培育公民的宪法精神、法治信仰具有重要的作用。

(三)"服务型政府"典范

众所周知,深圳是一座移民城市,为什么来自全国各地的人会聚集于深圳,并且发出"来了就是深圳人"的感慨?其中的原因很多,但离不开深圳市政府践行以人民为中心的服务理念,立足于"用户本位"原则,着力提升政务服务水平,密切联系群众,创办市民满意的政府。

1. "市民中心"的服务理念

深圳市以人民为中心的服务理念首先体现在市政府办公大楼上,市政府办公大楼设计规划就体现了以人民为中心的服务理念,深圳市民中心是深圳市政府主要办公机构所在地,同时也是市民娱乐活动的场所,这栋办公大楼被命名为"市民中心",这个命名在全国是独一无二的。2004年5月31日,深圳市民中心正式启用,这标志着市政府及其下属的21个政府职能单位已整体搬入市民中心。"市民中心"似乎提醒在这里办公的每一位工作人员,必须以为人民服务的理念对待自身的工作、对待每一位前来办事的市民。所以,"市民中心"是以人民为中心的外在体现,成为深圳市政府的形象代言。"市民中心"已经成为深圳最具有标志性的建筑物之一,充分体现了深圳市政府始终坚持以人民为中心的服务理念。

深圳市践行以人民为中心的服务理念还体现在日常行政管理活动中。政务活动始终坚持"以人民为中心,着眼群众需求",立足"群众有所呼,政府有所应"的价值追求,秉承"有事服务、无事不扰、服务前移、贴身周到"的服务理念,着力打造"数字政府"深圳品牌。建立系统完善的企业服务体系,营造稳定公平透明、可预期的法治化营商环境,努力构建亲清新型政商关系,切实提高群众获得感、幸福感、安全感。

2. 高效便捷的市民服务平台

运用互联网建立高效便民服务平台。深圳市政府开展"互联网+政务服务"改革,建立"i深圳"APP市民服务平台,与市民密切相关的多种民生服务,包括医疗预约、电子证照、社保、公积金、交通出行等,都可以在"i深圳"一个APP服务平台中实现,实现了"一屏智享生活、一号走遍深圳"。

推进"互联网+政务服务"工作模式,大大提升政务服务效率。2019年,深圳成立市区政务服务数据管理局,数字政府建设进入"快车道",接连推出"一件事一次办""秒批""无感申办""区块链电子证照平台"

等引领全国的智慧政务新模式。① 体现了深圳政府治理能力和治理体系现代化水平的不断提升。深圳市2020年政府工作报告指出："'i深圳'APP累计整合近4700项政务服务事项，居全国前列，98%的行政审批事项实现网上办理，94%的行政许可事项实现'零跑动'，企业和个人政务办事需提交的材料减少70%。区块链电子发票引领全国，商事登记等近200个事项实现'秒批'。"②

3. 扎根群众：领导考察不封路、不扰民

作为改革开放前沿地，深圳在贯彻落实党中央以人民为中心的服务理念方面也走在前列。2012年12月4日，中共中央政治局会议审议通过了中央政治局关于改进工作作风、密切联系群众的八项规定，中央政治局《改进作风八项新规定》中规定：要改进警卫工作，坚持有利于联系群众的原则，减少交通管制，一般情况下不得封路、不清场闭馆。党的十八大后习近平总书记离京考察的"第一站"就选择了深圳。深圳成为习近平总书记践行新八项规定的试验场，第一次实践不封路的一级交通警卫工作，不封路、不扰民。习近平总书记在深圳自觉践行新的八项规定，体现更加亲民、更加务实的态度。

深圳经济特区在习近平总书记视察时第一次践行领导视察不封路，既是以习近平同志为核心的党中央身体力行以人民为中心的服务理念、坚持以人为本的结果，也体现了深圳那种舍我其谁的先锋本色，以及勇当尖兵、再创新局的改革创新精神，更是深圳市政府努力做到"民有所呼，我有所应"，"民有所盼，我有所为"的价值追求。2015年5月24日，中共深圳市委六届一次全会召开，时任市委书记马兴瑞同志指出："把人民对美好生活的向往作为奋斗目标。以人为本、实干为荣，把人民群众的期待转化成一项项实际的举措，落实到一件件实事，责任到位，务求实效。切实做到'民有所呼，我有所应'、'民有所盼，我有所为'，让广大市民过上美好的生活。"③

---

① 刘婷：《2019年中国政府网站绩效评估结果揭晓 深圳居副省级城市第一名》，《深圳特区报》2019年12月16日。

② 《陈如桂在市六届人大八次会议上所作的政府工作报告》，《深圳特区报》2020年1月22日。

③ 《中共深圳市委六届一次全会主要内容》（2015年5月24日）。

二 "敢为天下先"的政治文明探索

今天的中国成功走出一条中国特色社会主义道路，道路自信、理论自信、制度自信和文化自信日益增强，政治文明建设成就显著。这些成就的取得离不开深圳经济特区的先行探索，深圳经济特区40年历程，既是敢闯敢拼、大胆进行政治与行政体制改革、勇于开展法制建设的过程，也是一个不断突破思想观念的过程。马克思、恩格斯在《德意志意识形态》中指出："思想、观念、意识的生产最初是直接与人们的物质活动，与人们的物质交往，与现实生活的语言交织在一起的。"①

（一）解放思想，勇于探索的"排头兵"

经济特区建立初期，面对经济特区从境外招商引资、开展中外合作、进行土地有偿使用，受传统观念影响较深的人把经济特区比喻为旧中国的"租界"，纠缠于姓"社"姓"资"的争论，不敢越雷池一步。40年后的今天，中共中央、国务院关于支持深圳建设中国特色社会主义先行示范区的意见指出，深圳要在更高起点、更高层次、更高目标上推进改革开放，形成全面深化改革、全面扩大开放新格局。深圳经济特区能够实现这种惊天逆转，最重要的根源在于思想观念的大胆突破，实践行动上的大胆探索。

1. 思想突围，摆脱姓"社"姓"资"束缚

深圳经济特区自创办始就发挥着改革开放试验田的作用，1980年5月，党中央转发《广东、福建两省会议纪要》指出，经济特区可以采取与内地不同的体制和政策，特区主要是实行市场调节。也就是说深圳经济特区在经济运行机制方面实行的是市场调节，以为我国突破传统的计划经济体制探路，探索建立社会主义市场经济体制。因此经济特区在建设过程中通过实行市场调节与外部经济接轨，主动开放，吸引外资，开展中外合作。同时，由于中央没有资金支持，要求深圳经济特区自己杀出一条血路来。深圳经济特区在创立初期自身也没有足够的资金进行大规模开发，在

---

① 《马克思恩格斯选集》第1卷，人民出版社1995年版，第72页。

香港方面的启发下，在土地开发方面想办法，进行土地出租，实行土地的有偿使用。从1980年到1981年，仅房地产公司就吸引外商在罗湖区投资40亿港元，订租土地4.45万平方米。深圳收得"土地使用费"计2.136亿港元，基本解决了深圳搞"五通一平"的费用。[①] 深圳经济特区在建设伊始就在土地使用、税收、产品销售、外汇管理、人员出入等方面给予外商优惠政策，想方设法吸引外商到深圳投资办厂，外商也在这些优惠政策的吸引下尝到甜头，来深圳经济特区投资的商人、投资规模不断增大，客商来源由最初的香港发展到日本、美国以及中国台湾等国家和地区，企业规模由小客商发展到大财团、跨国公司，投资项目由"三来一补"发展到中外合资、外商独资企业。

近代中国在外国资本帝国主义国家坚船利炮下，被迫签订不平等条约，导致国门大开，外国人在通商口岸建立起"国中之国"的"租界"，成为中国人永远抹不掉的伤疤。随着外商在经济特区投资由无到有、由小到大的发展，尤其是深圳经济特区向境外资本家出租土地对人们思想观念的冲击极其巨大，又一次唤起了人们对"租界"的记忆。其实早在蛇口工业区开发之初，就有老革命者感慨，革命先烈流血牺牲得来的土地一下子被卖掉了；千百万人抛头颅、洒热血打下的江山已经被"断送"。

所以，经济特区创办不久，一些"左"的思想观念就不断涌现冲击着经济特区的发展。诸如深圳"除了五星红旗，一切都是资本主义化了"。1982年3月29日上海《文汇报》发表《旧中国租界的由来》，4月8日《解放日报》发表《痛哉！〈租地章程〉》，文章直接把特区看成是"旧租界的复活"，给经济特区贴上"卖国"标签。"经济特区成了走私通道""特区不是社会主义，是国家资本主义"等议论纷纷出现。

之所以出现这些议论，原因既有人们思想观念方面的主观因素，也有经济特区客观发展上存在的不足，但主要还是人们思想观念上的原因。在极"左"思想阴影下，对经济特区出现的资本主义投资办厂的新事物、出租土地的新现象，人们在思想上不可避免出现难以理解和接受的想法。当然，经济特区实行对外开放之初，由于法制不健全、经验不足等原因，蚊

[①] 陈宏：《1979—2000深圳重大决策和事件民间观察》，长江文艺出版社（武汉）2006年版，第63页。

子苍蝇、泥沙俱下,沿海一些地方出现走私潮和一些社会丑恶现象,引起社会上多方面的质疑和批评,也成为批评经济特区的重要客观依据。

　　针对这些思想观点,邓小平针对经济特区作了多次讲话,并于1984年和1992年两次亲自到深圳考察,为深圳经济特区前行保驾护航。1984年,邓小平自经济特区创办后第一次来到深圳,通过自身的观察表示:"深圳的发展和经验证明,我们建立经济特区的政策是正确的。"[1] 并且在回到北京后同中央负责同志谈话指出:"我们建立经济特区,实行开放政策,有个指导思想要明确,就是不是收,而是放。""这次我到深圳一看,给我的印象是一片兴旺发达。"[2] 这些讲话为关于深圳经济特区的争论暂时画上一个句号。

　　邓小平关于深圳的题词换来了全国学习深圳的热潮,大批来自全国各省市领导和干部,以及外国政要都来深圳经济特区参观、考察,几乎天天都是人山人海,深圳一时红遍世界。然而就在此时,1985年2月,香港《广角镜》杂志发表了陈文鸿《深圳的问题在哪里》的文章,文章认为深圳经济特区没有做到"以工业为主,以外资为主,以出口为主"的发展初衷,深圳的繁华是"以进口商品和物资赚取国内市场的钱"为依托。因此,深圳并没有达到当时中央设立特区所确定的目标。陈文鸿的文章再次把深圳推向了风口浪尖,深圳特区创立的合法性和必要性再次遭到质疑。面对深圳经济特区发展面临的问题,邓小平在会见阿尔及利亚民族解放阵线党代表时说:"深圳经济特区是个试验,路子走得是否对,还要看一看,它是社会主义的新生事物,搞成功是我们的愿望,不成功是一个经验嘛。"[3] 同时,1985年中央就经济特区问题召开了三次会议,专门研究经济特区发展所要解决的问题,深圳由此转向以发展出口工业为主的新时期。1985年8月1日,邓小平发表《特区经济要从内向转向外向》的谈话,指出特区经济要从内向转到外向,"只要深圳没有做到这一步,它的关就还没有过,还不能证明它的发展是很健康的"[4]。经过两年多的调整,

---

[1] 中共中央文献研究室编:《邓小平年谱(1975—1997)》(下),中央文献出版社2004年版,第957页。
[2] 《邓小平文选》第3卷,人民出版社1993年版,第51页。
[3] 《邓小平文选》第3卷,人民出版社1993年版,第130页。
[4] 《邓小平文选》第3卷,人民出版社1993年版,第133页。

深圳经济迈入健康发展的轨道。1987年邓小平说:"现在我可以放胆地说,我们建立经济特区的决定不仅是正确的,而且是成功的。"①

20世纪90年代,国际国内形势动荡不安,国际上东欧剧变、苏联解体,影响到国内,导致1989年春夏的政治风波。政治上的局势变化影响到经济建设的顺利开展和进行,面对困局有些人对改革开放大局发难,主张走"回头路",继续实行计划经济体制。深圳的改革开放、市场经济的探索又一次走向十字路口,1992年,88岁高龄的邓小平发表"南方谈话":"计划经济不等于社会主义,资本主义也有计划;市场经济不等于资本主义,社会主义也有市场。计划和市场都是经济手段。"②"深圳的建设成就,明确回答了那些有这样那样担心的人。特区姓'社'不姓'资'。"③ 这就从理论上彻底摆脱了姓"社"姓"资"的思想束缚,充分肯定了深圳建立社会主义市场经济体制的成就。

所以,深圳经济特区的改革发展,并不是事先有一套完整的改革方案,而是改革开放过程中通过先行先试,摸着石头过河,慢慢闯出来的,这个过程肯定异常艰辛。正如邓小平所总结的:"没有一点闯的精神,没有一点'冒'的精神,没有一股气呀、劲呀,就走不出一条好路,走不出一条新路,就干不出新的事业。"④

2. 勇于探索,实施"特殊政策、灵活措施"

第一,要求中央"放权","广东先走一步"。广东省委积极争取中央放权,打破计划经济时代中央权力过于集中的弊端,让广东先走一步,放手干。广东与香港、澳门山水相连,新中国成立前,边防管理松懈,粤港澳三地居民可以自由出入。新中国成立后国民党特务借边防管理松懈,派遣特务进入内地搞破坏,同时边防管理松懈也给了走私分子可乘之机。为此,1951年3月15日国家决定封锁边防,加强边防管理。20世纪五六十年代,国内由于"左"倾思想的影响,出现"大跃进""人民公社化运动"和"文化大革命",人民的生活长期得不到提高和改善,而港澳尤其是香港经济发展迅速,香港成为亚洲"四小龙"之一,内地与香港的生活

---

① 《邓小平文选》第3卷,人民出版社1993年版,第239页。
② 《邓小平文选》第3卷,人民出版社1993年版,第373页。
③ 《邓小平文选》第3卷,人民出版社1993年版,第372页。
④ 《邓小平文选》第3卷,人民出版社1993年版,第372页。

水平相差非常悬殊。所以，广东居民纷纷进入港澳，尤其是毗邻香港的宝安县，偷渡人数居全省之首，宝安县下属的深圳有些村庄甚至出现"十室九空"的现象，"偷渡外逃"成为广东一个老大难问题。1977年邓小平在广州听取广东省委负责人韦国清、王首道等汇报时深刻指出："逃港，主要是生活不好，差距太大……看来最大的问题是政策问题。政策对不对头，是个关键。"①

1978年4月，习仲勋被中共中央任命为中共广东省委第二书记，4月6日，中国共产党广东省委第四届委员会第一次全体会议召开，习仲勋当选为省委第二书记。习仲勋主政广东后，1978年7月第一次外出考察地就是外逃最严重的宝安县。在考察过程中，时任宝安县委书记方苞同志向习仲勋介绍了宝安县边境耕作情况，由于宝安县有几千亩土地在香港那边，需要过境耕作，但是国家政策对过境耕作，包括每次过境人数、过境次数、从香港携带副食品量、收获粮食不能在香港出卖等管得很死，导致土地荒废。在沙头角"中英街"，习仲勋看到边境两边贫富对比非常明显、差距悬殊，香港一侧车水马龙，一片繁华景象，而宝安这边杂草丛生、萧条冷清。在外逃人员收容站，他问外逃人员，社会主义那么好为何还要偷渡去接受资本主义制度剥削？外逃人员朴实地回答道："我们穷，分配很低。到香港容易找到工作。"②习仲勋深受触动，深刻认识到群众对发展经济、提高生活水平的渴望。

习仲勋以调查为依据，一方面，指示宝安县要尽量把生产搞上去，对于香港的好做法也要学习，"他们是资本主义，但有些好的方法我们要学习"③。另一方面，他又充分认识到虽然"文化大革命"已经结束，但全国范围内"左"倾思想仍然存在，计划经济体制还严重束缚着生产力的发展。为此，他利用各种机会争取突破这种思想束缚，在1978年中央工作会议召开期间，他提出根据广东毗邻港澳的优势，希望中央给广东更大的支持，多给处理问题的机动余地，允许广东吸收港澳资金、引进设备和技术，要求中央对广东实行特殊政策，使广东在改革开放中先行一步。

---

① 中共中央文献研究室编：《邓小平年谱（1975—1997）》（上），中央文献出版社2004年版，第238页。
② 《习仲勋主政广东》，中共党史出版社2007年版，第73页。
③ 王全国、杨应天、张汉青：《深切怀念习仲勋同志》，《广东党史》2002年第4期。

党的十一届三中全会作出了改革开放的重大决策，实现了工作中心转移，以习仲勋为首的广东省委决定向中央报告，在全国体制未解决之前，要求在广东作些特殊规定，放给更大权力。"省委作出了请求中央下放权力，让广东在改革开放中先走一步以及试办贸易合作区（后改为经济特区）的战略决策。"① 在1979年的中央工作会议上，习仲勋说："我们省委讨论过，这次来开会，希望中央给点权，让广东能够充分利用自己的有利条件先走一步。"并强调指出："广东要是一个'独立国'的话，现在会超过香港。"②

第二，"只做不说，多做少说，做了再说"。1984年1月24日，邓小平乘专列前往深圳经济特区视察时说道："办经济特区是我倡议的，中央定的，是不是能够成功，我要来看一看。"③ 邓小平为何如此牵挂经济特区的发展？经济特区"特"在哪里？1980年党中央41号文件明确指出："特区主要是实行市场调节……经济特区主要是吸收侨资、外资进行建设。"④ 由于受苏联传统社会主义模式的影响，国内外思想理论界，以及西方政界普遍认为社会主义只能搞计划经济，搞市场经济就是走资本主义道路。建立经济特区虽然是党中央的决定，也有1980年全国人大通过的《广东省经济特区条例》作为法律依据，但要在经济特区的实际建设中探索社会主义市场经济体制，对特区的直接规划和建设者而言无疑是个天大的挑战，要完成这一人类历史上从未出现的壮举，除了需要伟大的智慧还需要灵活的技巧。

1984年6月邓小平说："什么叫社会主义，什么叫马克思主义？我们过去对这个问题的认识不是完全清醒的。"⑤ 创办经济特区，突破"左"的指导思想的影响，在特区实行市场调节为主，阻力无疑非常大。据吴南生回忆，1982年最困难的时候，面对"深圳除了五星红旗以外，其他的都变了""经济特区成了走私的通道"等等各种质疑。来自北京和特区内部

---

① 《习仲勋主政广东》，中共党史出版社2007年版，第239页。
② 张汉青：《习仲勋在广东改革开放中》，《习仲勋革命生涯》，第549页。
③ 中共中央文献研究室编：《邓小平年谱（1975—1997）》（下），中央文献出版社2004年版，第954页。
④ 陈夕总主编：《中国共产党与经济特区》，中共党史出版社2014年版，第209页。
⑤ 《邓小平文选》第3卷，人民出版社1993年版，第63页。

的压力，正面的争论和背后的暗枪，使吴南生有种大祸临头的感觉。"谷牧确确实实做了很多工作……没有他在上面顶着，我是一点办法也没有，那就大祸临头。"① "面对当时种种非议和阻力，吴南生与同事约法三章：只做不说，多做少说，做了再说。要趁那些反对办特区的人糊里糊涂、弄不清楚、看不明白的时候把经济搞上去。"②

正是这种不在理论上争论，而是通过实践证明的正确理念指导下，深圳在创办经济特区40年中创造了1000多项第一：第一个民主选举、第一个改革人事制度、第一个住房商品化、第一个工程招投标、第一个分配制度改革、第一家外资银行、第一张股票、第一家律师事务所、第一家股份制商业银行、第一次土地拍卖、第一家股份制保险公司、第一家外汇调剂中心、第一家证券交易所……每一个第一都是对旧体制的突破，这些变革都不是改革前的预设，而是经过实践检验的正确做法。

（二）勇于自我革命，彰显"效率""民主"意识

经济基础决定上层建筑，上层建筑对经济基础有巨大的反作用，上层建筑适合经济基础的发展时会对经济建设起到巨大的促进作用，深圳经济特区在建设过程中不断强化效率、民主观念，勇于开展自我革命，推动上层建筑的发展和改革。

1. 追求"效率"的干部人事制度改革

第一，人才招聘打破"调配制"。在我国计划经济体制下，在人事制度方面干部能进不能出、能上不能下、领导职务终身制、论资排辈、人才流动困难等问题。这种人事制度与建立市场经济所需求的人才竞争、合理流动、资源优化的人才市场原则是格格不入的，所以这种传统的人事制度是制约深圳作为试验区，承担改革开放探索任务的瓶颈，必须加以突破，否则改革开放寸步难行，正因为此，深圳人事制度改革与经济体制改革几乎同时进行。

计划经济体制下，没有人才市场，人才由国家统筹分配，深圳经济特

---

① 吴南生口述，萧冬连、杨继绳整理：《亲历经济特区的决策过程》，《炎黄春秋》2015年第5期。

② 深圳创新发展研究院编：《改革者——百位深圳改革创新人物》，中信出版集团2019年版，第12页。

区成立之初，由于建设规模的迅速扩大，面临巨大的人才缺口。如何解决建立经济特区需要的人才问题，深圳采取公开招聘人才的方式，打破了计划经济体制的人才分配制。从1982年起，深圳连续5年派出工作组到全国各地公开招聘干部人才。深圳不仅面向国内招聘人才，1992年深圳组织招聘团赴美国招聘留学生，在全国开启第一次向海外揽才的先例。深圳开启人才招聘先河，不仅解决了自身建设所需要的建设人才问题，也打破了我国计划经济体制下的人才调配制度，为探索建立起适应社会主义市场经济体制的人才市场机制奠定了基础。

第二，打破"铁饭碗"。深圳经济特区成立之初，与全国其他地方一样受传统的计划经济体制的影响，存在严重的吃大锅饭现象，平均主义盛行，大家"干与不干一个样，干多干少一个样，干好干坏一个样"，导致企业吃国家的大锅饭，职工吃企业的大锅饭。1980年深圳成立了第一家中外合资企业——竹园宾馆。竹园宾馆成立后，面临的最大问题是员工的管理问题，员工们对于工资由传统的按资格发放改为按职务高低发放，资金则根据表现好坏发放而不是平均发放表示疑惑和不满，尤其是干部做不好降为服务员，服务员干得好也可以当干部这种可上可下的人事制度不可接受。后来，公司通过双方协商，采取真格"炒鱿鱼"的方式解聘了几个抱着旧思想工作的员工，才使这一适应市场经济体制的人事制度存留下来。

1980年中外合资的友谊餐厅成立，餐厅管理人员向香港"取经"，开创性地在全国率先采取劳动合同制，员工进入企业后同企业签订劳动合同，合同规定企业有辞退、解雇员工的权利，当然员工按照合同规定也有辞职、另谋职业的权利。同时，公司也开展了薪酬制度改革，采取"基本工资＋岗位职务工资＋浮动工资"新的工资制度。竹园宾馆和友谊餐厅开展的工资制度和人事制度改革，对于破除我国计划经济体制下的用工制度起了重大的启发和推动作用，逐渐打破了全国范围内流行的"铁饭碗""铁交椅"和"铁工资"现象，颠覆了我国计划经济体制下"大锅饭"体制。

第三，探索公务员制度。在我国"公务员"概念是1984年11月《干部管理条例》第一稿中首先提出来。1987年党的十三大在提出改革干部人事制度的同时，也提出打破传统干部人事制度改革的方向，即建立公务员制度。深圳作为改革开放的试验场，也就相应地承担起探索建立公务员制度的试点城市。

深圳经济特区从1988年开始至1990年10月两年的时间里,在探索公务员制度改革方面进行了大量的尝试。通过先期思想宣传、颁布法规、组织领导、准备方案等大量前期准备工作,以摸着石头过河的方式,坚持依法、依规章制度办事完成。1996年深圳基本上完成了国家机关工作人员向国家公务员过渡工作,标志着深圳国家公务员制度探索的基本完成,深圳国家公务员试点改革对全国公务员制度的推进起了重要的推动作用。

2. 追求"效率"原则的行政体制改革

第一,精简行政机构突显"效率"。经济特区成立之前,政府机构和行政职能的设置是计划经济的产物,属于计划经济体制时代的传统模式,在行政管理上存在着权力过分集中、机构臃肿、职责不清、政企不分、效率低下等诸多弊端。要想突破计划经济体制,探索市场经济体制,完成经济特区的特殊使命,必须进行行政体制改革,而行政体制改革的突破口就是从精简行政机构入手。

从1981年开始至2009年为了提升行政效率,减少不必要的管理部门和环节,深圳先后进行了八次机构改革,虽然每次机构改革都有其侧重点,但其围绕的核心都是提高效率,理顺市场经济体制下政府与企业的关系,减少不必要的行政干预,探索适应社会主义市场经济体制下的行政管理体制。1981年开始的第一次行政机构改革以精简机构为核心,对政府机构进行了大规模的精简,市政府机构由原来的53个减为17个,减少了66%;同时精减市委领导班子人数,市委常委、副市长以上的领导由原来的19人,减为8人,减少了58%。1983年开始的第二次机构改革主要针对适应发展外向型经济需要,建立健全决策咨询体系。因为经济特区建立之初,国家对经济特区的定位是利用外资、商品出口,而经过经济特区两年多的发展,深圳并没有实现这种转变,经过改革建立了发展外向型经济的"四委五办"的机构框架,"四委"即建立了社会经济委员会、工业委员会、咨询委员会、进出口委员会,"五办"即建立了基建、财贸、交通、农牧、文教五个市长办公室。1986年的第三次机构改革主要是调整管理层次,减少中间环节,市政府的行政层次由原来的市政府—市长办公室—局,改为市政府—委、办、局,即把原来的委和局划归为一级,以减少管理层次提高行政效率。1988年的第四次机构改革,按照党的十三大精神,解决党政职能分开、理顺党政关系,精减党政管理部门。1991年始的第五次机构改革，主要是理顺微观政企关系，转变政府对企业的微观干预。

进入21世纪后，深圳先后开展了三次机构改革。2001年开始第六次机构改革，主要是转变政府职能。2004年深圳进行第七次机构改革，重点放在整合政府机构、加强政府公共服务职能，2009年，深圳进行第八次机构改革，称为"大部制"改革，共减少机构15个，精简幅度约三分之一，探索建立决策、执行、监督相互制约相互协调的运行机制。

第二，行政审批制度改革实现"自我革命"。行政审批制度改革是一项极具"自我革命"性质的改革。正由于这项改革具有"割自己的肉"特点，所以改革的难度之大、阻力之坚可想而知。但这也是一项适应社会主义市场经济体制的必须改革项，因为行政审批过多对企业造成了巨大的附加成本，是企业投资环境、市场运行机制差的最大表现，必然引起企业、市民对政府的不满。深圳市政府先后开展了多次行政审批制度改革，取得了巨大成就，成为全国范围内开展行政审批制度改革的先导。

1997年下半年，深圳市政府成立了审批制度改革领导小组，开始第一次行政审批制度改革。这次改革从调查统计全市的行政审批具体事项、数目，制定具体改革方案，最后组织实施改革方案。通过改革取得了突破性成就，深圳市政府的审批事项减少了一半以上，市政府原有审批和核准事项1091项，改革后拟保留628项，减少463项，减少了42.4%。[①] 2001年深圳市开始了第二轮行政审批制度改革，这次改革是在第一次改革成果基础上的进一步推进，共减少行政审批277项，减幅达38%。

前两轮行政审批改革后，行政审批项目又有一定的"反弹"，行政审批制度还存在不少问题，主要表现在：一些可以减少的审批事项仍然存在，有些已经取消的审批项目出现"反弹"；一些审批项目的审批条件不够明确；审批环节仍然过多；审批时限仍然过长；审批的监督制度还不够健全等。[②] 为此，深圳市政府在2003年又开始新一轮行政审批制度改革。2006年深圳市政府进一步清理和确认非行政许可审批制度改革，减少审批

[①] 贾和亭、梁世林主编：《深圳市改革政府制度》，海天出版社1999年版，第58页。
[②] 《中共深圳市委办公厅 深圳市人民政府办公厅印发〈关于深化我市行政审批制度改革的实施方案〉的通知》，2003年7月14日。

环节，规范审批程序，实现非行政许可审批的法定化和标准化。2012年7月，深圳启动新一轮行政审批制度改革，再减市级审批事项112项，减幅达32%。

通过多轮行政制度改革，深圳市政府大幅减少和调整行政审批事项，并实现了行政许可实施的法定化、规范化和公开化，进一步推进行政管理体制创新，增强行政效率和行政执行力。大大改善了营商环境，为市场主体营造了较为优越的市场氛围。

3. 促进政治民主化的基层民主试验

第一，"一张白纸选村干部"。1993年10月，宝安区沙井镇按照以往的村委会选举办法，由上一届村委会提出本届村委会候选人名单，镇党委考查审核，审核通过后，在村民代表大会上把新一届村干部候选人名单发给代表们选举，但这一具有一定官方意愿的候选人选举遭到代表们的质疑和反对，代表们强烈要求自己做主选出信得过的能人担任村干部。镇党委决定顺应民意，由村民推举候选人，报镇党委政审，候选人政审合格后，再交村民选举。沙角镇在全国率先开展"一张白纸选村干部"的这一做法，开启全国村民自治先河，成为"全国之最"。

这一选举分三个阶段进行：首先，开展民主法制教育。召开村党支部大会和村民代表大会，开展《宪法》《村民委员会组织法（试行）》内容的讲解，对村民进行民主、法制教育，代表审议上届村委会的工作报告。其次、产生候选人。分别召开村党支部大会，村民代表大会、青年和妇女代表大会，大家在白纸上填写候选人，选举产生差额（多于25%）的候选人名单，报镇党委审核。其次，选举产生村委会干部。镇党委根据德才重要条件和得票数多少，从选举产生的候选人名单中确定差额15%的正式候选人，在全体党员和村民代表大会上以无记名方式投票选举产生村干部。沙井镇"一张白纸选村干部"，将村干部的提名权真正交给村民，体现了顺应民意的要求。这一做法一方面是随着我国改革开放的不断推进，村民民主意识不断提升的结果；另一方面为我国民主政治建设进行了开创性探索，为随后进行的农村村务公开制度创新奠定了基础。

第二，"两票制"选举大鹏镇长。1997年，深圳试行乡镇长直选改革，1999年1月，深圳龙岗区大鹏镇确定为"两票制"直选镇长试点单位。"两票制"直选镇长按以下程序开展：首先是选区干部、群众推荐提出镇长提名名单，镇党委根据得票多少确定镇长初步候选人。其次是召开群众代表大会，进行民意测评投票，得票最高者为正式候选人。最后是召开镇人大会议正式选出镇长。

大鹏镇通过1999年1月的第一轮推荐投票后，确定了李伟文、郭雁能、李世文、黎大键、熊小平5位得票过百的提名候选人为初步候选人。在第二轮投票中，各初步候选人通过竞选演讲，群众代表投票，李伟文以得票最高813票，被确定为镇长正式候选人。1999年4月，在大鹏镇第十一届人民代表大会上，李伟文以全票当选为大鹏镇直选镇长。大鹏镇长"两票制"直选是我国基层政权民主改革的尝试，对于进一步提升人民群众的民主意识、权利意识、政治参与意识具有重要的启发作用。

第三，蛇口工业区管委会直选。蛇口工业区成立之初，基于计划经济体制下的人才制度，为了解决人才紧缺问题，主要是从交通系统抽调干部。干部素质与对外开放的要求存在很大距离，必须进行人事制度改革，才能适应经济特区的发展需要，为此深圳市提出"不改革者莫入此门"的口号。1983年2月，当时的中共中央总书记胡耀邦视察蛇口，袁庚向胡耀邦讲述了自己想在蛇口开展投票选举干部的改革试点，通过投票选举管委会干部，以了解中央的态度，胡耀邦当场表态："好！好嘛！"胡耀邦兴奋得连连点头。袁庚说："总书记说了'好'，我们就记录在案，马上打报告这样做！"[1]

1983年4月，蛇口首先在约130名具有一定级别的行政干部和技术干部中进行民主选举尝试，在没有指定候选人的情况下选举产生第一届管委会委员。1985年蛇口工业区管委会进行第二届换届选举，正式颁布《招商局蛇口工业区管理委员会组织暂行条例》和《招商局蛇口工业区选举暂行办法》，工业区管委会采用无记名差额选举的方式产生，每届任期2年，且任期1年后，举行民间测验，信任票不足50%的委员即行免职；在蛇口工业区工作超过30天的正式职工，拥护中国共产党的领导，遵守国家宪法者均有选举权，投票前候选人要发表施政演说，回答群众质询。此次换届选举实行直接选举的方式，分两个阶段进行：候选人推荐和正式选举。

---

[1] 中国人民政治协商会议广东省深圳市委员会编：《敢闯敢试改革开放以来深圳创造的全国"率先"》（上），海天出版社2018年版，第4页。

通过选举袁庚以323票名列榜首。

1987年4月，蛇口工业区变为经济实体蛇口工业区有限公司，原工业区管委会被公司制的董事会取代。董事会11名成员中，4名由招商局委派，7名由选举人直接投票选出。董事会每届任期3年，每年进行一次信任投票，不信任票多于信任票者即行免职。不信任票只针对董事会集体而不针对个人。随着1992年袁庚的离休，原定于1993年举行的蛇口工业区第三届董事会民主选举没有如期进行，随后，董事会成员也变为由交通部指派，选举制变成委任制。

蛇口工业区成立之初，在性质上属于政企合一的行政模式，所以工业区管委会既承担着经济管理职能，也在工业区行使着相应的行政管理权。这种直接选举工业区管委会的尝试，一方面是适应对外开放和发展市场经济的必须要求；另一方面为深圳乃至全国的基层民主进行了有益的探索。虽然这一探索没有在全国范围内广泛普及，但在一定程度上促进了人们的民主、平等、自由观念的传播，为推动我国政治体制改革具有重要的示范作用；同时，也在经济上为突破我国传统的计划经济体制，建立社会主义市场经济体制具有重要的推动作用。

4. 运用网络媒体开展政治参与

随着深圳经济特区经济和科技发展的不断发展进步，为新媒体的发展奠定了重要的经济和科技基础，新媒体的出现为人们之间的交流提供了更加便捷的途径，也为大众参与政治活动提供了重要的平台。正因为此，深圳经济特区首先利用这一新媒体技术于政治活动中，运用网络进行参政、议政。

一篇网文引发上百万网民参与讨论，开创了中国网络问政的先河。2002年11月16日，深圳市民呙中校以"我为伊狂"的网名，在人民网"强国论坛"和新华网"发展论坛"上发表《深圳，你被谁抛弃》，通过网络讨论深圳的将来。后来，"我为伊狂""老亨"和"金心异"共同发起建立了"因特虎"网站，提供一个市民参与互动的平台，发展成为深圳网络问政最具影响力的网络参政平台，由于他们三人通过网络问政闻名而被称为"深圳网络三剑客"。他们通过在网上开设专题讨论收集网民建议，与政府官员交流会谈，还举办形式多样的"沙龙""深圳圆桌活动"开展网络问政、议政，他们就深圳经济社会发展问题深入思考、分析和交流，吸引着来自工商企业界、政府部门、理论界、媒体等精英阶层的广泛参与。

网络问政也有一个产生并不断发展，逐渐为他人，尤其是政府、主流媒体、大众不断接受的过程。在这一过程中"因特虎"很好地处理了与政府的关系，虽然它以"深圳民间智库"自居，但代表着深圳的主流民意，并且与地方政府保持着"和而不同"的距离，以建设性态度与地方政府展开合作。正因为网络问政所产生的积极社会作用和影响，后来，这种诞生于改革开放前沿地带的参政、议政方式，迅速向祖国大江南北扩散，成为民众表达政治观点、实现政治诉求、参与政府治理的重要方式和手段。由此可见，网络时代深圳经济特区在网络问政方面也扮演着排头兵和先锋队的角色。

（三）甘冒"违宪"风险争取立法权，彰显"法治"意识

市场经济是法治经济，没有法治保驾护航深圳经济特区不可能探索出一条社会主义市场经济发展道路。经济特区对于法制建设的需要是随着经济特区建设的不断深入逐渐察觉到的，"法的关系正像国家的形式一样，既不能从它们本身来理解，也不能从所谓人类精神的一般发展来理解，相反，它们根源于物质的生活关系"①。深圳的法制建设是适应经济特区市场经济建设的必然结果，所以，特区探索者非常注重法制建设，并且通过艰辛努力获得立法权这柄尚方宝剑。

1. 市场经济运行需要法律保驾护航

经济特区创办的初衷就是尝试建立市场经济，引进外资、先进技术和管理经验，为中国改革开放探路。市场经济是开放型经济，必须同国际接轨，而要同国际市场打交道，离不开法律保障和支持。自深圳经济特区筹建始广东省就积极运用法律手段，开展立法为市场经济的顺利运行提供法律保障。当时主持广东省经济特区工作的吴南生，于 1979 年 8 月主持《广东省经济特区工作条例》起草工作，并要求全国人民代表大会予以通过。1980 年 8 月 26 日，全国人大通过《广东省经济特区工作条例》，奠定了经济特区立法基础，是经济特区法制建设的开端，标志着经济特区以政

---

① 《马克思恩格斯文集》第 2 卷，人民出版社 2009 年版，第 591 页。

策调整经济关系转为通过法律调整经济关系的开始。

经济特区实行特殊的政策,以吸引外资和发展外向型经济为主,但外资投资办企业的各项具体法律的缺乏,成为特区引进外资的最大障碍之一。经济特区建立之初,正值世界范围内新一轮产业升级,境外资金也在寻找新的投资场所,由于深圳毗邻香港,仅一河相隔,历史上两地交往频繁,并且深圳在税收、劳动力、土地等方面较香港都便宜,香港资金渴望进入深圳寻找商机。然而我国改革开放前长期实行计划经济体制,法律建设非常滞后,成为香港资本家的最大心病。正因为此,还在经济特区建立伊始时,香港总商会就提醒深圳经济特区,要吸引外资无论如何也得立法,外国人相信法律、最怕没有立法。也就是说如果"无法可依、无法可循",谁也不敢来投资。

经济特区创办之初,获取法律的渠道主要表现在三个方面:一是全国人大及其常委会立法。通过了《中华人民共和国中外合资经营企业法》及其《实施条例》《中华人民共和国外资经营企业法》《广东省经济特区条例》《中华人民共和国中外合资经营企业所得税法》《中华人民共和国涉外经济合同法》《中华人民共和国技术引进合同管理条例》等法律。二是广东省人大及其常委会。1981年11月26日,五届全国人大常委会第21次会议授权广东省人民代表大会及其常务委员会,可以按照经济特区的具体情况和实际需要,制定经济特区各项单行经济法规。三是国务院。1985年4月10日,六届全国人大三次会议决定,授权国务院对于有关经济体制改革和对外开放方面的问题制定暂行的规定或条例。为此,从1981年至1986年深圳经济特区向广东省人大和国务院报送审批,颁布实施的法规只有19项,数量相当有限,其中16项为广东省人大通过,3项为国务院通过。因为经济特区向省人大和国务院报送获批的法规周期长,并且中央和广东省对深圳经济特区具体情况的了解没有特区那么深,颁布法律的紧迫感也没有特区那么强烈。可以说19项特区法规远远满足不了深圳经济特区快速发展的需要。为此,深圳经济特区主要是通过颁布政府"红头文件"暂时缓解法规严重不足的状况。然而,政府颁布"红头文件"只是无奈之举,并不能真正完全解决外商投资问题,在市场经济竞争下生存的外商更相信法律,没有法律作保障投资者不放心,在外商看来政府"红头文件"没有法律效力,一旦进入诉讼程序就会面临败诉的风险。"我们搞对外合资、优惠政策，我说我有红头文件，但对方说，我们一定要看法律条款。如果打官司，政府文件不可能被法院认可，只有法律条文才行。"①

2. 争取立法权，获得"立法宝剑"

只有身处改革开放前沿的经济特区才能真切感受到自身对法律法规的迫切需要程度，正是由于通过向上级报送法规，以及通过颁布政府"红头文件"的方式远远满足不了深圳经济特区市场经济发展的需要，而要建立一整套与市场经济发展相适应的法律体系，必须具备立法权。于是，1987年深圳经济特区开始向中央申请立法权。然而，在当时一个地级市要获得立法权无异于登天。因为一方面，当时根据《中华人民共和国地方各级人民代表大会和地方各级人民政府组织法》（1982年修订）规定，只有省级人大，以及经国务院批准的较大市（1984年批准13个较大市），拥有地方立法权，而深圳市并不在此列。另一方面，由于当时深圳市尚未成立人民代表大会，也就是说没有相应的立法主体，因此当1987年夏天，在深圳市主办的"经济特区立法研讨会"上，时任深圳市法制局局长张灵汉提出深圳希望能有自己的立法权时，全场一片哗然，有学者直言不讳地宣称深圳"要立法权是违宪"，出现了诸如深圳"要法是假，要权是真""没有'户口'就要'粮票'"等之类的质疑声音。尤其令人意外的是广东省也强烈反对深圳拥有立法权，"反对最激烈的是原司法部一位司长、当时在广州任职的老同志。'我不能苟同，广东被授权立法，你也要立法权，这样广东不是多头立法了吗？一个省弄得四分五裂的，而且违反国家法律的统一原则，我不赞成。'张灵汉一字一句地对着《中国新闻周刊》重复这位老干部的话。"② 从张灵汉这段采访话语中可见当时争论的激烈程度。

立法权一提出就遭到强烈反对，在当时的社会大环境下也理所当然。因为一方面，毕竟当时传统计划经济体制仍是我国经济运行的主体，人们的思想禁锢仍然存在，大家在思想上主要倾向于接受自上而下的行政命令，"等"上级发命令、"靠"上级发指示来开展经济活动是经济运行的常态，还不适应主动为经济活动顺利开展扫除障碍，通过争取权力积极作为的现象。另一方面，虽然中国的改革开放至1987年已进行了将近10

---

① 徐天：《深圳：求解立法权之路》，《中国新闻周刊》2013年第20期。
② 徐天：《深圳：求解立法权之路》，《中国新闻周刊》2013年第20期。

年，但是受制于对马克思主义的教条式理解，改革开放的影响还不深，市场经济体制还处于探索之中，姓"社"姓"资"的争论并没有定论，人们担心改革向资本主义发展的心理顾虑较为严重，虽然向外部学习基本上得到肯定，但就总体而言，人们的思想认识不可能跟上身处改革开放前沿的经济特区。实践证明，经济特区经过实践磨炼学习的脚步明显快于身处特区之外的人们。

经过这次争取立法权的初步交锋，经济特区的决策者也深刻感受到了获得立法权的艰难，但是经济特区的每一项改革都具有开创性，可以说每一步都充满艰辛，这就是为什么邓小平要深圳"杀出一条血路来"的原因。所以，面对这次争论深圳并没有放弃，而是促使这些勇闯者更加理性、多方位开展突围，而不仅仅是公开的呼吁，这种呼吁不可避免造成争论。首先，他们直接向中央报告反映，争取中央的支持，因为创办经济特区是中央的决定。1988 年，国务院和全国人大常委会组成联合工作组赴深圳调研赋予立法权问题，工作组在调研后认为，深圳要求立法权的请求确有必要，但也指出深圳没有人民代表大会这一立法机构，也会影响立法授权。随后，其他全国人大常委会领导也来深圳考察调研授权立法问题，通过调研考察人员深入了解深圳经济特区的发展状况和法律法规具体运行情况，对法规不足造成引进外资的影响深有体会。总体而言，中央对深圳拥有立法权持支持态度。1989 年 3 月，七届全国人大二次会议召开，审议授权深圳市制定深圳经济特区法规和规章的议案。这一次仍然存在很多反对声音，广东省部分代表也反对，反对的理由包括深圳没有人民代表大会不能立法，不能"特事特办"，等等。但是，这次会议也取得一个积极成果，就是会议决定在深圳市产生人大机构后，授权全国人大常委会对深圳的立法权进行审议和作出决定。虽然这一决定最终获得大会 1609 票赞成票过半数通过，但也有 274 票反对、805 票弃权，从投票数来看，不造成或不表态的杂音确实不小。其次，深圳市加紧筹备成立人民代表大会，开展人大代表的选举，以弥补没有立法主体这一立法权限缺陷。最后，聘请知名专家学者作为深圳的法律顾问，以及主动邀请全国人大党委赴深圳考察，以真切了解深圳经济特区的现状。"后来以市委、市人大党委的名义，分四批邀请全国人大党委来深圳视察。张灵汉一直负责汇报和陪同视察，向党委细细解说。"① 以打消全国人大党委对深圳立法的疑虑。

1992年趁邓小平南方谈话之机,深圳经济特区加快了争取立法权的步伐,1992年7月1日,七届全国人大常委会第26次会议通过了《关于授权深圳市人民代表大会及其常委会和深圳市人民政府分别制定法规和规章在深圳经济特区实施的决定》,深圳经济特区终于获得了梦寐以求的立法权。深圳十分珍惜,并充分用好立法权,据深圳市人大常委会统计,截至2019年8月,深圳共制定法规229件,现行有效法规168件,其中经济特区法规130件。②

深圳经济特区坚持依法办经济特区,极力争取立法权,不仅为顺利建设经济特区保驾护航,也为深圳经济特区的拓荒者大胆尝试改革开放提供了护身符。正如后来吴南生所说:"没有法律可依,不但投资者不敢来,对我们这些'冒险家'来说,什么工作都寸步难行,甚至杀了头还找不到可以平反的根据。"③ 目前,深圳经济特区已经建立起比较完善的社会主义法规、规章体系,法治政府建设水平名列全国前茅,法治城市治理效能日益彰显,法制社会意识深入人心,法治氛围越来越深厚,这一切都为深圳经济特区社会主义市场经济体制运行提供了重要保障,也为我国社会主义市场经济的建立提供了借鉴和重要依据。

(四)"鼓励创新,宽容失败"载入法律

"改革创新是深圳的根,深圳的魂""敢为天下先"是深圳十大观念中的两大观念,是深圳经济特区40年创造奇迹的精神动力。"敢为天下先"和"改革创新"既需要敢闯敢干的勇气、气魄,也是勇于探索、敢于实践的行为,然而创新必定有成功也有失败,实践证明创新失败远远多于成功,如何对待失败、如何看待失败者,对于身处改革开放一线的深圳勇闯者而言,需要包容,也需要制度保障。

1. 创新具有高风险性

熊彼特在其1912年出版的《经济发展理论》中首先直接谈到了"创

---

① 深圳创新发展研究院编著:《改革者百位深圳改革人物》,中信出版集团2019年版,第119页。
② 2019年8月23日搜狐网消息:《关于经济特区立法权 从那个历史时刻讲起》。
③ 深圳创新发展研究院编著:《改革者百位深圳改革人物》,中信出版集团2019年版,第11页。

新"的问题,所以,人们一般把熊彼特作为创新理论的创始人或者创新理论的鼻祖,熊彼特认为经济发展来源于创新,创新是经济发展的内生变量。创新包括采用新的产品、新的生产方法、新的市场、新的原材料来源和建立一种新的组织。① 熊彼特认为创新的主体是企业,其创新内容的五个方面范围非常宽泛,几乎涉及企业的所有生产经营活动,包括技术创新、制度创新、新市场开辟方面的创新、新材料来源方面的创新等。但其留给后人的创新思想遗产主要是两个方面:技术创新和制度创新。②

随着创新的发展,创新的内涵与外延不断扩大,创新除了技术创新、制度创新外,还包括科技创新、实践创新、文化创新,制度创新也具体化为政治、经济、文化等各种制度创新。创新尤其是科技创新具有高风险性的特点。科技创新的风险性主要是基于科技的不确定性和市场的不确定性。科技创新活动是一种探索性、创造性很强的活动,尤其是电子信息技术的创新由于周期长、难度大、风险性高,因而其不确定性因素更多。根据各种咨询研究机构的调查和分析,信息化系统工程的成功率始终在30%左右徘徊,这就说明创新不易,成功的少,失败的多。③ 深圳经济特区作为中国改革开放的先行地,其在创新过程中所面临的风险和不确定性远远超出人们想象,首创1000多项全国第一的背后是数不胜数的挫折与失败。

2. 创新需要法律保驾护航

"改革创新"是中央创办经济特区的初衷,我国要完成从计划经济体制向市场经济体制的转型确实离不开敢闯敢干、改革创新。深圳经济特区40年正是秉持这种改革创新的精神,在经济体制、政治行政管理体制、科技体制等各方面大胆开展创新,成为中国特色社会主义道路的勇敢探索者。正因为此,改革创新被深圳人比喻为深圳的根与魂,也是经济特区成立40年间创造若干个第一、勇创奇迹的不竭动力,"敢闯敢试""敢为天下先"成为深圳精神的真实写照。

早在1992年邓小平南方谈话中就给深圳的探索者不断鼓劲。"不冒点

---

① [美]约瑟夫·熊彼特:《经济发展理论》,何畏、易家详等译,商务印书馆2009年版,第76页。

② 周良武:《智能化生产力与中国自主创新战略研究》,博士学位论文,华南理工大学,第12页。

③ 周宏仁:《信息化论》,人民出版社2008年版,第131页。

风险,办什么事情都有百分之百的把握,万无一失,谁敢说这样的话?一开始就自以为是,认为百分之百正确,没那么回事,我就从来没有那么认为。"①"允许看,但要坚决地试。看对了,搞一两年对了,放开;错了,纠正,关了就是了。关,也可以快关,也可以慢关,也可以留一点尾巴。怕什么,坚持这种态度就不要紧,就不会犯大错误。"② 所以,回顾深圳经济特区40年改革创新历程,无疑是异常艰辛和曲折,从敢闯敢干、改革创新的结果来看,谁也不能保证只有成功,没有失败,其实就实际情况而言失败的比例远远大于成功的概率。那么对于失败者我们应该怀抱何种心态?建立社会主义市场经济体制是前人没有提出和尝试的事业,这种探索意味着更多的曲折性。

深圳经济特区除了包容外还能为创新者提供什么?如何对待创新的失败者?尤其是主观意识方面没有过错,也不存在过错行为,但没有达到效果或造成损失的创新行为。如果这类创新行为得不到一定的制度保障,无疑会使创新者在创新方面顾虑重重,"敢闯敢试""敢为天下先"的效果也会大打折扣。正因为此,2006年3月,《深圳经济特区改革创新促进条例》获深圳市四届人大常委会第五次会议高票通过,条例中明确规定:"改革创新未达到预期效果或造成损失,只要程序符合规定,个人和所在单位没有牟取私利,也不存在与其他单位或个人恶意串通的,可予免责。"由此,"宽容失败"被载入深圳法规。可以说没有鼓励创新、宽容失败的立法保障,就没有深圳的今天,也就没有中国特色社会主义市场经济的建立,就全国而言也就没有改革开放至今所取得的举世瞩目成就。40年经济特区实践证明,"宽容失败"确实在保障创新方面具有重要的作用,得到了党和国家的充分肯定。"宽容干部在改革创新中的失误错误,对干部的失误错误进行综合分析,该容的大胆容,不该容的坚决不容。"③

(五)政治文明探索成果的启示

深圳经济特区40年探索在获得巨大经济成就的同时也积累了丰富的

---

① 《邓小平文选》第3卷,人民出版社1993年版,第372页。
② 《邓小平文选》第3卷,人民出版社1993年版,第373页。
③ 中共中央办公厅、国务院办公厅印发《深圳建设中国特色社会主义先行示范区综合改革试点实施方案(2020—2025年)》,新华社2020年10月11日。

政治文明成果，为我国政治体制改革和政治文明建设作出了巨大贡献。那么，深圳经济特区取得这些成果的原因在哪里？对我们开展政治体制改革有何启发？

1. 中央对政治体制改革的大力倡导

党的十一届三中全会作出对内改革、对外开放的决策，广东省委决定先走一步，创办经济特区，经济特区虽然是在经济上实行优惠政策。由于当时人们的思想观念深受"文化大革命"的影响，"左"倾观念极为严重，人们通常把资本主义国家的一切东西和做法都看成是资本主义所固有的东西，具有资本主义属性，与社会主义水火不相容。在这种背景下，深圳经济特区进行经济体制改革、政治文明建设探索，没有中央的肯定和支持必定寸步难行，这也是广东省委为什么坚决要求由全国人大通过《广东省经济特区条例》的重要原因，这一坚持得到了时任全国人大常委会委员长叶剑英元帅的充分理解和支持，并主持第五届全国人大常务委员会第15次会议通过了《广东省经济特区条例》。

中国改革开放的总设计师邓小平对政治体制改革做了大量指示和讲话，这些指示和讲话为经济特区开展政治文明探索提供了理论指导和支持。我国实行改革开放前后，以邓小平为代表的党中央对于我国旧体制的种种弊端有着较为深刻的体会，"党和国家现行的一些具体制度中，还存在不少的弊端，妨碍甚至严重妨碍社会主义优越性的发挥。如不认真改革，就很难适应现代化建设的迫切需要"[1]。邓小平发表了一系列推动政治体制改革的讲话，深刻阐述了政治体制改革与经济体制改革的相互关系，政治体制改革的必要性，改革党和国家的领导体制，大力开展机构改革，政治体制改革的目标。这些讲话为深圳经济特区开展政治体制改革提供了宏观的理论指导。

政治体制改革与经济体制改革紧密相连，改革既是经济体制改革也是政治体制改革，不开展政治体制改革，经济体制改革也难以推动和贯彻。"我们提出改革时，就包括政治体制改革……不改革政治体制，就不能保障经济体制改革的成果，不能使经济体制改革继续前进，就会阻碍生产力

---

[1] 《邓小平文选》第2卷，人民出版社1994年版，第327页。

的发展。"① 邓小平关于经济体制改革离不开政治体制改革的论述，为经济特区政治体制改革奠定了理论前提和基础。邓小平在《关于经济体制改革问题》中提出了政治体制改革的目标："第一，巩固社会主义制度；第二，发展社会主义社会的生产力；第三，发扬社会主义民主，调动广大人民的积极性。"② 为深圳经济特区开展政治体制改革指明了方向，也为深圳经济特区判断政治体制改革得失提供了标准。

2. 敢为人先的"政行体制"改革

我国建立经济特区的初衷是在一定区域内小范围先行先试，通过引进外部资金、技术和先进的管理方式为我国改革开放探路，这必然涉及如何突破传统的计划经济体制。但是，经济体制改革是一个系统工程，要突破传统的计划经济首先就需要改革传统的经济管理模式，经济管理方式的改变就要转变政府职能，改变政府管理经济的方式、方法和手段，提高行政效率。而转变政府职能，正确处理政府与市场的关系等问题，这就离不开政治体制改革和行政体制改革。李灏同志在中国共产党深圳市第一次代表大会上，提出20世纪末深圳经济特区的奋斗目标时指出："成为经济、政治体制改革的成功试验区，建立起社会主义有计划商品经济的新体制和民主与法制比较完善的政治体制。"③ 从这个意义来看，中国的经济特区建设、经济体制改革并不是孤立进行，并不是所谓纯粹"经济"的特区，而是经济与政治，甚至可以说是经济与文化、社会、生态文明建设的一体化探索。

深圳经济特区的拓荒者在中央的大力支持和充分授权的基础上，大胆地进行政治与行政体制改革探索。从1979年袁庚在蛇口搞工业区开始，深圳经济特区就大胆进行行政管理体制改革，当时袁庚主要是参照香港的做法，一是按照市场经济规律进行管理，摆脱计划经济时代以政代企的管理模式。二是在工业区进行民主改革尝试，管委会成员进行直选，而不是从上至下的层层委派，打破干部终身制。三是加强舆论监督，营造自由、民主氛围，提升大众民主素质。后来袁庚回忆自己在蛇口工业区的政治探

---

① 《邓小平文选》第3卷，人民出版社1993年版，第176页。
② 《邓小平文选》第3卷，人民出版社1993年版，第178页。
③ 李灏：《继续办好深圳经济特区努力探索有中国特色的社会主义路子——在中国共产党深圳市第一次代表大会上的报告》（1990年12月15日）。

索时说:"主要是两项:一是民主选举干部,打破干部终身制,让领导干部能上能下变成现实。二是实行新闻自由,用舆论监督蛇口任何一级干部,制约权力,反腐倡廉。"①

蛇口工业区的政行管理体制改革开启了深圳经济特区政行体制改革的序幕,也是整个深圳经济特区政行体制改革的缩影。深圳经济特区在40年建设过程中,为了发展市场经济,减少计划经济体制下政府过多的条条框框限制,大胆进行民主建设、政行体制改革,精简机构、行政审批制度改革。深圳经济特区先后进行的八次机构改革、四次行政审批制度改革都是敢为人先的伟大创举,没有一种敢闯敢干、勇于拼搏的精神就完成不了此项光荣而神圣的使命。其实邓小平早在1982年就把精简政府机构比喻为革命,"精简机构是一场革命。精简这个事情可大啊!"②

3. 为民主法制建设保驾护航的"法治思维"

市场经济本质上是法治经济,要通过法律规范人们的市场行为;同时,开展政治体制改革,保障人民的民主权利,也离不开法律。所以深圳经济特区建设必包含法制建设,这是经济特区发展的必然要求。早在1978年,邓小平就强调:"为了保障人民民主,必须加强法制。必须使民主制度化、法律化,使这种制度和法律不因领导人的改变而改变,不因领导人的看法和注意力的改变而改变。"③ 1979年邓小平把民主与法制比喻成两只手,都不能削弱。"民主要坚持下去,法制要坚持下去。这好像两只手,任何一只手削弱都不行。"④ 邓小平的这些论述成为深圳经济特区开展民主法制建设的重要指南。

深圳经济特区比较早意识到法治对创办特区的重要性。从最初广东省委强烈要求全国人大通过《广东省经济特区条例》,到1992年争取到特区立法权,体现了深圳对于依靠法律开展经济特区建设的法律思维。在建立经济特区过程中,深圳市根据情况的变化不断提出法制建设的战略目标。1994年深圳在全国率先提出依法治市的口号,1999年提出建设现代法治城市的目标,2011年进一步提升为建设一流法治城市,2017年又提出建

---

① 《以世界的眼光看政治文明——袁庚访谈录》,《南风窗》2003年第1期下。
② 《邓小平文选》第2卷,人民出版社1994年版,第396页。
③ 《邓小平文选》第2卷,人民出版社1994年版,第146页。
④ 《邓小平文选》第2卷,人民出版社1994年版,第189页。

设法治中国示范城市的设想。

深圳市政府通过一系列活动致力于打造法制文化品牌，以提升人民的法治意识。启动"法制大观园活动""公民法律大讲堂""校园模拟法庭""校园法律文化节""公民法律素质提升资助计划"等一系列提升市民法律素质活动。开展"深圳十大法治事件""深圳十大政法创新"等评选活动，发起由普通市民组成"陪审团"进行评审、由法律专家进行点评的"民断是非"大型思辨性公益普法活动，充分调动市民参与法制建设，提升市民参与法制建设的积极性和关注度。

深圳法制建设对于经济特区建设的作用也可以从蛇口工业区的建设实践体现出来。蛇口工业区的创始人袁庚在蛇口进行了大胆的政治体制改革，但随着1992年袁庚的离任，这种政治体制改革没有得以延续下来，后来袁庚在回想原因时，也归结为自己在法律上的疏忽。"我的第三个错误是没有通过人大立法稳定蛇口的试验权。我如果要求在人大立法，蛇口就还有救。"[①]

4. 宽松的民主权利表达氛围

经济特区建立之初依靠的是特殊的政策，中央给予经济特区特殊的政策，就是给经济特区在经济发展方面更大的权利和自由，提供一个可供发展的自由空间，摆脱计划经济条条框框的限制。同样，深圳经济特区在政治文明建设中取得的成就也需要良好的环境和氛围，没有适宜的土壤和环境也产生不出政治文明的丰硕成果，这种良好的土壤和环境就是宽松的民主权利表达氛围。正如邓小平所言："不彻底消灭这种家长制作风，就根本谈不上什么党内民主，什么社会主义民主。"[②]

同时，深圳移民文化也营造了一种民主表达氛围。大家都知道深圳是一座移民城市，在这种土壤上产生的精神和文化具有民主和自由的特质。全国各地的民众不是基于国家意志而是自愿移民深圳，他们相信依靠自己的力量可以打拼出一个新的前途，这种信心也是基于深圳对每一个来到深圳的人以公平对待和给予其自由选择的权利。正是这种民主、自由的精神推动了深圳经济特区经济和政治建设的不断发展，取得了政治文明建设的

---

① 袁庚：《满目沧桑话蛇口——袁庚言谈录》，《中国改革》2003年第10期。
② 《邓小平文选》第2卷，人民出版社1994年版，第331页。

丰硕成果。

袁庚在蛇口工业区开展民主改革尝试时，有一句非常有名的话："尽管我不同意你的意见，但我誓死捍卫你发表不同意见的权利。"[①] 也就是说他始终赞同并坚持捍卫蛇口人的言论自由。1988年1月13日，在蛇口举办的"青年教育专家与蛇口青年座谈会"上，发生了青年教育专家与蛇口青年之间关于"创业者"与"淘金者"之争。蛇口青年对"创业者"与"淘金者"发表了与青年教育专家不同的意见，并且在如何对待青年人的自主意识、如何表达对祖国的爱、进口小汽车和体制改革等问题上发生了争论。这场争论随着《羊城晚报》《天津青年报》《新观察》《现代人报》《黄金时代》杂志、《南京日报》《中国青年报》《文摘周报》等媒体纷纷发表"蛇口风波"的消息或转载文章而使"蛇口风波"不断发酵。但当时在蛇口主政的袁庚积极鼓励言论自由，蛇口的媒体，如《蛇口消息报》《蛇口通讯》、蛇口电台，都在这场风波中支持蛇口青年，捍卫青年的言论自由。

类似的事情再一次出现，2002年11月呙中校发表《深圳，你被谁抛弃》，表达了"深圳将被抛弃"的忧虑。《深圳，你被谁抛弃》引起了上百万网民参与的激烈讨论，有人指责呙中校"唱衰深圳""抹黑和打压深圳"，甚至说他是"上海派来的间谍"。然而时任深圳市领导不仅没有压制呙中校反而亲自会见了他，并且高度评价作者的行为，认为作者是因为爱深圳，因为对深圳有着强烈的责任感才会仗义执言。

综上所述，深圳对政治文明建设的探索，走在了全国最前列。无论是坚持党的集中统一领导，大力建设"法治中国"示范城市；还是实施敢为人先的"政行体制"改革，强化协商民主；特别是"以市民为中心"服务型政府的实践，都彰显了深圳以先进的政治思想观念为引领，积极稳妥地走出了深圳建设有中国特色社会主义民主政治道路。深圳在政治文明建设中取得的重大成果，不仅有力地保障和促进了深圳经济建设、文化建设、社会建设、生态建设及党的建设各个方面，而且对我国的民主政治道路的发展，具有重要的影响。

---

① 《以世界的眼光看政治文明——袁庚访谈录》，《南风窗》2003年第1期下。

三 政治理念引领先行示范区建设

经济特区成立40年，深圳作为中国改革开放的"排头兵""窗口"和"试验区"，在我国改革开放过程中一直发挥着示范、引领作用。当今世界正面临百年未有之大变局，在这一大背景下，2019年8月18日，《中共中央国务院关于支持深圳建设中国特色社会主义先行示范区的意见》发布，深圳被赋予高质量发展高地、法治城市示范、城市文明典范、民生幸福标杆、可持续发展先锋的战略定位，这是对深圳40年发展成就的充分肯定。同时，《中共中央国务院关于支持深圳建设中国特色社会主义先行示范区的意见》也承载着中央对深圳破解百年未有之大变局发挥先锋作用的厚重希冀，对深圳的发展具有划时代和里程碑意义。那么，深圳如何在百年未有之大变局和中国特色社会主义先行示范区建设过程中承担自己的历史使命，我们认为深圳经济特区必须在政治理念方面继续发挥引领作用。

（一）增强政治责任意识，发挥破解百年未有之大变局先锋作用

当今世界面临百年未有之大变局，经济特区作为中国特色社会主义先行示范区，要在这一世界新变局下积极作为，率先准确识变、科学应变、主动求变，勇于承担责任，发挥先锋作用。

1. 百年未有之大变局的中国选择

当今世界正处于大发展大变革大调整时期，随着新兴市场国家和发展中国家的崛起，新兴市场国家和发展中国家在世界经济总量的份额不断增加，对世界经济增长的贡献率超过50%。相反，发达国家无论在世界经济总量和对世界经济增长的贡献率方面都在下降。世界权力开始由西方向非西方世界转移扩散，全球权力重心逐渐向亚洲转移。国际力量对比的这种变化，带来一系列影响，发达国家尤其是美国领导世界的愿望和能力逐步下降，作出一系列退"群"行为，导致二战结束后在美国等西方国家主导下建立起来的世界秩序和国际规则面临严重的挑战，世界秩序面临失序的危险。

这种变局产生的深层次根源主要在于新科技革命的兴起和产业变革。大国兴衰和不同文明的起落都与本国科技发展水平有着直接的关系。中国

有着光辉灿烂的古代文明,中国古代在天文历法、数学、医学、农学等众多科技领域曾经长期处于世界领先地位,正是这种科技领先优势使古老的中华文明长期成为世界文明的中心。进入近代以来,英国凭借首先完成第一次工业革命,建立了日不落帝国,成为世界霸主。美国率先完成电气化、电子信息技术革命,实现第二次和第三次工业革命,依靠雄厚的科技建立起经济、军事、综合国力等方面的领先优势,成为全球唯一的超级大国。相反,近代中国由于没有抓住第一次和第二次工业革命的机会而沦为西方的附庸,第三次工业革命发生后中国也没能及时抓住,而是通过向西方学习逐渐加以弥补。

当今世界正在兴起新一轮科技革命,随着 5G 技术、物联网、大数据、云计算、智能化、新材料、基因工程、人工智能、量子科学以及核聚变等科学技术的发展,第四次工业革命呼之欲出。哪个国家和民族率先抓住科技革命的历史性发展机遇,就能够在这一百年未有之大变局中抓住先机、赢得主动。正因如此,中国不仅要想方设法抓住这一百年未有之历史性机遇。同时,也要抓住各种机会在世界传播中国声音,让全世界理解中国"和而不同"的传统文化,中国绝不会步西方"强者必霸"的后尘。此外,还要为世界破解百年未有之大变局贡献中国智慧和中国方案,共建"一带一路"正得到越来越多国家和地区的参与和支持,沿线国也正从"一带一路"建设中获得双赢和多赢;中国提出的人类命运共同体理念在这次新冠肺炎疫情中得到充分验证,中国也正以自己的实际行动践行这一理念。

2. 百年未有之大变局的深圳作为

面对百年未有之大变局,深圳进入粤港澳大湾区和先行示范区"双区"驱动时代。在这一背景下,深圳经济特区必须利用自身的科技优势积极作为,为破解百年未有之大变局贡献深圳力量和深圳智慧。要把这种作为当作政治责任和使命来担当,因为通过科技革命破解百年未有之大变局关系中华民族伟大复兴的成功实现。

当然,深圳经济特区也有这种实力承担这一政治使命和责任,通过 40 年建设深圳经济特区发展了一大批高科技企业,如华为、腾讯、中兴、大疆、比亚迪,等等,尤其是华为的 5G 技术处于世界领先地位。由于 5G 技术在未来第四次工业革命中的重要地位,使得美国极其畏惧和担心中国 5G 技术的迅速发展，不仅举全国之力极力打压华为公司，还在全世界造谣散布华为5G技术对国家安全的所谓危害，并给其他国家使用华为5G技术施加压力，迫使他国不接受华为5G设备。这一方面说明了深圳经济特区在科技发展方面的巨大贡献，另一方面也对深圳提出了进一步的要求，毕竟目前中国只有一家华为公司，深圳要充分利用已有的资源、经验，积极营造更好的环境，大力发展高新技术产业，打造更多具有华为实力的高科技企业。

深圳要利用好"一带一路"建设机会，大力参与"一带一路"沿线国家和地区建设，深化、扩大与相关国家、地区合作，不断扩大对外开放。一方面，利用"一带一路"建设的契机，积极实现产业技术升级，不断增强深圳经济特区的科技实力。另一方面，利用深圳经济特区40年建设的成功经验，以及"经济特区"这一品牌，给"一带一路"沿线国家和地区的建设提供可复制的经验和模式，扩大深圳经济特区和中国在全世界的影响，为中国破解百年未有之大变局营造良好的国际环境。

（二）增强政治"使命"意识，为实现治理能力现代化提供经验

新形势需要新担当、呼唤新作为。中国日益走近世界舞台的中央，深圳经济特区40年的成就证明深圳引领中国的必然性，正因如此，深圳经济特区被赋予中国特色社会主义先行示范区建设的历史使命。理念是行为的先导，深圳经济特区要完成这一历史任务，首先必须在政治理念方面具备引领性。

1. 大力弘扬"敢为天下先"的勇气，迎接"双区驱动"新使命

增强政治自觉、历史责任感和使命感。粤港澳大湾区和先行示范区建设，标志着深圳进入"双区驱动"时期。先行示范区是习近平总书记亲自谋划、亲自部署、亲自推动的重大发展战略，深圳经济特区要领会中央支持建设社会主义先行示范区的战略意旨，打造践行习近平新时代中国特色社会主义思想的"最佳示范"。从经济特区到先行示范区，这是党中央赋予深圳的又一重大历史使命，深圳应发挥好带头、引领、先行先试的作用，在社会政治、经济、文化、社会、环境等领域，为中国特色社会主义建设作出样板，深圳应有从全国发展的大局推进"双区驱动"发展的历史责任感和使命感。

大力传承邓小平关于特区"杀出一条血路来"的气魄和胆略，大力发

扬以习仲勋同志为代表的广东改革开放开创者们"敢为天下先"的勇气担当、革命精神。继续打造经济特区这块"金字招牌",彰显舍我其谁的先锋本色,勇当尖兵、再创新局,在粤港澳大湾区中发挥头雁作用,坚定扛起"先行示范"的历史担当,为完善和发展中国特色社会主义道路、理论、制度、文化探索经验、作出贡献,瞄准全方位、全领域、全过程先行示范,创造更多可复制、可推广的成功经验,更好服务全省全国发展大局,最终为世界提供可借鉴的中国智慧和中国方案。

2. 完善治理体系,为实现治理能力现代化提供经验

党的十九届四中全会提出了推进国家治理体系和治理能力现代化的总体目标:"到我们党成立一百年时,在各方面制度更加成熟更加定型上取得明显成效;到二〇三五年,各方面制度更加完善,基本实现国家治理体系和治理能力现代化;到新中国成立一百年时,全面实现国家治理体系和治理能力现代化。"[①] 深圳经济特区建立 40 年来,率先在解放思想、科技进步、发展生产力、增强社会活力等方面作出了榜样和贡献。作为我国先行示范区,深圳经济特区要继续在坚持和完善中国特色社会主义制度、推进国家治理体系和治理能力现代化上作出贡献。

对深圳而言要立足全球,以世界眼光和视野,在促进治理体系和治理能力现代化方面对标全球,以全世界最前列、世界一流治理体系和能力为奋斗目标。打造具有中国特色的治理体系和治理能力"深圳标准"。在坚持完善中国特色社会主义制度,推进国家治理体系和治理能力现代化方面作出示范和表率,产生出治理效能和治理能力的"深圳品牌"。创造出比资本主义制度更加优越的中国特色社会主义制度及其治理体系,以彰显中国特色社会主义的巨大优越性,努力为推进国家治理体系和治理能力现代化贡献"深圳智慧"。

为此,深圳经济特区需要把改革开放积累的成功经验加以总结,把体制机制创新的成果不断加以巩固和完善;同时,还要发扬大胆地试、大胆地闯的特区精神,不断创新治理方式和手段,在经济、政治、文化、社

---

① 《中共中央关于坚持和完善中国特色社会主义制度、推进国家治理体系和治理能力现代化若干重大问题的决定》(2019 年 10 月 31 日中国共产党第十九届中央委员会第四次全体会议通过),《人民日报》2019 年 11 月 6 日第 1 版。

会、生态文明建设方面探索出一整套科学有效的制度，为全国实现社会主义现代化提供一个良好的范例。

（三）提升服务意识，加强服务型政府建设

2020年突如其来的新冠肺炎疫情，已成为全球性灾难，战胜新冠肺炎必须全球共同努力，共克时艰。中国战"疫"取得重大战略成果，充分显示出我国政府的高效决策力、果断执行力，应收尽收、应治尽治充分体现出我国以人民为中心的发展思想。深圳经济特区在先行示范区建设过程中必须以此为契机，进一步加强服务型政府建设。

1. 创新"互联网+政务服务"模式，提升行政效率

采用先进科学技术手段，打造优质高效的政府服务平台，增进行政管理效能。党的十九届四中全会指出："建立健全运用互联网、大数据、人工智能等技术手段进行行政管理的制度规则。"[1] 深圳经济特区可以充分利用科技发展水平较高的优势，尤其是现代信息技术、互联网手段，大胆探索创新政府管理服务方式，全面提高行政效能。

利用现代科学技术进一步完善"直通车""绿色通道""企业挂点"等已有的服务方式，进一步健全企业诉求反馈机制，形成更为便捷的企业服务平台。根据企业性质和发展特点积极开展"定制式""处方式"服务，以更有针对性的方式服务企业。创新民生服务方式，在硬件和软件方面升级"网上办事大厅""行政服务大厅"等政府服务场所，打造更加高效便捷的市民服务平台。

2. 增强服务理念，加快建设服务型政府

进一步转变政府职能，增强服务理念。面对"双区驱动"的发展机遇，深圳经济特区在政府职能转变、行政审批改革和政府权责清单改革上取得开创性成果，围绕服务型政府建设，要尽量优化政府组织结构、职能、权限、程序、责任，打造适应先行示范区建设的政府组织机构。

着力打造公务员队伍，进一步提升公务员队伍素质。服务型政府建设

---

[1]《中共中央关于坚持和完善中国特色社会主义制度、推进国家治理体系和治理能力现代化若干重大问题的决定》（2019年10月31日中国共产党第十九届中央委员会第四次全体会议通过），《人民日报》2019年11月6日第1版。

的关键在于干部队伍的素质,要根据新时代"信念坚定、为民服务、勤政务实、敢于担当、清正廉洁"的好干部标准,按照特别的引领作用、特别的担当精神、特别的实干业绩选人、用人。定期开展公务员队伍培训,增强政治领导本领,学会坚持战略思维、创新思维、辩证思维、法治思维、底线思维。增强改革创新本领,保持锐意进取的精神风貌,提升公务员队伍素质。

坚持行政机关和政府公务员一切为人民服务、对人民负责、受人民监督的服务理念。政府要服务好市场主体,健全政企沟通机制,正确处理好政府与企业的关系,加快构建亲清政商关系建设。各行政部门强化首问责任制,为市民提供便捷、高效、精准服务,建设人民满意的服务型政府。优化政府管理和服务,构建新型政商关系,为企业发展提供良好的营商环境。深化"放管服"改革,全面推行权力清单、责任清单、负面清单制度,实现主动、精准、整体式、智能化的政府管理和服务。"要优化政府管理和服务,全面推行权力清单、责任清单、负面清单制度,加快构建亲清政商关系。"[①] 改革完善公平竞争审查和公正监管制度,健全政企沟通机制,加快构建亲清政商关系,打造一流营商环境,进一步吸引国内外优秀企业落户深圳,激发和弘扬优秀企业家精神,促进各类市场主体守法诚信经营。

(四) 确保先行示范区的社会主义方向

建设中国特色社会主义先行示范区,既是党和人民赋予深圳经济特区的历史使命,也是深圳经济特区发展的未来方向和遵循的根本原则。习近平总书记在深圳经济特区建立40周年庆祝大会上,总结了十条宝贵经验,其中首位的就是,必须坚持党对经济特区建设的领导,始终保持经济特区建设正确方向。

1. 勇于践行"四个意识""四个自信""两个维护"的典范,确保社会主义方向

中国特色社会主义制度最本质的特征就是坚持中国共产党的领导,中

[①] 习近平:《在深圳经济特区建立40周年庆祝大会上的讲话》,人民出版社2020年版,第9页。

国特色社会主义的最大优势是坚持党的领导。深圳经济特区落实"双区驱动"发展战略，必须始终坚持马克思主义立场、观点、方法，把历史唯物主义和辩证唯物主义作为世界观和根本的方法论，探索如何发挥在粤港澳大湾区建设头雁效应的密码，找到推进先行示范区建设的"金钥匙"。为坚持党的领导，贯彻落实党和国家的发展战略，确保建设的社会主义方向作出榜样和典范，在政治建设中打造"深圳标杆"。

深圳经济特区建设先行示范区，必须坚持和加强党的全面领导，始终把增强"四个意识"、坚定"四个自信"、做到"两个维护"落实到推进先行示范区建设的全过程和各方面，习近平新时代中国特色社会主义思想是马克思主义中国化最新成果、当代中国马克思主义、21世纪马克思主义，是中华民族伟大复兴的行动指南。必须始终坚持以习近平新时代中国特色社会主义思想为指导，把党中央的战略意图把握好、领会好、落实好。只有这样才能始终坚持中国特色社会主义根本方向，打造充满生机活力的中国特色社会主义先行示范区。

2. 增强民主理念，拓展民主形式，保障人民权利

党的十九届四中全会指出，我们国家制度和国家治理体系具有"坚持人民当家作主，发展人民民主，密切联系群众，紧紧依靠人民推动国家发展的显著优势"[①]。深圳经济特区在实现"双区驱动"发展战略，推动中国特色社会主义先行示范区建设过程中，也要增强民主理念，不断扩大民主权利，坚持群众路线，紧紧依靠人民，努力做到"民有所呼，我有所应"，"民有所盼，我有所为"。

保障和尊重人大代表主体地位、发挥人大代表作用。人大代表由人民选举产生，并代表人民行使权力，所以支持和保障人民权利就要保障人大代表权利。深圳经济特区要不断完善代表履职机制，拓展代表履职平台，继续充分发挥好"代表议事会""代表大讲堂""代表来了""代表电视问政会""代表访谈"等平台作用，保证代表依法行使国家权力。密切人大代表同人民群众的联系，充分调动人大代表在反映民意、汇聚民智、化解

---

① 《中共中央关于坚持和完善中国特色社会主义制度、推进国家治理体系和治理能力现代化若干重大问题的决定》（2019年10月31日中国共产党第十九届中央委员会第四次全体会议通过），《人民日报》2019年11月6日第1版。

矛盾、促进和谐等方面的功能和作用，以彰显我国一切权力属于人民的显著制度优势。

全面保障人民民主权利，不仅要保障人民政治权利，确保人民的选举权和被选举权，还要坚决保障人民参与政府和社会管理的权利。不断加强"人大代表工作室"建设，保障人大代表真正代表人民行使民主权利。拓展和完善民主权利行使渠道，保障人民通过各种形式参政议政、参与法律、政策、决策的讨论并提出合理意见。通过各种方式保障人民在整个过程中享有民主权利，避免西方民主仅仅是投票时才享有的民主弊端。

第三章　文化观念变迁与深圳文化创新发展

深圳经济特区设立以来，来自全国各地丰富多彩的文化在这座移民城市汇聚、碰撞和交流。从"文化沙漠"到"文化绿洲"，从文化立市到文化强市，再到建设中国特色社会主义文化示范区，只经历了短短40年。合理解释这一独特文化现象，必须从人类学或者广义文化的视角去审视。

文化就是人化，每个移民都自带"文化"。观念层面或观念形式的文化内在于每个人的头脑之中，外化于人们的言谈举止、风俗习惯乃至行为方式。深圳经济特区虽然只有40年的历史，但是已将中华民族几千年的优秀传统文化、近代以来的革命文化、中国特色社会主义先进文化融合在一起，深深地渗透在深圳这座充满现代化气息的国际化都市中，弥漫在机关、社区、企业、各行各业的方方面面和各个角落，不断地积淀在深圳市民的心底。

这种独特的文化现象，证明了深圳的文化观念既是伴随着深圳经济特区的经济建设发展而发展，更是和中国特色社会主义文化发展同步，继而反映了中华民族整体文化抑或是中国文化和中国精神的全部丰富性。从这个意义上看，深圳经济特区是有丰厚文化底蕴的，成为"文化绿洲"是历史必然。实际上，人类每一次人口迁移和民族融合往往都伴随着文化大交流、大繁荣和大发展，从没有因为人口流动造成文化沙漠。正因为如此，深圳经济特区的文化发展才能"后来居上"，快速发展，成为"文化强市"而崛起。

一　观念创新带来的文化建设成就

创新是一个民族的灵魂，是一个国家兴旺发达的不竭动力，也是一个政党永葆生机的源泉。中华民族有着强大的文化创造力[1]，每到重大历史关头，文化都能感国运之变化、立时代之潮头、发时代之先声。立于中国改革开放之潮头的深圳，始终把改革创新作为自己的根和魂。经济特区成立40年来，不但在经济领域积极探索、大胆改革，致力于建设具有中国特色的社会主义市场经济模式；而且在文化领域冲破了深圳历史文化积淀薄弱的束缚，以虔诚之心埋下文化的种子，不断创新文化发展理念，推动文化发展不断跃升。深圳的城市发展史，亦是其文化力量的形成史，从无到有，从弱到强，文化伴随着城市发展曲线一路上扬，形成了不同于中国其他任何一座城市的独特气质。今天的深圳，文化之树已郁郁葱葱，责无旁贷地继续走在新时代文化创新发展的前列。

（一）高水平公共文化服务体系实现市民与文化"零距离"

"文化为人民服务、为社会主义服务"是社会主义文化建设的总方向。深圳在文化建设中始终坚持"二为"方向，以保障市民文化权利为宗旨加强公共文化服务体系建设。特别是实施"文化立市"战略和开展"文化强市"建设以来，深圳以持续的文化创新，探索出一条具有深圳特色的普惠型、全覆盖的公共文化服务体系，实现了市民与文化"零距离"。

基本实现公共文化服务设施全覆盖。文化设施是提供公共文化服务的物质载体和基本阵地。为提升公共文化服务水平，深圳不断加大文化投入，建设文化设施，目前全市有公共图书馆674座，博物馆、纪念馆52座，美术馆11座，[2]已基本形成全覆盖的公共文化设施网络。"图书馆之城"是深圳公共文化服务设施建设的力作。今天，"图书馆之城"建设已粗具规模，据《深圳"图书馆之城"2019年度事业发展报告》发布，截至2019年底，全市共有346家公共图书馆（室）和286台自助图书馆加入统一服务体系，形成了以市图书馆为龙头，区图书馆为骨干，街道图书馆、社区图书馆、各类自助图书馆等为网点的一体化服务网络，让市民可以无障碍地享受全市图书馆服务。遍布全城的图书馆服务网络彰显了一座

---

[1] 参见《十八大以来重要文献选编》（中），中央文献出版社2016年版，第121页。
[2] 深圳市统计局、国家统计局深圳调查队：《深圳市2019年国民经济和社会发展统计公报》，2020年4月15日。

城市的气质和情怀。

公共文化服务进入"零门槛"时代。为满足市民文化需求，提升城市品位，2007年，深圳市属公益性文化场馆免费向社会开放，在全国率先实现公共文化"零门槛"服务，当年进馆人数31.31万人次，比上年同期增长75.23%。[①] 此后，深圳的文化惠民措施层出不穷，市宣传文化基金每年资助数百万元，试行"高雅艺术票价补贴"，推出"美丽星期天""戏聚星期六""音乐下午茶""艺术大观园"等品牌文化活动，使广大市民免费或以较低票价就可以享受高雅艺术。持续举办"读书月""市民文化大讲堂""大剧院艺术节""外来轻工文体节""鹏程金秋社区文化艺术节""创意十二月""一带一路国际音乐节""城市文化菜单"等群众参与性强的公共文化活动，深受市民喜爱，成为深圳的文化盛事。如今，公共文化活动蓬勃开展，已经形成了"月月有主题、全年都精彩"的文化氛围，普惠性的公共文化服务已成为深圳市民和来深建设者一项实实在在的民生福利，市民有了实实在在的文化"获得感"，文化渗透进人们生活的方方面面，成为人们的一种生活方式。

"一区一书城，一街道一书吧"战略构筑文化新景象，推进公共文化服务高水平发展。深圳书城在深圳市委、市政府的大力支持下，不断进行业态创新和经营模式探索，打造了引领全国书业历次转型升级的"深圳书城模式"，并在全市加快实现"一区一书城，一街道一书吧"的城市文化生活网格化布局。目前，深圳已建成大型书城7座、简阅书吧41家，大书城和小书吧互为呼应的深圳公共文化服务平台和全民阅读设施体系已初步建立，有效地构筑起覆盖读者家门口的"10分钟文化圈"。2020年1月8日，深圳在中国书刊发行业协会主办、百道网承办的"新时代杯"2019时代出版·中国书店年度致敬盛典中，以其书店数量、全民阅读率、书店类型和政府政策支持力度等综合因素，荣获2019"年度书店之都"称号，是唯一获此殊荣的城市。按照《深圳文化创新发展2020（实施方案）》规划，未来深圳将基本形成"一区一书城，一街道一书吧"格局，全市十区将建成10座书城、100个书吧，书城书吧将成为深圳人身边的"文化客厅"。

[①] 黄玲主编：《深圳年鉴（2008）》，深圳史志办公室，第331页。

（二）文化产业强势崛起，处于全国"第一方阵"

由于市场经济的先天优势，深圳文化产业起步较早，但当时基本处于自发阶段。随着对文化产业发展规律认识的不断加深，进入21世纪，深圳发展文化产业的制度框架不断完善，文化产业发展进入腾飞阶段。

探索"文化+"产业发展的新模式、新业态，领跑全国，为文化产业的转型升级提供新的发展空间。传统文化底蕴并不深厚的深圳，没有就文化而论文化，而是另辟蹊径，积极主动地把文化和其他业态嫁接在一起跨界融合发展，敢闯敢试，扬长补短，率先探索"文化+科技""文化+创意""文化+金融""文化+旅游"等新模式，为深圳文化产业赢得后来居上、展翅飞翔的机会，凭借后发优势，抢占文化产业制高点，在文化产业领域一展改革开放之城的追求与梦想。

举办文博会，不负重托，打造文化与产业交融合作的重要平台，成为拉动文化产业的引擎。2004年，首届文博会在深圳亮相，至今已成功举办了十五届。纵观历届文博会，每一届都是高朋满座：数万名专业观众、数百名外国文化名人、全国近百位省部级领导、多个国家文化部长；交易额不断攀升，实现了从300多亿元到2000多亿元的突破；参展商从开始的700个发展到今天的2000多个；分会场从1个增加到今天的66个。[1] 文博会作为中国唯一一个国际化、国家级、综合性的文化产业交易博览会，展示了中国最优秀的文化产品和文化成果，已成为"中国文化产业第一展"。文博会掀起了一场完美的"文化风暴"，而深圳正处于风暴中心，得天独厚的优势不仅使深圳文化创意产业迅速发展，培育出华强方特、华侨城集团、雅昌等文化产业领军企业，同时，加快了深圳文化"走出去"步伐。文博会不断在提升国际化、市场化、专业化上下功夫，壮大文化产业，推动文化贸易，助力文化远航。作为中国对外文化贸易的黄金口岸和推动中华文化走出去的桥头堡，深圳的核心文化产品和服务出口占全国六分之一，已跃升成为中国文化产品"出口大港"。[2]

截至2018年底，深圳共有文化创意产业5万余家，从业人员近100万

---

[1] 李小甘：《深圳文化创新之路》，中国社会科学出版社2018年版，第228页。
[2] 《深圳特区报》2019年12月3日第A01版。

人；有国家级产业平台5个，市级以上文化创意产业园区53家，其中国际级文化产业园区12家。文化产业增加值已从2004年的163.4亿元增加到2017年的2243.95亿元，远高于同期GDP增速，占全市GDP的比重从4%增长到超过10%。① 按照国家统计局公布的统计标准，深圳文化产业增加值占GDP的比重已达7.9%，文化产业已经成为全市重要的支柱产业和加快转变经济发展方式、带动经济快速健康发展的重要引擎。今天深圳的文化产业整体发展水平已处于全国第一方阵。

（三）文化国际影响力持续提升

深圳处于对外开放的前沿，有毗邻香港得天独厚的优势，中西文化在此交流融汇。多种文化的交流碰撞，使深圳的文化形态兼容并包、多姿多彩，中华优秀文化源源不断地从这里"走出去"，在世界舞台上大放异彩，使深圳文化的国际影响力持续提升。

中国首个"设计之都"花落鹏城。深圳是一个敢于创新、富于创意的城市。深圳自2004年首次提出建设"设计之都"的主张后，设计产业发展的规模和速度大幅跃升，工业设计和平面设计产品遍布欧美市场。2008年12月7日，深圳市被联合国教科文组织全球创意城市网络认定为"设计之都"，深圳成为我国第一个获此殊荣的城市。② "设计之都"是对深圳长期坚持开拓创新战略、发展文化创意产业的最佳褒奖，标志着国际社会对深圳创意设计产业的关注、肯定和支持，是深圳迈向国际化城市的一个新标志。政府随后成立了深圳创意文化中心，并将每年12月7日设立为"创意设计日"，极大地促进了创意设计产业发展。2013年举办全球创意城市的首个国际设计大赛——创意设计新锐奖，吸引全球16个创意城市，2000多名设计师参与；举办深圳设计展，致力于打造与米兰、伦敦设计周相媲美的国际设计界顶尖盛事，自2017年至今，已成功举办三届，提高了深圳设计的国际知名度。今天，深圳正用"设计"向国际社会讲述中国故事，引领深圳大步迈向全球区域文化中心城市和国际文化创意先锋

---

① 王为理主编：《深圳文化发展报告（2019）》，社会科学文献出版社2019年版，第85页。
② 陶一桃、王保卫：《深圳经济特区年谱（1978—2018）》（下册），社会科学文献出版社2018年版，第878页。

城市。

"全球全民阅读典范城市",折射出深圳阅读的国际影响力。深圳,是一座崭新的城市。也因其新,常饱受"没有文化"的诟病。但深圳以自己的实际行动、以高度的文化自觉创办"深圳读书月",不但使这座城市溢满书香,而且因读书赢得了尊重。2000年9月27日,深圳市开始设立"深圳读书月",时间为每年11月。[1] 11月1日,首届深圳读书月拉开了帷幕,至今已走过20载,阅读已深入深圳市民的工作生活中,融入城市的文化血脉。这座只有40年历史的年轻城市,20年坚定不移推动全民阅读,展示了全体市民的"高贵的坚持",为城市可持续发展注入了源头活水。"高贵的坚持"让深圳获得了高贵的荣誉,2013年10月21日,联合国教科文组织授予深圳市"全球全民阅读典范城市"证书,以表彰深圳坚持不懈地推动国际化城市建设和全球文化交流合作方面为全球树立的典范,这是该组织授予全球城市关于全民阅读的最高荣誉。[2] 深圳迄今仍是全球唯一获此殊荣的城市。

"杰出的发展中的知识城市"为青春深圳助力。世界知识城市峰会是一个旨在探讨将知识置于城市规划和经济发展中心地位的国际性学术会议。2009年,第二届知识城市峰会在深圳举办,来自30多个国家和地区的100多位代表齐聚一堂,共同研究知识城市发展。深圳作为年轻城市,在诸多方面开始崭露头角,在峰会上获颁中国首个"杰出的发展中的知识城市"称号。[3] 这是这座青春城市的一份特殊荣誉,有助于增强深圳的国际学术对话能力,提升深圳城市文化品位,推动深圳创新型、智慧型、包容型、力量型城市文化建设。

琴城逐梦,从只有一架钢琴到今天走向"钢琴之城",蜚声海外。1996年,来自深圳的陈萨在英国利兹钢琴大赛上获得了第四名,她是第一个在这一国际顶级比赛中获奖的中国人。2000年,深圳艺术学校学生在第

---

[1] 陶一桃、王保卫:《深圳经济特区年谱(1978—2018)》(下册),社会科学文献出版社2018年版,第576页。

[2] 陶一桃、王保卫:《深圳经济特区年谱(1978—2018)》(下册),社会科学文献出版社2018年版,第1079页。

[3] 中国人民政治协商会议广东省深圳市委员会:《敢闯敢试》(下),海天出版社2018年版,第810页。

十四届肖邦国际钢琴比赛上夺得了空缺15年之久的冠军,这是当时中国钢琴界获得的最高国际荣誉,也是改革开放以来深圳文化领域最具国际影响力的标志性事件。随着在国际钢琴比赛中捷报频传,深圳在黑白琴键上插上了想象的翅膀,2004年把建设"钢琴之城"列为文化立市的重要目标之一,2006年开始承办国际钢琴协奏曲比赛,2013年创办钢琴音乐节,一系列大手笔的举措不仅扩大了钢琴文化在广大市民中的影响力,而且增强了深圳钢琴艺术的国际影响力。今天,世界四大钢琴比赛中已有两项花落深圳,几乎所有国际一流钢琴大赛中都有深圳选手走上领奖台,薛啸秋、潘林子、古静丹、徐起等后起之秀又相继在国际比赛中崭露头角,成为引人瞩目的钢琴骄子,钢琴艺术逐渐成为深圳国际文化交流中最具文化魅力的"大使"。

40年前,这里还是一个默默无闻的南方边陲小镇,今天,已经蜕变为一个现代化国际化大都市。深圳不仅敢闯敢试,冲破计划经济的藩篱,创造了人类发展史上的经济奇迹,而且"敢为天下先",不断创新文化发展理念,走出一条有深圳特色的社会主义文化繁荣发展之路,展示出这个年轻城市文化上的伟大抱负和崇高追求。

二 深圳文化发展观念的四次跃升

深圳文化发展的巨大成就是在文化实践探索中取得的,大致经历了四个历史阶段:(1)20世纪80年代初到1994年,提出"建设高度的精神文明""勒紧裤腰带也要办文化";(2)1994年到2002年党的十六大,提出"增创文化新优势",建设"现代文化名城";(3)2002年到2012年党的十八大,提出"让城市因热爱读书而受人尊重""实现市民文化权利""文化立市"。(4)2012年党的十八大以来,先后提出"文化强市"和文化治理现代化,形成通过文化治理现代化建设文化强市的新战略和文化治理新路径。以上四个阶段的划分,既是贯彻中央文化发展的大政方针,也是深圳在改革开放前沿发扬敢闯、实干精神奋力开拓创新的过程,展现了文化发展实践和观念不断跃升的历史进程。

深圳文化发展的每一个历史阶段都离不开观念的创新和引领。历史唯物主义认为,任何思想观念都不是凭空产生的,而是一定时期的经济和政治的反映。马克思和恩格斯在《共产党宣言》中说,"人们的观念、观点和概念,一句话,人们的意识,随着人们的生活条件、人们的社会关系、人们的社会存在的改变而改变"①。同时,思想观念又是社会实践的理论先导和精神动力,对社会实践活动有巨大影响,不承认这一点,就背离了辩证法。深圳精神和深圳观念已经融入深圳基因深处,推动深圳文化飞速发展,同时也为深圳经济高质量发展和社会治理提供了深厚的文化土壤和不竭的精神动力。实践证明,没有思想的解放,观念的推动,就没有文化的大发展。深圳经济特区成立40年来,随着对文化发展规律认识的不断加深,从自身文化积淀薄弱的实际出发,凭借得天独厚的地缘优势和移民优势,不断创新文化思想观念,推动深圳文化蓬勃发展。

(一) 建设高度的精神文明

中国特色的经济特区必须"建设高度的精神文明"。党的十一届三中全会以来,邓小平多次提到加强社会主义精神文明建设,指出:"我们要建设的社会主义国家,不但要有高度的物质文明,而且要有高度的精神文明。"②"精神文明建设是实现四个现代化的重要保证。"③ 胡耀邦同志也强调:"社会主义精神文明……是社会主义制度优越性的重要表现。"④ 以邓小平为代表的中央领导人指明了社会主义社会是物质文明和精神文明高度统一的社会,离开精神文明,就谈不上社会主义。经济特区是社会主义制度下的特区,是世界看中国的窗口,不但要为全国的改革开放探索一条新路,摸索和积累加快经济发展的成功经验,建设高度的物质文明,而且必须"建设高度的精神文明",以适应、促进物质文明的高速发展。因此,担负起在改革开放和社会主义市场经济体制下探索和实践两个文明平衡发展的新思路的重要历史使命,形成一种有中国特色的、对内对外有辐射力和吸引力的特区文化,建设高度的精神文明,意义巨大。这也是能否建设一个具有中国特色的经济特区的关键所在。随着特区对自身功能和社会主义本质认识的不断深化,1982年,深圳市委提出在建设高度物质文明的同

---

① 《马克思恩格斯选集》第1卷,人民出版社2012年版,第419—420页。
② 《邓小平文选》第2卷,人民出版社1994年版,第367页。
③ 《邓小平年谱(1975—1997)》下卷,中央文献出版社2004年版,第838页。
④ 《十二大以来重要文献选编》(上),中央文献出版社1986年版,第26—27页。

时，努力"建设高度的精神文明"，开始把"建设高度的精神文明"提到与物质文明同样的高度。

精神文明和物质文明在社会主义建设中的关系是十分密切的。就像毛泽东同志指出的，无产阶级和革命人民改造世界的斗争有两个方面的任务："改造客观世界，也改造自己的主观世界"①。社会的改造、社会制度的进步，最终都将表现为物质文明和精神文明的发展。特区提出"建设高度的精神文明"是对社会主义建设规律认识的深化。"社会主义精神文明建设大体可以分为文化建设和思想建设两个方面。"② 文化建设是社会主义精神文明建设的重要内容，主要指各项文化事业的发展和人民群众知识水平的提高。特区成立初期，文化建设主要围绕精神文明展开，以发展文化事业为中心，以满足人民基本文化需求为主要目的，这个时期的深圳文化建设的主要任务就是打基础、搭架子。在"建设高度的精神文明"观念推动下，以精神文明建设为突破口，揭开了深圳文化发展的序幕。

1."鱼骨天线"风波

"反对精神污染"是20世纪80年代初一个很敏感的问题。"反对精神污染"主要是针对理论界、文艺界，其实质是反对散布形形色色的资产阶级和其他剥削阶级的腐朽没落的思想，散布对于社会主义、共产主义事业和对共产党领导的不信任情绪。

广东处于中国改革开放的最前沿，广东的精神文明建设是全国乃至世界关注的焦点。"反对精神污染"在广东的广州、深圳主要表现为拆除"鱼骨天线"风波。所谓"鱼骨天线"就是改革开放初期在广东深受广大居民喜爱的带有放大器的鱼骨架形天线。通过安装此天线，就可以收看香港电视节目，可以观看电视节目里美味的食品，漂亮的服饰，欢快的娱乐节目，自卖自夸的广告，等等。一时间，在深圳、广州许多居民房顶上豆芽般地长出了密密麻麻的鱼骨天线，仰望东南方向。当时广东正处于全国舆论的中心，加之当时开展"清除精神污染"的历史背景，"鱼骨天线"事件使广东成为了众矢之的。批判广东的声音甚嚣尘上。"香港电视节目每分每秒都在放毒！"有人公开批判"广东变修了，变烂了！"甚至将此定

---

① 《毛泽东选集》第1卷，人民出版社1991年版，第296页。
② 《十二大以来重要文献选编》（上），中央文献出版社1986年版，第29页。

性为"反动宣传",必须"坚决打击,依法严惩"。

"资本主义道路"和"社会主义道路"属于意识形态的高压线,是当时最敏感的政治问题。迫于压力,广东省委、省政府紧急采取措施,严禁收看香港电视节目,对违反规定的党员干部严厉处分,并严令各地派出工作组,动用消防车逐村逐户地进行强拆。一时间,老百姓和工作组打起了游击战。工作组未进村,消防车刚出动,家家户户的"鱼骨天线"就快速撤下来,临近晚上,再悄悄送上屋顶,当地人称之为"晚上升旗,早上降旗"。[①] 广东省委的这一做法遭到了广大群众的反对。外商意见更大,认为此种做法阻断了他们的信息交流、打破了正常的娱乐生活,甚至对经济特区失去了信心。面对群众的怨声载道,为避免进一步激化干群矛盾,影响外资的进入,时任广东省委书记的任仲夷派人悄悄去深圳,住进临近香港的旅馆,专门找了一台信号清晰的电视机,用三天三夜的时间看完了香港电视台所有的节目并写成了调查报告。报告分析了香港电视台节目的特点和优势,指出香港电视节目中虽然有些低俗无聊的节目,而黄色和反动的宣传几乎没有。随后,任仲夷召集宣传文化系统负责人开会,正式表明了自己的看法和意见。首先提出不提倡看香港电视节目,要与中央保持一致。其次就是要千方百计办好自己的广播电视节目,丰富群众的文娱生活。同时,任仲夷在讲话中首次提出了"排污不排外"的著名观点。认为自觉排污是必要的、明智的,但绝不能因噎废食,笼统地反对一切外来思想文化,盲目排外是错误的、愚蠢的。排污要分清界限,要排真正的污,对资本主义国家先进的科学技术和优秀的文化成果,不仅不能排斥,还应当积极地吸收借鉴。不久,胡耀邦来广州,住进广州珠岛宾馆。按照惯例,服务员封闭了房间电视的全部香港频道。任仲夷发现后,马上吩咐把所有的电视频道全部打印出来,放在电视机旁,方便客人选择收看。连续几天,胡耀邦始终没有提出什么意见。从此之后,香港电视节目在任仲夷任内再也没有受到强行干扰。[②]

"排污不排外"这一提法,既坚定不移地实行对外开放基本国策,学习外国的优秀成果,同时又坚决反对资产阶级意识形态渗透,坚持抵制而

---

① 沈杰:《深圳观念变革大事》,海天出版社2008年版,第88页。
② 参见李春雷《木棉花开——任仲夷在广东》,《广州文艺》2008年第4期。

不封闭。这一思想文化与意识形态领域的指导方针,是改革开放初期特区领导人对社会主义思想文化工作的探索,是对社会主义精神文明建设规律认识的深化,不仅正确处理了对外开放与独立自主的关系,而且打开了特区走向国际的大门,推动了特区的国际化进程。

2. "勒紧裤腰带也要办文化"

特区初建时,深圳文化设施十分落后。市内只有一间以演出粤剧为主的戏院,一间播放电影次数很有限的电影院,一间展览馆,被人戏称为"三家店"。落后的文化设施与全国各地蜂拥而来的年轻建设者的文化娱乐需求,形成了极大的反差。"每当夜幕降临,常常可以看到成群结队的青年职工或在马路上闲逛,或站在工业区集体宿舍的阳台上向远处眺望,或拥挤在当地居民的住宅窗前,探头窥视户主的电视节目。"[①] 特区创办头几年,占深圳人口大多数的外来青年,出现了不同程度的"文化饥渴"。深圳市委、市政府没有回避文化建设中存在的问题,在特区成立初期,百业待兴,所有的建设项目都需要资金投入的关键时期,始终牢记中央嘱托,坚持两个文明一起抓。为解决特区文化落后的现状,"建设高度的精神文明",以梁湘为代表的深圳市委领导立足于长远发展战略,在资金短缺的情况下,以"勒紧裤腰带也要办文化"的决心将文化建设纳入特区城市总体规划,推动特区文化事业发展。

"勒紧裤腰带,哪怕倾家荡产,再困难也要把特区报办起来!"特区处在中国对外开放战略格局中的前哨阵地,是世界看中国的窗口,急需一份报纸展示改革开放的精神面貌。1981年2月,时任中共中央政治局常委、中央书记处书记胡耀邦同志在一份建议特区抓紧建立社会主义舆论阵地的报告中,批示广东省委、深圳市委:"要积极去办。"[②] 随后,深圳市委向广东省委宣传部呈送《关于兴办深圳报纸的请示》,着手《深圳特区报》创办工作。《深圳特区报》是在十分困难的条件下诞生的。当时没有经费(政府只能挤出3000元人民币),没有编报人员,没有办公场地,没有印报机器,没有办报经验。开始,许多人都认为特区办报纸是异想天开。面对质疑和困难,深圳没有退缩。特区报工作人员从报纸试刊到正式出版发

---

① 杨宏海:《我与深圳文化》(上),花城出版社2011年版,第64页。
② 中国政协广东省深圳市委员会:《敢闯敢试》(下),海天出版社2018年版,第747页。

行的两年多时间,通过将稿件送往香港印刷解决了印刷设备短缺的问题。时任市委书记梁湘咬紧牙关表示:"勒紧裤腰带,哪怕倾家荡产,再困难也要把特区报办起来!"① 在当时全市财政非常紧张的情况下,市委拨款1400多万元为报社建办公楼、宿舍楼、印刷厂以及置办印刷设备,解决了资金的困难。正是凭着这样一股拓荒牛的勇气和拼劲,1982年5月24日正式创刊,成为中国改革开放后最早创办的经济特区党委机关报。《深圳特区报》创刊以来,不拘一格,敢为天下先,进行了很多"别开生面的有益尝试",创造出了现代报业高速发展的奇迹,探索出了一条新时期党报政治效益、社会效益与经济效益协调发展的成功之路。②

"勒紧裤带也要把八大文化设施建起来"。文化设施是文化发展的硬件基础,是公共文化服务和城市精神文明建设的依托。1983年3月,根据深圳市政府规定,市计委发出文件,决定兴建深圳科学馆、博物馆、电视台、图书馆、大剧院、深圳大学、体育中心、新闻中心八大文化设施。③为确保"八大文化设施"按时按质完成,市里专门成立了"建设重点文化设施领导小组",并下设办公室,配备专职人员开展工作。特区成立初期,百业待兴,资金短缺。时任市委书记梁湘没有被资金困难吓倒,斩钉截铁地说:"就是勒紧裤带也要把八大文化设施建起来。"④ 1984年,整个深圳一年的财政收入才2亿多元,深圳市委、市政府却先后拨款6.5亿元,投入以八大文化设施为主的文化建设。⑤"八大文化设施"从早期初步规划到后来正式投入施工,先后仅用了几年时间,一座座文化设施就拔地而起,矗立在深圳特区的土地上,成为市民参与文化活动的重要场所。"八大文化设施"是在深圳经济特区创建初期,财政极其困难的情况下兴建的,几年来几乎拿出了占地方财政三分之一的资金搞文化建设。文化设施的大量投资,也曾遭到了部分人的非议。当时有人说,文化投资大,不赚钱。梁

---

① 中国政协广东省深圳市委员会:《敢闯敢试》(下),海天出版社2018年版,第747页。
② 吴俊忠:《深圳文化三十年:民间视野中的深圳文化读本》,商务印书馆2011年版,第150页。
③ 陶一桃、王保卫:《深圳经济特区年谱(1978—2018)》(上),社会科学文献出版社2018年版,第49页。
④ 乐正、黄发玉:《深圳之路》,人民出版社2010年版,第306页。
⑤ 苏伟光:《深圳文化15年》,海天出版社1995年版,第413—414页。

湘则说，文化投资创造的财富，是精神财富，比赚多少美元都重要。建设八大文化设施，体现了市委、市政府的长远战略眼光，为深圳文化未来的发展奠定了良好的基础，而且起到了良好的示范作用，成为深圳特区建设两个文明的一大壮举。

"勒紧裤腰带也要办文化"是特区早期领导人不惧困难、发展文化的坚定信念，是对"建设高度的精神文明"观念的践行，它种下了深圳文化繁荣发展的种子，彰显了老一辈"拓荒牛"的文化情怀。

总体来看，特区成立的前十年，在"建设高度的精神文明"观念推动下，敢闯敢试的深圳人进行了一系列文化建设的实践，通过"勒紧裤腰带也要办文化"推动了一大批现代化的文化设施的落地，通过"文化网络建设"使广大人民参与文化成为可能。特区初期通过推动文化事业迅速发展，不但改变了初期文化设施落后的现状，一定程度上满足了特区人民的精神文化需求，提升了市民的整体素质，而且为特区文化发展培养了高水平的人才队伍，为特区经济发展提供了知识支撑和人才储备。客观地说，这一历史时期深圳特区文化建设主要在"精神文明建设"的框架下进行，以确保经济特区的社会主义方向和满足人民群众精神文化需求为指向。

（二）"增创文化新优势"，建设有深圳特色的社会主义文化

"增创新优势"是深圳经济特区在中国全方位对外开放格局形成中作出的一种新的战略定位，是对经济特区功能和地位认识的深化。深圳在贯彻落实以江泽民同志为主要代表的中央领导集体关于"增创新优势"指示中，形成"增创社会主义精神文明新优势"的重要观念。"增创文化新优势"成为引领这一时期文化发展的新观念。

1. 全方位开放格局呼唤特区"增创文化新优势"

随着我国全方位、多层次、宽领域对外开放格局的形成和发展，深圳和其他几个经济特区都面临着如何增创新优势，继续当好改革开放排头兵的新挑战。1992年12月24日，《光明日报》头版刊登了《全国在发展，深圳怎么办？》的长文，文章指出，优惠政策已经普惠内地，特区的优势何在？在新形势下深圳还能再领风骚吗？在严峻的挑战面前，深圳人产生了强烈的危机感，《深圳商报》将此文以《深圳还能再领风骚吗？》为题目全文发表，在深圳上下引发了一场如何发挥优势、再造优势的大讨

论。这本是深圳人面对挑战和危机，寻求新的理念、探求新的发展优势的文化自觉。可此后不久，有学者喊出了特区不能再"特"了的呼声，主张取消特区各种减免税和优惠政策，掀起了一场论战。1994年6月，在"特区还特不特"的争论甚嚣尘上之际，江泽民同志视察深圳并重申："中央对发展经济特区的决心不变，中央对经济特区的基本政策不变，经济特区在全国改革开放和现代化建设中的历史地位和作用不变。"① 并指出经济特区保持优势的立足点和重点不应该再放在优势政策上面，而应该通过深化各项改革、调整经济结构等"增创新优势，更上一层楼"，"增创新优势，既包括增创经济优势、物质文明优势，也包括增创精神文明优势、思想政治优势、社会全面进步优势。两个文明都要更上一层楼"。② 江泽民同志的讲话不仅结束了这场论战，而且为深圳城市发展指明了方向。深圳市委、市政府深刻认识到，在深圳的经济发展取得巨大成就，引起全国和世界高度关注的新形势下，必须保持物质文明与精神文明协调发展，不能出现精神文明建设滞后的现象。在中央精神指导下，深圳依据自身发展现状，跳出特区看特区，在第二次党代会上明确提出"第二次创业"和把深圳建设成为社会主义现代化国际性城市的响亮口号，增创特区新优势，并提出今后5年要增创产业新优势、基础设施建设新优势、社会主义精神文明建设新优势等十大优势。③ 此后，深圳掀起了"二次创业"的高潮，深圳历史进入了增创新优势阶段。

2. 特区文化的优势与不足是"增创文化新优势"的现实依据

"增创文化新优势"绝不是对"增创社会主义精神文明新优势"的简单回应。它源自于深圳对自身文化发展的清醒认知。特区十多年来文化发展的优势与不足是提出"增创文化新优势"的现实依据。特区成立十多年来，从已有的优势看，深圳文化事业发展走出了一条独具特色的路子，出现了初步繁荣的大好局面。文化设施建设初具规模，文化队伍不断壮大，文艺精品不断出现，群众文化生活丰富多彩，④ 这些良好条件都为"增创

---

① 《江泽民文选》第1卷，人民出版社2006年版，第374页。
② 《江泽民文选》第1卷，人民出版社2006年版，第381页。
③ 《深圳经济特区年鉴》(1996)，深圳特区年鉴社1996年版，第592页。
④ 苏伟光：《求真务实 真抓实干 增创深圳文化建设新优势》，《特区理论与实践》1998年第9期。

文化新优势"奠定了扎实的基础。但是，特区文化目前还存在文化基础不够厚实，文化积淀较为薄弱，特别是与北京、上海文化发达的大城市相比，还存在基层文化设施不健全，代表城市形象的标志性文化设施缺乏，文化队伍中大师级人物较少，文艺精品数量和质量不多[1]等不足，特区文化建设中存在的不足为"增创文化新优势"提供了空间。

3. "建设现代文化名城"为"增创文化新优势"指明了方向

建设现代文化名城是特区进入90年代以来提出的文化发展战略目标，为"增创文化新优势"指明了方向。1995年3月，深圳首次以市委、市政府的名义召开全市文化工作会议，这是建市以来召开的最高级别的关于文化工作的专题会议。会议总结特区成立15年来的文化工作经验和教训，规划未来15年深圳市文化事业的发展路向，讨论了《深圳市1996—2010年文化发展战略规划》，首次提出了深圳文化发展的战略目标：努力把深圳建设成为现代文化名城，正式提出全市文化建设的战略口号。1998年3月，市委、市政府制定《深圳市文化事业发展（1998—2000）三年规划及2010年远景目标》，该规划开宗明义，再一次明确了深圳文化发展的总体目标："把深圳建设成为社会主义现代文化名城。"并指出了建设现代文化名城的内涵，即"建设面向现代化、面向世界、面向未来、民族的、科学的、大众的现代城市文化"[2]。现代文化名城是和历史文化名城相对应的概念，是依据建设有中国特色社会主义文化目标，结合深圳实际，提出的城市文化发展的整体设想，它表明了深圳对文化发展的理想和追求，以及对这座新兴城市特有的文化想象力。"增创文化新优势"，建设现代文化名城，是一项具有挑战性的、面向未来的事业，必须要有创新的勇气，敢想、敢试。

4. "增创文化新优势"的实践

以"市场化"取向引领文化体制改革，增创文化体制新优势。改革文化体制是文化事业繁荣和发展的根本出路。改革的目的在于增强文化事业的活力，调动文化工作者的积极性，多出优秀作品，多出优秀人才。由于

---

[1] 苏伟光：《求真务实 真抓实干 增创深圳文化建设新优势》，《特区理论与实践》1998年第9期。

[2] 陈永林、郑军：《传承与融合——深圳文化创新》，中央编译出版社2017年版，第60页。

特区发展市场经济的先天优势，深圳从一开始就以其市场化取向引领了我国文化体制改革发展的潮流。进入增创新优阶段，深圳继续发挥市场经济优势，以"市场化"取向推进文艺体制改革和文化投资体制改革，增创文化体制新优势。首先，进行文艺体制改革。改革主要是以提高效率为核心，推行聘用制，改革分配制度，形成责、权、利相结合的内部业务考评办法，提高院团艺术水准和综合效益，通过改革，以市场机制增强院团活力，有效地促进了文艺事业的发展，也推动了其他文化企事业单位的改革。其次，改革文化投资体制。文化投资体制是约束文化发展的重要因素。深圳通过总结国内外文化发展的成就，得出一条基本经验：文化投资主体必须多元化。单纯依靠政府投资，不仅容易对社会投资产生"挤出效应"，而且难以形成产业化运作机制。发展文化事业和文化产业，必须发挥政府与社会两个积极性。深圳由于财政供养文化院团数量少，公共文化服务供给不足，而深圳的迅速发展又带来了巨大的文化需求，加上移民城市的"藏艺于民"特点，深圳首先把社会资本引入民间文艺院团，支持社会兴办的文艺团体蓬勃发展，促进了特区文化繁荣发展，由此探索出一条从"政府办文化"转向"社会办文化"的新路，并形成了"政府宏观调控、事业微观搞活、社会共建共享"的改革发展格局。

抓好重点工程，增创文化设施建设新优势。文化设施是文化发展的基础和载体，是提高城市文化品位、文明程度的重要标志。要建设现代文化名城，就必须要建设一批具有现代城市特征的文化设施作为形象标志。发展文化事业，深圳一向是大气魄、大手笔，先后进行了几轮大规模的设施建设。改革开放之初，深圳以"勒紧裤腰带也要办文化"的气魄，建成"八大文化设施"。90年代之后，为增创文化设施新优势，市政府又一次集中投入，规划建设深圳书城、关山月美术馆、何香凝美术馆、特区报业大厦、商报大厦、画院、华夏艺术中心、体育场等"新八大文化设施"。随着深圳经济的快速发展和人民精神文化生活需求的增长，面向21世纪，深圳不吝啬"钱袋"，文化投入更是节节攀升，又掀起了第三轮建设浪潮，计划投入兴建新六大文化设施：音乐厅、中心图书馆、博物馆新馆、中心书城、少年宫、广电中心。"深圳书城"是深圳增创文化设施新优势时期的标志性建筑。深圳书城是在资金紧张情况下创建的。深圳人凭着敢闯敢试、敢于创新的精神，靠着"政府给一点、银行贷一点、自己筹一点、向职工借一点"这四个"一点"把书城建了起来，彰显了深圳增创文化设施新优势的决心。深圳书城高达33层，是当时中国出版发行行业的最高建筑，是世界上规模最大的书店，是深圳的文化地标。1997年，深圳书城被命名为深圳市首家"文化旅游景点"。书城利用特殊的地理、人流优势，进行多功能的开发，探索文化和旅游相结合的创新道路，当时这在全国新华书店系统是一次创举，为深圳书城和市新华书店找到了新的经济增长点，推动了深圳建成中国优秀旅游城市和现代文化名城。进入增创新优阶段，深圳在原有文化设施的基础上，以"国内一流、国际先进"标准相继推进新的文化设施落地，不但为文化事业的发展提供了硬件设施基础，同时推动了深圳现代文化名城建设，逐步向现代化的国际性城市迈进。

"开辟文稿市场"，掀起全国精神产品市场化"第一槌"。计划经济时代，中国的稿费严格按照计划经济规则给付，古板低廉，而且常年不变；作家的文稿严格按行政事业单位标准分类分级，稿费定级标准既不是按市场价值，也不是按文化深度。1993年的深圳"文稿竞价"，打开了中国精神产品市场化的新天地。

"文稿竞价"活动源自于改革开放时代特区文化人的文化自觉和文化情怀。1992年，邓小平南方视察之后，改革的热潮仍在深圳积蓄、奔涌。大家都在思考：在这火红的年代，我们能做些什么？1993年，为推动深圳的文化建设，《深圳青年》创设社长和同事一起，提出并形成了"文稿竞价"的完整方案，上报市委、宣传部后，得到了肯定，认为"是一项有意义的实践"。文稿竞价的新闻发布后，全国各地的作品寄往深圳。据统计，来电来函报名竞价的各行各业人士，近800人。其中，专业作家很多，冯骥才、叶永烈、莫言、池莉、顾城、刘心武等都提供了作品。

为了竞价会的顺利召开，组委会于9月先交易几部作品作为示范。时任深圳机场候机楼有限公司总经理李远钦决定用8.8万元的总价格购买著名作家史铁生的短篇小说《别人》、王东华的社会学著作《新大学人》，价格远远超出作者预期，文稿竞价完成了首次交易。首次交易成功的消息发布后，在国内引起极大的反响，也引发强烈的争议。9月底，上海的一家文学报刊登《漫天要价，轻率"叫卖"》的报道，说深圳举行的首次文稿拍卖起了风波，引起文坛内外的疑虑。随后，丛维熙等六位作家发布退出声明，不任文稿竞价的"监事"。有关部门也对深圳施加压力，要求叫停文稿拍卖活动。后来，深圳市领导和《深圳青年》杂志社负责人一起赴京向有关部门汇报、解释，文稿竞价活动才得以艰难进行。1993年10月28日，中国首次文稿竞价活动终于拉开了大幕。竞争最激烈的当属北京作家倪振良采写的讲深圳特区15年创业史的长篇纪实文学《深圳传奇》，起拍价为4.5万元，数次叫价后被深圳天虹商场以88万元的"天价"竞得，在文稿竞价中名列榜首。

深圳通过"文稿竞价"活动，在中国第一次把精神产品引入市场，引起了巨大的社会反响。文稿竞价结束后，责难和批评并没有停止。面对社会的批判，深圳没有争论，没有辩解，而是以更勤奋的态度继续做与文化建设有关的事。当时的文稿竞价活动，是对低稿费制度的一次冲击，标志着文稿进入市场的开始、文人言义不言利时代的结束，促进了包括文稿在内的知识产权价值体系的建立。

"走出去""请进来"，增创对外文化交流的新优势。深圳毗邻香港，处在中西文化交流的最前沿。在改革开放的历史进程中，深圳同样承担着推动中外历史文化交流的重任。特别是进入增创新优势阶段，深圳提出了建设"现代文化名城"的目标，对深圳的文化发展提出了更高要求。为推动深圳建成现代文化名城，向国际化城市迈进，市文化主管部门采取"走出去""请进来"的方法，加强对内、对外文化交流。深圳不但邀请港澳台及国外艺术表演团体来深演出，而且鼓励深圳粤剧团、深圳歌舞团、深圳交响乐团等艺术团体"走出去"，增进文化交流。通过丰富的文化交流活动，深圳积极宣传中国文化，在推动中华文化走出去的同时，不断加强深圳与各地的合作，有效提高了深圳的知名度和国际美誉度，推动了深圳的国际化进程。

树立精品意识，增创繁荣文艺的新优势。创造具有强烈吸引力感染力、深受广大群众欢迎的优秀作品是推动特区文艺繁荣的关键。通过文艺精品的积累，增创文艺繁荣的新优势，提高城市文化品位，活跃群众文化生活，是特区在增创新优阶段发展文艺的指导思想。特区成立后，深圳文艺工作者在文艺创作、新闻出版、广播电视等方面都取得了不少的成果，先后在全国性的戏剧"梅花奖"、电影"金鸡奖"、民间文学"银河奖"、全国优秀短篇小说和报告文学奖等有影响的奖项评比中获奖。据不完全统计，在特区成立的前十年，在深圳的文艺作品中，获得省、市级以上奖励的有500多项。其中，由深圳电视台组织拍摄反映特区生活的《鸿雁传情》《深圳印象》等26部电视剧及专题片，深受专家好评；市委宣传部主持拍摄的大型电视政论片《世纪行》在全国引起了轰动效应。进入增创新优阶段后，特区以初期文艺创作的成就为基础，以"五个一工程"为龙头，树立精品意识，增创繁荣文艺的新优势，以推动现代文化名城建设。1996年市粤剧团重点打造的大型现代粤剧《情系中英街》和电视艺术中心制作的电视片《琴童的遭遇》取得重大突破，分别荣获中宣部"五个一工程"戏剧奖和电视片奖。这是深圳市文艺作品首次获得"五个一工程奖"，标志着全市艺术创作再上新台阶。此后，在提高文化精品意识，增创繁荣文艺的新优势理念推动下，深圳文艺创作屡创佳绩，既推动了深圳文化艺术的繁荣发展，又丰富了广大人民群众的精神生活。

"增创文化新优势"是深圳进入增创新优阶段文化建设与发展的战略思路的基本理念。在这一理念指导下，首先，拓宽了经济特区的内涵，指出深圳经济特区不仅要发展外向型经济，而且是经济文化共同发展、社会全面进步的综合性经济特区，提出了建设多功能、现代化的国际性城市的发展目标，从单一的经济思维中跳了出来。其次，提出建设现代文化名城的战略目标，已在思维习惯上把文化建设从精神文明中单列出来，凸显出深圳逐渐摆脱"文化沙漠"的固有印象，树立起塑造深圳文化形象的新理念，增强了深圳人的文化创新意识和文化发展意识。

（三）"实现市民文化权利"，率先提出"文化立市"

"敢为天下先"与深圳经济特区相伴而生，是烙刻在特区人身上鲜明的性格，已成为特区精神的象征。"敢为天下先"不是盲干、出风头，而是从实际出发，对实践出真知的坚持，对事物发展规律认识的不断深化。率先提出并实施"文化立市"，是深圳又一次"敢为天下先"，"文化立市"成为21世纪推动深圳文化发展的主要理念和战略思想。

1. "文化立市"战略的提出

进入21世纪以后，世界各国发展观发生重大而深刻的变化。越来越多的国家和地区认识到，社会发展不能简单等同于经济增长，发展必须以人与社会、人与自然的和谐为基础，而这种和谐不仅是物质的，更是文化和精神的。文化的作用和地位空前彰显，经济和文化表现出越来越明显的相互融合趋势，文化在相当程度上已经直接体现为现实的生产力，文化已经成为综合国力的重要标志，文化维度正在成为人类发展的各种维度中最重要的维度。党的十六大报告将建成中国特色的社会主义文化作为全面建设小康社会的目标之一，并指出："当今世界，文化与经济和政治相互交融，在综合国力竞争中的地位和作用越来越突出。文化的力量，深深熔铸在民族的生命力、创造力和凝聚力之中。全党同志要深刻认识文化建设的战略意义，推动社会主义文化的发展繁荣。"[①] 2003年4月，胡锦涛同志视察广东期间再次强调深刻认识文化建设的重要性，"历史和现实都表明，一个没有文化底蕴的民族，一个不能不断进行文化创新的民族，是很难发展起来的，也是很难自立于世界民族之林的。要提高发展水平，增强发展后劲，提高群众生活质量，必须高度重视并全面推进文化建设。"[②] 上述论断表明，文化建设已经提升到国家发展战略的重要层面。

深圳在全国率先提出"文化立市"战略。2002年12月初，时任市长于幼军在检查深圳文化设施时指出："深圳作为一座年轻的城市，22年来取得了骄人的发展成就，但是与国内一些兄弟城市相比，深圳的历史短、文化积淀少、文化底蕴不足，文化建设还有一定的差距。""如果一个城市不具备文化竞争力，就谈不上城市长远的、可持续的发展。在向现代化国际性城市迈进的过程中，深圳也必须要发展成为文化、教育的大市和强市。"[③] 深圳的领导层深刻认识到，当今世界已经从拼经济、拼管理，走向了拼文化的时代，要全面建设富裕小康社会、率先基本实现现代化，文化是一座绕不过的桥，必须转换发展模式，以文化促发展，制定适合自身实际的文化发展战略。2003年1月，市委三届六次全会首次明确提出深圳要确立"文化立市"战略，树立"文化经济"的理念，以大型文化节庆和重大文化活动为载体，扩大深圳文化影响，做大做强深圳市的文化产业。[④] 2004年3月，深圳市委、市政府召开实施"文化立市"战略工作会议，提出了大力实施"文化立市"战略，努力把深圳建设成为"高品位文化城市"，这标志着深圳市委、市政府确立的"文化立市"战略正式进入实施

---

① 《十六大以来重要文献选编》（上），中央文献出版社2011年版，第29页。
② 《胡锦涛文选》第2卷，人民出版社2016年版，第44页。
③ 温诗步：《深圳文化变革大事》，海天出版社2008年版，第51页。
④ 《深圳年鉴2004》，深圳年鉴社2004年版，第6页。

阶段。2005年5月，中共深圳市委第四次代表大会进一步明确指出，要"全面实施文化立市战略，大力发展文化卫生体育事业"，并进一步重申"努力把文化产业培植成为第四大支柱产业"。

"文化立市"是深圳对自身文化建设的深刻自省，反映了深圳对文化建设规律认识的不断深化。深圳市委的这些重大决策，是顺应文化经济时代要求的必然选择，是推动深圳发展实现新的历史性飞跃的重要战略部署。

"文化立市"战略具有丰富的文化内涵。"文化立市"以深化文化体制改革，繁荣文化事业，壮大文化产业为主要推手，以培育深圳精神、提高全民思想道德素质和科学文化素质为核心，它的根本目的在于促进深圳文化与经济、社会、政治、环境的相互融合，全面提升深圳经济社会发展的文化内涵和城市建设的文化品位。"文化立市"发展战略的正式确立表明，深圳正在逐步改变惯常的"经济特区"思维模式，在文化建设上形成新的思路，一个"立"字，确定了文化在深圳发展战略全局中的突出位置，使文化成为经济社会发展的一个重要基础、支撑点和动力源。"文化立市"以全新的发展理念为深圳的未来发展大局确立了目标，指明了方向，推动深圳的文化繁荣发展。

2. 建设"高品位文化城市"是对"文化立市"的响亮回应

"文化立市战略不是空洞口号，需要一系列高瞻远瞩又切实可行、想象力与实践性并重的文化构想和举措，更需要明确的目标。"进入新的世纪，深圳要以"文化立市"战略赢得新的制高点。2005年颁布的《深圳市文化发展规划纲要（2005—2010年）》提出了深圳实施"文化立市"战略的目标："围绕我市2020年基本建成国际化城市的总体目标，到2010年，文化立市的框架基本形成，高品位文化城市建设初具规模；到2020年，基本建成高品位文化城市，使深圳成为文化特色鲜明的国际知名城市。"建设"高品位文化城市"，是对"文化立市"战略的响亮回应。

培育"两城一都一基地"的文化品牌。深圳依据文化发展的现有优势和基本条件，提出建设"两城一都一基地"（图书馆之城、钢琴之城、设计之都、动漫基地），这是对深圳未来文化发展所作出的具有本土特色的战略选择，也是实施"文化立市"战略，建设高品位文化城市的具体途径。它使"文化立市"战略有了可感、可见的具体发展目标。将图书馆事业、钢琴艺术、设计业和动漫的发展与城市今后一段时间的文化发展目标联系在一起，一是因为它们都具有与世界文化接轨的普遍价值，能体现城市文化发展状态和水平；二是从现有的文化资源看，深圳在这几个方面已经有了一定的现实基础，形成了相对优势。"两城一都一基地"建设目标的提出，就是要把深圳现有的这种文化发展的相对优势转化为绝对优势，再把绝对优势转变成深圳文化的特色。"图书馆之城"是一个形象的说法，该动议依据当时深圳初步形成的"市、区、镇、社区 4 级图书馆网络"的优势，就是以全市已有、在建和将建的图书馆网点和数字网络为基础，联合图书情报系统，建立覆盖全城、服务全民的文献信息资源共享网络，实现图书馆网点星罗棋布、互通互联、资源共享，为市民提供功能完善、方便快捷的图书馆服务。"钢琴之城"缘于深圳在钢琴教育和钢琴普及方面的积累。深圳不但有一批包括但昭义、孔祥东、刘诗昆等在内的著名钢琴家，还有陈萨、左章、张昊辰等优秀钢琴人才，而且深圳家庭有很高的钢琴普及率。钢琴教育已经成为深圳文化的一个品牌。深圳建立"钢琴之城"具有得天独厚的条件和优势。打造"设计之都"缘于深圳活跃着一支规模庞大的平面设计师队伍，这支队伍几乎获得过世界上所有顶级赛事和国际展览的奖项，在国际上最权威的国际设计师协会（AGI）里，中国仅有 6 名会员，其中深圳就有 2 人。设计业和深圳这个城市年轻、现代、开放、多元、富有创造力和想象力的风格十分吻合。随着经济的飞速发展，深圳的设计行业取得了在全国乃至亚洲的领先和引导地位，牢固地树立了深圳在平面设计与工业设计领域的领先地位，使深圳成为亚洲设计的重镇以及中国现代设计的核心城市，为建设"设计之都"创造了多种条件和优势。深圳作为一个新兴的创意之城，动漫产业一直很发达，是中国最早的动画基地之一，全国大约有 70% 的动画人才聚集在深圳。2005 年 3 月，时任中共中央政治局常委李长春同志对深圳动漫产业发展作出重要批示，明确要求"把深圳作为动漫产业基地，搞个试点"。随后，深圳市第四次党代会提出加快推进"动漫基地"建设。经过多年的培育发展，深圳的动漫产业已经拥有国内领先的动漫科技基础和制作体系，形成了一定的产业规模，是国际重要的影视动画加工制作中心，也是民族动画业发展的重镇，已经具备了建设国家级动漫基地的条件。"两城一都一基地"是建设高品位文化城市的重要内容，是实施"文化立市"的重要载体，在未来的城市文化发展中，必将形成鲜明的深圳文化特色，打造深圳文化品牌。

建设"深圳学派"，提升城市文化品位。世界学术中的学派自古有之，它的形成历史源远流长，派别形形色色，数不胜数。一般认为，"学人聚合、大师兀立、体系成熟、风格独立"是学派的共性特点，而这些基本要素恰恰是深圳目前尚不具备的。所以，当余秋雨在《文化的态度》中提出："深圳既然集中了那么多来自全国的高学历人才，为什么不能出现一些年轻的学派呢？"表达出对"深圳学派"的期望时，部分文化学者立即对其展开了批判，掀起了一场关于深圳文化的大论战。他们认为深圳的文化落后与它的经济事业一样有名，怎么能诞生深圳学派？的确，经济特区建立之初，深圳作为一个年轻的城市，还没有培养出自己的学术大师，还没有重量级的学术精品亮相，在传统社科领域"文史哲"方面还很薄弱，需要不断提升和加强。然而深圳的城市发展有鲜明的个性，深圳拥有改革开放和市场经济的"试验田""窗口""桥头堡"的功能和发展历史，是中国社会转型最为典型的个体案例。它以最短的时间完成从农业社会到工业化的转变；它以最短的时间由一个只有几十万人口的边陲农业县到千万人口级别的现代化大都市，这种城市化的急速完成，在全球史无前例；它是新中国成立以来最成功的也最具现代性的移民城市。近些年来，深圳立足自身独特的城市发展历程，发展自己的优长学科，特别是其在"经济特区研究""国际化城市研究"等领域已具有全国影响力，而这些科研成果的取得，也让深圳成为全国社科界异军突起的新军。结合深圳特殊的历史背景、实践经验和研究特长，有的首次提出建设"深圳学派"的设想，认为深圳社会科学研究应形成自己独特的学术风格和城市风格，就像北京有"京派"，上海有"海派"一样。[①] 在学者们苦苦探寻建设"深圳学派"之路的同时，市委相关部门和领导也大力推动深圳学术文化的大繁荣大发展和"深圳学派"的构建。从学者和政府身上我们看到了深圳学术的未来。从"文化立市"战略实施以来，文化越来越成为这座城市的核心和灵魂，"深圳学派"的建设将不断增强城市文化软实力，提升城市文化品位，体现了深圳学人的文化自觉和文化自信。

充实、凝练"深圳精神"，提升城市形象。城市精神是在城市发展过

[①] 温诗步：《深圳文化变革大事》，海天出版社2008年版，第217页。

程中展现出的市民整体精神气质,从本质上来说,它是一座城市对于自身的身份认同,包含了文化、个性、韵味、底蕴等,有独特精神实质的城市,往往更有凝聚力和魅力,能从中汲取发展动力。深圳是一个年轻的移民城市,文化多元,思想多元。在深圳实现经济腾飞的同时,培育深圳精神,凝练价值共识,增强深圳人的家园意识显得尤为重要。有眼光的历届深圳领导人始终牢记城市精神建设的神圣使命,为这座城市留下了宝贵的精神财富。1984年市委大院门口树立的"孺子牛雕塑"是探索深圳精神的开始。随着经济社会的发展,深圳在1986年和1992年分别对深圳精神进行了讨论和完善,提炼出"开拓、创新、团结、奉献"的深圳精神。进入21世纪,在市委、市政府的引导下,深圳开展了"深圳精神如何与时俱进"的大讨论。经过讨论,普遍认为,在新的形势下,应进一步提炼和充实"深圳精神",使之更符合深圳发展的实际。2003年1月,在深圳市委三届六次会议上,对深圳精神进行了新的概括和表述:开拓创新、团结奉献、诚信守法、务实高效。新的表述从新的高度体现了深圳干部群众强化法制观念、加强道德修养的自觉意识,反映出新形势下反对虚夸浮躁、盲目自满、追求高效率、高境界的科学态度。与时俱进的深圳精神既丰富了城市的人文内涵,又提升了城市形象。

3. 把"实现市民文化权利"作为"文化立市"落脚点

公民文化权利问题既是一个理论问题,也是一个实践问题。恩格斯指出:"最初的、从动物界分离出来的人,在一切本质方面是和动物本身一样不自由的;但是文化上的每一个进步,都是迈向自由的一步。"[①] 文化的发展、文化权利的实现是人全面自由发展的重要内容。文化权利是人的一项与经济权利、社会权利并列的基本权利。文化权利实现与否,在某种程度上,标志着一个国家、一个社会的发展进步和文明程度,是国家文化战略人民性的直接体现。2002年,深圳市文化局负责同志率先提出了"实现市民文化权利是文化发展根本目的"的理念,深圳成为全国第一个广泛讨论文化权利理论的城市。在深圳,市民享受文化被看作市民的"文化权利",深圳市委、市政府把市民文化权利的实现程度作为衡量政府文化工作绩效的基本指标,"实现市民文化权利"成为"文化立市"战略重要的

---

① 《马克思恩格斯选集》第3卷,人民出版社2012年版,第492页。

落脚点和坚定的出发点。

概括来说,深圳所诠释的公民文化权利主要包括五个方面的内容:一是享受文化成果的权利;二是参与文化活动的权利;三是开展文化创造的权利;四是文化创造成果受保护的权利;五是进行文化选择的自由权利。[①]对政府来说,文化权利概念的提出,首先意味着对自身文化职责的全面检讨,即应把公民文化权利的实现程度作为政府文化绩效考核的重要指标。其次,它还意味着政府相应承担五个方面的基本职责。在文化权利问题上,公民是"主",而政府是"客",不是政府主观上愿不愿意促进公民文化权的实现,而是客观上必须这么做,这是一个现代公民社会的政府必须承担的责任。文化权利的这五层含义为文化治理提供了五条理路,构建了文化治理的基本框架。为保障市民享受文化成果的权利,推出了"十分钟文化圈"、免费开放公益文化场馆、"美丽星期天"等举措;为保障市民参与文化活动的权利,率先建立文化义工、文化社工、文化钟点工队伍,让有志于参与文化建设的市民"有身份""有平台",并打造出"文博会""读书月""市民文化大讲堂""创意十二月"等一批文化品牌活动;为保障市民拥有文化选择的权利,创新群众评价和反馈机制,把"选择权"交给市民,把公共文化资源配置和投放效益置于社会的严格监督之下;为保障市民开展文化创造的权利,大力发挥创新型城市的优势资源和市民文化创造的主体作用,通过创新激励机制、搭建才艺平台、发展创意文化,积极营造有利于出精品、出人才、出效益的环境和机制,让每位市民都有机会成为"文化创客";为保障市民文化成果受保护的权利,不断完善政策法规和建立知识产权保护体系,使市民的文化创造成果得到有效保护。深圳实施"文化立市"战略以来,以保障市民文化权利为宗旨,不断创新,政府的文化治理能力不断提升,公共文化设施越来越完备,文化氛围日益浓郁。

深圳率先提出"实现市民文化权利"是对社会主义文化"为人民服务、为社会主义服务"的宗旨的践行,体现了高度的文化自觉。在"实现市民文化权利"理念推动下,如今的深圳,文化设施星罗棋布,文化服务"零门槛"、文化活动遍布基层,已经初步建立起设施齐全、产品丰富、机

---

① 乐正主编:《深圳之路》,人民出版社2010年版,第314页。

制健全的公共文化服务体系，率先探索出一条保障人民群众文化权利、人民群众共享文化发展成果的新路子。

4. 大力发展文化产业，探索"文化+"产业发展成功模式

文化产业被称为21世纪的朝阳产业。党的十六大指出，发展文化产业是社会主义市场经济条件下繁荣社会主义文化、满足人民群众精神文化需求的重要途径。[①] 对于深圳而言，虽然传统文化的积淀不足，但在文化产业领域却具有相对先发优势，较为成熟的市场经济体制为文化产业创造了广阔的发展空间。早在20世纪90年代初，随着华侨城主题公园和大芬油画村的发展，深圳已经显示出发展文化产业的巨大潜力。深圳自确立"文化立市"战略以来，把大力发展文化产业作为其落实"文化立市"战略的重大步骤，并积极创造有利条件推动文化产业发展。首先政府出台相关政策举措，为文化产业发展保驾护航。2005年，深圳市委三届十一次全体会议提出"要把文化产业发展为深圳第四大支柱产业"，同年12月，成立深圳市文化产业办公室。2007年5月，市人大常委会审议通过了《深圳市文化产业促进条例（草案）》，同年底，正式出台了以文化产业为核心内容的两大纲领性文件：《深圳市文化产业发展"十一五"规划（2006—2010）》和《深圳市文化产业发展规划纲要（2007—2020）》。其次，创办中国（深圳）国际文化产业博览交易会，并致力于把"文博会"打造成为国际知名品牌，为推动中国的文化产业发展、为中华文化走向世界提供平台。"文博会"自创办以来，受到了党和国家的高度重视，中央领导人多次到"文博会"现场视察。如今，"文博会"已然成为"中国文化产业第一展"，成为中国文化"走出去"的重要基地。

"文化+"是深圳文化产业发展的成功模式。深圳发展文化产业，没有"就文化而论文化"，而是依靠得天独厚的科技、设计、创意、市场等优势，积极主动地把文化和其他业态嫁接在一起进行推广，率先探索出"文化+科技""文化+创意""文化+金融""文化+旅游"等产业新模式。在"文化+"模式推动下，深圳涌现出腾讯、华强文化科技等一批高成长型文化科技企业，打造文化产业"升级版"，推动文化产业实现跨越式发展，成为经济发展的支柱产业之一。2011年8月，胡锦涛同志视察深

[①] 《十六大以来重要文献选编》（上），中央文献出版社2004年版，第31页。

圳文化发展情况，肯定了深圳文化发展的成就，指出深圳"之所以能够取得今天的成就，关键在于把文化和科技融合在一起，走出了一条创新发展之路"①。"文化+"持续为这座城市注入着创意和活力，促进新兴业态的蓬勃发展和文化产业不断升级，文化的力量深深熔铸在深圳的生命力、创造力和凝聚力之中，加快了深圳经济社会协调发展和全面进步。

5. 深化文化体制改革，释放文化活力

文化体制改革是在市场经济条件下，探索与社会主义市场经济相适应的文化发展体制，是解放和发展文化生产力的根本途径。深圳是社会主义市场经济的先行城市，同样是文化体制改革的领头羊。为了适应市场经济的需要，特区成立初期就从文化宏观管理体制和文化企事业内部微观运行机制进行了改革的尝试，初步建立起"大文化"宏观管理体制，并以国办文艺院团为突破口进行了人事制度改革，一定程度上推动了深圳文化的发展。2001年，伴随传统文化体制在市场经济条件下的弊端日益凸显和中国加入WTO所面临的外部压力，文化体制改革在中央层面受到空前重视。2002年，十六大报告提出："继续深化文化体制改革……理顺政府和文化企事业单位的关系，加强文化法制建设，加强宏观管理，深化文化企事业单位内部改革，逐步建立有利于调动文化工作者积极性，推动文化创新，多出精品、多出人才的文化管理体制和运行体制。"② 中央对文化体制改革作出了总体要求。2003年6月，召开全国文化体制改革试点工作会议，分析了当前文化体制改革的紧迫性，对文化体制改革试点工作进行了全面研究部署。

在中央精神指导下，深圳瞄准"文化立市"战略，继续深化文化体制改革，探索文化行政管理的新体制和文化运作的新机制。首先，以"三个转变"推动文化宏观管理体制改革。深圳市委在三届六次会议上提出"转变文化行政管理部门职能"是文化体制改革的重点，文化行政管理部门要"从以办文化为主向以管文化为主转变，从以管理政府文化机构和设施为主向管理全社会文化转变，从以行政手段管理为主向以法律和经济手段为主转变"。深圳积极推动政府职能"三个转变"，一方面以法律手段加强对文化的管理，出台了一系列文化政策文件，强化政策调节、市场监管、社

---

① 《深圳年鉴2012》，深圳市史志办公室2012年版，第11页。
② 《十六大以来重要文献选编》（上），中央文献出版社2005年版，第32页。

会管理、公共服务职能；另一方面深化行政审批制度改革，降低文化市场准入门槛，着力解决政府的"越位"和"错位"问题。2009年，根据深圳市行政体制改革方案，深圳将原来的市文化局、市旅游局和市政府文化产业发展办公室合并为市文体旅游局，实现了真正的大文化管理体制的改革。其次，为深化国有文化资产管理体制改革，进一步增强国有文化企业集团的影响力，做大做强"报业、广电、发行三大文化集团"，形成了三大国有文化集团为龙头的格局。同时，为推动国有文化集团实现社会效益最大化与经济效益最优化，深圳成立了国有文化资产监督管理办公室，出台国有文化集团资产监督管理"1+7"文件，由国资监管部门委托市委宣传部对报业、广电、出版发行三大文化集团国有资产实施监督管理，通过加强对国有文化资产的监管和绩效考核，建立有效的激励与约束机制，探索并初步形成了科学化、规范化的国有文化资产监督管理体制机制，被中宣部誉为国有文化资产监管的"深圳模式"。

"文化立市"战略实施以来，深圳文化发展迈上一个新台阶。文化竞争力在全国大中城市中排名第一；多次荣获"全国文化体制改革工作先进地区"；以"实现市民文化权利"为宗旨，基本建成普惠型、全覆盖的公共文化服务体系，使市民文化权益得到有效保障；文化产业实现跨越式发展，成为国民经济的重要支柱产业，探索出一条"文化+"产业发展新路子；文博会规模和影响力逐年加大，文化产品和服务"走出去"迈出坚实步伐。实践证明，确立并实施"文化立市"战略是深圳城市文化发展理念的重大创新，通过把文化作为国际化城市建设主导因素、基础性因素相对超前，并渗透到经济、社会、政治、科教、环境等诸领域，全面提升了整个城市的文化内涵和文化品位，使深圳日益成为引领现代城市文化发展的排头兵。

（四）新时代文化治理观念：文化强市战略

1. 文化强市战略的提出

为推动社会主义文化大发展大繁荣，开创中国特色社会主义事业新局面，2011年10月，中国共产党十七届六中全会审议通过《中共中央关于深化文化体制改革推动社会主义文化大发展大繁荣若干重大问题的决定》，确立了建设社会主义文化强国的战略目标，提出了新形势下推进文化改革发展的指导思想、重要方针、目标任务、政策举措。2012年，党的十八大发出了"扎实推进社会主义文化强国建设"的号召，报告指出"全面建成小康社会，实现中华民族伟大复兴，必须推动社会主义文化大发展大繁荣，兴起社会主义建设新高潮，提高国家文化软实力"[①]。十七届六中全会和十八大指出了新形势下文化发展的重要性，确立了建设社会主义文化强国的目标，标志着我们党对文化的认识和文化建设规律性的把握提升到一个高度，同时也为深圳未来文化发展指明了前进的方向。

深圳在继续推进文化立市的基础上，及时提出"文化强市"，在文化与城市发展定位关系上再次走在全国的前列。2012年2月，深圳召开了深入实施文化立市战略建设文化强市工作会议，这是以市委、市政府名义召开的又一次专题性文化工作会议。会议对推动文化强市建设进行了部署，并在会后发布了深圳文化建设纲领性文件——《关于深入实施文化立市战略建设文化强市的决定》，指出建设文化强市的主要目标是：努力实现城市精神凝聚力更强、文艺精品创造力更强、公共文化服务力更强、文化产业竞争力更强、改革创新引领力更强、国际文化影响力更强，为当好推动科学发展、促进社会和谐的排头兵提供强大的精神力量和文化支撑。

2013年1月，深圳市五届人大五次会议政府工作报告再次提出"着力建设文化强市，增强城市软实力"。建设"文化强市"，就是要变深圳文化发展的相对优势为绝对优势，壮大创新型、智慧型、包容型、力量型城市主流文化，让群众享有更高品质的文化服务，为深圳勇当"四个全面"排头兵、努力建成现代化国际化创新型城市提供强大的精神支撑和文化条件。这就要求深圳继续深化文化体制改革，推进"文化治理现代化"，激发文化发展活力。

2. 探索通过文化治理现代化来促进"文化强市"

2013年11月，党的十八届三中全会通过《中共中央关于全面深化改革若干重大问题的决定》，首次将推进国家治理体系和治理能力现代化作为体制改革的总目标，这标志着以习近平同志为核心的党中央对国家治理的认识开启了新篇章。"文化治理现代化"是国家治理体系和治理能力现代化的重要内容，关乎中国特色社会主义的整体布局和深化发展。《决定》

---

① 《十八大以来重要文献选编》（上），中央文献出版社2014年版，第24页。

提出建设社会主义文化强国，增强国家文化软实力，必须坚持社会主义先进文化前进方向，坚持中国特色社会主义文化发展道路。坚持以人民为中心的工作导向，坚持把社会效益放在首位、社会效益和经济效益相统一，以激发全民族文化创造活力为中心环节，进一步深化文化体制改革，推进文化体制机制创新，并从完善文化管理体制、建立健全现代文化市场体系、构建现代公共文化服务体系等方面提出推进"文化治理现代化"的要求。

特区成立后，为建立与社会主义市场经济相适应的文化管理体制和发展机制，较早尝试"文化治理现代化"的探索，在文化体制改革上一直走在前面，率先完成国家赋予的各项改革试点任务，连续四次被评为"全国文化体制改革工作先进地区"，为全国的文化体制改革提供了有益借鉴，也极大促进了自身文化繁荣发展。但是，这些成绩距离文化治理体系和治理能力现代化的要求还有很大差距。在处理好政府、市场、社会参与文化发展的关系方面，在健全现代文化市场体系和构建现代公共文化服务体系方面，在文化法律制度建设方面，都需要加大改革力度，大胆探索。十八届三中全会关于继续深化文化体制改革、推进文化治理现代化的要求，为深圳"文化强市"建设指明了方向。深圳在"文化治理现代化"理念推动下，继续创新文化体制机制。首先，深化文化体制改革。针对市属国有文艺院团偏少、部分转企院团经营困难和资源配置不合理等问题，市委于2017年审议通过《深圳市深化国有文艺院团体制改革实施方案》，进一步完善了国有文艺院团管理体制和运营机制，增强了城市艺术魅力。深圳报业、广电、出版三大国有文化集团继续深化改革，通过实施"瘦身"计划、建立人才激励机制、增强资本运作能力、培育新的增长点、推进融合发展等改革举措，使三大国有文化院团转型发展、融合发展、创新发展取得重大突破，逐步成长为新型主流文化传媒集团。其次，加快构建现代文化市场体系，进一步优化文化产业发展环境，推动文化创意产业发展质量和效益进一步提升。最后，积极探索构建完备的公共文化服务体系，使公共文化服务机制日益完善，加快推进公共文化服务标准化。文化发展体制机制的不断创新，进一步激发了文化创造活力，提高了文化治理能力，使新时代深圳文化供给质量不断提升，加快了"文化强市"建设。

3. 出台"文化创新发展2020",以创新推动"文化强市"建设

"建设社会主义文化强国,关键是增强全民族文化创造活力"①,创新是推动文化发展的决定力量。党的十八大以来,习近平总书记在多次会议中强调文化创新的重要性和紧迫性。党的十八届五中全会明确指出,创新是引领发展的第一动力,必须不断推进理论创新、制度创新、科技创新、文化创新等各方面创新。党的十八届六中全会再次提出,要勇于推进理论创新、制度创新、科技创新、文化创新以及其他各方面创新,坚定道路自信、理论自信、制度自信、文化自信。同时,文化创新是社会实践发展的必然要求,是文化自身发展的内在动力。文化创新是一个民族永葆生命力和凝聚力的重要基础,是推动社会各类创新不竭的精神动力。落实创新发展理念,实施创新驱动发展战略,必须坚持文化创新发展。

"文化创新发展2020"是新时代建设"文化强市"的总抓手。进入新时代,为推动深圳文化强市发展,深圳市宣传文化系统经过半年多的深入调研、论证,全面梳理经济特区建立以来深圳文化建设取得的成就、面临的挑战和存在的薄弱环节,于2015年底出台了《深圳文化创新发展2020(实施方案)》(简称"文化创新发展2020")。"文化创新发展2020"最大的特点是强调实践性,以"建设与现代化国际化创新型城市相匹配的文化强市,打造国际文化创意先锋城市"为目标,全面推进153项重点任务,提出构建"以社会主义核心价值观为引领的城市精神体系、以国际先进城市为标杆的文化品牌体系、以媒体融合发展为标志的现代文化传播体系、以市民精神文化需求为导向的公共文化服务体系、以质量型内涵式为特征的现代文化产业体系"五大体系,这是一张深圳文化如何创新发展的细致"施工图",是新时代深圳建设"文化强市",推动城市文化繁荣兴盛的总抓手。

"文化创新发展2020"实施以来,深圳围绕"五大体系"进行了一系列文化创新的实践,在文化建设领域的成绩斐然,文化强市建设不断迈上新台阶。理论建设持续深化,创刊《深圳社会科学》,推动习近平新时代中国特色社会主义思想落地生根;文化品牌活动亮点纷呈。成功举办"大潮起珠江——广东改革开放40周年展览",向世界展示改革开放的辉煌历

---

① 《十八大以来重要文献选编》(上),中央文献出版社2014年版,第24页。

程，习近平总书记亲临展厅视察并给予肯定；2019年央视春晚深圳分会场成功举办；掀起第三次文化设施建设新高潮，重点规划建设"新十大文化设施"、提升改造"十大特色文化街区"，重大文化设施建设取得突出进展。公共文化服务体系取得新突破。公共文化服务机制日益完善，"图书馆之城"建设取得新突破，博物馆事业取得新发展，公共文化活动蓬勃开展。文化产业创新发展态势良好，建设"文化强市"以来，全市文化创意产业增加值年增长率高于同期GDP增长水平，支柱产业的地位进一步巩固。对外影响力持续提升。创办城市英文门户网站EYESHENZHEN并获评"2018年最具影响力外文版政府网站"，文博会、读书月、"一带一路"国际音乐节、深圳设计周暨深圳环球设计大奖等活动的国际影响力日增。最新数据显示，"文化创新发展2020"确定的153项重点任务已基本完成141项，完成率达92.16%。"文化创新发展2020"绘制的新时代文化蓝图已经逐渐变成生动的文化福利，不断满足市民对美好文化生活的向往。同时，通过文化的创新发展，推动了发展理念的创新，为深圳实施创新驱动发展战略及产业的转型升级提供了精神动力和智力支持。

4. 建设"全球区域文化中心城市"，强化国际化大都市地位

所谓全球区域文化中心，是指基于全球开放性的在某一国际区域范围内具有很强的文化资源集聚功能和文化发散效应的中心地带。[1] 全球区域文化中心城市是全球区域的文化引领、文化合作轴心、文化特色总汇。2018年6月，中共广东省委召开十二届四次会议首次提出，面向国际，建设广州、深圳全球区域文化中心城市。[2] 同年7月，深圳市委召开六届十次会议，再次提出努力把深圳建设成为"全球区域文化中心城市"的战略目标。"全球区域文化中心城市"展示了一个城市对文化未来发展的战略构想，反映了我国现代大都市应具有的文化担当和国际影响力。

随着经济社会的发展，深圳的城市竞争力不断提升，国际地位大大提高，"实现了由一座落后的边陲小镇到具有全球影响力的国际化大都市的历史性跨越"。这些历史巨变，为深圳建成全球区域文化中心城市提供了经济基础和客观环境。进入21世纪以来，深圳的文化形态发生了翻天覆

---

[1] 王为理主编：《深圳文化发展报告（2019）》，社会科学文献出版社2019年版，第68页。
[2] 王为理主编：《深圳文化发展报告（2019）》，社会科学文献出版社2019年版，第38页。

地的变化，城市发展思路逐渐从"经济深圳"转变为"文化深圳"。在"文化强市"目标推动下，文化软实力日益增强，为迈向全球区域文化中心城市奠定了扎实的文化基础。丰富多彩的市民文化活动是深圳的一大特色。据统计，仅2017年公益文化活动就达到16.8万场次。[①] 这些活动丰富了市民文化生活，培育了市民文化消费意识，培育了浓郁的城市文化氛围。但是，与纽约、东京、新加坡等世界文化中心城市比较，深圳在文化发展规划、文化设施数量、文化产业核心竞争力、文化体制及文化服务方面仍有很大不足，这为深圳建设全球区域文化中心城市提供了借鉴。

建设"全球区域文化中心城市"既为深圳文化发展规划了美好的前景，也对深圳文化建设提出了更高的要求。但深圳作为一个因改革开放而生的城市，历经曲折才创造了今天经济建设和文化建设的奇迹，最不缺的就是直面困难的勇气和勇攀高峰的精神。我们相信，随着《深圳文化创新发展2020（实施方案）》的全面完成，深圳将初步建成与现代化国际化创新型城市相匹配的文化强市；借助深圳在粤港澳大湾区中的区位优势，逐步推动深圳成为粤港澳大湾区文化建设的先锋，成为辐射华南、海外的文化艺术中心。未来，深圳在全球文化中心城市中将会有自己的一席之地。

强调通过文化治理现代化路径来实现文化强市目标，是新时代深圳文化建设新战略的鲜明特色，标志着深圳文化发展观念进入到一个新的历史阶段。

从以上对深圳文化创新过程的梳理和阐述可以看出，每一次文化创新发展首先都是文化发展观念的创新与突破。这种创新和突破具有鲜明的特点：在党中央领导下，甚至中央领导直接关心和指导下取得的，深圳在贯彻党的文化建设大政方针方面与全国其他地方并无明显不同，但在贯彻落实党的文化战略和政策方面，深圳的特点和优势就非常强烈地凸显出来。在每个发展阶段，深圳都能结合地方实际和人民需要，创新发展具有深圳特色的文化事业和文化产业。每一次，深圳都走得更早、走得更快、走得更新。

在40年里，深圳文化建设同样走在全国前列，在中国特色社会主义文化建设征程中真正起到了排头兵和试验田作用。"改革创新是深圳的根，深

---

① 王为理主编：《深圳文化发展报告（2019）》，社会科学文献出版社2019年版，第74页。

圳的魂"。进入新时代，深圳以持续的文化创新，在文化强市建设上不断实现新突破，因设计、创意、阅读而闻名世界，逐步迈向现代化国际化创新型城市。对于深圳而言，文化不仅是城市发展的有机组成，更是引领和支撑，赋予深圳独特的魅力和持续的吸引力。今天，郁郁葱葱的"文化绿洲"与创造中国经济奇迹的"深圳速度"相得益彰，熠熠生辉。

三　把握新战略定位：城市文明典范

2019年8月9日，《中共中央国务院关于支持深圳建设中国特色社会主义先行示范区的意见》赋予深圳新的五大战略定位：高质量发展高地、法治城市示范、城市文明典范、民生幸福标杆、可持续发展先锋。"城市文明典范"作为深圳的战略定位之一，要求深圳率先塑造展现社会主义文化繁荣兴盛的现代城市文明。

"城市文明典范"的战略定位是国家对深圳城市文明建设的肯定，也指明了未来文化发展方向。这是中央的殷切期望，也是深圳的使命担当。从追赶时代到引领时代是深圳迎来的又一重大历史性机遇，站在新的起点，深圳应当继续发挥创新精神，以走在前列、勇当尖兵的信心和姿态，坚持对标最高最好最优，大力弘扬"敢闯敢试、敢为人先、埋头苦干"的特区精神，坚定文化自信、推动文化创新，不断激发文化创新创造活力，努力践行"举旗帜、聚民心、育新人、兴文化、展形象"的使命任务，建设文化先行示范区，引领现代城市文明。

（一）以新时代中国精神为引领，瞄准城市文明典范发力

积极健康的文化导向，繁荣发展的文化局面，不仅是经济社会均衡发展的重要标志，也是实现人全面发展的不竭源泉。在建设中国特色社会主义先行示范区的新征程中，深圳承担着社会主义先进文化的践行者和引领者的光荣使命。要坚持以社会主义核心价值观为文化内核和价值引领，瞄准最新、最高、最好，推动城市文明和市民素质再上新台阶。

一是以社会主义核心价值观为引领，丰富新时代"深圳精神"内涵。城市精神，是一座城市与众不同的身份标识。深圳的城市发展虽然历史不长，只有40年时间，也在建设和发展过程中提炼和概括出"深圳精神"。

但在全球化和城市化双重影响下，中国城市形象出现"千城一面"，城市的同质化现象突出，这种同质化带来了城市精神的趋同化，深圳亦然。城市精神是城市文明的积淀，城市文明是城市精神的彰显。要引领现代城市文明典范，必须遵循和体现社会主义核心价值观的总体要求，培育更好体现深圳的地域特征、城市特色，更好反映、塑造深圳人的精神风貌，具有清晰"身份标识"的"深圳精神"，对外树立形象、对内凝聚人心，迸发出城市新的强劲精神能量与内生动力。

二是培育与国际化城市相适应的现代文明市民。深圳经过40多年的发展，已经拥有良好的物质基础和硬件环境。放眼全球，当前深圳很多"硬件"设施已经赶上甚至超过了国际发达城市和地区，主要的差距在于"软件"，尤其是深圳市民的文明素养、气质风貌与国际先进城市相比还有不足。市委、市政府要继续把提升市民文明素养作为城市精神文明建设的基础工程，探索精神文明建设长效机制，坚持以法治促进文明、以机制保障文明、以文化滋养文明、以科技助推文明、以教育培养文明、以传播弘扬文明。大力落实《深圳市民文明素养提升行动纲要（2017—2020年）》，持续开展市民文明素养提升"六大行动"，常态化开展新入户市民培训，强化市民认同感、归属感、自豪感、责任感，努力培育与现代化国际化创新型城市相适应的现代文明市民，持续提升市民综合素养和城市文明水平。

三是补齐学术文化短板。"一个民族要想站在科学的最高峰，就一刻也不能没有理论思维。"[①] 同样，一个城市要取得广泛持久的影响力，不仅需要高度发达的经济，更需要先进思想的引领、学术文化的支撑。学术文化体现一座城市的精神追求、价值取向和思想高度。深圳是一个因改革开放而生的城市，随着市场经济的发展，长期以来深圳文化重应用性、先锋性、实践性，呈现大众化、市场化特点，而基础理论研究比较薄弱，缺乏思想理论高度和厚度。深圳的人文学术、哲学社会科学是深圳文化的短板，学术文化还存在发展时间短、人才和基础条件缺乏等不足。深圳要真正成为有思想文化影响力的全球城市，必须补齐学术文化这一短板。未来深圳应增加发展哲学社会科学的公共财政投入；采取更积极措施鼓励学术

---

① 《马克思恩格斯文集》第9卷，人民出版社2009年版，第437页。

创新；进一步充实学术人才队伍；创造条件积极主办国际性学术研讨会，同时创造条件鼓励本土学者参加世界性学术研讨会，突破地域和空间限制，大力引进国内外"学术名家"。通过以上举措，营造深圳学术文化的"湿地"，培养自己的学术大师，积极推动"深圳学派"建设，把深圳建设成一个既有超强硬实力，又有超强软实力的现代化国际化创新型城市。

四是推动全民阅读高质量、内涵式发展，夯实全民阅读基础。读书月是深圳的一个创举。经过20年的发展，阅读的观念深入人心，深圳被联合国教科文组织授予"全球全民阅读典范城市"称号，阅读已经成为深圳重要的文化标识和精神符号，为涵养城市文明、激发创新潜能注入了强劲活力。今天，深圳站在新的十字路口，打造中国特色社会主义先行示范区的现代文明城市典范，打造具有全球影响力的创新创意之都，都需要深圳继续夯实全民阅读这个基础。只有人人都阅读、人人读好书，拥有良好的知识储备，具备科学的思维方法，深圳人方能够紧紧抓牢粤港澳大湾区与中国特色社会主义先行示范区"双区驱动"的历史机遇。未来，深圳当立足于中国特色社会主义先行示范区的城市定位，发挥"双区驱动"的优势，对标一流文化城市，让深圳的全民阅读高质量、内涵式发展，引领文明之风。

（二）继续引领新时代城市公共文化服务体系建设

公共文化服务体系是我国文化建设的重要组成部分。中央《关于加快构建现代公共文化服务体系的意见》指出，"构建现代公共文化服务体系，是保障和改善民生的重要举措，是促进文化事业繁荣发展的必然要求，是建设社会主义文化强国的重大任务"。十八届三中全会将加快构建现代公共文化服务体系纳入全面深化改革全局，十九大再次强调，要完善公共文化服务体系，深入实施文化惠民工程。经济特区成立以来，特别是实施"文化立市"战略以来，深圳文化发展迅速，特别是公共文化服务建设亮点纷呈，成绩可圈可点，宝安、南山、罗湖、福田、盐田等5个区先后获得"全国文化先进区"称号，特区公共文化服务体系建设水平已走在全国前列。随着中央提出"支持深圳建设中国特色社会主义先行示范区""加快建设全球区域文化中心城市"的更高要求，对标国内外先进城市，可以看到，深圳公共文化服务体系建设还有很多不足，公共文化产品和服务的供给数量和水平整体还难以满足大规模城市人口的现实需求，公共文化服务的发展质量还难以企及国际化先进城市的水准。

一是大力提升原特区外文化发展质量，推动公共文化服务均衡发展。建成惠普型公共文化服务体系，提升文化发展质量，必须实现公共文化服务均衡发展。习近平总书记多次强调指出，要制定国家公共文化服务标准和指标体系，加快构建现代公共文化服务体系，促进基本公共文化服务标准化、均等化。深圳虽然公共文化服务建设走在前列，但由于原特区外历史欠账太多，公共文化基础设施布局、设施机构、服务半径、服务总量均存在不均衡的问题。要加强公共文化服务均等化的制度设计，以均等化的顶层制度优化完善公共文化政策措施，完善促进基本公共文化服务标准化均等化发展等体制机制，重点解决原特区外人民群众日益增长的美好精神生活需求和原特区外公共文化服务体系不平衡不充分的发展之间的矛盾。通过加大原特区外公共文化服务财政投入，加快原特区外的市级公共文化设施建设，重点推进"一区一书城、一街道一书吧"的发展模式，创新公共文化服务运行模式和公共文化产品供给方式，着力构建惠普型、全覆盖的公共文化服务体系。

二是打造城市文化地标，建设国际一流的文化核心城区。文化核心区是指城市最具代表性的文化艺术聚集区域，是打造国际大都市标志性文化的战略中心。深圳要以习近平新时代中国特色社会主义思想为指导，立足于中国特色社会主义先行示范区的战略定位，按照市委、市政府决策部署，高度重视文化建设，突出文化引领，打造"文化核心区"。当前，深圳应加快"新十大文化设施"建设，打造具有国际一流水平、具有城市形象的地标性设施，考虑在中心城区或其他地区建设国际一流的文化核心城区，并以此为依托，举办或承办大型的文化艺术节庆活动，增强深圳的国际影响力，把深圳建设成为中国的当代艺术中心。

三是培育新型文化业态，推动公共文化服务高质量发展。利用深圳在科技创新方面的显著优势，推动文化科技深度融合，将信息技术、数字技术、网络技术等现代科技和传播手段应用于公共文化服务，并加强公共数字文化建设，建设文化数字资源库，培育新型文化业态，将更多优秀的文化内容、文化资源为"深"所用，推动公共文化服务高质量发展。

四是以人民为中心，不断创新"政府主导、社会参与、市民共享"的公共文化发展模式，推动公共文化服务可持续发展。深圳的公共文化服务体系建设是走在全国前列的。利用得天独厚的市场经济优势，较早引入社会资源和市场机制，使公共文化服务由政府的"独角戏"变为社会资源广泛参与的"大合唱"。尤其是福田区形成了比较成熟的"政府主导、社会参与、市民共享"的公共文化发展模式。如今的福田，公共文化设施网络覆盖更加全面，公共文化产品供给更加均等，公共文化服务人才队伍更加多元，满足了广大市民日益增长的精神文化需求。"福田模式"为推动公共文化服务可持续发展提供了借鉴。要结合各区文化建设实际状况，参考"福田模式"，接续打造公共文化服务的新标杆，推动深圳文化事业繁荣发展，让文化浸润市民生活、滋养城市文明，以此提升全体市民的文化素养，催动城市的文化活力竞相迸发。

（三）增强文化产业核心竞争力，向创新创业创意之都迈进

对标国家提出的建设"区域文化中心城市和彰显国家文化软实力的现代文明之城""建成具有全球影响力的创新创业创意之都"的目标，深圳的文化创意产业还存在不少短板和制约因素，必须大力提升文化产业的核心竞争力。

一是继续优化产业结构。近年来，深圳文化创意产业虽然发展较快，但占优势的仍然是传统文化制造业，珠宝加工、印刷包装等制造类企业数量庞大，从事文化内容及文化服务等高增加值业务的文化企业所占比例较低。深圳在影视、出版等核心内容产业，缺少一批具有产业带动作用的龙头企业，文化创意产业作为战略性新兴产业对经济发展的引领作用不强。现在是文化创意产业发展的黄金时期，北京、上海、浙江等地都出台了发展文化产业的新政策。深圳当继承优势，继续创新，培育新型文化业态，推动产业结构优化升级，打造文化产业的"深圳质量"，走质量型内涵式发展道路。

二是积极引进世界高端创意设计资源，大力发展时尚文化产业，擦亮"深圳设计"品牌。深圳是国内第一个被联合国教科文组织认定的"设计之都"，如今，设计产业已成为深圳文化产业的重要支柱。要着力提升"深圳设计周""深圳环球设计大奖"等重大创意设计活动的国际知名度，打造引领国际的"深圳品牌"。

三是大力发展数字文化产业。近年来数字文化产业发展呈蓬勃之势，成为我国文化产业发展的一大亮点，对推动我国国民经济转型，增强综合国力，具有重大战略意义。不过，总体看，我国数字文化的国际竞争力仍有待提升。我们国家目前还没有在国际上具有高度影响力的 IP，在一些最具影响力的文化领域，包括影视、音乐、游戏、动漫等，我们还是版权内容的净输入国。文化产品的原创能力仍将是未来决定数字文化产业国际竞争力高低的关键。作为中国特色社会主义先行示范区，深圳具有科技创新的核心优势，有发展数字文化产业的光辉前景，要做中国数字产业发展的"尖兵"。未来要加强大数据、云计算、物联网、虚拟现实、人工智能等核心技术、关键共性技术在文化领域的研发运用，为文化创意产业发展提供有力的科技支撑。充分利用数字化资源、智能化处理、网络化传播等技术，支持数字创意内容精品生产，大力开发适宜互联网、移动终端等载体的数字化产品，提升影视、动漫、游戏等产业数字化水平。

40 年在历史长河中只是短暂的一瞬，却造就了深圳的辉煌和巨变。纵览深圳文化 40 年发展，实现了从"文化沙漠"走向"文化强市"的历史性跨越，形成了以活力现代、包容开放、普惠共享、务实创新、创意时尚、科技引领为主要特征的深圳文化，走出了一条有深圳特色的社会主义文化发展之路，为中国特色社会主义文化繁荣发展贡献了"深圳智慧"，用实际行动交上了一份文化自信的亮丽答卷！进入新时代，中央对深圳提出了建设中国特色社会主义先行示范区的更高要求，也对深圳文化发展提出了殷切期望。深圳文化是中国特色社会主义文化的缩影，深圳要继续先行先试，不断创新，推动中国特色社会主义文化繁荣发展，为实现中华民族的伟大复兴提供智力支持和精神动力。

第四章 以先进的社会文明观念建设幸福之城

40年来,伴随着深圳经济社会发展进步、经济体制深刻变革、社会结构深刻变动、利益格局深刻调整,全体市民的社会思想观念产生了巨大的变化,社会思想意识的独立性、选择性、多变性、差异性尤其凸显出来,逐步推动形成了如今深圳社会共建共治共享良性发展格局。观念源于实践,实践又反作用于观念更新,社会思想观念与社会建设实践的良性互动,不断推动和累积着深圳民生社会建设的点滴成就。"来了就是深圳人""饮水思源、富而思进""赠人玫瑰,手有余香""同在一方热土,共创美好明天"等社会思想观念源源不断地涌现迸发,有力推动了深圳社会发展进步。深圳的社会建设实践再次诠释了思想观念引领社会进步。社会思想观念的引领促进了基层治理更规范更有效,社会治理体系更加健全完善,社会组织发展更加健康规范,专业社工和志愿者队伍得以快速形成,慈善公益事业持续健康发展,残疾人服务体系建设有力推进,社会劳动关系也更加和谐,从而形成了社会共建共治共享格局。这些社会建设实践又能促进思想更新、理念创新、机制创新、技术创新、服务创新、管理创新等方面不断实现新突破,造就了深圳民生社会发展的一个又一个辉煌成就。

一 "社会建设是人的建设"

实现人的自由全面发展,是马克思主义人学思想的重要内容,也是我们党的光荣使命和奋斗目标。人的本质是一种社会关系,脱离了社会关系就不存在人的意义。社会的发展要靠人的活动和人的发展来推动;人的发展所依赖的一切基础条件也是由社会来提供,并取决于社会发展的程度。

深圳始终秉持"发展为了人民、发展依靠人民、发展成果由人民共享"的思想观念，在40年的经济社会建设实践中回答了"发展为了谁和发展依靠谁"的问题，致力于推动改革开放的成果惠及全体人民，扎实稳步推进民生社会建设事业，确保以更高水平和更长效的机制来完善社会建设框架。着力解决好人民最关心最直接最现实的利益问题，始终把人民放在心中最高的位置，始终全心全意为人民服务，始终为人民利益和幸福而努力工作。"人民城市人民建，人民城市为人民"，正是深圳城市发展40年以来的出发点和落脚点，也是全市上下改革开放推进现代社会建设的基本思想观念。这种引领深圳社会建设的思想观念，贯彻了党的群众观点和群众路线，是唯物史观尤其是马克思主义人学思想的直接体现。

（一）社会建设人人参与

人民群众是历史的创造者，每一次社会进步都是以人的思想观念变革为先导。思想观念作为上层建筑，具有独特的轨迹和强大的反作用，在特定条件下甚至具有决定作用，深圳人的思想观念是深圳社会建设成形的重要内驱动力。经过多年的改革开放，深圳社会建设的自主性不断提高，成为深圳社会建设最为突出的特征表现。在深圳社会建设过程中，人民主体性日益凸显、社会自主性逐渐成长、社会治理更加包容，在社会成员层面、社会组织层面和社会参与层面三个层面都得到了较为充分的表现，这三个层面共同构成深圳社会共建共治共享成长历程的图景。总的来看，改革开放以来，深圳社会建设逐渐从计划体制束缚中摆脱出来，获得充分发展的空间，社会成员的自主性日益增加，各种社会组织大量涌现，普通市民的社会参与多种多样，政府的顶层设计和制度规范更加健全，共同推动了社会建设的发展进步。一是社会建设观念上的自主性日益突出，实现了从"单位人"到"社会人"的转变。在改革大潮的冲击下，民众从单位集体的生存方式中脱离出来，不再毫无理由地把自己视为集体的一分子，不再简单地将集体利益置于个体利益之上，而是将自己视为具有特定特征的个体，具有自己的独特利益，追求自己理想和目标的实现。由此也推动了社会多元思想不断拓展。深圳市场经济的快速发展，促进了社会结构的变化，产生了许多新的社会阶层，社会利益变得多元化。多元化的社会利益主体，在市场竞争和社会交往活动中也催生了不同的价值观念和思想意识，带来社会领域中思想观念的多元发展。二是社会组织日益活跃。社会自主性不断提高的背景下，社会交往活动的活跃也促进了公民结社活动的开展，从而推动了众多社会组织和民间团体的出现，在诸如环保、打工维权、艾滋病防治、妇女保护、儿童救助、残疾人服务及社区服务等不同领域获得了广泛的发展，提供了丰富和细致的服务，极大地弥补了政府和市场的不足，成为民众权益的保障者和社会公益的维护者，这些也是深圳社会建设不可或缺的重要力量。三是市民对社会公共事务参与的意识不断增强。市民以社会建设为出发点，以社会福祉利益为目标，以各种形式广泛地参与到公共活动中，市民的基本权利得到充分尊重和保障，通过各种形式和途径参与公共事务的治理、参与政府政策的制定，参与到社会的治理活动中。尤其是网络已经广泛而深入地嵌入到深圳市民日常生活、学习和工作的各个方面，已经成为社会建设参与的一部分。深圳市政府也顺应社会发展的潮流和民众的呼声，主动采取一系列的改革措施，加强制度建设，规划和引导社会建设发展，使社会活力的迸发有利于国家的经济繁荣和社会稳定。这些充分凝聚起全体市民团结一致共同打造现代社会的凝聚力和向心力，为社会建设注入了强劲活力。

（二）社会建设人人共享

民之所望，政之所向。在市民共建共治共享理念引领下，深圳始终坚持将民生置于优先发展地位作为深圳城市发展的理念导向，坚持将建设更高水平的小康社会，作为城市发展的目标，以高质量发展、高标准民生、高品质生活作为切入点，不断深化改革，人民群众的获得感、幸福感和安全感不断增强，城市居民的满意度不断提升，民生社会事业得以大幅改善，民生发展成效显著，彻底改变了改革开放之初的落后面貌，成为全国民生社会发展的先行者和领航者，一系列民生社会事业的数字就是最好的证明。

一是居民收入快速增长，人民生活水平持续改善。深圳居民充分享受到了改革开放的发展成果，居民收入大幅提升，收入分享持续扩大，生活水平快速提升，生活方式更加丰富多样。居民人均可支配收入由1985年的1915元提升至2019年的62522.40元，34年增长26.6倍，年均增长10.9%。其中1985—1987年为起步期，增长9.2%，年均增长4.5%；

1988—1997年为高速增长期，增长7.9倍，年均增长24.4%；1998—2004年为平缓增长期，增长48.5%，年均增长5.8%；2005—2013年为快速增长期，增长1.1倍，年均增长9.6%；2014—2019年为平稳增长期，年均增长约达9%。根据2019年深圳市国民经济和社会发展统计公报显示，2019年深圳市居民人均可支配收入62522元，是1990年4127元的15.1倍，年均增长速度接近10%；深圳市城镇单位在岗职工年平均工资从1980年的979元上涨到2018年的111709元，上涨了114倍。

二是消费水平大幅提高，消费结构不断优化。居民人均消费支出从1985年的1790元提升至2019年的43112.65元，34年增长24倍，年均增长达10.0%；年居民人均消费总额从1980年的606元提高到2018年的48279元，增长了80倍。消费收入比由1985年的93.5%下降至2019年的70%以下；居民家庭恩格尔系数由1985年的47.5%逐步下降至2019年的29.4%；在外就餐消费金额占食品消费金额比重由1985年的0.1%上升至2019年的30%以上。随着居民收入与生活水平提高，居民家庭越来越注重当下生活品质和未来发展潜力方面的消费支出，"发展型"消费支出（教育文化娱乐、医疗保健等）占消费性支出比重由1985年的13.9%上升到2019年的近30%。随着收入的增加，居民生存型支出占收入总比重不断下降，享受型、发展型支出不断增加，娱乐、旅游、教育占比不断上升，消费结构有了极大的改善，消费水平有了较大提高。

三是就业规模稳步扩大，就业结构深刻变化。建立特区以来，深圳不断完善就业政策，大力促进就业，就业总量保持稳步增长，就业形势总体稳定。1979年，全社会就业人员13.95万人，1990年超过100万人，1992年达到175.97万人，2012年增加到771.20万人，2017年达到943.29万人，38年来，全社会就业人员年均增长11.7%。2017年末，第一、二、三产业就业人员分别为1.75万人、419.19万人、522.36万人，三次产业就业人员结构为0.2∶44.4∶55.4。2012年以来，第二产业就业人员比重持续下降，第三产业就业人员比重稳步上升，就业人员结构进一步优化。

四是社会保障事业持续推进，社会保障水平逐步提高。深圳社保项目参保人员保障水平稳步提高。城镇职工基本养老保险受惠人群不断扩大，2019年城镇职工基本养老保险参保人数达到1213.69万人，城乡居民基本养老保险参保人数为1.02万人，失业保险参保人数达到1166.64万人，生育保险参保人数达到1246.71万人，工伤保险参保人数达到1186.15万人，城市居民最低生活保障人数3055人，全年共发放最低生活保障金3373万元。这些基本社会保障项目是伴随着经济发展进程持续稳步增加，基本实现了全民应保尽保，为市民美好生活和社会稳定奠定了坚实的基础。

五是医疗卫生水平快速提升，卫生保障服务水平大幅提高。深圳的医疗卫生条件迅速得到改善，深圳积极推进和发展医疗卫生事业，医疗卫生体系逐步健全，医疗卫生水平不断提高，医疗服务能力和人民群众健康水平得到极大提升。卫生机构数由1979年的62家增加至2017年的3492家，增长55.3倍；人均预期寿命提高至2016年的80.86岁；卫生机构床位数由1979年的597张增加至2017年的43868张，增长72.5倍；卫生工作人员数由1979年的0.12万人增加至2017年的10.44万人，增长86.0倍；2017年，各级各类医疗机构完成诊疗量8705.44万人次，其中处理急诊746.37万人次，入院人次150.73万人次，病床使用率84.8%。

六是教育事业快速发展，总体水平大幅提升。深圳教育事业实现了由农村教育向现代化城市教育的巨大跨越。各类学校由1979年的340所增加到2019年的2642所，增长7.8倍。其中普通高等学校由1983年的1所增加到2019年的13所，基础教育学校由1979年的340所增加到2019年的2593所。各类专任教师由1979年的0.08万人增加到2017年的12.85万人，增长159.6倍。其中普通高等学校专任教师由1983年的80人增加到2017年的5572人，基础教育专任教师由1979年的752人增加到2017年的12.03万人。各类在校生2019年达到202.30万人，其中普通高等学校11.32万人，中等职业学校3.94万人，普通中学47.74万人，小学106.9万人，幼儿园54.50万人。

七是逐步构建共建共治共享共同富裕的社会治理格局。现代社会治理是人民安居乐业、社会安定有序、城市长治久安的重要保障，也是把党的领导和社会主义制度优势转换为社会治理优势的重大战略决策。推动共建共治共享，贵在创新、重在基层，是改革开放以来从深圳的社会建设实践探索中得出的基本经验。将城市治理的根本立足点落在基层，以基层党建引领基层治理，全面推进城市基层党建工作创新，逐步形成了党委领导、政府负责、社会协同、公众参与、法治保障的现代化社会治理体制，大大提高了社会治理社会化、法治化、智能化、专业化水平。

深圳在社会建设中实现了高标准和高质量的有机结合，推动了先进观念的衍生更替，把标准观念与社会建设、城市治理进行深度融合，引领全社会形成"同在一方热土，共创美好明天"的发展共识，构建高质量创造美好生活的格局，营造出"人人重视高质量、人人建设高质量、人人享受高质量"的良好社会氛围，涌现出了众多诸如北站社区这样的共建共治共享的社会名片，成为全国引领民生社会建设观念突破更新的典型样本之一，走出了一条党委领导、共治与自治融合的社会治理之路，为全国基层社会治理提供了社区范例。如今像北站社区这样的现代社会治理模式已经在全市处处开花结果，形成了城市社会共建共治共享的社会观念导向，成就着践行深圳社会观念最为成功的"试验田"。

"人民对美好生活的向往，就是我们的奋斗目标。"深圳始终牢记党的嘱托和人民的期望，以高度的政治自觉，更加突出问题导向、需求导向，扎实推进深圳各领域民生社会事业发展，遵循人民至上，始终坚持把为人民谋幸福作为检验改革成效的标准，让改革成果最大程度惠及广大人民群众，人民关心什么就解决什么，需要什么就提供什么，深圳在环境、教育、医疗、住房等事关民生福祉的大事小情上持续发力，久久为功，把人民群众关心的问题一个一个解决好，这才铸就了如今每一位深圳市民的幸福生活。

二 "以人为本"的社会文明观念

40年来，"以人为本"的社会建设理念始终贯穿着深圳社会发展历程，全体市民的共同努力铸就了民生幸福生活。政府层面坚持依靠人民，尊重人民首创精神，使人民群众能够自觉支持社会领域改革、投身社会民生事业发展，让普通市民切实体会"太阳底下每个人都是平等的"内涵所在，深圳社会发展观念变革的历史，真实地体现了共同富裕的根本导向要求，让同在一方热土的深圳市民，能够得以共创美好幸福生活。由此，也推动着坚持走中国特色社会主义道路、建设社会主义现代化国家日益成为全体市民一致认可的政治共识。

"社会建设是一项全方位、高质量的群众工作，其目的是以人为本、改善民生，让人民群众过上美好生活。"在社会建设的具体实践中，深圳人民通向共同富裕的幸福城之路，深深地印刻在特区改革发展的历史答卷上。把推进经济社会发展与持续改善民生有机统一起来，确保每发展前进一步，民生改善就跟进一步。十年树木百年树人，深圳从改革开放伊始，就认识到民生幸福不是一朝一夕能够完成的。社会建设需要"开拓创新，与时俱进"，紧紧围绕"社会建设是人的建设"这一思想观念，来统筹考虑人的基本生存所需的住房、就业、医疗、社保等各项事业平稳持续发展，想百姓所想、急百姓所需，集全体市民之力解决社会民生发展中遇到的一个又一个难题，勇于先行先试、攻坚克难，才能铸造幸福城市，从而奠定和夯实社会持续稳定繁荣的根基。

（一）"英雄不问出处，不以出身论英雄"

深圳是现代化的国际大都市，更是一个年轻的移民城市。社会建设需要庞大的人口和各类人才积聚起来，才能产生磅礴力量。城市社会稳定繁荣也需要全体市民齐心协力、共建共享，尤其是作为年轻的城市，只有打破身份出生的限制，吸引有能力的人有梦想的人不断来到深圳，在公平平等的社会氛围下才能迸发出最大的能量，从而汇聚起一座城市不可战胜的推动力。正是这些平凡的市民用双手努力奋斗缔造幸福梦想，才使深圳从一座人口仅 30 万的边远小县，快速成长为拥有千万人口规模的现代化国际大都市。在城市社会建设进程中，必须努力创造良好的流动人口发展环境，才能集聚起全国乃至全世界的吸引力。要做到"英雄不问出处，不以出身论英雄"实在难能可贵，这一理念不是凭空产生，受到全体市民的一致认可也需要一个衍生过程。虽然有城市发展的历史因素的原因，更重要的是社会发展的改革探索加上政府的引领，催生了全体市民对身份出生的社会认识，形成了"敢闯敢拼、先行先试"的强大思想理念基础。"英雄不问出处，不以出身论英雄"的这一观念的形成，有赖于深圳在全国改革探索中的一些创新做法成功实践，尤其是深圳首创暂住证制度，成功打破户籍制度束缚的藩篱。只有破除传统户籍制度带来的人口限制，才有可能真正实现"英雄不问出处，不以出身论英雄"，才有可能发挥来深人口聪明才智快速形成城市建设的合力。

经济特区自成立以来，迅速成为了全国广开门路、搞活经济的示范性城市。来料加工、来样加工、来件装配、补偿贸易等劳动密集型产业逐渐兴起，经济社会迅速活跃起来。深圳在1980年户籍人口仅为32万人，远远满足不了经济快速发展的用工需要，深圳的经济活力很快吸引了全国各地的有志之士纷纷放弃原有工作来到深圳，立志于通过辛勤劳动努力打造自己的梦想。1979—1986年期间，深圳对外来人口迁入实行较为宽松的指导性计划，劳务制度放开，汇聚了来自全国五湖四海的大量"单干"人员，深圳也迅速成为流动人口的主要输入地，这对传统的流动人员管理机制造成了很大挑战。为了方便对外来人口的有效管理，1985年深圳出台了《深圳经济特区暂住人员户口管理暂行规定》，在全国率先实行暂住证制度，这一创举引发全国广泛关注并快速复制推广到各个省市，成为我国流动人口管理制度变迁的重要标志。暂住证制度是深圳市政府集合全市之力打造的一项重要管理制度，整合了市政府各部门之间的多项服务管理政策，把特区的各项公共服务与暂住证进行有效捆绑，从而能够制定对外来人员的非歧视政策，使"来了就是深圳人"的观念从根本上有了落地的可能。暂住证制度的实施，既能满足特区经济对人力资源的需求，又使政府能够掌握进入特区工作人员的详细情况，把暂住证的办理与就业、工商、计生、社保等部门紧密挂钩，有力促进了来深务工人员的基本公共服务均等化，也推动了流动人口管理工作的整体发展。2006年，深圳市委、市政府在前期暂住证推行基础上，决定实施居住证制度。2007年开始在盐田区试点；2008年，深圳颁布"居住证暂行办法"，居住证制度在全市推广。"居住证暂行办法"实施数年后，为进一步规范和完善居住证制度，2014年，深圳市公安局开始推动居住证立法，市人大常委会将制定《深圳经济特区居住证条例》列入2014年立法计划；2015年6月1日，《深圳经济特区居住证条例》正式实施，对身份的管理上升到立法层面，真正使来深圳实现梦想的所有人一律平等，不再被户籍政策所羁绊，进一步激励了市民奋发向上的拼搏精神，有效助推形成了宽容、包容的社会氛围，有利于全面激发创新创业创造的社会活力，让全体市民能够专注于自己的事业和梦想。

深圳的户籍制度从暂住证到居住证"含金量"有了质的提高，在深圳生活也更有归属感，居住证也已成为来深建设者在深圳学习、工作、生活必需的"通行证"。从首创暂住证到实行居住证制度，是深圳为解决社会急剧变迁进程中的时代难题所做的积极尝试,为引领全国流动人口管理的改革提供了深圳智慧和方案。[①] 深圳目前总人口已超过1400万人,流动人口数量居全国各大城市之首。推行居住证管理,充分认可了每一位外来人员的市民身份、赋予他们市民地位、同等享受市民待遇。持有深圳"居住证"的居民,子女可在深圳接受义务教育、可在深圳直接办理赴港商务签证。持有10年长期"居住证"的居民,将被纳入深圳的社会管理和社会保障体系。如今深圳的"居住证"已经实现了"一证多用",逐步增加了劳动就业、社会保障、计划生育和教育等多项政府行政管理和公共服务功能,为全社会认可接受新市民奠定了坚实的政策基础,对"英雄不问出处,不以出身论英雄"观念的形成起到了促进作用,这一思想观念在深圳全社会的认同和接受,又反过来影响社会发展导向的更替演进,从而实现了良性发展循环。

(二)砸了"铁饭碗"才有"金饭碗"

深圳所取得的成就是"闯"出来的,是改革开放以来中国历史性变革的一个精彩缩影。深圳敢闯敢拼勇于进取的思想观念也不是天上掉下来的,是深圳特区在经历独特发展历程过程中,逐步凝练而来的。深圳人始终推崇"用你的双手实现你的人生价值",从固守"铁饭碗"到打破"铁饭碗",倡导爱拼才会赢的价值观,强调社会要有一个展现自身价值的发展平台,充分释放了市民创业创新的动力和活力,才有可能端起"金饭碗"。深圳市政府也正是基于这样的理念,不断完善用工环境提升公共就业服务,确保覆盖到最大多数的劳动者,最大限度地顺应劳动观念的社会变迁,凸显公共服务水平,帮助市民实现自身价值。

改革开放初期,包含深圳在内的全社会盲目认为"铁饭碗"制度好。这主要是由于它是我国高度计划经济体制的产物。这使得我国劳动政策和制度与我国生产力和经济发展的实际不适应。企业没有用人自主权,劳动者没有自主择业权;"统包统配"计划决定,人们已经习惯跟着政策跑。加上"左"倾错误思想的束缚和干扰,人们把"大帮哄""大锅饭""平

---

① 中国人民政治协商会议广东省深圳委员会:《勇闯敢试——改革开放以来深圳创造的全国"率先"》,海天出版社2018年版,第590页。

均主义"奉为社会主义本质内容加以固守,对"统包统配"的即被称为"铁饭碗"的用工与分配制度,持盲目服从与拥护的态度。人人羡慕"铁饭碗"、人人渴望有个"铁饭碗"。因此,就业终身制和旱涝保收的工资制观念逐渐形成,事实证明这一观念是制约深圳特区发展的一大掣肘。①

自特区成立伊始,深圳就率先在用工理念上进行改革创新,引领着全国劳动用工政策变迁和劳动观念转变。在改革开放初期,要实现传统劳动观念的顺利转变非常困难,而深圳能走出困境也是得益于一步一步的探索。1982年深圳竹园宾馆在全国率先实行劳动用工制度改革,打破"铁饭碗",实行劳动用工合同制,变企业职工身份为员工,人事制度改革取得了成功,企业效益获得极大提高,这不仅为整个深圳乃至全国饮食服务业的改革起到了示范作用,而且为全国劳动用工制度改革积累了宝贵经验。

1983年深圳颁布实施《深圳市实行劳动合同制暂行办法》,确立了劳动合同制度的改革方向,成为全国第一个实行劳动用工合同制的城市,开创了国内"炒鱿鱼"先例,探索建立起有进有退的劳动合同制,让企业享有用工自主权,使员工能进能出,称职就留下,否则就走人,真正突破了只进不出的"铁饭碗"传统劳动制度。1984年前后,特区建设发展迅速,各企事业和基建单位用工逐渐增多,单靠国家调配职工已经不能满足需要。通过招工改革,向外地大规模招工的闸门一打开,各地劳务工像潮水一般涌来,一下子就来了20万人,在特区建设时期各条战线上都发挥了很好的作用,深圳在招工改革领域闯出了一条康庄大道。

1986年8月,国家在总结深圳经济特区的经验和做法基础上,由国务院发布了改革劳动制度四个规定,在国家政策层面上确定了劳动合同制度和相关配套制度,更加坚定了深圳特区的改革决心,1993年6月1日,深圳市政府发布通知,在全市企业取消干部、工人身份界限,统称企业员工,在平等自愿协商一致的基础上签订劳动合同,全面实行劳动合同制。至此,劳动合同制全面覆盖深圳所有经济成分的企业和全体劳动者,全市企业基本实现劳动用工合同化、员工身份一体化、劳动关系法律化。

然而,从终身制到合同制的转变,也带来了一个新的现实问题,如何

---

① 周秀英:《彻底摆脱"铁饭碗"观念困扰的意义与路径》,《东北师大学报》(哲学社会科学版)2009年第2期。

安排员工的劳动保障和退休待遇。由此又引发了为员工建立社会保障的想法，由政府成立一个部门，来统一核算缴费标准开收社保费，实行社保统筹。在具体操作上新员工可少收保费，老员工则多收，等到员工退休后，由这个新部门发放养老金。

1982年1月，深圳市劳动局成立了全国首个社会保险机构——合同制职工保险科，开始对外商投资企业实行社会保险基金统筹，向竹园宾馆收取了第一笔劳动保险费，标准为员工工资的25%。此后，深圳社会保险制度改革又历经了单项改革、综合改革和深化改革等三个阶段。1987年起，非深圳户籍的员工也可在深圳参加养老保险。

1983年，在保险科的基础上，深圳市劳动局社会劳动保险公司成立。同年，《深圳市实行社会劳动保险暂行规定》颁发，对深圳市所有合同制职工实行退休基金统筹，开始探索建立养老保险制度。1985年和1987年，深圳市又分别在全民所有制单位和集体所有制单位实行退休基金统筹。至此，深圳市养老保险制度由最初在合同制职工中实行，推行到全体企业员工，一个社会化程度较高的新型养老保险制度初步建立。深圳社保制度，后来作为典范在全国进行推广，至今仍有重要的借鉴意义。深圳养老保险的探索成形，为全社会接受新的用工制度扫清了思想障碍，为用工观念的转变奠定了更为坚实的基础，能够从侧面激励深圳市民更加大胆地放开双手，去实现人生价值。

多年来，深圳市政府始终遵循正确的劳动关系导向，秉持公共就业服务均等化的理念，致力于创造良好的创业创新环境。2006年深圳开展了"农民工技能提升培训行动"，注重为在深圳就业农民工提供有效的培训和服务，提高其技能水平和就业能力，逐步形成了就业导向、政策扶持、社会参与的运行机制。政府推出的职业培训、国家职业资格证书制度、就业准入制度也是由于深圳整体就业观念的转变，政府的重心变为职业指导、职业介绍、技能培训、创业指导、补贴发放等服务，以此带动公共就业服务水平再上新台阶。

深圳在进行就业制度设计和政策制定时，充分考虑了不同经济水平、不同户籍来源、不同受教育程度和不同年龄段的劳动群体，努力实现区域内的公共就业服务均等化，确保让不同层次的劳动者公平享受到公共就业服务，尤其注重普通劳动者乃至弱势群体，兼顾了最基层的就业需要。政府这么做的目的也是充分保障全体市民公平的就业权利，让全体市民能够享有同等机会用双手实现人生价值。在深圳政府内部也进行了大刀阔斧的改革，确保公务员用心用力。

2007年作为全国唯一的公务员分类管理改革试点城市，深圳拉开行政机关公务员分类管理改革序幕。探索推行聘任制公务员，实施职位分类，建立行政执法类和专业技术类职务序列，为不愿做"官"和不适合做"官"的公务员另设发展路径；打破工资待遇与行政职务级别的唯一对应关系，实现工资待遇与各类职务序列的合理挂钩；实施聘任制，把"铁饭碗"变"瓷饭碗"，公务员要更加用心、用力才能捧住饭碗。这样便实现了政府与社会在劳动用工观念上更加契合，使"用你的双手实现你的人生价值"的社会观念不断得到巩固与拓展，又反过来强化了深圳人拼搏奋斗的精神。

总的来看，在劳动关系改革中引入竞争机制，全面推动了对"铁饭碗"制度的重新审视。竞争是一个国家、一个民族赖以生存和发展的永恒动力，一个民族没有竞争，就不能进步和发展，一个人没有竞争压力，也就没有前进的动力。改革开放以来，促进竞争、激发活力是打破"铁饭碗"的主要动力。1980年邓小平在《党和国家领导制度的改革》中，最早提出"反正好坏都是铁饭碗，能进不能出，能上不能下，我们要打破铁饭碗，引入竞争机制"。正是伴随着市场经济竞争机制的不断完善，"铁饭碗"被打破了。

随着人们实际生活水平的不断提高，越来越多的人对以往就业与分配制度的不合理性进行反思，一定程度上促进了人们劳动观念的转变。一些人特别是年轻人，看到市场竞争能满足自主择业的要求和自身利益的追求，无疑增强了他们对劳动制度改革的信心。所以，随着改革的步步深入和改革成就的不断扩大，人们的就业观念与劳动心态都发生了深刻的变化，变依赖性为自主创造性，变低风险承受力为较高的风险承受力，由消极保守心态向积极支持心态转变，越来越多的人对砸了"铁饭碗"也逐渐开始理解了。这些心理状态的变化都是改革创业时期正常的现象，是改革过程中新旧观念碰撞的必然结果。砸了"铁饭碗"有利于实现就业结构与产业结构的互动与整合，从而为城市发展铸造"金饭碗"。

深圳的改革实践已证明，"铁饭碗"制度缺乏有效的激励和约束机制，导致"等、靠、要"思想观念的普遍存在，严重影响了我国社会主义经济建设的健康发展，人员不能合理流动，也造成人力资源的严重浪费和产业结构的失调。随着我国劳动制度的改革和就业与劳动市场化的加强，我国就业结构与产业结构日趋协调，三大产业中就业的比例关系越来越趋于合理化。随着就业与劳动制度的改革，逐渐实现了就业结构与产业结构的互动与整合，不仅拓宽了人们的就业领域和渠道，增加了人们的工资收入，也使原有不合理的产业结构得到理顺调整，三大产业的比例关系日益趋于协调，为城市社会经济持续、健康、协调发展创造了有利的条件。

砸了"铁饭碗"有利于企业用人自主权的实现和经济效益的提高，从而为企业打造"金饭碗"。劳动者在劳动过程中起着能动性的作用，任何生产都离不开人的劳动，一切资源开发利用，都受劳动力资源开发利用程度的制约。传统计划经济时期，就业终身制和"铁饭碗"工资制，削弱了企事业单位用人自主权，使其对在业人员无法实行有效管理和利用，具有"铁饭碗"的人，消极怠工，毫无竞争观念和效率意识，企业缺乏生机与活力，经济效益差，事业单位工作效率低、服务质量差。改革不仅使企业具有独立用人自主权，而且通过合同制的不断完善，劳动力与人才市场规范，使用人主体与劳动者之间，形成了明晰的责、权、利关系，经营者有了支配法人财产的权力，做到了自主经营、自负盈亏、自我约束、自我激励。劳动者可以依据《劳动法》《合同法》等制度法规维护自己的劳动权益不受侵害。通过激励和约束机制，规范企业科学经营和管理，调动在业人员的生产和工作积极性，这样为企业生存发展开辟了广阔的空间，从而提高生产经营的效率，获得较好的经济效益。

砸了"铁饭碗"有利于人们自主择业和生活水平的提高。改革开放之前，一个有单位的人想要另谋高就，唯一的途径就是"调动"，由于调转工作审批部门多、办理手续繁杂，跑不完的部门、盖不完的章，结果往往是，为调动工作，可能是身体壮的拖弱了、弱的拖病了、病的拖死了，甚至调动一次工作，对于一些人来说是一个梦想，是一生的夙愿。这种严格限制人员流动的劳动用人制度，一方面，浪费了众多人才资源，阻碍社会生产力的发展；另一方面，因为人不能尽其才，物不能尽其用，所以，社会生产力发展缓慢。"铁饭碗"工资制，表面上看，在城里，人人有工作，家家有工资，在农村，人人有活干，户户有饭吃，事实上并非如此，在那个历史时期，城乡人民的生活状况长期得不到改善，温饱得不到解决，不论是城市还是乡村，乞讨者不断，吃上几顿饱饭甚至是一些人的追求，吃上一顿好饭，成为一些人的奢求，过年才能"吃饺子"在当时的社会并不是什么稀罕事，贫穷是人们多年挥之不去的恶魔。与其说这样的饭碗是"铁饭碗"，还不如说是"讨饭碗"。

改革开放以来，在深圳实践中所展现的市场经济的竞争规律使人们看到了时间的价值，"时间就是金钱，效率就是生命"。这一切使得人们的自我创造的主动性增强，效益观念不断提高。这不仅使企业增强了活力、提高了效益，也使个人才能得到发挥，收入增加，使社会福利水平提高。随着经济的快速发展，我国城镇职工工资收入不断增长，城乡居民收入较大增加，家庭财产普遍增多。"覆盖城乡居民的社会保障体系基本建立，人人享有基本生活保障。合理有序的收入分配格局基本形成，中等收入者占多数，绝对贫困现象基本消除。"通过改革工资制度，发挥市场机制对工资收入的调节作用，使劳动者的工资收入水平随着经济发展和企业效益的增长相应提高。①

（三）"房屋是商品，住房是消费"

历经 40 年的改革洗礼，深圳的住房制度经过长期的摸索，走出了一条从商品化到货币化再到相对完备的多层次住房体系之路。深圳商品化货币化社会化住房制度改革进程中，推动了住宅商品消费观念日益深入人心，深圳市民的住房观念也产生了巨大变化，从重"自有"转向重"租赁"，由重"宽敞"转向重"适用"，从重"投资"转向重"使用"，由重"豪华"转向重"环保"等一系列住房消费观念的洗礼。住房制度的改革创新更是引领着市民住房消费观念更新，进而推动形成了更加切合现代住房要求的立体式居住保障体系，推动"人人享有适当住房"得以落地。

第一个阶段是 1980 年至 1998 年住房商品化改革阶段，这个阶段的住房改革让深圳房地产市场活跃起来，有效带动了区域经济发展，迈出全国住房制度改革的第一步。深圳住房制度改革进程并非一帆风顺，广大市民接受住房商品化这一新理念经历了一个转变过程。1981 年 6 月，蛇口工业区带头以低房租作为突破口，打破职工住房统包供给的"大锅饭"，坚持

---

① 周秀英：《彻底摆脱"铁饭碗"观念困扰的意义与路径》，《东北师大学报》（哲学社会科学版）2009 年第 2 期。

成本核算、不赔不赚、按质论租的原则，制定新房租标准，以折旧、维修、管理费三项计租，再逐步把宿舍区公共设施费用、土地开发费和税收等因素计入房租，分步骤向完全商品房租过渡。深圳住宅商品化很快取得了显著成效，初步理顺了职工住宅生产、流通、分配和消费的关系，改革给工业区房地产行业带来了生机和活力，逐步显示出良好的综合社会经济效益，为我国城镇住宅制度改革、解决住房供需矛盾提供了有益的经验。实践证明，深圳住宅商品化发展观念是解决我国城镇住宅问题的根本出路。在工资上涨水平不滞后的前提下，住宅商品化的推进能够更好地改善群众生活。此后，国家推出的一系列关于住房商品化改革的方针政策，也都是从蛇口工业区住宅商品化改革基础上起步延伸的。①

第二个阶段是 1998 年到 2005 年住房货币化改革阶段，尤其是 2003 年深圳推出了住宅货币化改革方案，提出要在可控范围内建设经济适用房，深化住房货币化改革，切实维护低收入群体的居住权利，早期主要从政府工作人员开始尝试，再逐步推广到各类居民。这一阶段的住房货币化改革是对房价变化的一种控制，体现了深圳在住房改革上的原创性和引领性。

第三个阶段是 2006 年至今的多层次住房体系改革阶段。2007 年深圳在经济适用房和廉租房的基础上创新了公共租赁住房模式，由此建立了经济适用房、廉租房和公共租赁住房三大主体模式并行的具有深圳特色的公共住房体系。2016 年深圳首次引进香港经验，建立深圳市人才安居集团，以国有独资、企业化运营、市场化运作的新模式寻求现有住房保障供求模式的转型路径，在全国掀起打造安居型商品房的浪潮。② 在住房保障体系改革进程中，深圳始终将社会经济发展、民生、可持续发展和社会稳定作为基本准则，来构建多层次的住房保障体系，将多层次住房保障体系的构建目标和重要内容，始终放在如何解决中低收入家庭住房问题上，逐步推动"人人享有适当住房"的基本目标顺利实现。

从深圳的实践看，住房制度改革与城市居民住房消费观念的更新是相辅相成的。一方面，陈旧的住房消费观念是传统住房制度在意识形态领域

---

① 中国人民政治协商会议广东省深圳委员会：《勇闯敢试——改革开放以来深圳创造的全国"率先"》，海天出版社 2018 年版，第 548 页。

② 陈少兵、谢志岿：《深圳社会建设之路》，中国社会科学出版社 2018 年版，第 196 页。

的反映，只有深化住房制度改革，才能从根本上为转变这种消费观念奠定制度基础；另一方面，树立现代住房消费观念，又可以为城市住房制度改革的深入推进扫清思想观念上的障碍，使之能够顺利得以进行。任何改革都需要观念先行。深圳住房消费观念的变迁，伴随着住房制度改革演进的历程，不断提倡全新的住房消费观念，才能顺利实现从福利分房的"等、靠、要"观念，转变为"房屋是商品，住房是消费"观念，再到如今的"房子是用来住的，不是用来炒的"观念，才能一步步实现"人人享有适当住房"的目标。

改革开放之初，由于受计划经济体制的影响，深圳居民的住房消费观念仍然处于一种陈旧落后的状态，传统的无偿的实物分房福利制，造成居民"躺在国家身上"，依赖政府和单位分房的严重的"等、靠、要"观念。事实上城市职工分到房等于获得了大笔额外的福利收入和支付低租金的权利，何必自己掏钱去买房呢？由此扼杀了居民住房消费的积极性，严重影响了当时住房建设的进展和居民居住水平的提高，不利于深圳改革开放进程的快速推进。

1988年6月10日，深圳出台了《深圳经济特区住房制度改革方案》，这个方案在全国首次提出"以卖为主，鼓励职工买房"的超前观点，旨在革除传统的低租金、福利性住房制度的弊端，随后在全国率先停止住房实物分配，开始了住房分配货币化的改革探索过程。1993年在北京召开的第三次全国房改工作会议上，经过实践检验的"以卖为主"的深圳房改经验，被确定为全国房改的方向。房改的目的就是要解决住房问题，实现住房的供求平衡。在国家全包的住房福利制度下，单靠国家无力满足全社会的住房需求，因此必须开辟新的资金来源，需要国家、企业、个人三方共同出资，通过卖的方式把职工手中的资金和富余购买力引导到住房消费上来，从而加速住房资金的周转，在当时能够利用有限的资金建设更多的住房。通过产权转移，也减少了国家的负担，使职工更加珍惜自己的住房，通过装修的手段，也能够普遍提高住房的舒适度和满意度。

深圳当时房改的基本思路是，由住房实物分配逐步转变为货币分配。以前职工工资构成中基本不含住房消费部分，住房消费是由国家统一扣除，建好房子以后以实物分配的形式分给职工，房改就是要把国家统一扣除的建房资金，逐步转化为工资，在工资构成中逐步加大住房消费比例。

这个过程是国民收入分配或国民生产总值分配机制转变的过程，是深圳房改的基本原理，离开了这个基本思路，逐步实现"住房商品化"就会成为一句空话。就这样伴随着深圳的住房商品化改革，深圳的住房消费观念也产生了相应的变化。从本质上说，住房是个人消费品，同其他任何消费品一样，应由个人收入支付，个人决策，树立"自住凭其力"的现代住房消费意识。所以，当时深圳住房改革的方向是提高职工工资中住房消费的占比，同时取消无偿的福利分房，切断职工对政府和企事业单位的依赖，让职工把自己的劳动工资收入积累起来到市场上购买或租赁所需的住房。这样做大大调动了当时深圳居民买房的积极性，形成了购房群体，一定程度上促进了城市住房建设和居民居住水平的提高，同时全社会也开始树立起住宅商品化、市场化意识。传统的计划经济体制否定住房的商品性，职工住房被扭曲成无偿分配的实物福利品，排斥市场交换和自由买卖。久而久之就形成一种住房是人人共享的公共福利的传统观念。适应社会主义市场经济的要求，推进住房制度改革，必须使广大居民树立起住房商品化、市场化的现代意识。深圳住房商品化的主要标志是，改无偿的实物分配福利制为有偿的等价交换的市场购买制，即住房出售和出租，由价值规律、供求规律和竞争规律调节，实行市场房价和市场租金，把住房的再生产过程纳入市场经济的大循环之中，这是当时深圳房改的主要方向。这也同时催动了当时深圳市民的住房消费观念革新，即只有低收入者才能得到政府和社会的支持，取得社会保障性的廉价房和廉租屋，绝大多数城市居民必须通过市场购租房来解决自身及其家庭的住房问题。

  深圳房改方案的出台，实现了住房消费观念与制度上的双重突破，自然成为当时经济社会发展形势下全国房改的样板，指引了当时全国各地的房改方案最终统一到"以卖房为主"的思路上，有效推动了全国住房制度的改革进程，后来被多个城市复制成为一个全国性的方案迅速普及推广，在当时被证明是真正"具有全国性重要意义"。"房屋是商品，住房是消费"的思想观念，也从深圳走向全国。深圳由此还获得了包括联合国人居奖在内的诸多荣誉。[1]

---

[1] 中国人民政治协商会议广东省深圳委员会：《勇闯敢试——改革开放以来深圳创造的全国"率先"》，海天出版社2018年版，第624页。

随着深圳房地产货币化改革方案的落地，推动了房地产市场行情的火爆，随之也面临房价居高不下，房地产偏离居住需求本位功能，炒作销售对居民正常住房消费形成了较大影响。住房成为一些普通市民遥不可及的目标，单靠市民自身的能力来解决居住问题变得力不从心，这也不符合社会主义先行示范区的建设要求，居民住房货币化消费观念也开始出现相应的变化。习近平总书记指出："住房问题既是民生问题也是发展问题，关系千家万户切身利益，关系人民安居乐业，关系经济社会发展全局，关系社会和谐稳定。"因此，必须推动"住房商品化"到"住房体系化"的转变，实现市民住有所居梦想。

2017年深圳启动了新一轮住房制度改革，遵循多主体供给多渠道保障租购并举的改革思路，以满足市民住房需求为主要出发点，以建立租购并举的住房制度为主要方向，以市场为主满足多层次需求，以政府为主提供基本保障，通过提供商品房、安居房、人才住房和公租房等方式，多渠道解决新时期住房问题，进一步弱化住房经济属性，更加突出房子的民生居住属性，提供了系统化的住房解决方案，进一步加大"棚户区"改造力度，增加人才房、安居型商品房和公共租赁住房供应，形成房地产调控、政策性住房供应增加、规范市场秩序等多管齐下、相互作用的综合效应，为推动住房问题长效解决机制的建立，为全国住房制度改革作出应有贡献，让群众有更多获得感、幸福感、安全感。

深圳市政府再一次勇敢地承担起破解高房价的责任，尽力保障全体市民住有所居，体现了社会责任担当精神，中央提出的"房子是用来住的、不是用来炒的"政策精神在深圳正得到落实，这也直接影响社会对"房住不炒"思想观念的接受度和认可度，不断推动了深圳安居政策体系的完善，同时也展现出了深圳这座城市不忘初心、包容大度的城市精神和发展观念，更加强化了深圳的立身之本和核心优势。

（四）"健康深圳，健康城市"

改革开放40年，深圳在卫生建设领域顺利实现了从"公共卫生"观念转向"大众健康"观念，全社会逐步树立起大卫生、大健康理念，引领着卫生健康进入崭新的历史时代，标志着健康照顾政策与公共卫生政策范式的转变，传统的公共卫生向大众健康政策模式转变，反映社会管理方式与政府职能转变，公共服务制度创新与社会政策、社会福利时代的来临。最为突出的实践就是健康中国框架下的健康城市建设，它是世界卫生组织针对全球城市化给人类健康带来的影响提出的全球行动战略。全球创建健康城市的经验表明，在城市发展中把健康的服务作为基础工程，把健康的环境作为支持系统，把健康的社会作为保障环节，把健康的人群作为最终目标，通过政府推动，非政府组织和市民参与，将有利于推动人类社会健康、可持续发展。

中国的健康城市建设起步于20世纪80年代末由全国爱国卫生运动委员会组织开展的"国家卫生城市"运动。随着"健康城市"理念在20世纪90年代引入中国，中国的"卫生城市"理念开始逐渐拓展为"健康城市"。深圳市作为我国改革开放的先行地，早在1992年便成为首批获得"国家卫生城市"称号的城市。截至目前，深圳已七次接受国家卫生城市复审，城市物质环境改善成效显著。在屡屡"拿下"国家卫生城市复审后，深圳便定下了一个小目标：推进建设国家卫生城市的升级版——健康城市。目前，健康深圳和健康城市建设硕果累累，健康促进区和健康场所数量逐年增加，全市健康场所创建累计达到591个，健康家庭达64949户，健康理念逐步深入人心，提前超额完成了《健康深圳行动计划（2017—2020年）》中建设健康城市的指标任务。

医疗卫生健康事业是重要的民生事业。深圳特区成立之初，医疗卫生健康事业规模小、底子薄、医疗资源严重短缺，到如今已经构建起较为完备的面向社会需求的健康服务体系。深圳注重以医疗卫生改革探索，来引领健康型社会构建，在这个艰苦的改革探索进程中，深圳多年来始终坚持问题和目标双导向，形成了一切以民众健康为目的、为终极目标的社会观念，在加大投入和资源倾斜，深化医药卫生体制改革的同时，推动卫生与健康领域理念更新，引领推动健康型社会的发展与完善。深圳市按照健康中国精神，以强基地、建高地、增活力、促健康为主线，树立起与现代城市相匹配的卫生与健康发展观念，注重提升医疗服务能力，根本上解决看病难、看病贵问题，为提升市民健康水平奠定思想和物质基础，同时也有利于正确引导社会形成"健康的第一责任人是自己"的思想观念，培育"健康深圳，健康城市"的责任意识。深圳的健康城市观念形成、认同及健康文化建设与其医药卫生体制改革密切相关，主要可以分为两个时期：

第一个时期是自1985年至1991年，这个时期深圳紧跟国家医改步伐，遵循"给政策不给钱"的改革路径，主要关注管理体制、运行机制方面的问题，政府直接投入逐步减少，市场化逐步进入医疗机构，是医疗改革的初级阶段。

第二个时期是1992年至今，深圳在国家医改政策指引下，针对医疗卫生体制改革进行了一系列探索，逐步推进分级诊疗、现代医院管理、全面医保、药品供应保障、卫生综合监督"五位一体"的基本医疗卫生制度建设。其中最具代表性的改革经验是，率先实行分级诊疗、"基层医疗集团"改革探索。深圳在全国率先以"大手笔"推进分级诊疗改革，其中在深圳"1+7"医改方案中，有5个配套方案是关于分级诊疗的，构建起基层首诊、双向转诊、急慢分治、上下联动的诊疗模式，从而让优质医疗资源分布更均衡、市民看病更方便，是深圳打造"卫生强市"至关重要的一步棋。分级诊疗能够保证优质医疗资源的持续增加与合理配置，不断完善服务网络、运行模式与激励机制，契合了医疗服务供给侧结构性改革的根本旨趣，有利于增加民众在合理就医过程中的获得感。分级诊疗改革效果好不好，还是老百姓说了算。如果在基层医疗机构能找到好医生看好病，并且既省钱又方便，那么老百姓自然会用脚投票，选择最适合自己的地方就诊。

深圳还在全国率先进行"基层医疗集团"改革探索。2015年8月，深圳以罗湖区为试点，启动以行政区（功能区）为单元的医疗机构集团化改革，通过多年的实践形成了"罗湖医改模式"，成功入选国家"深化医改重大典型经验"，并在深圳全市快速推广，成立基层医疗集团，构建"上下贯通、防治结合"整合型医疗卫生服务体系。深圳始终贯彻落实中央关于支持深圳建设中国特色社会主义先行示范区的意见，打造民生幸福标杆，对标国内外最高最好最优，坚持一手抓医疗卫生事业发展，一手抓医疗卫生体制改革，持续加大医疗卫生事业投入力度，加快建设更多高水平医院，建设一流的健康城市，努力把深圳打造成为粤港澳大湾区乃至全国的医疗高地，让市民有了更多获得感、幸福感、安全感。

在补齐社会健康服务短板的同时，深圳高度关注社会在卫生健康观念上的引领，坚持以"大健康"理念推进健康深圳建设，树立起了"健康的第一责任人是自己"理念，将健康融入所有社会政策领域，完善健康全民共建共享的体制机制，着力提升社会健康素养水平，注重优化社会卫生健康环境，防范健康安全风险，把健康服务辐射到市民生活的全方位、生命的全周期。

深圳作为全国的先锋城市，围绕医疗卫生体制改革的重点任务，全面加入到健康城市创建的行列中来，通过创建健康城市，综合解决公共卫生问题，营造健康、文明的生态环境，完善健康服务，提高市民健康素养，有力推动深圳市经济社会的可持续发展以及和谐社会建设。随着经济社会的发展，社会大众健康意识的形成也存在一定差异，在健康城市建设的每一个阶段，应该根据该阶段居民素质的评估状况，持续推进健康教育，积极传播健康理念，引导广大公众积极参与，提升全民健康意识，强化社会民众对"健康城市"的全局性大卫生认知、不断提升健康素养，从思想观念上持续为健康深圳、健康城市建设添砖加瓦。

总体上看，"健康深圳，健康城市"的社会思想观念，是伴随城市建设不断推进而逐渐培育构建起来的。科学技术通过对人类劳动过程中使用工具的不断改进，实现人的解放，从解放人手到解放人脑，从而使人创造财富的能力倍增且财富创造的形式更加丰富多彩，进而改变人的生产、生活方式（社会结构）及思想文化观念转变，最终引起人类社会演进和时代变迁。"健康第一"既是时代变迁的精神成果，又是顺应社会变迁提出的时代课题。时代意义上的"健康第一"概念意味着：首先，在当代社会及人的生活中，思想观念问题凸现。与以往比较，当代人的思想观念问题不但没有随着物质生活水平的提高而减少，反而是越来越多、越来越复杂，以至于"思想解放"成为人的解放的关键所在，而"思想解放"的主旨首先在于让"身心"健康起来，也即需要全社会共同努力培育"健康"理念。

思想是行动的先导，努力培养"健康城市"文化，形成良好健康氛围是深圳始终追求的价值理念。文化价值理念对人的行为模式有着持续不断的影响力，要在全社会培养健康城市建设靠人人，健康为人人，一切为健康的社会共识。通过各级政府、非政府组织、媒体、公众的共同努力，形成自上而下、自下而上以行动为抓手、以结果为导向推进健康城市建设的良好氛围。包含深圳在内的所有城市实践告诉我们，必须要进一步深化对"健康城市"观念的理解。

(五)"教育成就民生幸福,教育决定深圳未来"

"教育成就民生幸福",是深圳人对教育民生给市民带来一系列改变力量的理解。教育乃是民生之基,关系着全体市民的切身利益,寄托了城市、社会、家庭和个人的愿望期待,教育也是城市发展的"绿色引擎"。多年来,深圳以国际先进城市为标杆,系统规划、全面发力、纵深推进。深圳人以先行先试的姿态,发出"教育成就民生幸福,教育决定深圳未来"的时代强音,率先向教育现代化迈进,在创造出经济奇迹的同时,坚持做"有使命感的领跑者",全力打造教育的"深圳质量",创造了"中国教育史上的特例和奇迹"。

深圳坚持教育优先发展战略,秉持"育人为本,办好人民满意的教育"基本理念,致力于加快教育改革和发展的步伐,实现教育事业高质量发展的目标。多举措提升基础教育质量,逐步扩大教育公共服务普惠范围,实现基础教育均衡发展,跨越式发展高等教育。注重深化教育体制机制改革,率先成为广东推进教育现代化先进市,为城市经济社会发展和民生幸福作出了重要贡献。其主要表现:

一是推动办学理念转换。注重加强教育行政统筹和法治,推进特区教育一体化。统筹市区政府教育事权财权,改进教育统筹管理方法方式,统筹规划全市教育事业发展,统一实行中小学生均拨款制度,统一全市中小学校建设标准,统一实施中小学办学水平评估。深化学校管理体制改革,建立健全现代学校制度。其中包括大力创新高等教育管理体制,完善大学章程,制定大学条例,健全公办高等学校党委领导下的校长负责制,完善高校法人治理结构,完善大学校长遴选任用办法,探索建立高校理事会,健全社会支持和监督学校发展的长效机制,尝试设立大学拨款委员会和理事会,鼓励高校设立发展基金,建立高校法人财产权制度,自主管理和使用学校财产和经费。中小学校的管理体制也不断完善,着重完善中小学校章程、中小学校长负责制、中小学法人治理结构,实行校务会议等管理制度。

二是注重推进教育均等化。不断探索实行民办学校分类管理,多途径吸纳社会办学投入,增强社会力量的办学实力和社会价值追求,促进民办教育在提供基本教育公共服务和满足市民对优质、特色教育的选择性需求等方面发挥重要作用,为全国民办教育优质特色发展创造经验。

三是坚持国际化、职业教育、基础教育齐头并进。构建先进的国际化教育。深圳致力于成为教育国际化先进城市和区域教育合作枢纽城市;构建与产业深度融合的城市现代职业教育体系;高度重视建立均衡的基础教育。

四是关爱外来人口子女义务教育。深圳是全国最大的移民城市,非本市户籍人口占80%,早在2005年深圳就制定了全国门槛最低的外来人员子女义务教育入学政策,在保障外来人员子女就读方面,提供了"深圳样本",让每个孩子上得起学、上好学,让梦想变成现实,充分展现了深圳教育的温度。多年来始终践行着教育均等化发展理念,注重创新体制机制,持续高强度投入,尽快补上基础教育质和量的短板,把深圳教育事业办得越来越好,成为国内外教育水平最好的城市之一。

深圳基本解决了全国最大规模非本地户籍人口的义务教育问题,且在义务教育就近入学政策的探索实施方面都领先于全国。从深圳的实践可以看出,落实地方政府发展义务教育的责任,促进基础教育优质均衡、健康持续发展,有利于完善城市人口管理,构建幸福深圳、效益深圳。深圳的义务教育探索先人一步、执行规范到位、保障有力且超前,很好地体现了教育成就民生幸福的理念,依法规范管理外来人口子女接受义务教育与建设法治政府高度契合,对全国其他省市起到了样板示范作用。

"教育决定深圳未来"的观念,已经深刻镌刻在深圳城市成长与发展的演变历程之中。城市的发展必然伴随着社会思想和价值观念上的变化,而无论哪一方面的转变,都离不开教育的强有力支撑。教育将在现代城市发展过程中,发挥相应的集聚作用、支撑作用、塑造作用、引领作用和示范作用。城市发展与教育观念互相依存,相互促进。深圳对教育重要性的认识入木三分,深圳人对更加优质教育的期盼由来已久,推动了整个城市社会对教育观念的重视,也深刻展现出市民接受更高的城市教育的朴素愿望,尤其是对于希望子女能接受更好的教育的外来移民,无疑具有巨大的吸引力。而且年轻的、受教育程度较高的新生代市民愿望更强烈,这种愿望不仅来自于转变自身工作方式和实现自我增值的需要,而且还源于希望下一代能接受城市较高质量教育的朴实愿望。

从深圳的实践可以看出,教育在深圳实现市民化过程中已经成为重要环节。教育凭借"多样性、开放性、社会性、终身性"等特点，在塑造"新市民"方面展现出了巨大作用，教育促进了城市移民及其随迁子女市民素养的养成。在外来人口"市民化"过程中，外来人口及其随迁子女市民素养的养成是关键。这种素养既包括城市工作生活的知识能力与基本公共素养，也包括对城市工作与生活方式的认同。教育作为市民素养养成的重要载体，一方面，通过普通教育、职业教育、继续教育等形式，提高了深圳外来人口及其随迁子女综合素质，满足合格市民所需的知识与能力要求；另一方面，通过社区教育、社会教育、开放教育等形式，对外来人员及其随迁子女进行城市文明行为规范教育、道德教育、法律常识教育等，也提高了其现代城市文明所要求的人文、社会、法律与秩序素养。

教育发展有利于外来人员快速融合城市文明。城市新移民的思想观念融入城市发展，需要一个过程。在现实生活中，城市文化差异的冲突在一定程度上可能阻碍新型居民市民化的步伐。要解决这种问题，必须让他们接触和接受城市文化，认同城市发展理念。但这种转变不是短时间内就可以完成的，需要在城市文化的潜移默化影响下逐步转变完成，需要他们长时间的积累和学习。而教育则可以充当很好的媒介作用，融通一切。尤其是以社区教育、开放教育等为主要形式的教育形态，刚好具有持续性学习所需的特点和功能，可以保证在更大的时空范围内对新市民进行教育融通，促使他们具备成为一个真正市民的标准。此外，作为教育重要组成部分的社区教育还能够整合社区内的全部教育资源，为新市民及其随迁子女提供更加丰富的学习资源，满足他们终身学习和文化融通持续性提升的需要。

教育有效促进了深圳城市内部新老市民间的交流和融合。特别是社区教育具有全员性的特点，它能充分发挥自己的优势，调动全体社区成员参与教育活动，包括吸引相当部分的新市民，促进城市原住居民和新型居民群体之间的交流，促使他们了解和适应彼此的文化差异，弥合观念差异，使他们增进了解，彼此认同，消除偏见，增强合作，融入彼此的生活，形成相似的价值观念，共同建设学习型社区。通过这种社区教育交流合作的方式，为深圳大量新市民融入当地社会提供了一个方式与渠道，有助于增强他们的城市认同感，降低城市市民的排斥感，加快其市民化的步伐。这也是深圳城市包容性和认同感提升的重要原因之一。

（六）"送人玫瑰，手有余香"

伴随着深圳社会的发展，以扶危济困等为核心的传统慈善，已经越来越明显地表现出公益的特性。所谓的公益，即"公共利益"，做公益则是为公共利益而进行的活动，包括社区服务、环境保护、知识传播、帮助他人、社会治安等，当然也包括慈善。作为社会的一员，谁都应该有机会和能力参与到公益慈善行动中来，社会慈善观念的培育也需要经历一个复杂过程。1990年4月，由46名优秀青年倡导的"深圳市青少年义务社会工作者联合会"成立。做义工就是做好事，做好事就是做雷锋，这是当时人们普遍的认识。然而，对于在社会主义市场经济之路上走过10年的深圳，深圳公益慈善观念的形成并不是凭空而生的。

改革开放之初全社会所提倡的"学习雷锋好榜样"，在深圳得到了平稳转化，形成了深圳人独有的理解，如今在深圳慈善观念蔚然成风。"用爱感动每一天，用心感动每个人"在深圳不是一句空话。深圳市慈善意识在全社会得到了大力弘扬和广泛传播，宣扬慈善理念、慈善行为、典型人物和事迹，广泛调动各种社会力量共同推进慈善事业的发展，逐步构建起"公益慈善之都"，为如今"爱心之城"的公益慈善事业注入了不竭动力。快速形成公益慈善领域的"深圳模式"，使公益慈善成为城市的社会风尚、民众的生活方式。因此，几十年来，深圳人以切实的行动和观念的变迁，用"送人玫瑰，手有余香"这句话，率先回答了"学习雷锋图个啥"这个不是问题的问题。

深圳慈善观念的形成，见证了历史的变革和社会的变迁。从历史上看，深圳特区成立后，祖国各地的热血青年来深圳创业。共青团深圳市市委发挥深圳毗邻香港的优势，借鉴了香港运用义工组织开展城市管理的先进经验，于1989年组织了19名热心人士组成义工队伍，开通"关心，从聆听开始"青少年服务热线电话，为遇到困难的来深务工人员提供帮助，由此率先成立了内地第一个义工团体。在此基础上，1990年，由48名义工组成的深圳市青少年义务社会工作者联合会，后于1995年更名为深圳市义务工作者联合会，在民政局注册成立，成为内地第一个义工社团法人。随着加入的群体越来越庞大，全社会的热情和积极性越发高涨，促使大家都在思考服务社会、关爱他人如何有效得以传播？怎样才能做到持之以恒？而不仅仅是搞来得快去得也快的一场义工运动，让义工联这个组织能够团结全社会所有热心的人，形成一种规范化、制度化的方式，使整个社会能够形成更加积极向上的思想观念。

深圳市委市政府一直对深圳义工事业高度重视。越来越多富有爱心的市民热情参与到义工活动中来，社会慈善意识也日益得到社会的广泛响应和支持。参加义工服务的既有企业负责人，也有经济条件一般的普通市民和来深建设者，越来越多的深圳市民形成了乐善好施、助人为乐的优良习惯。

自1989年至今，真正的志愿服务事业已经走过了30个春秋，30年前的一部爱心电话，如今串联起了深圳超过100万以上的各类志愿者的爱心，串联起了这座城市的爱心和温度，"赠人玫瑰，手有余香"的志愿服务理念，已经成为深圳的"十大观念"之一。多年来，深圳志愿服务事业创造了众多"第一"：第一批国际志愿者；第一部地方性志愿服务法规；第一个"义工服务市长奖"；第一本青少年志愿服务教育读本；第一张分设多功能电子义工证；国内第一支"青年志愿者扶贫接力计划"义工队赴贵州开展支教服务；国内第一批国际义工赴老挝、缅甸支教；共青团系统第一支抗震救灾志愿服务队伍赴四川灾区开展青少年心理危机干预；第一届义工（志愿者）发展国际论坛在深圳举办；等等。

"送人玫瑰，手有余香"能够在深圳流行，是因为它明确回答了在市场经济条件下，"学习雷锋图个啥"的问题，承认了助人主体心理和精神上的满足，是助人的动力这一事实。而这个口号能被评为深圳"十大观念"之一，则证明"送人玫瑰，手有余香"已经变成巨大的精神力量，推动着一个城市的精神文明建设与和谐社会建设。自1991年深圳提出"送人玫瑰，手有余香"这一理念后，深圳义工队伍得到长足发展。就像寒流和暖流交汇产生锋面雨一样，深圳在改革和守旧两种观念冲突中产生了自己特有的城市核心价值观——深圳先进的思想观念。在没有官员参与的专家团评选出来的深圳"十大观念"中，除了"创新"贯穿城市发展历程之外，还集中体现了"对人的尊重"。

深圳一直十分注重传播宣传慈善文化，引导培育普通社会大众的慈善观念。深圳市委市政府于2008年印发了《关于加快我市慈善事业发展的意见的通知》。这个官方文件对深圳市慈善事业的总体要求和主要目标作出了规定,并督促制定相关政策和措施,拓宽了深圳市慈善事业发展的领域和空间,致力于加强规范化管理,保障慈善事业健康发展。

2012年深圳市委市政府又颁布了《关于进一步推进社会组织改革发展的意见》。《意见》指出要通过简化登记手续,压缩行政审批流程等手段,加快培育社会组织,进一步扩大了社会组织的直接登记范围,实行公益慈善类、社会福利类等八类社会组织,由民政部门直接登记,从而更加优化和完善了深圳慈善事业发展的政策和法制环境,有力促进了各类慈善组织的蓬勃发展。

深圳市大力弘扬和传播慈善意识,要求各级党委和政府要把慈善意识的传播教育和培养,作为精神文明建设的重要内容,纳入公民道德教育序列;提出宣传部门要制定实施慈善宣传计划,大力宣传慈善理念、慈善行为、典型人物和事迹,以此来不断强化对社会舆论的正面引导,在全社会营造浓厚的舆论氛围。并且提出要树立慈善教育从少年儿童抓起的理念,把弘扬慈善理念和慈善行为等教育内容纳入在校学生的德育内容,用生动活泼的形式吸引青少年、儿童参与力所能及的慈善活动,由民政部门进一步完善慈善教育计划和慈善教育基地,这也有效构建起社会慈善观念传播的载体空间。在精神文明建设过程中,把慈善事业发展列入创建文明城市、文明单位、文明行业的重要内容范畴,广泛调动各种社会力量,共同推进慈善事业的发展,各级党组织积极创新现代慈善的宣传形式,广泛开展形式多样的时尚慈善、消费慈善、体育慈善、娱乐慈善、科普慈善等活动,通过开展义演、义卖、义赛、义拍、义诊等多种形式的慈善活动,向社会各界宣传取之于民、反馈社会的慈行善举,使深圳的城市慈善观念得以大大提升。[①] 依托每年的9月5日"中华慈善日",深圳市还设立了"深圳慈善日",将每年11月确定为深圳社会慈善捐赠活动月,又把11月1日设定为"深圳慈善日",在深圳社会慈善捐赠活动月组织开展"慈善一日捐"活动。同时大力发挥慈善社工和慈善义工的作用,鼓励慈善机构配备专业社工,发挥了社工在慈善理念传播、慈善项目策划、慈善活动组织中的角色作用,强化了对慈善义工的引领带动效应。

这些实实在在的举动,伴随城市观念的变迁,形成了比较完善的城市

[①] 陈少兵、谢志岿:《深圳社会建设之路》,中国社会科学出版社2018年版,第237页。

慈善发展体系，让全社会的慈善事业有了良好的发展基础，使全社会的慈善意识得以良好地树立，有效地推动了城市社会慈善观念的传播和弘扬。

（七）从"社会管理"到"社会治理"

只有全体社会成员和谐相处，城市社会才会安定有序，推进社会治理现代化，关键在模式创新，最为核心的是人，最为根本的就是要坚持以人为本。社会治理说到底是做群众的工作，深圳一直以来始终坚持"以人为本"，以促进人的自由、全面发展为宗旨，坚持"共建共治、多元参与"，在社会治理中注重发挥人的主观能动性，始终坚持积极探索加强和改进群众工作的新途径新办法，从源头上化解社会矛盾，才能引领探索全国领先的社会治理模式创新。

改革开放40年来，深圳从"社会管理"到"社会治理"的探索转变，深刻反映了新时期深圳在理念和思维上一次重大的转变，是社会建设的总体思想的巨大提升。这对进一步提高社会治理水平、完善社会治理体系、推进中国特色社会主义现代化建设具有重要的实践指导意义。从"社会管理"走向"社会治理"，这种理念上的变迁，既是对治理理论的积极借鉴，也是当前我国全面深化改革、推进中国特色社会主义理论创新和实践总结的必然选择，具有重要的内涵意义。治理是一个自上而下与自下而上互动的过程，强调政府与社会通过合作、协商、建立伙伴关系、确立认同和共同的目标等方式实施对公共事务的管理，从而寻求政府与公民对公共生活的合作管理和实现公共利益最大化。

社会治理不仅强调主体参与的多元性，更加强调其行为的过程性和互动性。相比于治理，管理的含义则更多地强调政府对社会事务管理形式的单一化、目标的管控性。"社会管理"与"社会治理"，一字之差，具有重要的思想观念内涵要求。二者之间既相互区别又相互联系，是辩证统一的关系。

"社会治理"区别于"社会管理"，这主要是由于首先从政社关系来看，社会治理更多的是反映政府与社会之间构建起一种合作机制，"意味着一系列来自政府但又不限于政府的社会公共机构和行为者"共同对社会事务进行有效的管理。从本质上来讲，治理对传统的政府权威提出了新形态。传统意义上的社会管理则更强调的是政府作为唯一的合法性权威机构，对社会进行管控，其表现出政府与社会之间是一种"强政府、弱社会"的形态。其次，从权力向度来看，政府管理的权力运行方向总是自上而下，运用政府的权威，通过发号施令、制定政策和实施政策以期实现对社会事务进行单一向度的管理。而社会治理则是一个上下互动的管理过程，是基于市场原则、公共利益和价值认同的基础之上进行的合作管理，其权力向度不仅是多元的，也是互动性的。再次，从二者的行为准则来看，社会治理"摒弃了将效率视作政府主导行为准则的观点，追求协调、可持续的社会发展模式"，以其最大限度地增进公共利益。治理既是过程，更是结果，注重社会公平。而管理则更多强调过程，注重对管理效率的追求。最后，从二者的终极目标来看，社会治理追求的最终目标是"善治"。善治"是使公共利益最大化的社会管理过程，其本质特征就在于它是政府与公民对公共生活的合作管理，是政治国家与公民社会的一种新颖关系，是二者的最佳状态"。而社会管理追求的终极目标是达到"善政"，即良好的政府统治。

从深圳的社会建设实践看，"社会治理"与"社会管理"相互联系，这是因为社会治理与社会管理其基本的理念都是要求坚持以人为本、服务优先，强调参与的多元性、目标的统一性和方式的协同性。相比社会管理，社会治理是一种优化、良性、多元化、多角度的管理。社会治理是社会管理的升级版，是一种更加全面的管理，二者之间并非相互排斥、互不相融，社会治理是社会管理发展的一种新境界、新阶段。[①]

建设民生幸福城市，推动社会治理现代化，需要全民参与，共建共治共享。在城市社会管理中，特别是在解决居民"急难愁盼"问题时，政府不能"包打天下"，而是要更多问需于民，问计于民，激发社会活力，提高群众民生保障获得感与公共服务满意度。改革开放40年来，深圳的基层治理经历了从全能主义的管控思维到政府主导下的多元参与的转变，在政府、社会与市场在社区治理过程中的关系上，经历从政府单一主体主导的行政模式，到政府、社会、自治组织多主体参与的伙伴关系，再到党建引领下的"多元整合"阶段。

---

① 杨和平：《从社会管理走向社会治理：理念变迁与路径思考》，《广州社会主义学院学报》2014年第3期。

第一个阶段是从深圳建市到20世纪末以"社区管控"为主要特征的传统社区管理和服务阶段。这个阶段深圳主要以街、区为单位增设居委会，主要履行宣传政策、办理社区公共事务、调解民间纠纷等行政管理工作职能，限定于比较传统的社区服务观念。

第二个阶段是21世纪初到2004年社会管理时期的"强居管理"阶段。在这一时期，"治理"的理念开始逐步引入到社区管理中，解决了社区治理主体从"政府一元"到"社会多元"的过渡，政府开始逐步弱化了以往对社会生活的全面干预。

第三个阶段是2005年到2013年社会治理时期的"多元复合治理"阶段。这个阶段主要是在社区改革的基础上推进"居站分设"的探索和实践，尤其是2012年以来实施的以"基层党建工作区域化""楼栋长""社区服务中心""社区居民议事会""社区公益服务"等为主要内容的"风景林"工程，有效强化了对基层社区的管控，适应了当时城市基层管理发展的需要。

第四个阶段是2013年至今社会治理时期的"党建引领下多元整合"阶段。这一阶段深圳通过加强社区党建来推动社区改革，特别是推行了社区党建标准化，逐步实现社区党委书记和社区工作站站长一肩挑，由社区综合党委全面掌控社区人财物资源以及社区规划和发展。实行社区新政以来，各区（新区）、各街道加大社区从管理到治理的转型步伐，形成了各具特色的社区治理探索实践。①

深圳社区治理的长期探索，真正实现了从"政府拍板"到"代表票决"，从"一厢情愿"到"你情我愿"，最大限度地避免了政府"吃力不讨好"的现象，从而促进了政府决策的科学化、民主化。深圳的社会治理创新实践，积极探索这种"居民提、居民议、居民定"的社区治理模式，进一步畅通搭建基层群众发声渠道和平台，促进基层治理民主化科学化，推动更多的实事项目落地惠民，实现了民生项目由"政府配菜"到"百姓点菜"、"自上而下"到"自下而上"、"为民作主"到"由民作主"的转变。此外，社区是居民群众实现民主自治的平台。深圳始终致力于构建党

---

① 参见陈少兵、谢志岢《深圳社会建设之路》，中国社会科学出版社2018年版，第317—324页。

委领导、政府推动、群团参与、居民自治、社会互动的社区建设管理格局,以此来推动社区基层自治、市民参与共享机制、培育居民自治意识,最终实现社会治理共建共治共享。

深圳社会治理创新的历史经验是,通过完善制度、引导预期,广泛引领、吸纳、协同、融合社区各种类别社会资源和社会力量自觉自主、依法积极参与社区共建共治,坚持社区治理人人尽责、人人享有的理念打造共建共治共享社区,将服务群众、造福群众作为社会治理的出发点和落脚点,通过构建社会共治体系,加快了社会治理现代化进程。

从深圳在社会建设方面的努力可以看到,深圳从"社会管理"走向"社会治理"的过程,实际上是将以人为本与共建共享的理念贯彻到深圳社会建设的直接体现。社会建设涵盖教育、就业、医疗、收入分配、社会保障等内容,这些都与人民群众利益息息相关。工作的成效最终要靠人民群众去评判,同时,人民群众也是社会建设的主力军,没有人民群众的广泛参与,社会建设就会自弹自唱、曲高和寡。因此,加强社会建设,关键在于做好群众工作。只有不断深化群众工作理念,心里时刻装着群众,工作时充分考虑到群众,社会建设才能得到群众的衷心拥护,才能取得扎实的成效。

深圳社会建设总要求是"惠民生、保民安、稳民心、聚民智、借民力、修民德",其核心就是个"民"字,通过全面深入地做好群众工作,推动深圳社会建设在新的发展时期更有力度、更见成效。其中,惠民生就是把改善民生放在工作的首位,解决好群众最关心的实际问题;保民安就是全力做好各项安全工作,让市民群众吃得放心、住得舒心、行得安心;稳民心就是维护好社会公平正义,增强市民对城市的认同感、归属感;聚民智就是听取民意、集中民智,集中全社会的智慧去攻坚克难;借民力就是广泛动员和发动群众,形成社会建设"众人拾柴火焰高"的良好局面;修民德就是不断增强群众的思想道德素质,提升城市文明程度。

强调社会治理观念,其重点在于保障和改善民生。习近平总书记说,人民期盼有更好的教育、更稳定的工作、更满意的收入、更可靠的社会保障、更高水平的医疗卫生服务、更舒适的居住条件、更优美的环境,期盼着孩子们能成长得更好、工作得更好、生活得更好。人民对美好生活的向往,就是我们的奋斗目标。这些民生期盼正是社会建设的工作重点。社会建设必须要以保障和改善民生为重点,在学有所教、劳有所得、病有所医、老有所养、住有所居等方面认真下功夫。多年来,深圳市委市政府在保障和改善民生方面做了大量工作,提出把社会建设摆在与经济建设同等重要的位置来谋划和推动,不断加大民生领域投资力度,把推进基本公共服务均等化作为民生工作的重中之重,真正把执政为民落实到社会建设的方方面面。

以上社会建设的七个方面先进思想观念,具有鲜明的深圳特色,如今已在深圳家喻户晓、深入人心。这七种社会观念能产生并扎根于深圳经济特区的土壤中,并非偶然。这其中既有深圳处于改革开放前沿阵地,开风气之先,在中国特色社会主义建设实践探索中问题先有经验先出的因素;也有深圳作为年轻的移民城市,各种文化汇集,创新习惯蔚然成风所致;更是深圳市委创造性贯彻党的社会建设理论和战略部署的结果。这些先进的思想观念对全国各地建设高度的社会文明,有着重要的借鉴意义。

总体上看,社会治理的成效如何,归根到底就是看人民群众是否真正得到了实惠,"说得再好、干得再多,人民群众不满意都是白搭"。心系民生,面对不足与挑战,就能找到破解之道。社会事业的每一处短板和薄弱点,一直是深圳市委市政府增进民生福祉的重要发力点,也是深圳社会建设观念不断向前发展的最基本动力。多年以来,深圳社会事业全面推进正是遵循了"以人为本"的思想观念,才取得了日新月异的突出成效,这是思想和实践相互作用、相互促进、相互推动的结果,也促进了整体社会建设观念的形成、成长与成熟,推进深圳社会建设不断交出了一份份漂亮、满意的答卷。

三 瞄准新战略定位:民生幸福标杆

十八大以来,我们党把人民对美好生活的向往当作奋斗目标,努力抓好保障和改善民生各项工作,不断增强人民的获得感、幸福感、安全感。2018年3月,习近平总书记在参加十三届全国人大一次会议广东代表团审议时提出营造共建共治共享社会治理格局,并强调要形成有效的社会治理、良好的社会秩序,促进社会公平正义,让人民群众安居乐业,获得感、幸福感、安全感更加充实、更有保障、更可持续。对深圳而言,人民群众的"获得感、幸福感、安全感"显得尤为重要。这"三感"相互支撑,幸福感是核心,获得感和安全感最终都体现在幸福感上面。这方面深圳再次走在全国前头,早在 2010 年 12 月,深圳就明确提出到 2020 年基本建成民生幸福城市的目标,实现社会建设观念的创新。此后,深圳社会基本公共服务和社会保障体系更趋完善,社会建设成就在全国独树一帜。2019 年 7 月,中央全面深化改革委员会第九次会议通过的《中共中央、国务院关于支持深圳建设中国特色社会主义先行示范区的意见》(以下简称《意见》),赋予深圳在社会建设领域新的历史使命——民生幸福标杆。要求"构建优质均衡的公共服务体系,建成全覆盖可持续的社会保障体系,实现幼有善育、学有优教、劳有厚得、病有良医、老有颐养、住有宜居、弱有众扶"。显然,新时代深圳"民生幸福标杆"新战略定位,是中央对深圳长期以来社会建设走在全国前列的肯定,也是在新时代谋划中国特色社会主义事业大局对深圳的新期待。

(一)构建优质均衡的公共服务体系

对任何一个国家而言,民生幸福当然离不开 GDP 和人均 GDP 的增长,但要使大多数人感到幸福,还必须确保人人参与发展成果的分享及社会福祉的提升。构建优质均衡的公共服务体系,有利于让全体人民在共建共享发展中有更多获得感。《意见》提出,2025 年深圳公共服务水平要达到国际先进水平。提升公共服务水平,建设民生幸福城市,需要政府部门的努力,同样需要企业助力、全民参与,实现共建共治共享。深圳身处改革开放最前沿,在营商环境的打造、为企业创造良好的发展环境方面走在全国前列。在建立和完善房地产市场平稳健康发展长效机制,加快完善保障性住房与人才住房制度等方面也有很多创新性做法。

构建优质均衡的公共服务体系,要把提高发展平衡性放在重要位置,不断推动公共资源向基层延伸。《意见》对提升教育医疗事业发展水平作出专门的规划:支持深圳在教育体制改革方面先行先试,高标准办好学前教育,扩大中小学教育规模,高质量普及高中阶段教育。充分落实高等学校办学自主权,加快创建一流大学和一流学科。建立健全适应"双元"育人职业教育的体制机制,打造现代职业教育体系。加快构建国际一流的整合型优质医疗服务体系和以促进健康为导向的创新型医保制度。扩大优质医疗卫生资源供给，鼓励社会力量发展高水平医疗机构，为港资澳资医疗机构发展提供便利。探索建立与国际接轨的医学人才培养、医院评审认证标准体系，放宽境外医师到内地执业限制，先行先试国际前沿医疗技术。

深圳要实现到 2025 年公共服务水平达到国际先进水平，还需要进一步创新社会建设观念，尤其是在利用世界最新科技促进社会治理现代化方面取得突破。对深圳而言，在新型智慧城市、"数字政府"建设提速的背景下，其移动互联网基础设施发达、风险投资集聚、科技公共服务颗粒度细等优势，将有助于公共治理与服务设施建设早日形成"先行示范"的样本效果。如，腾讯公司就表示，愿意以自身数字化工具箱的能力，助力深圳"放管服"改革与科创产业等平台构建，推动深圳乃至整个粤港澳大湾区城市的公共服务水平朝着更加智能化、便捷化的方向迈进。①

按照《意见》规划，今后深圳需要在以下几个方面用力：（1）综合应用大数据、云计算、人工智能等技术，提高社会治理智能化专业化水平。（2）加强社会信用体系建设，率先构建统一的社会信用平台。（3）加快建设智慧城市，支持深圳建设粤港澳大湾区大数据中心。（4）探索完善数据产权和隐私保护机制，强化网络信息安全保障。（5）加强基层治理，改革创新群团组织、社会力量参与社会治理模式。这五个方面涉及社会治理智能化、社会信用平台、智慧城市、网络信息安全和基层治理。照此方向努力，深圳公共服务水平势必出现一个全新的面貌，其公共服务体系不仅具有中国特色，还非常具有国际范和未来感。

（二）建成全覆盖可持续的社会保障体系

社会保障体系，是为全体社会成员提供兜底的社会安全网。它不仅是政府履行社会管理和公共服务职能的重要内容，也是增进社会团结和社会稳定的基石，社会保障体系如何直接体现一个国家的软实力。建设"民生幸福标杆"城市，必须要继续完善社会保障体系。对此，《意见》在这方面也有具体规划：实施科学合理、积极有效的人口政策，逐步实现常住人口基本公共服务均等化。健全多层次养老保险制度体系，构建高水平养老

---

① 《民生幸福标杆 深圳这样干——〈关于支持深圳建设中国特色社会主义先行示范区的意见〉解读之四》，《人民日报》（海外版）2019 年 9 月 9 日。

和家政服务体系。推动统一的社会保险公共服务平台率先落地，形成以社会保险卡为载体的"一卡通"服务管理模式。推进在深圳工作和生活的港澳居民民生方面享有"市民待遇"。建立和完善房地产市场平稳健康发展长效机制，加快完善保障性住房与人才住房制度。这些方面的规划，紧扣"全覆盖"和"可持续"，贴合深圳实际，具体而又有针对性。

通过精心周密的顶层设计来完善社会保障体系。经过40年的发展，我们党对社会建设的认识逐步深入，已经形成系统的理论。深圳在社会建设的实践探索中一直走在前列，积累了大量的经验。今后在"全覆盖"和"可持续"方面取得新突破，不仅要继续保持敢闯敢试的劲头，还要理性思考如何把党的社会建设的思想贯彻到新的实践中去，这就需要有精心周密的顶层设计。要有系统思维和辩证思维，着重处理好社会保障与经济发展的关系，坚持社会保障与经济发展相适应，防止任何超越或滞后于经济发展的取向和做法。着重处理好社会保障与国家财政的关系，充分考虑社会保障的可持续发展，坚持尽力而为、量力而行，稳步构建与经济发展水平相协调的民生保障政策。健全社会保障体系要集中精力和财力解决好人民群众在就业、教育、医疗、居住、养老等方面的民生难题，并自觉协调好福利改革中不同群体的利益关系；处理好各项社会保障制度安排中的共建与共享关系，坚持共建共享，做到人人参与、人人尽责、人人共享。同时统筹安排好社会救助、社会保险、社会福利三大基础性保障系统的结构与职责分工，做到有序地协同推进，促使其有机协调持续发展。

在社会保障制度创新方面作出新贡献。坚持全覆盖、保基本、多层次、可持续的基本方针，按照兜底线、织密网、建机制的基本要求，继续深化社会保障制度改革。首先，全面实施全民参保计划，扩大制度覆盖面。当前，扩大参保覆盖范围的重点是中小微企业和广大农民工、灵活就业人员、新就业形态人员、未参保居民等群体。采取有效措施，促进中小微企业和重点群体积极参保、持续缴费，促进和引导各类单位和符合条件的人员长期持续参保。其次，加快实现社会保障制度统筹统一。完善城镇职工基本养老保险和城乡居民基本养老保险制度，进一步巩固省级统筹，从建立企业职工基本养老保险基金中央调剂制度起步，通过转移支付和中央调剂基金在全国范围内进行补助和调剂，在此基础上尽快实现全国统筹，尽快实现养老保险全国统筹。完善统一的城乡居民基本医疗保险制度和大病保险制度，积极整合城乡居民基本医保制度，全面建立健全城乡居民重大疾病医疗保险和救助制度，完善应急医疗救助机制，加强基本医保、大病保险和医疗救助的有效衔接，切实提高医疗保障水平。完善医保异地即时结算制度，基本实现异地就医住院费用直接结算，整体推进支付方式改革，全面统一城乡居民基本医保制度和管理体制，实现经办服务一体化。

全面建成多层次社会保障体系。在保障项目上坚持以社会保险为主体，社会救助保底层，积极完善社会福利、慈善事业、优抚安置等制度；在组织方式上，坚持以政府为主体，积极发挥市场作用，促进社会保险与补充保险、商业保险相衔接。积极构建基本养老保险、职业（企业）年金与个人储蓄性养老保险、商业保险相衔接的养老保险体系，协同推进基本医疗保险、大病保险、补充医疗保险、商业健康保险发展，在保基本基础上满足人民群众多样化多层次的保障需求。完善失业、工伤保险制度，建立健全失业保险费率调整与经济社会发展的联动机制，完善失业保险金标准调整机制；建立预防、补偿、康复"三位一体"的工伤保险制度体系。

在社会保障体系可持续性方面积极探索，取得可供全国学习借鉴的经验。为此，要积极稳妥推进划转部分国有资本充实社保基金，进一步夯实社会保障制度可持续运行的物质基础。推进养老保险基金等各种社会保障基金的投资运营，推动基金市场化、多元化、专业化投资，努力实现基金保值增值，提升基金的抗风险能力。同时，要根据经济发展确定保障待遇水平，合理引导群众的保障预期；针对人口老龄化加速发展的趋势，适时研究出台渐进式延迟退休年龄等应对措施，建立抵御人口老龄化风险的财务自平衡机制，确保各项社会保险基金收支平衡、制度长期稳定运行。[①]

（三）实现"七有"民生幸福目标

为"满足人民过上美好生活的新期待"，党的十九大报告提出"幼有所育、学有所教、劳有所得、病有所医、老有所养、住有所居、弱有所扶"民生"七有"目标。作为民生幸福标杆，党中央对深圳提出了更高要求："幼有善育、学有优教、劳有厚得、病有良医、老有颐养、住有宜居、

---

① 参见梁朋《健全可持续的多层次社会保障体系》，《学习时报》2020年10月28日。

弱有众扶"。深圳民生幸福标杆所瞄准的"七有"目标，与党的十九大报告中提出的"民生七有"目标相一致，但"善、优、厚、良、颐、宜、众"七个字表达的社会建设要求大不一样。这是社会建设的"深圳标准"，可以说，七个字就是七个不同的小标杆。深圳不光是要解决基本的教育、医疗、居住等民生需求，而且要高标准地解决，彰显责任与担当，也意味着深圳要瞄准民生幸福全面综合推进各项改革，不断将发展成果转化为民生福祉。

长期以来，深圳一直把"共建共治共享"和"幸福城市"作为社会建设的重要理念和目标。共建共治共享，是马克思主义"人的全面自由发展"在中国特色社会主义伟大实践中的生动体现，也是社会主义本质和优越性的体现。率先形成共建共治共享共同富裕的民生发展格局，是深圳建设中国特色社会主义先行示范区的当然使命。

实现"七有"民生幸福目标，深圳要在完善民生内容体系、提升民生服务质量、建设多元的服务供给体系、提供广泛的民生服务覆盖、建立高效公平的制度机制等方面，改革创新，先行示范。对标国际一流现代社会发展要求，推动构建起符合中国发展国情的社会建设标杆，加快实现公共服务水平达到国际先进水平的目标和"幼有善育、学有优教、劳有厚得、病有良医、老有颐养、住有宜居、弱有众扶"的新目标。努力在民生幸福标杆上探索"深圳标准"，着力在民生福利领域，为全国确立教育、医疗、社会保障等公共服务领域标准规范；在社会治理领域，为全国确立党建引领、精细管理、智慧服务等标准创建工作，为全国社会建设综合治理提供成功经验和根本指引。

实现"七有"民生幸福目标，必须坚持以人民为中心的发展思想，深圳人的获得感、幸福感、安全感一定更加充实、更有保障、更可持续，为全国区域协调发展、全面建成小康社会作出更大贡献。要致力于努力构建中国民生幸福的"深圳标准"。深圳是中国在社会建设领域先行探索的"示范窗口"，必须以较强的前瞻性，瞄准未来十年、二十年，乃至我国发展成为发达国家可能遇到的社会建设难题，大胆地闯，大胆地试，创造更多新鲜经验。率先引领社会治理体系和制度规范顶层设计方面进行先行示范，全面放大社会最大公约数，努力培育社会契约精神，充分挖掘积极的社会要素，全力激发活跃的社会细胞，形成社会治理、社会和谐的良性互动。

　　总之,"民生幸福标杆"的战略定位,是中央对深圳社会建设经验的肯定、总结和提升,体现了新时代中国特色社会主义事业发展新谋划和中央对深圳的新期待。"标杆"就是学习榜样,就是赶超目标。这一新战略定位之下,深圳社会建设的意义早已超出了谋得一城人民幸福。全球标杆城市和社会主义现代化强国城市范例的定位,都需要增强民生幸福感,相信深圳定将不负众望!

第五章　建设生态环境卓越、人与自然和谐的美丽家园

观念变革是社会变革的先导，是一切改革创新的前提。实践是观念变革之母，然而没有观念变革，就不会有改革开放的伟大实践，更不会有深圳繁荣兴盛的今天。从无到有、从弱到强，深圳验证了一个颠扑不破的真理，那就是一个城市的成功，其资金、政策固然能靠国家支撑，但最关键的还是靠自己转变观念、大胆去闯。这也是深圳能够成为"全世界4300个经济特区头号成功典范"①的深层原因。

40年来，在生态文明建设上，深圳走出了一条"生态优先、严守红线、科技引领、永当先锋"之路，这是生态观念变革和引领的结果。今后，深圳将继续为国家生态文明建设先行先试，引领国家生态文明改革不断深化，切实走出一条推动国家生态文明建设的高质量发展之路。

"生态优先"就是坚持绿水青山就是金山银山的理念，走生态优先、绿色发展为导向的高质量发展新路。"严守红线"不仅指继续发扬深圳划定基本生态控制线的首创精神，也蕴含保护生态环境的"红线意识"，要继续以"红线意识"为引领探索我国生态用地管理新模式。"科技引领"就是发挥深圳全球领先的科技创新能力，以科技引领生态，以科技支撑生态。"永当先锋"就是牢记国家赋予深圳"可持续发展先锋"的战略定位，扛起先行示范的历史担当。

---

① "Special Economic Zones Not So Special", *The Economist*, 2015（14）: 14.

一　新时代生态文明建设"第一梯队"

　　GDP 超 2.69 万亿元人民币的"经济特区",孕育华为、中兴、腾讯、大疆等高科技企业的"中国硅谷"……如果仅凭这些就想读懂深圳高速发展背后的深层逻辑和"发展密码",似乎还欠缺点什么。$PM_{2.5}$均值 24 微克/立方米,达到世界卫生组织第二阶段标准,在全国 168 个重点城市中排名第三;空气优良率创近年新高,空气质量达标天数 94.5%;159 个黑臭水体全部实现不黑不臭……这个被摄影爱好者称为"拍照片不用美图"的城市很难让人想到是第二产业占比近 40%的"超一线城市"。深圳市委六届十次会议提出:深圳必须在决胜全面建成小康社会、建设社会主义现代化国家的新征程中始终处在"第一梯队"。"小康全面不全面,生态环境质量很关键。"[1]"第一梯队"必须是全面发展的"第一梯队"。

　　建设美丽深圳是涉及思想观念、发展方式、治理体系的系统工程,其关键在加强总体谋划、做好顶层设计。当前和今后一个时期,深圳生态文明建设重点是落实习近平生态文明思想,加快构建生态文明体系。

　　第一,"以生态优先、绿色发展为导向的高质量发展新路":生态经济体系建设。

　　生态经济体系建设是可持续发展基础。形成生态优先的绿色发展方式,形成节约资源和保护环境的产业结构、生产方式是解决生态环境问题的根本之策。

　　建立健全以产业生态化和生态产业化为主体的生态经济体系。2007年,深圳树立"生态立市"环保理念,强调"把加强环境保护作为调整优化经济结构的重要手段",为发展绿色产业,加快建立以产业生态化和生态产业化为主体的生态经济体系,把生态优势转化为产业优势、经济优势、发展优势奠定坚实基础。

　　大鹏新区是"特区中的生态特区",肩负为深圳乃至全国生态文明建设先行先试的重任,多年来共实施 52 项改革举措,其中 16 项属于填补国家空白,真正实现将"绿水青山"变成"金山银山"。大鹏新区以生态要

---

[1]《习近平关于社会主义生态文明建设论述摘编》,中央文献出版社 2017 年版,第 8 页。

素为引领，创新打造"第五产业"，统筹海陆生态空间融合、生态要素连接，通过第三产业发展实现近岸海域、海岛、沙滩、林地、绿地等多样性生态资产向生态资本转化；引导创建生态资源市场机制，打造高质量生态产品，通过生态产业链实现价值管理，推动建立以生态系统服务价值利用与环境税、排污权、碳排放权的细化管理相结合的生态产业化价格体系，打造具有市场化"造血能力"的生态产品，为尽早实现"以产业生态化和生态产业化为主体"深化调整产业结构，走好高质量发展新路。

科技创新引领绿色产业发展。绿色发展是生态文明建设的必然要求，代表当今科技和产业变革方向。我国每年绿色产业投资需求超过两万亿元人民币，节能环保产业发展前景广阔。

深圳在过去 10 年里，城市能源结构不断优化，核电、风电等清洁电源装机容量占全市总装机容量的 30%；绿色建筑面积超过 9544 万平方米，绿色建筑规模和密度居全国前列；碳排放量降低 26%，实现经济与生态协同发展，人均 GDP 已达到发达国家水平；植树造林增加绿化面积 1136 万平方米，成为全国减排模范城市。构建绿色技术创新体系的关键是让企业成为创新主体并大力发展绿色金融，"资本的趋利性动机决定了绿色生态技术难以与传统金融有效融合，因此发展绿色金融成为绿色生态技术创新的源泉"[1]。而深圳正是全国乃至世界高科技企业发展最好最集中的城市，创新人才汇聚，为绿色发展提供最有力技术支撑；全球首个链接绿色金融与绿色实体经济金融服务平台——"绿色金融服务实体经济实验室"2019 年在深圳落成，为开展绿色投资、发展绿色产业和绿色经济奠定坚实基础。

第二，"尊重自然、顺应自然、保护自然的生态文明理念"：生态文化体系建设。

生态文化体系加快建立健全以生态价值观念为准则，将其放在首位，凸显党中央和习近平总书记对生态文明建设进程中思想引领、文化推动的高度重视。

"生态 + 文化"引领市民思维、道德、审美向"尊重自然"转变。深

---

[1] 顾钰民等：《新时代中国特色社会主义生态文明体系研究》，上海人民出版社 2019 年版，第 120 页。

圳从一个边陲小镇发展为现代化国际大都市，发展过程中对土地的开发、环境的改造无需赘言，理应更加警惕自然的报复。只有通过文化价值重构，改变人们的价值观念，采取切实行动，才能克服生态危机，维护生态安全，实现人与自然和谐。全国首家自然学校、全国首个自然教育之城、深圳创森（创建国家森林城市）、绿色生态公益组织联盟等雨后春笋般发展起来，市民在岁月静好中筑牢尊重自然、保护自然的思想堤坝，在持之以恒的坚持中夯实深圳绿色根基，孕育人与自然和谐、充满希望的绿色未来。

满足市民生态文化需要是"顺应自然"的具体举措。我国社会主要矛盾已经转化，而生态与文化正是衡量"美好生活"与否的重要指标。深圳大力发展生态文化事业产业，加快推进生态文化设施建设，为绿水青山注入文化元素，让自然之美和文化之美交相辉映，深度呈现两者融合带来的美学价值和商业价值，使"文化牌"与"生态牌"相结合起到"1+1>2"效果。深圳森林音乐会、凤凰花嘉年华等生态文化活动成为深圳新的文化品牌，展示出自然生态与高雅音乐相融合的艺术美，为满足市民生态文化需要作出新作为。

开展生态文化宣传教育，筑牢"保护自然"思想基础。改善我国环境问题，必须加强生态文明教育，形成一个全覆盖、多层次、广领域生态文明教育体系。[1] 讲述深圳生态故事是开展生态文化宣传教育的重要内容，正如《深圳自然笔记》作者南兆旭所言，大自然给我们讲述的深圳历史，更生动，更接近真相。通过讲述每种动植物保护，每块湿地保护，勾勒出整个深圳生态文明建设成就，用点点滴滴鲜活事例娓娓道来，才能起到入耳入心的作用。

第三，"以治理体系和治理能力现代化为保障"：生态文明制度体系建设。

"制度创新是经济特区发展的灵魂，是创造人间奇迹的源泉。"[2] 深圳持续推进生态文明制度建设和体制机制创新，践行"生态立市""环境优

---

[1] 参见中国人民大学国家发展与战略研究院年度研究报告《推进生态文明体系建设和绿色发展》，第133页。

[2] 王荣：《经济特区：中国特色社会主义道路的先行探索——制度创新：创造奇迹的不竭动力》，《求是》2010年第17期。

先"理念，逐步形成绿色循环低碳发展制度体系。

保护制度建设。以实行最严格的生态环境保护制度为制度建设目标，首先，确保污染物源头大幅减少，生态环境质量实现明显好转。其次，继续筑牢绿色发展的保护防线，时刻牢记自身处于建设粤港澳大湾区和先行示范区"双区叠加"的发展大格局中。最后，健全生态保护和修复制度，实施重要生态系统保护修复重大工程，通过产业绿色化、绿色产业化，切实把生态资源更好地转化成生态资本。

利用制度建设。全面建立资源高效利用制度包括资源有偿使用制度、垃圾分类和资源化利用制度等。以自然资源统一确权登记制度为例，2019年1月深圳市规划国土委全面开展自然资源统一调查和确权登记，旨在加快厘清全市自然资源利用状况和权属信息，掌握自然资源基本情况。2019年7月，自然资源部等部委联合印发《自然资源统一确权登记暂行办法》，标志我国开始全面实行自然资源统一确权登记制度。

管理制度建设。2015年，深圳围绕强化管理形成《深圳市自然资源资产负债表编制技术规范》，后于2018年在广东全面推广。党的十八届三中、四中全会明确提出深化生态文明体制改革，完善发展成果考核评价体系，明确从制度层面为坚持绿色发展、建设美丽中国提供可靠保障。2015年，深圳市盐田区在全国率先开展城市生态系统生产总值（即城市GEP）核算体系的探索，拟通过建立GDP和GEP双核算、双运行、双提升的机制，为建设美丽深圳寻找可量化的新标准、新路径。

责任制度建设。深圳将生态环保责任化为刚性制度规范，落实生态环保"党政同责、一岗双责"。严格落实企业主体责任和政府监管责任制，健全生态环境监测和评价制度，完善生态环境公益诉讼制度，落实生态补偿和生态环境损害赔偿制度，实行生态环境损害责任终身追究制，对环境违法行为"零容忍"。

第四，"建立生态安全网络体系，严守基本生态控制底线"：生态安全体系建设。

深圳提出"建立生态安全网络体系，维护自然生态系统的连通性和完整性"生态安全观，以维护生态系统连通性、完整性为原则，建立运行有效的生态安全网络体系，为构建美丽深圳奠定生态安全基础。

以生态系统良性循环和环境风险有效防控为重点。2005年，深圳颁布

《深圳市基本生态控制线管理规定》，打造风险有效防控的多层次生态环境体系。生态控制线既是生态保护红线，也是不容触碰的生态安全底线。2014年，深圳发布的《中共深圳市委深圳市人民政府关于推进生态文明、建设美丽深圳的决定》中提出打造"生态安全网络体系"，构筑良性循环的生态系统必须增强生态产品生产能力，统筹好生产、生活和生态三者关系，打好大气污染防治、水污染防治和土壤污染防治三大攻坚战。

实施山水林田湖草系统保护修复工程。山水林田湖草是生命共同体，生态保护和修复必须进行综合治理。深圳坚持统筹兼顾、多措并举、整体施策，实施重要生态系统保护和修复重大工程，扩大湖泊、湿地面积，保护生物多样性。生态保护修复已结出累累硕果，每年冬季，10万只候鸟飞临深圳湾红树林湿地过冬，万鸟翔集的壮观场面成为手机"朋友圈"一道美丽风景。深圳扎实开展生态保护修复，划定并严守生态保护红线，面积占全市陆域面积的20.11%，比例在珠三角核心6市最高；22.5%的陆域面积纳入自然保护地保护，提前实现《生物多样性公约》2020年17%的目标。

筑牢生态安全屏障。按照《深圳市国家森林城市建设总体规划（2016—2025）》要求，2016年到2025年深圳市规划修复或新建11条生态廊道，构建互联互通城市生态安全屏障，广泛种植适合鸟类和其他野生动物栖息的乡土树种。2016年3月，市政府正式批复挂牌成立深圳湾湿地公园、华侨城湿地公园等8个市级湿地公园，共1172.3公顷重点湿地的保护。生态廊道与湿地公园建设是深圳生态安全方面较有特色且走在全国前列的生态建设，另外诸如生态景观林带建设、万里碧道建设等无不为深圳构筑生态安全提供重要支撑。

生态文明体系是习近平生态文明思想指导实践的具体成果，对推进绿色发展、解决突出环境问题、加大生态系统保护力度、改革生态环境监管体制具有重要促进作用。生态文明五大体系相辅相成、相互促进，生态文化体系是灵魂，生态经济体系是基础，目标责任体系是抓手，生态文明制度体系是保障，生态安全体系是底线，共同构成生态文明体系系统工程。加快构建生态文明体系，对深圳经济社会发展作用显著，为实现深圳生态环境质量"跟跑""并跑""领跑"三阶段发展目标奠定基础。

第五，"提升生态环境质量，建设宜居生态城市"：目标责任体系建设。

目标责任体系建设以改善生态环境质量为核心。深圳提出"提升生态环境质量，建设宜居生态城市"目标，与习近平总书记提出构建以改善生态环境质量为核心的目标责任体系高度契合。

完善目标评价考核制度。生态环境保护能否落到实处，关键在领导干部。如果领导干部不负责、不作为，环保意识不强、履职不到位、执行不严格，生态文明建设必然会流于形式，难以达到改善生态环境的目的。近年来深圳开展干部专项考核，将生态文明建设考核列为全市七项"一票否决"考核之一，被新华社称作"生态文明建设第一考"。深圳实施"指标革命"后，通过牢固树立制度权威，将领导干部生态观念牢固落实到生态环境保护的各个环节，切实将深圳生态环境质量提升上去。

建立责任追究制度。深圳在健全问责机制方面同样重拳出击，已构建深圳生态环境保护分责、定责、追责的制度体系，树立鲜明绿色发展导向。在责任追究上，深圳明确市委和政府主要领导是本地区生态环保第一责任人。对工作不力、履职缺位等导致污染事件发生的，要对主要领导和分管领导实施问责。与此同时，打造一支政治强、本领高、作风硬、敢担当，始终保持执着和激情的生态环境保护队伍，通过完善和落实激励机制，提振队伍干事创业、担当作为的精气神，当好生态文明建设一线"指挥员"。

生态补偿和生态环境损害赔偿制度。深圳是实施生态补偿制度最早的城市之一，2007年深圳市出台《关于大鹏半岛保护与开发综合补偿办法》，明确通过转移支付方式发放原村民生态保护专项基本生活补助，对大鹏半岛严格保护和限制开发，保障全市生态供给。2015年6月，深圳组建"环境损害鉴定评估中心"，以最严厉法制保护城市生态环境，组建深圳市环境损害鉴定评估专家库，结合环境管理、环境司法等工作需要开展案例研究。深圳的探索对国家生态文明制度建设与改革发挥了积极作用，2017年底中共中央办公厅、国务院办公厅印发《生态环境损害赔偿制度改革方案》。2019年深圳市生态环境局与深圳信隆公司签订深圳市首份生态环境损害赔偿协议，深圳市生态环境损害赔偿改革工作取得显著进步。

深圳经济特区40年发展，也是逐步实现工业化、现代化的过程，40年时间走过了国外一些国际化大都市上百年走完的历程，却没有陷入西方先污染后治理的泥潭,而成为我国生态文明建设的"第一梯队"。其中的思想根源在于牢固树立尊重自然、顺应自然、保护自然的生态文明理念,一定程度上可以说,这种先进生态观念是"第一梯队"的灵魂,正是在这个灵魂指引下,深圳坚持生态优先、绿色发展为导向,通过生态文明制度体系建设,建立起生态安全网络体系,严守基本生态控制底线,从而产生了今天的"第一梯队"的客观现实,这是实至名归的必然结果。

二 40年生态观念变革引领"美丽深圳"建设

时代进步离不开观念引领、实践创新。回顾深圳生态观念变革的历史,是为了总结历史经验、把握历史规律,向建设中国特色社会主义先行示范区奋勇前进。深圳是改革开放前沿,城市发展程度居全国最前列,人均GDP 2007年超过1万美元,2019年超过2.9万美元,发展过程中遇到的阶段性矛盾就其时间节点来说早于全国,发展过程中经历的思想斗争更为复杂激烈。深圳率先尝到经济与环境协调发展结出的硕果,同时也遇到国内大部分城市无法体会的"发展起来以后"的矛盾。"由于特区具有公共属性,试验成果和经验并不为特区所独有,而会在局部试验的基础上全面推广"①,深圳解决发展进程中矛盾的方法对全国具有重大借鉴价值。因此,梳理总结深圳各时期生态观念特征,找到生态优先、绿色发展在头脑中生根、在实践中落地的"生态密码",对准确把握深圳乃至全国生态文明建设内涵具有重大意义。

理解深圳特区40年思想观念的历史演进必须坚持思想引领与实践创新相结合的原则。"历史发展、文明繁盛、人类进步,从来离不开思想引领。"② 深圳经济特区的创建是我们党我们国家在改革开放以来紧扣时代主题、冲破陈旧思想藩篱所进行的重大实践创新,这种实践创新离不开先进思想观念的引领与推动。改革开放之初,深圳被赋予大胆试大胆闯的改革"特权",邓小平强调:"改革开放胆子要大一些,敢于试验,不能像小脚

---

① 陶一桃等:《经济特区与中国道路》,社会科学文献出版社2017年版,第124页。
② 习近平:《为建设更加美好的地球家园贡献智慧和力量——在中法全球治理论坛闭幕式上的讲话》,《人民日报》2019年3月27日。

女人一样。看准了的，就大胆地试，大胆地闯。深圳的重要经验就是敢闯。"①纵观改革开放40多年来的发展历程，思想观念"大胆闯"对中国特色社会主义道路的建设与改革具有重要作用。我们需要明确，物质生活资料的生产是人类"第一个历史活动"和"一切历史的基本条件"②，厘清深圳特区思想观念变迁必须在深圳经济社会发展的历史进程中进行分析与总结，如果仅仅依据思想观念去解释深圳历史发展的进程及其动力，把深圳史归结为"观念史"，将会陷入历史唯心主义泥淖。我们同样需要明确，思想观念又是"直接与人们的物质活动，与人们的物质交往，与现实生活的语言交织在一起的"③。思想观念对实践创新具有巨大的反作用。因此，把握深圳特区40年来生态存在、生态观念、生态实践三者之间的协调互动是深入理解深圳特区40年思想观念历史演进的重要途径和关键所在。

（一）深圳速度时期："以合乎人性的方式去造就环境"

自资本主义大工业开创世界历史以来，"各民族的精神产品成了公共的财产"④。文明的交流互鉴成为中国改革开放以来思想进步与观念创新的重要推动力量。深圳作为中国第一个经济特区，不仅需要冲破旧经济体制的束缚，更肩负解放旧思想、树立新观念的历史使命，这需要深圳站在时代前沿，吸收人类古今中外一切优秀文明成果，更好为社会主义现代化建设服务。正如李光耀所言，"中国不能没有深圳，因为它是中国改革试验田"⑤。深圳勇敢试、大胆闯，将人类农业文明至生态文明的几千年文明史浓缩在短短40年间。人们在为深圳的快节奏发展叹为观止之时，也不禁会问"深圳难道没有经历过生态危机吗？"

1. 生态存在："奇迹"的代价

工业化进程创造物质财富，同时也产生一定程度的生态创伤。中国用

---

① 《邓小平文选》第3卷，人民出版社1993年版，第372页。
② 马克思、恩格斯：《德意志意识形态（节选本）》，人民出版社2018年版，第23页。
③ 马克思、恩格斯：《德意志意识形态（节选本）》，人民出版社2018年版，第16页。
④ 马克思、恩格斯：《共产党宣言》，人民出版社2014年版，第31页。
⑤ 中共广东省委研究室：《广东改革开放决策者访谈录》，广东人民出版社2008年版，第376页。

几十年时间走完发达国家几百年工业化进程，站在中国"巨人肩膀"上成长起来的深圳更用"深圳速度"与"深圳奇迹"不断刷新人们对中国发展速度的认知。经济高速增长的同时，人与自然关系也变得紧张起来。傅高义在赞叹深圳20世纪80年代迅猛发展的同时，也从侧面记述城市建设对生态环境的挤压："仅在短短10年间，农田就为基础设施、工业区、公共设施和私人房屋所代替，足以容纳一个波士顿的人口。"[①] 深圳特区初创时期，由于发展速度过快，城市建设摊子越铺越大，相应的生态环境保护却明显滞后。

"三来一补"贸易模式不断逼近生态环境底线。特区兴办之初，基础设施薄弱，工业配套能力不足，处于"无资金、无技术、无人才、无渠道"的尴尬境地，"三来一补"是深圳迅速崛起的唯一选择。深圳利用毗邻香港、土地充足、劳动力资源丰富优势，抓住香港工业转型，传统加工业向内地转移的历史机遇，大量引进"三来一补"企业，确立"以工业为主，工贸并举综合性经济特区"发展定位，以工业带动经济，实现农业社会向工业社会的转型，但环境污染随之而来。20世纪80年代初期，工业废水废物排放较多，印染、皮革加工、造纸等行业污染严重且没有防治设施。80年代中期，电力、建材、电子工业项目大量建成投产，工业废气废水废物废液排放增加。深圳人口规模不断扩大，生活垃圾、生活污水每年增加10％。"三来一补"模式有其时代合理性，但属经济低端增长方式，不仅耗费大量人力物力，且对生态环境的破坏决定其无法长期运行。深圳意识到传统发展模式难以为继后，逐步走上人口资源环境相协调的发展道路。

"工业为主"发展定位使生态边缘化趋势出现。城市发展定位应是落实国家战略意图，把握自身发展规律，统筹生产生活生态后综合考量的慎重选择。首先，深圳特区创建是改革开放的直接结果，是国家战略安排的"结晶"。因此贯彻落实中央对深圳"以工业为主"的发展定位，通过大力发展工业实现经济快速发展是深圳的必然选择。其次，深圳选择"工业为主"是根据自身城市特点与发展规律而定。一个城市在建设初期如果不

[①] ［美］傅高义：《先行一步：改革中的广东》，凌可丰、丁安华译，广东人民出版社1991年版，第111页。

以"工业为主"是很难实现快速发展的。深圳是改革开放的"试验田"和排头兵，快速发展站在改革开放最前沿是其责任和义务，很难想象一个发展速度缓慢的城市如何肩负为改革开放鸣锣开道的重任。最后，统筹生产生活生态是一个城市发展定位必须考量的重要内容。深圳特区建设初期，在统筹生产生活方面是超预期的。解决工业生产方面，深圳通过"三来一补""内引外联"等措施取得长足进步，GDP长期两位数增长；解决百姓生活方面，深圳率先采用以市场为主的浮动定价措施，激发农民积极性，在那个"四季常青吃菜难，海岸线长吃鱼难"的年代满足了一个新兴城市庞大的生活需求。然而，在生态方面却因为时代局限和建设时间紧迫，深圳并没有将其作为重点工作，生态环境出现边缘化趋势。

"深圳奇迹"背后是人类对生态系统的挤压。"人类对环境改造最剧烈的地方莫过于城市，其影响远远超过了城市的范围。城市的发展是环境变化至关重要的根源。"[1] 从只有两条水泥路的边陲小镇到不断刷新"深圳速度"的新兴城市，特区拓荒者们创造了举世瞩目的"深圳奇迹"，也将自然界推到人类对立面。显然，时代局限性无法使当时的深圳意识到城市规模要同资源环境承载能力相适应的道理。有限的环境承载能力和高速发展的经济行为产生的污染负荷不相匹配。特区创办初期，城市发展屡屡突破规划底线，对环境承载力提出严峻挑战。"深圳经济的高速增长，是建立在资源低效率开发利用、人口迅速膨胀以及环境严重透支的基础上"[2]，环境问题成为深圳躲不开、绕不过、退不得而又必须解决的问题。深圳开始着手治理工业企业数量多、分布散、技术差、缺环保的问题，注重科学规划、合理确定产业结构和能源结构，有意识促进经济与环境的健康协调发展。

2. 生态观念：纠正"唯经济论"思维定式

恩格斯认为，思维和意识"是人脑的产物，而人本身是自然界的产物，是在自己所处的环境中并且和这个环境一起发展起来的"[3]。生态观念属生态意识范畴，是生态存在的客观反映，又通过生态实践得以不断深

---

[1] [美]麦克尼尔：《阳光下的新事物：20世纪世界环境史》，韩莉、韩晓雯译，商务印书馆2012年版，第287页。

[2] 乐正：《深圳之路》，人民出版社2010年版，第409页。

[3] 恩格斯：《反杜林论》，人民出版社2015年版，第36页。

化。工业化进程给深圳生态存在带来影响的同时，生态观念也在悄然萌发。因此，深圳在不断解决环境问题以适应经济建设的探索中逐步意识到经济发展不能以破坏生态环境为代价，生态价值对城市长远发展的价值是无法估量的。"既然是环境造就人，那就必须以合乎人性的方式去造就环境"①，这一时期，深圳生态观念具有三个"早"和一个关键性转变的显著特点。

环保意识萌发早。1978年底，中共中央转批国务院环保领导小组《环境保护工作汇报要点》，提出"我们绝不能走先建设、后治理的弯路，我们要在建设的同时就解决环境污染的问题"②。经济发展与环境保护之间的辩证关系开始成为生态领域的核心命题。1979年3月，深圳市革命委员会环境保护办公室成立，负责全市工业"三废"污染防治工作，人员编制5名。1982年1月，深圳市革委会环保办公室更名为深圳市人民政府环境保护办公室。深圳环保办的成立与深圳建市同步，其目的就是为防止在工业"挂帅"情况下造成生态环境严重破坏。虽因人员编制少、城市建设快、工业摊子大、缺少污染防治设施等原因，造成了一定程度的污染，但也为之后的环境保护机构改革奠定了基础。

深圳环保机构成立具有重大意义。首先，环保机构设立早表明深圳尊重客观规律，提前认识到深圳城市发展可能导致严重环境问题，需要认真治理。其次，环保机构纳入政府职能范围凸显深圳具备认真治理环境问题的主观意愿，环保机构的设立在深圳环境保护事业中具有里程碑意义。最后，聚焦工业"三废"，抓住了深圳环境保护的重点，明确了目标和任务，使深圳环境保护工作在正确方向上顺利起步。

"花园城市"建设理念提出早。深圳建市初期，城市规划学习香港，却忽视了城市绿化，高楼林立的同时人均公共绿地面积只有2.5平方米，市区公园只有两个，经济发展与城市绿化极不匹配。1982年，深圳对城市规划布局进行调整，将园林绿化纳入城市整体规划。1983年深圳市领导赴新加坡考察归来后提出将深圳建设成为"花园城市"。1984年2月17日深

---

① 《马克思恩格斯文集》第1卷，人民出版社2009年版，第335页。
② 国家环境保护总局、中共中央文献研究室：《新时期环境保护重要文献选编》，中央文献出版社、中国环境科学出版社2001年版，第2—3页。

圳市委召开常委扩大会议审核《深圳经济特区城市绿化规划方案》，时任市委书记梁湘在会上指出："绿化是现代化城市建设的一项重要内容，要全党动员，全民动手。要开发一片，绿化一片，把深圳建设成一座绿草如茵，林木葱郁，空气清新，环境优美的花园城市。"①拉开了深圳"花园城市"建设的序幕。经过多年绿化建设，深圳先后获得"全国绿化模范城市""国家园林城市""国际花园城市""国家环保模范城市""国家森林城市""中国人居环境奖"等一系列荣誉。其中，深圳在 2000 年赢得了由联合国环境规划署和国际公园协会联合承认的全球城市环境"绿色奥斯卡奖"——国际花园城市，这也是中国大陆第一个国际花园城市。

一流的城市要有一流的环境。深圳及时解决绿化不足缺陷，坚持开发建设和绿化美化同步发展，以"花园城市"建设理念走有中国特色城市发展道路。当年通过小小方案竟能让深圳得享花园城市、公园城市、生态城市等美誉，让"深圳绿"成为深圳人的骄傲，绿色发展成为深圳的城市理念、深圳人的生活观念。

"一把手"做环保主任时间早。"深圳市环境保护委员会成立。"这个算上标点也只有 13 个字的一句话记载于 1986 年深圳大事记中。话语虽简短却透露出深圳环境保护工作的重大变革。1986 年 5 月，深圳市长办公会议研究决定进一步加强对环境保护的工作领导，成立市环境保护委员会。同年 8 月正式成立以李灏为主任的市环境保护委员会，将深圳环境保护工作提高到新的层次，确保在环境综合整治和办理相关事务时，可以充分发挥环委会组织、领导、协调作用，使全市环保工作顺利进行。

如今一个城市的"一把手"亲任环保委员会主任是司空见惯的平常事，但在人们环保意识普遍不高的 30 多年前却是个新鲜事。一个地方事业能不能干好，关键在"一把手"的能力和态度。环境保护事关人民切身利益，事关改革发展稳定，"一把手"必须亲力亲为、亲自动手抓。"一把手"做环保主任能在很大程度上起到带动担当、加油鼓劲的正向激励作用，树立保护生态、爱护环境的鲜明导向。

"唯经济论"向环境与经济相协调的关键性转变。20 世纪 90 年代初，深圳开启第二次建设浪潮，500 多亩红树林被破坏……"深圳速度"在全

---

① 陶一桃：《深圳经济特区年谱 1978—2018》，社会科学文献出版社 2018 年版，第 71 页。

国影响深远，当时的社会环境只强调经济发展，极少谈及环境保护，社会舆论对红树林的破坏并无太大反应。然而，城市生态和自然生态紧密相连，红树林作为生物量巨大的中心区域，不仅保护海岸，还保护树林里栖居的多种类生物，一旦遭到破坏，将是无法估量的损失。

1992年，滨海大道规划建设提上日程，规划方案显示，滨海大道将从红树林保护区穿过，另外400多亩保护区内用地计划建设污水处理厂，后因种种原因暂时搁浅。1994年10月，国土规划部门公布调整方案，红树林仍将被滨海大道一分为二，污水处理厂仍然要建，同时施工队也已进驻红树林。在红树林即将遭到砍伐之际，红树林保护区工作人员向深圳市人大、广东省林业厅提交紧急报告，引起了人大、政协、媒体关注，社会舆论迅速升温，红树林保护问题正式进入公众视野。1995年1月，广东省派出调查组赶赴深圳，与市领导协调后作出抉择：第一，在不影响滨海大道的建设标准、使用功能的情况下，尽量北移；第二，规划国土部门要作出调整方案并进行论证，然后按规定报批。虽然当时深圳发展意识有其时代局限，但不走先污染后治理老路的发展思想已然萌发，红树林保护的最后结果是理想的：市政府将海滨大道的原设计线路北移，以减少对红树林的穿越路段；在穿越处建720米长的高架桥，跨过林地，桥上设置声屏障以减少交通噪声，桥的跨高和屏高都考虑到不妨碍鸟类飞行活动；加强施工监督，预交50万元生态恢复保证金，补偿被占用的部分保护区土地，1995年度又拨款100万元补种红树林苗120亩。①

这件事虽有明确结果，但争议较大，一些政府部门颇有微词，认为应把经济建设放在首位。当时有一位干部说："你红树林不让动，深圳至少损失50个亿。"② 但从长远来看，红树林的生态价值对城市长远发展的价值是无法估量的。早在1990年，薄一波听取深圳负责同志汇报工作后曾说，为什么我们老犯急于求成、经济"过热"的毛病？如果不找出原因，不认真总结和吸取经验教训，不切实克服急性病，国民经济的持续、稳定、协调发展就很难实现，一时实现了，也难以保持。③ "唯经济论"不利

---

① 《深圳经济特区年鉴1996》，深圳特区年鉴社1996年版，第588页。
② 戴北方：《深圳口述史1992—2002》中卷，海天出版社2017年版，第368页。
③ 薄一波：《进一步搞好经济特区的改革开放》，《求是》1991年第19期。

于深圳经济社会持续健康发展，只有经济与生态相互协调促进，才是深圳行稳致远的治本之道。马克思认为，"没有自然界，没有感性的外部世界，工人什么也不能创造"[1]。自然界是人类社会产生、存在和发展的基础和经济发展的前提条件。深圳湾的红树林保护下来，对其周边的宜居环境、投资环境、城市景观，包括现代化城市品位与深圳市综合竞争力都有正向提升。红树林所创造的隐性价值与显性价值对变革深圳"唯经济论"思维定式具有重要作用，同时再次证明马克思、恩格斯所言"从人们意识中消除这些观念，就要靠改变了的环境而不是靠理论上的演绎来实现"[2]的科学判断。如今，福田红树林保护区已经成为深圳的一张生态名片，保护红树林的民间力量开始兴起，红树林湿地保护基金会，各种义工组织的宣传、行动十分有效，大众对红树林保护、生态环境保护的意识明显提高。红树林成为深圳人周末休闲场所和外地游客"打卡"的网红景点，但很多人不知道的是，现在的深圳湾公园，正是当年滨海大道北移前准备做路基的地方改建的。生态文明建设是关系中华民族永续发展的根本大计，保护环境的生态文明观念已深入人心，红树林在深圳民众心中更成为我们这代人能够完整留给子孙后代的宝贵生态财富的重要象征。

环境保护既应"合乎人性"，也应遵循"美的规律"。人与动物的区别在于人有意识地通过实践创造对象世界，改造自然界，在于人"懂得按照任何一个种的尺度来进行生产，并且懂得处处都把固有的尺度运用于对象；因此，人也按照美的规律来构造"[3]。在马克思看来，"美的规律"与人的劳动、实践密切相关，而"按照美的规律来构造"是体现人的本质力量的一种需求。在此意义上，人之所以为人便是人遵循"美的规律"的精神生产作为异化劳动的对立存在。在资本主义条件下，人们遵循资本的逻辑，异化劳动使"人的无机的身体即自然界被夺走了"[4]，生态环境保护往往与"美的规律"相违背；在社会主义条件下，深圳生态环境保护工作更应遵循"美的规律"，从人的内在尺度，即人的现实生存需要出发，把握对象客体的尺度，而非主观随意的盲目构造，为中国生态文明建设先行先

---

[1] 马克思：《1844年经济学哲学手稿》，人民出版社2018年版，第48页。
[2] 马克思、恩格斯：《德意志意识形态（节选本）》，人民出版社2018年版，第40页。
[3] 马克思：《1844年经济学哲学手稿》，人民出版社2018年版，第53页。
[4] 马克思：《1844年经济学哲学手稿》，人民出版社2018年版，第54页。

试，促进人与自然和谐共生。

３．生态实践：长远规划与首创精神

马克思主义认为，环境是人的实践活动的基础，环境的改变必然引起人的改变。然而，实践活动的出发点是人的需要未得到满足，实践的目的是利用改造环境以满足人的需要。那么，如何在满足人类需要的同时，维护环境的可持续呢？这不仅需要国家顶层设计和长远规划，还需要深圳实践创新、群众参与推动。

"加速城市绿化建设"。20 世纪 80 年代初，我国森林覆盖率只有12.7%，在全世界 160 多个国家和地区中排第 120 位。森林少且不断遭到破坏，自然生态失衡严重，难以有效控制水旱风沙等自然灾害，无法保障农业高产稳产，木材和林副产品也十分短缺。1980 年 3 月 5 日《中共中央国务院关于大力开展植树造林的指示》中呼吁："搞好绿化，对于防治空气污染，保护和美化环境，增强人民身心健康也有着重大意义。""加速城市绿化建设，发动群众大力种树、种草、种花，管理好园林绿地，美化市容。"[1] 1982 年 12 月邓小平批示：植树造林、绿化祖国，关系到经济社会可持续发展，关系到亿万人民生存环境。[2] 党中央和邓小平同志在植树造林、绿化建设方面的高度重视与大力推动对深圳市委会决定加速深圳城市绿化建设，建设花园城市起到重要作用。这里不得不赞叹国家对生态环保的大局意识和长远规划，也不得不赞叹深圳落实国家部署推动生态环境好转的态度与决心。

"五不"宣言与"坚决不引进"。一个城市不同的区域应该发展什么项目？工业区引进和推出项目有什么依据？这个放到现在也丝毫不过时的话题早在 20 世纪 80 年代初就在深圳开始提出了。1980 年 12 月，时任总书记胡耀邦视察蛇口，袁庚向胡耀邦汇报蛇口工业区发展情况，谈到蛇口工业区不搞来料加工，不搞补偿贸易，不搞污染工厂，不欢迎陈旧设备，不引进影响外贸出口的工厂。这个著名的"五不"宣言是蛇口对保护生态环境的坚定承诺。蛇口说到做到，1981 年蛇口工业区成立了环境保护监测站，隶属于蛇口工业区管委会，这是中国首家工业园区设立并承担工业区

---

[1] 引自《中华人民共和国国务院公报》，1980 年第 3 号，第 74、76 页。
[2] 高屹：《历史选择了邓小平》，武汉出版社 2012 年版，第 293 页。

环境保护监督管理职能的环境保护检测机构，一直奉行"六个不引进"的政策，其中就包括"不能处理的污染工业项目坚决不引进"。只要该监测站认为污染严重的企业和项目，即便利润再高，也不允许进入工业区。即使在蛇口工业区第二次创业的过程中，招商引资仍坚持"六个不引进"。蛇口自觉把生态环保意识贯穿到工业区经济发展全过程，并不因发展遇到困难而降低标准，生态观念领全国风气之先。

从"吃皇粮"到市场化运作。1984年7月，我国第一家专业清洁服务公司——深圳市日新清洁服务公司成立，公司自负盈亏，对外实行有偿服务，率先打破我国环卫部门"吃皇粮"的传统运营模式，推动深圳环卫工作走上市场化运作、企业化经营、社会化服务和产业化发展的道路。之后，深圳市环卫服务市场逐渐开放，创我国环卫事业之先河。1995年，国家建设部根据深圳等城市经验，制定了《全国环卫各工种劳动定额》，将环卫"承包制"在全国推广。凡事有果必有因，深圳环卫市场化运作的起因却有些一言难尽：1984年南唐农贸市场环卫工人罢工两天，导致垃圾遍地、臭气熏天。罢工原因一是因为环卫工人人手不足，垃圾量却每年递增；二是特区每天无偿代运单位垃圾占市日产垃圾量的40%，人手不足又要无偿代运，环卫工人每天劳动量大又挣不到多少钱，只能罢工抗议。这一事件倒逼深圳环卫改革，借鉴国外经验，推行有偿服务，闯出一条少花财政钱搞环卫的新路，一举改变深圳环卫"有皇粮吃不饱"的状况。

贫穷是环境问题的主要原因和后果。[①] 特区初创阶段利用"三来一补"贸易模式走"以工业为主"道路迅速发展是深圳压倒一切的大事。我们不能因"三来一补"从深圳淡出而忽视其在深圳发展过程中的历史作用。我们必须树立这样一种观念，这种低技术含量劳动密集型产业是我国向现代化转型时期吸纳大量的低素质劳动力的有效形式，是我国从农业社会转向工业社会的重要桥梁。[②] 深圳肩负为中国改革开放先行探索、为全国各地"摆脱贫困"试验创新的历史责任，因此，在经济社会发展取得重大成就的同时造成一定程度环境污染，以牺牲生态环境为代价换取一时经济发展

---

① 世界环境与发展委员会：《我们共同的未来》，王之佳等译，吉林人民出版社1997年版，第4页。

② 沈杰：《深圳观念变革大事》，海天出版社2008年版，第81页。

是深圳经济社会发展不可避免的"阵痛"。正如恩格斯所言,"无论从哪方面学习都不如从自己所犯错误的后果中学习来得快"[①]。深圳及时发现错误,改正错误,认识到自身"决不像站在自然界之外的人似的去支配自然界"[②],对自然的伤害终将伤害人类自身,才能深刻领会人与自然的和谐共生,最终走上可持续发展与建设生态文明之路。

(二)深圳效益时期:"环境也是生产力"

这一时期,深圳历史使命经历从"试验"探索到"示范"理性思路推广的逻辑发展过程。实践证明,无论"试验"还是"示范",深圳走在中国特色社会主义道路前列,凭借的正是以邓小平、习仲勋为代表的老一辈领导人为深圳注入的"敢为天下先"的"实践基因"。深圳生态观念同样"敢为天下先",在全国率先举起"以高新技术为先导"旗帜,刀刃向内调整自身经济发展方式与产业结构,为生态环境根本性好转奠定基础;利用特区立法权创新符合深圳特点的生态文明建设之路,为生态环境好转提供制度保障。

1. 生态存在:依靠科学保护生态环境

改革开放后,科技在经济社会发展中的地位越来越突出。1983年1月12日,邓小平同国家计委、国家经委和农业部门负责同志谈话时强调:"要大力加强农业科学研究和人才培养。提高农作物单产,发展多种经营,改革耕作栽培方法,解决农村能源,保护生态环境等等,都要靠科学。"[③]"保护生态环境要靠科学"这句掷地有声的话语开启全国生态环境保护科学管理、科学防治的序幕。

高新技术助推产业升级。早在20世纪80年代末90年代初,深圳便出台《关于进一步扶持高新技术产业发展的若干规定》《1990—2000年深圳科学技术发展规划》等一批前瞻性政策、法规及规划,产业开始向高新技术倾斜。90年代,深圳将发展定位为"以高新技术为先导,先进工业为基础,第三产业金融、贸易、信息、运输、旅游高度发展,文化高度繁荣,

---

① 《马克思恩格斯文集》第1卷,人民出版社2009年版,第379页。
② 恩格斯:《自然辩证法》,人民出版社2015年版,第313页。
③ 中共中央文献研究室编:《邓小平年谱(1975—1997)》(下),中央文献出版社2004年版,第882页。

经济效益和生活质量较高的外向型多功能的国家性大城市"。推动经济发展方式由高污染高能耗高排放劳动密集型和资源密集型向高端、高附加值技术密集型和知识密集型转变。1995 年，深圳第二次党代会发出"二次创业"号召，调整产业结构被放到突出位置。2001 年 7 月，深圳颁布《中共深圳市委关于加快发展高新技术产业的决定》，明确高新技术产业战略性支柱产业地位并将其写入国民经济和社会发展第十个五年计划。产业升级和发展方式转变瞄准污染根源釜底抽薪，是深圳在创造金山银山的同时保住绿水青山的关键因素。

科学发展观破解科技"双刃剑"。科技是柄"双刃剑"，在给人类带来福祉的同时，也会对人类生存环境带来破坏。对于科技的负效应，马克思十分清醒："技术的胜利，似乎是以道德的败坏为代价换来的。随着人类愈益控制自然，个人却似乎愈益成为别人的奴隶或自身的卑劣行为的奴隶。"[①] 科技作为人类改造自然的中介，对生态环境恶化起直接作用。人类需要科技，但我们不能在纯粹功利层面运用科技，这会导致自然的物化，进而导致人与自然的对立，这就需要一种科学的发展理念约束人类对自然的物化倾向。科学发展观是立足我国国情，总结我国发展实践，适应我国发展需求的重大战略思想。2005 年 12 月，《国务院关于落实科学发展观加强环境保护的决定》颁布实施，提出用科学发展观统领环境保护工作的基本原则，正确处理环境保护与经济发展和社会进步的关系，在发展中落实保护，在保护中促进发展，坚持节约发展、安全发展、清洁发展，实现可持续的科学发展。21 世纪以来，高强度开发建设造成的资源环境问题在深圳集中爆发，资源环境对经济社会发展的制约效应不断加剧，"四个难以为继"矛盾日益突出。深圳要在新的历史阶段实现更大发展就必须以科学发展观为指引，探索和形成破解资源环境约束对策。2006 年 12 月深圳市人民政府印发实施《深圳生态市建设规划》，又在 2007 年 1 月深圳一号文件《关于加强环境保护建设生态市的决定》中提出生态立市，全面落实科学发展观，突出环境保护战略地位，建设充满活力的可持续发展生态市，环境保护被提到前所未有的战略高度。

科学规划城市，实现最大效益。建设环境优美的城市，必须坚持"规

[①]《马克思恩格斯文集》第 2 卷，人民出版社 2009 年版，第 580 页。

划先行"原则。规划在城市发展中居于核心地位，规划先行，不仅是现代城市建设的一般规律，也是深圳推进生态文明建设的一条基本经验。早在深圳初创时期的1981年4月，国务院副总理万里考察深圳时就曾强调：建设一个城市，首先要把总体规划搞好，总体规划批准了就是法律。① 经过多年的观念演进与实践探索，2004年9月，时任市长李鸿忠指出："高品位生态城市的概念，首先要从规划上体现出来。安排项目也好，布局产业也好，首先都要进行严格的环境评价，都要考虑其生态影响，凡是违背我们建设生态城市理念和目标的，经济效益再大，也要坚决下马。"② 此时，深圳已开始实施环保一票否决制度，即是说，深圳城市规划不仅重点考量经济发展，更将生态环境考量比重大幅提升。城市规划事关深圳人切身利益，规划不好所有人都是受害者，因此深圳对城市科学规划的重视一以贯之、一脉相承，从1980年8月市委常委会通过《深圳城市建设总体规划》确定深圳城市性质，提出建立没有污染的工业③，到2019年《深圳市建设中国特色社会主义先行示范区的行动方案（2019—2025年）》中对城市未来发展的重点谋划，其实质均是秉持习近平总书记所强调的："考察一个城市首先看规划，规划科学是最大效益，规划失误是最大浪费，规划折腾是最大忌讳。"④

2. 生态观念：转变思想，实现"天更蓝、水更清、地更绿"

这一时期，深圳处于爬坡过坎的关键期。厉有为在深圳第二次党代会上的报告中指出："经济发展的质量和效益有待提高。产业结构还不尽合理……水土流失严重，环境治理的任务还相当繁重。"⑤ 深圳开始从追求发展速度向可持续发展转变，生态观念不断更新，可持续发展能力不断增强，率先走上生产发展、生活富裕、生态良好的发展道路，进一步体现出法律法规意识强、助推发展能力强、国际化意识强等特点。

---

① 陶一桃：《深圳经济特区年谱1978—2018》，社会科学文献出版社2018年版，第24页。
② 李鸿忠：《实践科学发展观建设环境优美的生态城市——在生态园林与城市可持续发展高层论坛上的演讲词》，《风景园林》2004年第54期。
③ 陈一新：《规划探索：深圳市中心区城市规划实施历程（1980—2010年）》，海天出版社2015年版，第25—26页。
④ 《十八大以来重要文献选编》（下），中央文献出版社2018年版，第81页。
⑤ 《厉有为文集》（上），海天出版社2010年版，第298—299页。

一切按法律法规办。生态思想观念落地实施，离不开法律法规的保驾护航。利用特区立法权自主创新是深圳改革创新先行先试的一柄"利剑"。深圳特区申请立法权初衷是在试验社会主义市场经济的进程中引进法律保障，让投资者放心进入深圳市场。同时，深圳特区的改革走在全国最前列，很多领域是"试吃螃蟹"的第一例，国家不可能为深圳单独立法，这也决定了深圳必须自己拥有立法权，才能更好为改革试验修桥铺路、为国家立法先行先试。深圳充分发挥毗邻香港、澳门的地理优势，借鉴吸收港澳生态环境保护先进观念、合理制度，积极探索深圳特色的绿色高质量发展之路。按照地方环境法与上位法之间的关系，可以将地方环境立法分为执行型地方环境立法、填补型地方环境立法和试验型地方环境立法。[1] 在深圳现行的168项有效法规（经济特区法规130项）中，生态环保类法规有20多部，先后出台特区环保条例、噪声防治条例、饮用水源保护条例等法规，其中约三分之二是在国家相关法规尚未出台情况下先行先试制定的，可见深圳环境立法多为填补型与试验型立法，先行探索意蕴浓厚。

邓小平1992年南方视察后，深圳充满二次创业的激情，步入发展快车道。与此同时，"前店—后厂"模式使深圳付出沉重环境代价。蛇口沿岸一带的30余家印染厂将附近沙滩全部染黑，产业机构调整迫在眉睫，必须集中打造高新技术产业，淘汰低端、低附加值的环境污染企业。[2] 此后深圳公布《深圳市城市总体规划（1996—2010）》，高科技产业和生态环保被高度关注。回溯历史发现，产业结构向高科技转型给城市带来机遇，但同时对原有体系带来剧烈冲击，触动既得利益。深圳建立经济特区伊始，限于当时的历史条件，吸引来的投资商中不少是低端、低附加值、粗放型、污染环境的企业，例如小电镀厂、小化工厂、小印染厂等，生产中产生的"三废"严重污染环境。这些企业只有两条出路，要么转型升级，要么彻底淘汰。当时的"三来一补"企业是各村集体收入的主要来源，村民们依靠这些企业致富。但从全市层面来看，这些加工企业对深圳未来发展是很不利的，必须将其升级或迁移，这样一来，就会触动各个村

---

[1] 田亦尧：《改革开放以来的地方环境立法：类型界分、深圳经验与雄安展望》，《深圳大学学报》（人文社会科学版）2018年第6期。

[2] 本书课题组在2019年9月26日与厉有为同志座谈，据其口述为53家印染厂。张军：《深圳奇迹》，东方出版社2019年版，第130页。

的利益。当时一些村主任联名写信，向省委、省政府和其他机关状告厉有为，说其主张产业结构调整，淘汰落后企业的做法是侵犯村民利益，破坏安定团结，与广大人民群众唱对台戏。时任省委书记谢非找到厉有为详细了解情况并前往深圳调查低端企业和高新技术企业状况。调查后谢非完全赞成深圳产业结构调整政策并决定在省内推广深圳经验。时光荏苒，历史已证明产业调整的正确性。

"天更蓝、水更清、地更绿"。1998年5月，时任市委书记张高丽在广东省第八次党代会期间举行的记者招待会上提出："通过环境综合治理，使深圳的天更蓝、水更清、地更绿，把更多绿地和空间留给子孙后代。"随后，深圳加大环境综合治理力度，把发展经济和保护环境，维护生态和促进发展等协调发展理念引入深圳社会经济发展的总体目标，在大力治理废气、废水、废物排放的基础上，对城市环保设施增加投入。2000年5月，张高丽在深圳第三次党代会报告中强调："环境也是生产力，只有不断完善城市功能，建设现代化的城市，才能为经济社会的持续发展奠定坚实的基础。"① 深圳以"环境也是生产力"为指导，狠抓环境净化、绿化、美化，真正做到"天更蓝、水更清、地更绿"，率先实现经济与环境协调发展。首先，以全面提高和改善环境质量为出发点，实施环境质量建设工程。深圳颁发《深圳市1998—2005年环境质量建设目标与任务》，确定目标与任务的同时落实相关具体工程项目，为顺利完成环境质量建设任务提供保障。其次，加强法制建设与环境规划。完成《深圳经济特区海域污染防治条例》《深圳市污染物排放许可证管理办法》等规范性文件。最后，全面推行环境保护行政执法责任制。深圳市环保工作取得成效，被国家环保总局、省环保局确定为环保行政执法责任制试点单位。

科技是第一生产力，为人类文明进步提供不竭动力。科技进步与生态危机并存是改革开放以来深圳乃至中国经济社会高速发展的显著特征，而该特征的实质是人与自然关系的异化。马克思认为："工业是自然界对人，因而也是自然科学对人的现实的历史关系。"② 在科技推动下（工业化进程

---

① 《深圳年鉴2001》，深圳年鉴社2001年版，第554页。
② 马克思：《1844年经济学哲学手稿》，人民出版社2018年版，第86页。

中）生成的自然界才是马克思眼中的"真正的、人本学的自然界"[①]。因此，深圳在现代化建设进程中不因科技会产生有损环境的负效应而弱化对科技的开发与利用，而是本着扬长避短、为我所用的态度，有意愿更有能力掌控并解决其负效应，在尊重自然、顺应自然前提下正确运用科技，初步实现深圳人与自然关系的和解。

3. 生态实践：迈上新台阶

正如解剖一只麻雀，可以弄懂其内部结构，做好一个生态试点，对全国生态文明建设会起到关键作用。观念的转变带来实践的突破，深圳积极转变观念，以"摸着石头过河"的勇气、"敢为天下先"的气魄走出生态困境、打破生态僵局，为全国发展方式转型升级和生态文明健康向好先行探索、修桥铺路。

"使经济建设转到依靠科技进步的轨道上"。深圳以科技发展为契机，转变过去牺牲环境发展经济的思路，以良好生态、人文和营商环境吸引生产要素集聚，加快区域要素自由流动，提升国际竞争力。1987年党的十三大报告提出把发展科学技术放在首要位置，使经济建设转到依靠科技进步的轨道上来的号召。根据十三大精神和深圳发展面临的瓶颈，1990年，深圳首次提出大力发展高新技术产业，经济发展方式开始转型，经济效益与环境效益开始有机统一。1995年，厉有为在深圳第二次党代会报告中作出"二次创业"号召，对调整产业结构，发展高新技术产业，保护生态环境起到举旗定向作用。习近平总书记强调："生态环境保护的成败，归根结底取决于经济结构和经济发展方式。"[②] 深圳生态文明建设之路与习近平生态文明思想高度契合，这次产业转型既把握国家经济发展方式调整趋势，也是深圳实现可持续发展的必由之路。

小细节大道理。1999年9月25日深圳化石森林建成仪式在深圳仙湖植物园举行。深圳化石森林是中国第一个用公园形式大量迁地保存硅化木的地方。深圳仙湖植物园工作人员多次赴全国各地调查、商议、谈价，运回500多根化石木并解决好牢固竖立化石木等技术难题，为的是促进市民对生态产生更多了解和兴趣，在历史与文化熏陶中培养市民生态意识。时

[①] 马克思：《1844年经济学哲学手稿》，人民出版社2018年版，第86页。
[②] 《习近平关于社会主义生态文明建设论述摘编》，中央文献出版社2017年版，第19页。

任市委书记张高丽指出:"你们植物园搞化石森林是一个创举,你们要与科研、教学相结合,同时做好科普宣传工作。"① 木化石迁地保存或许只是深圳生态环保领域一个不起眼的小举措,但背后却是深圳生态环保的"大道理""大思想""大观念"。木化石作为深圳生态故事一个"小细节",却能让群众在潜移默化中筑牢生态文明的观念基础,在感受时光魅力、感悟生命变迁中体会生态环境保护的"大道理"。

"走出去才能见识外面世界的精彩"。2000 年 8 月 31 日随着编号为 0344 的中国实验室国家认可委员会(CNACL)"实验室认可证书"送达,全国环保系统第一个与国际接轨的质量管理体系在深圳市诞生。创立与国际接轨的质量管理体系意义重大,一是该体系能够为一个城市环保事业更好发挥千里眼顺风耳功能;二是创建经中国实验室国家认可委员会认证后质量管理体系可使环保监测报告通行全球,在时空上节约更多成本。为何深圳环保检测站会成为全国第一?这是因为时任监测站站长宋强是法国留学归国的博士,一心想为深圳市环保检测站寻求突破。宋强说:"我们站有很多专家……但是我们的质量管理体系还是粗放式阶段,全国这方面也还没有起步,而质量管理体系的建立恰恰是高速公路的最后一公里,是走向世界的最后检查站,走出去才能见识外面世界的精彩。"② 质量管理体系是新生事物,从深圳获颁认可证书开始,开始走进全国环保监测系统视野,至今全国已有 100 多家省市级监测站通过国家实验室认可。

经济与环境协调发展无论何时何地都是一篇大文章。深圳抓住全球产业分工深化的历史机遇,实现跨越式产业升级,从传统农业经济转向工业经济,从劳动密集型"三来一补"转向加工装配型高新技术产业,从深圳加工转向深圳制造,成为中国以高新技术产业为主体的自主创新城市。改革难免经历阵痛,但必须要懂得"改革阵痛,不改革长痛"的道理,做到对矛盾心中有数。深圳规避了珠海提前放弃"三来一补"企业,推动产业结构高级化未果而重走工业化旧路的"产业结构陷阱";也规避了汕头、海南因战略目标定位摇摆而遭受重大发展挫折的深刻教训。"经济特区的

---

① 田丰:《敢为人先:改革开放广东一千个率先·卫生生态卷》,人民出版社 2015 年版,第 302—306 页。

② 田丰:《敢为人先:改革开放广东一千个率先·卫生生态卷》,人民出版社 2015 年版,第 253—256 页。

正反两方面的经验表明,要实现发展方式转变、产业升级,既要注重发挥比较经济优势,奠定工业化基础,又不能陷于保持低成本竞争优势的潜意识之中。"[1] 因此,深圳要的是高质量发展,是高度体现人类文明新成果的生态,而不是发展水平低质量,回到原始社会的纯天然生态,这对中国由工业文明走向生态文明具有十分重大的启示作用。

(三) 深圳质量时期:"以绿色低碳为导向"

人的认识过程是在实践基础上不断深化的发展过程;同时,理论创新又不断为实践提供正确指导。以人为本、全面协调可持续科学发展观的提出,推动我国生态文明建设理念和实践实现新飞跃。深圳紧紧抓住科学发展的历史机遇,结合自身土地、资源、人口、环境"四个难以为继"的严峻困境,作出确立基本生态控制线、生态立市、环保大部制改革等重大发展抉择。

1. 生态存在:"中国最具活力的可持续发展生态城市"

发展是第一要务,但发展一定要科学发展。深圳在学习与落实科学发展观的过程中,时刻牢记发展以人为本,发展为人民群众的利益与需求服务的根本目的。2005 年率先提出"基本生态控制线",划定生态红线;2006 年底出台并实施《深圳生态市建设规划》,提出"构建自然宜居的生态安全体系、循环高效的经济增长体系、集约利用的资源保障体系、持续承载的环境支撑体系和环境友好的社会发展体系"五大体系;2007 年初印发《关于加强环境保护建设生态市的决定》,为生态市建设提供了一系列实施保障。

直面"四个难以为继"。2005 年 11 月,深圳市颁布实施《深圳市基本生态控制线管理规定》。基本生态控制线是为保障城市基本生态安全,维护生态系统科学性、连续性、完整性,防止城市建设无序混乱,在尊重城市自然生态系统和合理资源环境承载力的前提下,结合深圳实际划定的生态保护范围界线,对基本生态控制线范围内的土地强制性地进行保护,接受全社会监督。此举是贯彻科学发展观,直面深圳"四个难以为继"的具体举措,是实施市委、市政府确定的建设生态城市战略目标下的具体行

---

[1] 陈夕:《中国共产党与经济特区》,中共党史出版社 2014 年版,第 71 页。

动，对深圳未来可持续发展影响深远。

生态立市。《深圳生态市建设规划》和《关于加强环境保护建设生态市的决定》先后发布，意味着深圳重点关注城市未来发展面临的人口、资源与环境紧约束，意在通过构建高效和谐发展载体和全社会共同参与平台，激发城市发展内生动力，突破未来发展瓶颈，维护城市生态平衡，进而将深圳建设成为"中国最具活力可持续发展生态城市"。深圳是"中国最具活力"经济城市，但要在可持续发展与生态领域成为"中国最具活力"城市就必须在新世纪新阶段切实探索和形成破解资源环境紧约束的科学发展对策，将环境保护纳入经济社会发展主战场，在推动自主创新、发展循环经济、加强环境保护多方发力基础上，脚踏实地进行生态城市建设。

大环保工作格局形成。2009年深圳推进国家综合配套改革试验区建设，在全市层面推进大部制改革。深圳市人居环境委员会在原深圳市环境保护局基础上成立，成为负责全市人居环境工作的政府组成部门，"攥指成拳"统筹环境治理、水污染防治、生态保护、建筑节能、污染减排、环境监督等工作，坚持"大部制、大环境、大服务"模式，细化归口联系工作机制、统筹协调机制、法制政策标准保障机制、科技保障机制等人居环境工作机制。在"大部制"方面，建成一个完整人居环境工作系统，在体制上运行1+3大部门体制，在机制上实行决策、执行和监督相互制约又相互协调的机制，有效发挥促进经济发展与人口、资源、环境相协调和开展生态文明建设基本功能。在"大环境"方面，从人的生存发展的生产环境、生活环境与生态环境进行统筹，将生态建设、环境保护、住房发展、绿色建筑、宜居城市纳入工作重点，突出以人为本价值观念，着力改善民生。在"大服务"方面，突出加强公共关系和公共服务职能，着力解决群众最关心、最直接、最现实的人居环境问题，不断提升环境公共服务水平，打造服务型政府。

2. 生态观念：以"红线意识"推动生产、生活、生态协调互动

生产、生活、生态三者协调互动是全面建设小康社会的关键，这一时期，深圳更加注重以"红线意识"强化生产生活生态内在联系，优化生产生活生态融合发展，让生产得到更有质量的提升，

让市民享受更有品质的生活，让城市实现更可持续的发展。

以"红线意识"实行"土地革命"。当年以制造业为主的低附加值产业给深圳带来繁荣的同时,也消耗了大量的土地。数据显示,从1986年到2000年,深圳GDP每增长1亿元,土地资源消耗就相应增长24万平方米;而同期香港GDP每增长1亿港元,建设用地相应增长仅为2000平方米。虽然深圳努力转型,向土地集约的高科技产业发展,但是深圳的土地已经被过去的发展消耗掉大部分,未来可供开发的土地少之又少。可以说,深圳建设初期的高速发展是以大量消耗土地等自然资源推动城市化的发展模式,这虽不能完全被称为是在私有财产和金钱的统治下形成的自然观,但仍是对自然界的蔑视和贬低。[1] 按照国际惯例,国土开发强度的生态宜居线是20%,警戒线是30%,超过警戒线会威胁到人类生存环境,而深圳土地开发强度已经超过50%。[2] 因此,划定一条生态保护红线的"土地革命"势在必行、刻不容缓。深圳市从2002年10月开始进行《深圳市近期建设规划（2003—2009）》的编制工作,其"工作内容"和"十大行动"的第一条均为"划定城市生态控制线"。2005年11月,《深圳市基本生态控制线管理规定》开始实施,974平方公里土地被列入其中,约占全市陆地面积的50%,这是国内首个划定基本生态控制线的城市,是国内第一条真正意义上的"生态红线",开启了我国探索城市生态用地管理的序幕,率先实现人类与自然的和解。整整8年后的2013年11月,党的十八届三中全会明确提出"划定生态保护红线",这是该提法首次在党中央文件中正式出现,自此,坚守生态红线成为全国生态环境保护的刚性要求。

央视纪录片《深圳故事》中提到一个民间说法:深圳有两个王,都该被拉出去枪毙。一个王芃,时任深圳市规划局局长,2005年在深圳划出一条全国最早基本生态控制线,严格限制线内土地开发建设;另一个王是时任机构编委会办公室主任王敏,负责搞大部制改革方案消减三分之一机构。这透露出深圳在划定生态控制线上触及利益关系之多、打破利益藩篱之广,已被人称为"罄竹难书"了。然而这类动人家奶酪的事也是"特区"先行、探索、试验的意义所在。早在2004年,深圳就面临土地、资

---

[1] 参见《马克思恩格斯文集》第1卷,人民出版社2009年版,第52页。
[2] 张军:《深圳奇迹》,东方出版社2019年版,第330页。

源、人口、环境"四个难以为继"的严峻困境,其中土地空间资源紧缺问题尤为突出。2005年深圳在总共1997平方公里土地上,一刀将974平方公里切进生态控制线,为全国首创。重视生态保护理念贯穿在深圳城市发展始终。深圳在保留900多平方公里生态空间的同时创造了全国地均GDP第一的高效生产空间。深圳优化城市规划布局,形成独具特色的"三轴两带多中心"组团结构。以组团隔开各个片区,限定城市增长边界,减轻生态环境压力,形成集约高效生产空间、宜居适度生活空间、山清水秀生态空间。

  以生产发展为基础促进产业转型。生产发展是实现生活富裕、生态良好的必要条件,离开它,生活富裕无从谈起,生态良好也将失去意义。自特区创建以来,深圳始终坚持以经济建设为中心,以发展为第一要务,毫不动摇推动经济社会持续健康发展。但深圳倘若仍依靠加工贸易吸纳大批劳动力,以低要素成本拉动经济指标为经济发展推动力,那么深圳将继续停留在赚取"加工费"的初级阶段,这种摊大饼消耗自然资源的方式在自然资源用完后必将导致四个甚至更多的"难以为继"。生态文明建设必须建立在生产力高度发展,生产方式根本变革的基础之上。在生态文明的视野中,生产发展既是物质财富的增加和生活水平的提高,也是人与自然的和谐相处,使能源资源得到合理而集约的利用、生态环境得到保护和优化。[1]"深圳质量"作为发展理念的变革,所引领的就是高质量发展,其中,生产发展的变革是基石,引领发展质量全面升级。"实行经济增长方式的根本性转变,就是要摆脱对物质资本积累和自然资源的过分依赖,克服经济增长的资源环境瓶颈,主要通过技术进步、人力资本积累和提高资本使用效率来实现可持续、高质量的经济增长。"[2] 从"深圳速度"到"深圳质量",说明深圳经济社会发展已到由"量变"转向"质变"的关键阶段,存在的结构性问题和矛盾开始凸显,需要一场解决矛盾、回归平衡的变革,而变革的突破口就是生产发展的质量变革,这种变革不仅是解决当前深圳经济社会发展中存在的质量问题的变革,同时也是全方位提升质量意识和质量文化的一种变革。生产方式变革同样关键。马克思主义认

---

[1] 张云飞:《唯物史观视野中的生态文明》,中国人民大学出版社2018年版,第538页。
[2] 李鸿忠:《落实科学发展观 建设和谐深圳效益深圳》,《求是》2005年第16期。

为，物质生活生产方式制约着整个社会生活、政治生活和精神生活的过程。龙叶先、曾国屏从生产方式角度考察深圳30年产业创新和城市发展后得出结论：深圳的发展表明，谁最先顺应与把握新的生产方式变革，谁就可能从创新的"沙漠"成为创新的"绿洲"。[①] 深圳是改革开放的排头兵，肩负引领中国在激烈的国际竞争中占据主动地位的责任，就必须有强大的经济实力做后盾，就必须依靠生产的快速发展。离开生产发展，深圳矛盾与问题就无法得到根本解决。

以共同富裕为目标提高人民生活水平。生产发展的目的是提高人民群众的生活水平，实现更高水平上的生活富裕，最终实现共同富裕；生态良好的目的是增强发展的"内部造血能力"，将生态效益最大化地转化为长远的经济效益，最终指向仍是实现人民群众生活富裕。邓小平曾说过："我们的政策是让一部分人、一部分地区先富起来，以带动和帮助落后的地区，先进地区帮助落后地区是一个义务。我们坚持走社会主义道路，根本目标是实现共同富裕，然而平均发展是不可能的。"[②] 如果发展不以生活富裕为指向、为依归，不但失去意义，也会失去动力；如果自身发展、富裕起来，却不能帮助落后地区共同发展、共同富裕，那也不是党和国家创办深圳特区的初衷。深圳历史经验充分表明，什么时候正确反映和代表了最广大人民的根本利益，使人民群众的生活水平能够逐步得到提高，我们的事业就会兴旺发达；反之，就会遭受挫折。因此，在发展中一定要牢牢把握住实现人民生活富裕这一落脚点，并以此来校正和调整发展的方向、速度以及方式、方法等，正确处理眼前利益与长远利益、局部利益与整体利益等关系，立足于实际情况作决策，着眼于群众需要谋发展。

以生态良好为保障统筹"三生"布局。生态环境是人类生存的物质空间，也是生产发展、生活富裕的前提保障和重要依托。生态环境受到破坏，发展失去保障，生活失去依托。毋庸讳言，"深圳速度"时期，深圳的生产生活对自然资源的消耗较大，对生态环境的污染和破坏较为严重。在付出高昂代价后，保护和改善生态环境、走可持续发展之路已成为深圳

[①] 龙叶先、曾国屏：《生产方式与产业创新和城市发展——以深圳发展"奇迹"的解释为案例》，《自然辩证法研究》2011年第11期。

[②] 《邓小平文选》第3卷，人民出版社1993年版，第155页。

全市上下的共识。固然，发展需要人力、物力、财力的投入，需要付出一定代价，但这种代价不能建立在对生态环境的破坏上。"从人对自然的建设性作用的层面来看，生态良好就是要通过生态环境技术来形成一个人口适度型的社会、资源和能源节约型的社会、环境友好型的社会、生态安全型的社会和灾害防减型的社会，为社会主义和谐社会提供良好的自然生态环境基础和条件。"① 尤其是在深圳这样一个人多地少的城市里，如果不注重生态环境的保护和改善，片面地追求生产发展和生活富裕，竭泽而渔，杀鸡取卵，不但难以为继，而且会事与愿违。深圳的城市发展必须把握好生产空间、生活空间、生态空间的内在联系，实现生产空间集约高效、生活空间宜居适度、生态空间山清水秀。因此，重视可持续发展，贯彻新发展理念，既是明智之举，也是必由之路。

自然地理环境是人类生产生活的自然基础，合理利用自然资源，尊重自然规律，才能在最适合人类本性条件下进行人与自然之间的物质变换。习近平总书记强调："只有尊重自然规律，才能有效防止在开发利用自然上走弯路。"② 尊重自然规律，合理开发利用自然正是"人不负青山，青山定不负人"③ 背后的道理所在。"我们对自然界的整个支配作用，就在于……能够认识和正确运用自然规律。"④ 以"红线意识"推动生产、生活、生态协调互动彰显出深圳经济社会发展进程中对自然规律的极大尊重和正确运用。恩格斯说："我们不要过分陶醉于我们人类对自然界的胜利。对于每一次这样的胜利，自然界都对我们进行报复。"⑤ 道出了"人负青山，青山定负人"的自然规律，深圳"四个难以为继"何尝不是自然界对我们进行的报复呢？面对自然界的报复，深圳要做的不是变本加厉违背生态平衡，而是补齐生态环境"欠账"，算好生态保护"长远账"，制定经济社会可持续发展"整体账"，更好为我国可持续发展积极探索、创造经验。

---

① 张云飞：《唯物史观视野中的生态文明》，中国人民大学出版社2018年版，第544页。
② 《习近平关于社会主义生态文明建设论述摘编》，中央文献出版社2017年版，第11页。
③ 《扎实做好"六稳"工作落实"六保"任务 奋力谱写陕西新时代追赶超越新篇章》，《人民日报》2020年4月24日。
④ 恩格斯：《自然辩证法》，人民出版社2015年版，第314页。
⑤ 恩格斯：《自然辩证法》，人民出版社2015年版，第313页。

3. 生态实践：生态文明新行动

观念在促进发展方式转变的同时，必然带来体制不断变革。自党的十七大明确提出建设生态文明以来，深圳率先进行环保"指标革命"，率先发布全国首个围绕生态文明城市建设的地方政府文件，率先贯彻落实生态文明战略部署，推动经济社会可持续发展，实现美丽与发展双赢。

生态文明建设第一考。2007年，深圳在全国率先进行环保"指标革命"，将环保实绩考核与干部选拔任用挂钩，目的就是纠正有些领导干部"重经济轻环保"的错误观念和做法，有效调动各级领导推动环保工作的积极性和主动性，增强环保工作的责任感和紧迫感。深圳市自2007年开展环保实绩考核，2013年率先开展生态文明建设考核以来，生态文明建设考核制度已坚持推进十几年，取得的成果有目共睹，被新华社誉为"生态文明建设第一考"。深圳政绩考核的指挥棒，越来越清晰地指向生态文明建设。每年6、7月份，年度深圳生态文明建设考核都会如期举行，考核对象为全市10个区、17个市直部门和12个重点企业的"一把手"，考核结果作为领导干部政绩考核和选拔任用的重要依据，且考核标准不断改革完善。十几年来深圳市生态文明建设考核制度已经成为生态文明建设的创新品牌，在改善深圳市生态环境质量、提升领导干部科学发展意识、推进生态文明建设方面发挥了重要作用。

"1980"文件出台。党的十七大报告旗帜鲜明提出建设生态文明和让生态文明观念在全社会牢固树立。生态文明作为全面建设小康社会奋斗目标的新要求被列入党的正式文献。2008年3月为贯彻落实十七大精神，深圳颁布《深圳生态文明建设行动纲领（2008—2010）》，以生态文明理念全面带动深圳城市建设管理和发展思想大解放，按照生态文明标准和要求，从科学谋划城市功能布局、推进节能减排和生态建设、优化城市资源管理、提升人居环境质量四个方面入手，打造精品深圳、绿色深圳、集约深圳和人文深圳。这一文件及9个配套文件和80个生态文明建设工程系列文件，被称为"1980文件"，是全国首个专题围绕生态文明城市建设而发布的地方政府文件。纲领实施后效果立竿见影，2010年深圳万元GDP能耗和水耗分别为0.51吨标准煤和20.3立方米，相当于全国平均水平的二分之一和十分之一。2010年二氧化硫、二氧化氮、可吸入颗粒物年均浓度分别比《纲领》实施前的2007年下降109%、20%、

12.3%，年均降尘量 36.6%。

"着力提升生态发展质量"。2011 年 1 月，深圳市人民政府工作报告中论述"十二五"时期深圳由"深圳速度"向"深圳质量"跨越思路，提出围绕"深圳质量"努力做到"六个着力"，其中"以绿色低碳为导向，着力提升生态发展质量"是深圳以可持续发展能力领先全国为目标作出的庄严承诺。首先，以节能减排为目标降低资源环境代价。为抓住低碳发展的战略机遇，率先建立新的标准体系和竞争规则，抢占发展先机应对全球气候变化，建设低碳型、节约型政府，引导全社会树立低碳理念，形成绿色生产生活方式，率先建成资源节约型、环境友好型城市。其次，以环境治理为抓手改善城市人居环境。深入开展水环境和大气环境综合治理，全面完成深圳河、观澜河、龙岗河、坪山河干流综合整治，逐步修复河流生态系统，改善大气环境质量，率先实现垃圾全程分类收集处理，努力打造碧水蓝天的人居环境。最后，以生态建设为依托维护城市生态平衡。严格保护基本生态控制线，构建"四带六廊"生态安全体系，保障城市基本生态空间和生态功能，让市民享受到更多的绿色福利。

无序开发定会遭到自然无情报复，友好保护必将获得自然慷慨回报。深圳曾因无序开发而遭受自然无情报复，更因友好保护而获得自然慷慨回报。人们容易看到深圳生态实践结出的累累硕果，却不易察觉推动环境保护发展的生态观念引领。人的生态思维的培育，有利于构建节约型社会，促进资源与生态系统的和谐稳定。[①] 解放思想、更新观念，生态文明建设才能有汩汩流动的源头活水。没有观念的引领，就不可能有如今看得见山、望得见水、群星闪烁、鱼翔浅底的美丽深圳。

（四）深圳新时代："发展观的一场深刻革命"

党的十八大作出把生态文明建设"融入经济建设、政治建设、文化建设、社会建设各方面和全过程"[②] 的决定，凸显生态文明建设在中国特色社会主义事业中的重要作用。2014 年 4 月深圳发布《中共深圳市委深圳市

[①] 包庆德：《绿色视界：生态思维与节约型社会》，《自然辩证法研究》2006 年第 3 期。

[②] 胡锦涛：《坚定不移沿着中国特色社会主义道路前进　为全面建成小康社会而奋斗——在中国共产党第十八次全国代表大会上的报告》，人民出版社 2012 年版，第 39 页。

人民政府关于推进生态文明、建设美丽深圳的决定》，为深圳建成生态经济发达、生态制度健全、生态文化繁荣、生态格局完善、生态环境优良的国家生态文明示范城市和美丽中国典范城市奠定基础。

1. 生态存在：生态文明建设融入经济、政治、文化、社会建设

落实新发展理念。新发展理念更加注重形成人与自然和谐共生现代化建设新局面。深圳毫不动摇促进绿色、循环、低碳经济健康发展，促进环境保护与经济发展协调统一，一以贯之破解发展难题、增强发展动力、激发发展优势。大力发展科技引领的环境友好型产业，淘汰高污染高能耗低效产业，是深圳将生态文明建设融入经济建设的重中之重。十八大以来深圳着力培育绿色技术创新龙头企业和典型示范企业，发挥绿色技术创新市场化示范效应，充分发挥企业在绿色转型和创新中的作用。美国学者泰勒·奥根通过研究政企关系得出结论：深圳政府支持、引导比亚迪向生态领域聚焦，为其成功作出重要贡献，比亚迪的成功则进一步推动深圳绿色发展的先发优势。[①] 同时深圳通过培育绿色消费市场，积极引导公民践行绿色生活方式和消费模式，倒逼企业提高绿色创新能力。

生态文明制度建设。深圳生态文明建设取得历史性成就，得益于生态文明制度的发展与完善。一是保护制度建设。以实行最严格生态环境保护制度为建设目标，确保污染物源头大幅下降，实现生态环境质量明显好转。二是利用制度建设。利用制度分为自然资源统一确权登记制度、资源有偿使用制度、垃圾分类和资源化利用制度等。三是管理制度建设。深圳在全国率先启动自然资源资产负债表编制试点工作，对林地、城市绿地、湿地、大气等10类自然资源资产实物量价值和生态系统服务价值进行核算。在试点经验基础上，形成《深圳市自然资源资产负债表编制技术规范》。四是责任制度建设。深圳将生态环境保护责任落实为刚性制度规范，落实生态环境保护"党政同责、一岗双责"；健全生态环境监测和评价制度，完善生态环境公益诉讼制度，实行生态环境损害责任终身追究制。十

---

① Ogan, T., Chen, X. M., "The Rise of Shenzhen and BYD-How a Chinese Corporate Pioneer is Leading Greener and More Sustainable Urban Transportation and Development", *The European Financial Review*, 2016, (2): 32-39.

九届四中全会《决定》强调"坚持和完善生态文明制度体系"①。深圳将按照全会部署完善生态文明制度，继续为我国生态文明建设先行先试。

倡导绿色价值观和绿色发展理念。近年来，经过社会各界共同努力，深圳推动绿色价值观与绿色发展理念深入人心，不断消除唯利是图、金钱至上等错误价值观的生成土壤。但也应看到，仍有少数部门对绿色发展认识不到位、工作跟不上，重经济轻环保意识仍较明显，全面形成绿色发展新格局依然任重道远。倡导绿色价值观和绿色发展理念的根本目的是实现经济社会发展绿色转型，深圳通过构建市场导向的绿色技术创新体系，建立系统完备、科学规范的绿色质量标准体系，强力推进能源绿色革命和水土气污染治理，绿色技术、绿色资本、绿色产业有效对接，有序淘汰落后产能，努力实现天蓝、地绿、水清。深圳是能源资源消费大市，尤其要推动绿色转型，加快形成能源节约型社会。

汇聚共建共享的社会力量。夯实生态文明建设群众基础、调动社会环境保护积极性，是画好共建共享生态惠民"同心圆"的关键。垃圾分类，看似只是爱护环境的小努力，实则是践行绿色生活、参与生态文明建设的大作为。实行垃圾分类，既可废物利用、节约资源，也可将有害物及时处理，防止次生污染发生。因此垃圾分类不仅对国民素质提升、社会文明进步有利，更是生态文明建设的重要环节。深圳的城市特点，决定了垃圾分类必定是推动城市可持续发展的重要抓手。深圳以完备设施覆盖保障垃圾分类稳步推进，自 2015 年全面推行垃圾分类以来，全市 3500 多个住宅区和城中村配备 7000 多组垃圾分类投放设施，将居民对垃圾分类的知晓率转化为行动力。深圳经历从住宅区垃圾分类，到"楼层撤桶＋定时定点督导"，再到定时定点分类回收厨余垃圾不断升级的 3 个版本，目前正向推行垃圾处理费随袋征收的 4.0 版本迈进。

2. 生态观念：满足人民"优美生态环境需要"

习近平总书记强调："推动形成绿色发展方式和生活方式，是发展观的一场深刻革命。"② 生态环境问题归根结底是发展方式和生活方式问题。

---

① 《中共中央关于坚持和完善中国特色社会主义制度 推进国家治理体系和治理能力现代化若干重大问题的决定》，人民出版社 2019 年版，第 31 页。

② 《习近平关于社会主义生态文明建设论述摘编》，中央文献出版社 2017 年版，第 36 页。

引领绿色发展方式。抓创新就是抓发展，谋创新就是谋未来。深圳不仅在六届九次全会上将"创新"列为"九大战略任务"之首，更在历次市委全会中多次强调、常抓落实。以第六次党代会为例，深圳六届一次全会强调努力让改革创新大旗在深圳经济特区继续高高飘扬；六届二次全会强调加快建成现代化国际化创新型城市，当好创新驱动发展"领头羊"；六届五次全会提出以更大力度实施创新驱动发展战略；六届七次全会提出着力推进以科技创新为核心的全面创新……六届十一次、十三次全会继续强调把创新作为城市发展主导战略。由此可以看出，"创新"是深圳市委市政府始终不变的工作主题和发展抓手，扭住创新就扭住了新发展理念、高质量发展的"牛鼻子"。经济结构调整和产业升级必然推动生态环境保护事业的巨大变革，绿色经济、低碳经济、循环经济的发展根本还在于科技的创新发展。习近平总书记指出，深圳在科技创新方面是全国的一面旗帜。[1] 如何发挥深圳的"创新旗帜"作用，王伟中给出应对策略：对标最高最好最优，瞄准高端高新，深入实施"深圳品牌"战略，持续推进优势传统产业转型升级，向产业链、创新链、价值链高端迈进，使"深圳出品"成为高质量、高品质、高信誉的代名词。[2]

形成绿色生活方式。绿色生活方式涉及百姓衣食住行的方方面面。随着国家富强和文明程度提升，简约适度、绿色低碳的生活方式越来越成为人们的选择，奢侈浪费和不合理消费在人们的观念中不再是"豪"的标志而是"土"的象征。节约型机关、绿色学校、绿色社区创建活动持续深入，绿色出行更成为一种时尚。2019年10月中共中央、国务院印发的《新时代公民道德建设实施纲要》中明确指出，"绿色发展、生态道德是现代文明的重要标志，是美好生活的基础、人民群众的期盼"[3]。2020年3月1日起实施的《深圳经济特区文明行为条例》也明确提出市民应当保护生态环境的文明行为规范。[4] 绿色出行是深圳绿色生活方式的闪光点，自8

---

[1] 刘若鹏：《总书记肯定深圳在科技创新方面是全国一面旗帜》，《深圳特区报》2018年3月8日。

[2] 《加快推进优势传统产业转型升级提升深圳质量品牌国际影响力》，《深圳特区报》2019年3月20日。

[3] 《新时代公民道德建设实施纲要》，《人民日报》2019年10月28日。

[4] 《深圳经济特区文明行为条例》，《深圳特区报》2020年1月18日。

年前倡导市民"绿色出行、停用少用"行动以来，参与绿色出行的私家车累计已超 300 万辆次，绿色出行理念深入人心。深圳不仅在 2018 年 11 月率先执行轻型汽车国六标准，还是全球首个实现公交 100% 纯电动化的特大城市。在出租车领域，深圳已将纯电动出租车比例提高至超过 94%，2.1 万辆纯电动出租车一年可减少碳排放量达 85.6 万吨；在污染物减排方面，氮氧化物、非甲烷碳氢、颗粒物等年度污染物减排量将达 438 吨。深圳积极倡导绿色生产生活方式，以点带面、全面推开，持续改善人居环境，并形成多部门联动合力，持续推动市民绿色生活方式养成、践行。

树立绿色政绩观。习近平总书记指出："我们一定要彻底转变观念……把生态环境放在经济社会发展评价体系的突出位置。"[①] 党的十八大以来，我国经济由高速增长转向高质量发展，人民对美好生活的需要日益增长，对生态环境提出更高要求。民之所望，施政所向。保护好生态环境是最大政绩之一，这就要求深圳领导干部牢固树立"绿水青山就是金山银山"理念，树立绿色政绩观，在保障经济发展的同时履行保护生态环境的政治任务，既要绿水青山，也要金山银山；但当经济发展与环境保护产生矛盾无法调和时也要有壮士断腕的勇气，宁要绿水青山，不要金山银山。中国俗语讲"留得青山在，不愁没柴烧"，只要留住绿水青山就赢得了"战略纵深"，哪怕一时失去金山银山，哪怕发展暂时慢一些，也守住了根基，总有发展起来的时候，这就是绿水青山就是金山银山的道理，绝不以牺牲生态环境为代价换取经济一时发展。

让生态环保思想成为社会主流文化。大力弘扬"取之有度，用之有节"的生态文化就要"让生态环保思想成为社会生活中的主流文化"[②]。人均资源禀赋不足、环境承载力有限是深圳发展短板，奢侈浪费、无度消费是整个社会不能承受之重。让生态环保思想传导至深圳每个角落，让蓝绿交织成为城市生态底色，把接力棒一棒一棒传下去，才能让深圳"绿色名片"更加光彩夺目。生态文明是人与自然和谐共生，全面、协调、可持续发展为宗旨的文明形态；生态环保思想是生态文明的思想保证与核心理

---

① 《习近平关于社会主义生态文明建设论述摘编》，中央文献出版社 2017 年版，第 99 页。
② 习近平：《共谋绿色生活，共建美丽家园——在二〇一九年中国北京世界园艺博览会开幕式上的讲话》，《人民日报》2019 年 4 月 29 日。

念。生态环保思想以对人与自然和谐共生的深刻认知,对经济发展与环境保护的协调统一为根本目的,传递生态文明主流价值观,倡导勤俭节约、文明健康、绿色低碳的生产生活方式和消费方式,传递向上向善的生态文化自信与自觉,对正确处理人与自然关系,解决生态环境突出问题,具有重要时代价值。

"受益者付费、保护者得偿"。深圳先后在大鹏半岛、深圳水库等地区稳步推进生态补偿试点,研究制定生态补偿政策,使原居民享受改革开放后深圳高速发展的红利。大鹏新区地处深圳东南部的大鹏半岛,是深圳市生态保护面积最大、生态环境最好的区域。大鹏新区森林覆盖率达到76%,野生植物种类占深圳的70%,大鹏湾和大亚湾海域的珊瑚群落覆盖率达50%,被誉为深圳的"生态基石"。2007年深圳市出台《关于大鹏半岛保护与开发综合补偿办法》,以对原居民发放生态保护专项基本生活补助的方法对大鹏半岛严格保护、限制开发。第一轮生态补助从2007年1月至2010年12月,每人每月发放500元基本生活补助费,累计补助超过1.6万人,发放生态补助金约4亿元。第二轮生态补助政策从2011年1月至2013年12月,每人每月1000元生态保护专项补助,累计发放生态补助金5.75亿元,直接受惠原居民约1.7万人。2015年1月,深圳市政府决定自2014年起继续延续该政策,每人每月1000元。习近平总书记强调:"健全区际利益补偿机制,形成受益者付费、保护者得到合理补偿的良性局面。"[1] 长期以来,生态控制线范围内原农村集体土地和山林限制开发,集体经济难以发展,原居民从大局出发,为保护生态环境牺牲部分利益,使其无法完全享受到改革开放后深圳高速发展的成果。因此,只要是大鹏新区原居民,就可以获得一定程度的生态补贴,这是深圳先行探索生态补偿的重要原因。

实施生态补偿是深圳践行绿色发展理念,推进生态文明建设的重要举措。只有保持良好的生态环境,才能实现深圳可持续发展。第一,生态补偿制度基于生态补偿意识。生态补偿意识是生态补偿机制的社会基础,引导着生态补偿利益相关者的生态补偿行为,影响着生态补偿机制体系的利

---

[1] 习近平:《推动形成优势互补高质量发展的区域经济布局》,《求是》2019年第24期。

益包容能力。① 深圳生态补偿制度的确立首先得益于深圳生态补偿意识的萌发，得益于以人为本的科学发展理念。第二，生态补偿实现共享发展。生态补偿是保护和可持续利用生态系统的制度安排，不仅考虑对再生产中的价值补偿和实物补偿，还考虑实现现实目标的潜在长期利益损失的补偿。因此，深圳社会生产力的大力发展使保护区居民获得共享发展的物质基础，而不断调整理顺的生产关系，又促进保护区居民获得共享发展的就业机会、基本权利和分配机制。第三，生态补偿提高生态环境质量。目前，大鹏新区森林覆盖率达76%，接近全市森林平均覆盖率的2倍，空气质量和近海水质均优于深圳市平均水平。

  思维方式与生产方式的变革是解决生态问题的重中之重。一方面，思维方式变革助推深圳生态文明建设取得新成效。形而上学的思维方式认为自然界是一成不变的，是可以随意分解和切割的零件，人类对自然的利用、破坏更是理所当然。这种思维方式将自然界视为取之不尽用之不竭的资源库，认为对自然的保护和节约资源行为多余且没有意义。与敌视自然的思维方式不同，辩证的思维方式认为，"自然界不是循着一个永远一样的不断重复的圆圈运动，而是经历着实在的历史"②。只有坚持发展、联系、辩证的思维方式，自然界对于人及其活动的制约性才能得以体现，自然界才能被视为一个不可分割的整体。这对深圳扭转人与自然之间的对立，进而破除破坏自然的思维观念，树立人与自然统一和谐的生态思想有着积极意义。另一方面，深圳更加注重促进绿色生产方式。恩格斯认为，人类学会更加正确地理解自然规律，"需要对我们的直到目前为止的生产方式，以及同这种生产方式一起对我们的现今的整个社会制度实行完全的变革"③。资本主义生产方式只关心利润而不关心利润产生过程，"西班牙的种植场主曾在古巴焚烧山坡上的森林，以为木灰作为肥料足够最能赢利的咖啡树利用一个世代之久，至于后来热带的倾盆大雨竟冲毁毫无保护的沃土而只留下赤裸裸的岩石，这同他们又有什么相干呢？"④ 事实上，正是

---

 ① 钟成林等：《市场化生态补偿意识结构对市场化生态补偿机制培育绩效的影响研究》，《重庆社会科学》2020年第1期。
 ② 恩格斯：《社会主义从空想到科学的发展》，人民出版社2018年版，第55页。
 ③ 恩格斯：《自然辩证法》，人民出版社2015年版，第315页。
 ④ 恩格斯：《自然辩证法》，人民出版社2015年版，第316页。

这种"不相干"所导致的遥远的后果，造成了今天蔓延全球的生态危机，并反过来影响了人的生存和发展。这对深圳坚定不移走绿色低碳循环发展道路，构建绿色产业体系、形成绿色生产方式具有重大启示意义。

3. 生态实践：新时代新作为

首创"自然学校"。以"先行先试"闻名的深圳，在全民参与环保方面不断探索创新。2007年，深圳市政府将华侨城湿地委托给华侨城集团管理，华侨城开始"保护、修复、提升"的湿地修复之路，并将"生态环保大于天"的建设理念贯穿始终。多年的修复历程，让华侨城深刻体会到生态环境保护的紧迫性和普及生态知识、提升全民环保意识的重要性。2014年1月深圳创立国内首个自然学校——华侨城湿地自然学校，被誉为自然教育的"黄埔军校"。自然学校并非传统意义上的学校，而是有专家指导、活动流程、活动场所的大自然体验活动组织，是市民亲近自然的公益平台。深圳推动公众环境知识拓展和延伸，以环境科普促进提升环境意识，搭建出一个"政府主导、公众参与、多方支持"的环境学习"大舞台"。自开办以来，华侨城湿地自然学校已开展教育活动上千次，累计培养数百名志愿者。这些志愿者已成为深圳自然教育的中坚力量。目前深圳完成13个自然教育中心建设，成功举办300余场"观鸟""夜观""自然笔记""自然亲子阅读"等自然科普教育活动，广受家长和孩子们欢迎。到2020年深圳将建设自然教育学校15处，科普基地200处，串联形成覆盖全市域自然教育网点系统，基本建成以森林和湿地为载体的全民自然教育系统。生态文明理念浸润深圳人血脉，外化为建设绿色家园的自觉行动。

率先开展城市GEP核算体系。生态环境是国家综合经济一部分，将其纳入经济核算体系可全面反映国家真实经济情况。GEP（Gross Ecosystem Product），即"生态系统生产总值"，是与GDP相对应的，侧重于自然生态生产价值，能够衡量生态环境的统计与核算体系。深圳的实践表明，推进生态城市建设，必须从制度层面同时进行正向激励和反向约束。其中，关键是要将资源消耗、能源损耗、环境污染以及生态效益等一系列可以进行量化的指标，统一纳入到既有的经济社会发展评价体系之内。[①] 2015年1月深圳市盐田区首创全国城市GEP核算系统。该系统有别于目前已经开

---

① 人民论坛专题调研组：《生态城市建设的深圳方案》，《人民论坛》2017年第6期。

展的针对海洋、湖泊、林地等自然生态系统 GEP 核算体系，包含盐田所具有的山、海、港、城等诸多要素特点，并力图通过城市管理、生态工程等方式弥补自然生态系统自我修复的不足，发展完善"城市 GEP"的概念。推行城市 GEP，不是要否定 GDP，而是运行 GEP 和 GDP 双核算机制，让经济增长更可持续，直观反映生态文明建设成绩。城市 GEP 作为单独体系来核算，可以通过监控经济社会发展过程中城市 GEP 变化，随时了解和评估生态系统发展状况。同时盐田还着手将 GEP 纳入到政绩考核体系和生态文明考核体系，尝试推进干部离任 GEP 审计，改变唯 GDP 政绩观，真正让生态资源指数成为政府决策的行为指引和硬约束。

发挥环保社会组织力量。环保社会组织是生态文化的传播者，是生态环境的保护者和监督者，是实现全民参与生态文明建设的引导者和推动者。截至 2019 年 3 月，深圳共有社会组织 10470 个，其中环保社会组织超过 140 个，环保志愿者达 2.2 万人，依法开展生态环境保护公益诉讼等活动，节约资源、保护环境的社会氛围初步形成。当前深圳环保社会组织正处于高速发展时期，应加强对其进行培育和引导，更好发挥环保社会组织对推进生态文明建设，实现美丽深圳建设目标的积极作用。首先，积极培育扶持环保社会组织发展。2012 年，深圳颁布《关于进一步推进社会组织改革发展的意见》，为全市社会组织发展搭建顶层设计；2017 年，深圳印发《关于鼓励和规范社会组织积极有序参与社会治理的意见》，为社会组织参与社会治理指明了方向。其次，鼓励环保社会组织积极参与公共事务。近年来，环保社会组织以积极态度介入生态环境热点问题，展现出良好的参与环保公共事务的能力和作用。一是积极参与政策制定，为环境政策出台建言献策。深圳各项环保法律法规的出台都离不开环保社会组织的积极参与。二是积极参与重大项目的环评审批。深圳人口众多、建设项目数量庞大，仅靠政府监管难免有所疏漏，有环保社会组织从旁协助，深入调查、积极参与，为政府作出决策提供有力支持。

"不同的共同体在各自的自然环境中，找到不同的生产资料和不同的生活资料。因此，它们的生产方式、生活方式和产品，也就各不相同。"[①]自然环境不同，生产方式、生活方式便各不相同，在其基础上生成的思想

---

① 马克思：《资本论》第 1 卷，人民出版社 2004 年版，第 407 页。

观念也必定不同。习近平生态文明思想根植于中国大地，继承发展马克思主义关于自然、人类和社会发展规律的认识，是符合深圳生态文明建设实际、指导深圳生态文明建设未来进路的正确理论。"我们要建设的现代化……要提供更多优质生态产品以满足人民日益增长的优美生态环境需要。"[①] 人民需要绿水青山成为生活常态，需要生态环境质量不断提升。环境良好就是重大民生，绿水蓝天就是人民幸福。建设生态文明要求我们突破短期利益局限，统筹环境与发展关系，以高质量发展促进高标准生态、以高标准生态实现高质量发展。深圳正处于由高速增长转向中高速高质量发展过程中，毫不动摇走绿色发展之路，形成人与自然和谐共生新局面，是推动深圳现代化建设的重要依托。

深圳经济特区四十年发展先后经历追求速度时期、追求效益时期、追求质量时期，最后进入发展观深刻革命的新时代。这种发展形态不同的阶段性变换源于深圳人民对生态保护的浓厚意识，正是在这种对生态环境强烈保护的意识支配下，促使深圳发展方式更加尊重自然、顺应自然。从而最终实现了生态观念与生态保护实践的良性互动：越发展进步越重视生态保护，越重视生态环境发展方式越科学，生态保护理念引领生态实践向更高的层次发展，生态保护实践促进人民生态观念的深层次变化和发展。

三 打造社会主义现代化强国"生态标杆"

在新中国成立七十周年前夕的重要历史节点，《中共中央国务院关于支持深圳建设中国特色社会主义先行示范区的意见》赋予深圳新的历史使命，明确深圳高质量发展高地、法治城市示范、城市文明典范、民生幸福标杆、可持续发展先锋五大"战略定位"。使命光荣、任务艰巨、挑战严峻。深圳绝不能有半点骄傲自满、固步自封，绝不能有丝毫犹豫不决、徘徊彷徨，必须坚定扛起"先行示范"的历史担当，全方位全过程全领域先行示范，创造更多可复制可推广的成功经验，更好服务全国发展大局。"'先行示范'强调的是全方位、全过程的'先行示范'，不只是满足争当

[①] 习近平：《决胜全面建成小康社会 夺取新时代中国特色社会主义伟大胜利——在中国共产党第十九次全国代表大会上的报告》，人民出版社2017年版，第50页。

'单项冠军'。"① 未来，深圳实现"三个阶段发展目标"关键在补短板、强弱项，冲击"全能冠军"。

（一）践行先行示范区"生态观念"

恩格斯指出："人在怎样的程度上学会改变自然界，人的智力就在怎样的程度上发展起来"②，即是说，观念产生于人类的实践活动。习近平生态文明思想是在全国生态文明建设实践中发展完善的，在一定程度上讲，深圳生态文明建设为习近平生态文明思想提供了必要实践支撑。下一时期，深圳应在争做习近平生态文明思想最佳示范者和最佳展示平台上狠下功夫，向世界展示更多社会主义现代化强国的"生态观念"。一是践行"人与自然和谐共生"的生态自然观。马克思指出："自然界，就它自身不是人的身体而言，是人的无机的身体。人靠自然界生活。"③ 这一思想为认识人与自然关系奠定了理论基础。习近平生态文明思想继承发展马克思生态思想，强调："人与自然是一种共生关系，对自然的伤害最终会伤及人类自身。"④ 深圳积极践行习近平生态文明思想，在经济社会发展中尊重自然、顺应自然、保护自然，在遵循自然规律的基础上改善人居环境，始终坚持节约优先、保护优先、自然恢复为主的方针，不断优化"生态红线"，让自然生态美景永驻深圳。二是践行"绿水青山就是金山银山"的生态发展观。"绿水青山就是金山银山"从本质上揭示经济发展和环境保护的辩证关系，丰富拓展马克思主义发展观，为新时代深圳经济与生态相互交融提供思想指引和价值遵循。在生态保护与经济发展的抉择中，深圳决不因经济发展暂时遇到困难，就打以牺牲环境换取经济增长的念头，决不以破坏环境、牺牲生态为代价换得一时的发展，决不想方设法突破生态保护红线。三是践行"良好生态环境是最普惠的民生福祉"的生态民生观。"我们不能把加强生态文明建设、加强生态环境保护、提倡绿色低碳生活方式

---

① 何立峰：《支持深圳加快建设中国特色社会主义先行示范区努力创建社会主义现代化强国的城市范例》，《人民日报》2019 年 9 月 19 日。
② 恩格斯：《自然辩证法》，人民出版社 2015 年版，第 98 页。
③ 马克思：《1844 年经济学哲学手稿》，人民出版社 2018 年版，第 52 页。
④ 《习近平关于社会主义生态文明建设论述摘编》，中央文献出版社 2017 年版，第 11 页。

等仅仅作为经济问题。这里面有很大的政治。"① 生态民生观要保障百姓生态公共产品需求，坚持生态惠民、生态利民、生态为民；依靠人民共建良好生态环境，夯实生态文明建设群众基础；把损害群众健康的环境问题作为工作落脚点，重点解决群众反映强烈的生态环境问题。四是践行"山水林田湖草是生命共同体"的生态系统观。习近平总书记强调生态文明建设必须"从系统工程和全局角度寻求新的治理之道"②，为深圳生态环境系统治理指明了方向。近年来，深圳围绕"统筹山水林田湖草系统治理"主题，积极实施陆地、湿地、海洋三大生态系统修复，涌现出一批标杆意义的生态工程。五是践行"最严格制度最严密法治保护生态环境"的生态法治观。作为"实行最严格制度最严密法治"的重要载体，中央环保督察是我国环境监管模式的重大变革。深圳高度重视中央环保督察及督察"回头看"，坚决查处生态环境领域违法违规问题，收到交办案件迅速反应、迅速部署、迅速查处、迅速反馈，抓好重点领域问题整改，坚决查处决策者、监管者违法违规问题，避免出现形式主义、官僚主义。六是践行"共谋全球生态文明建设"的生态全球观。从海洋入手"破题"是深圳落实生态全球观的战略支点。在深圳举办的 2019 中国海洋经济博览会上，习近平总书记发来贺信并强调："要高度重视海洋生态文明建设，加强海洋环境污染防治，保护海洋生物多样性，实现海洋资源有序开发利用"③，为深圳海洋生态文明建设，落实生态全球观指明了前进方向。下一步，深圳应将陆域基本生态控制线与海洋生态红线无缝衔接，突出陆海生态空间融合共生，构建陆海联通全域生态系统。

（二）承担先行示范区"生态责任"

深圳地理位置优越，发展基础牢固。对内以绿色发展为抓手推动区域协调发展，对外以绿色发展理念为引领促进"一带一路"倡议行稳致远是深圳下一步努力方向，也是其担负的"生态责任"。一是以绿色发展为抓手推动"大都市圈"建设。"发展动力极化现象日益突出。经济和人口向

---

① 《习近平关于社会主义生态文明建设论述摘编》，中央文献出版社 2017 年版，第 5 页。
② 习近平：《推动我国生态文明建设迈上新台阶》，《求是》2019 年第 3 期。
③ 习近平：《秉承互信互助互利原则 让世界各国人民共享海洋经济发展成果》，《人民日报》2019 年 10 月 16 日。

大城市及城市群集聚的趋势比较明显。"① 城市被纳入"大都市圈"发展版图的趋势无可阻挡。深圳地理优越，经济发达，携手周边城市构建大都市圈优势明显。市委六届九次全会提出深圳率先建设社会主义先行示范区的"九大战略任务"，其中就包括"坚定不移构建更加均衡更有辐射力的大都市圈"。共建"大都市圈"，练好"内功"是关键，深圳应以绿色发展为抓手推进区域协调发展，深挖城市发展潜力、提升城市品质，推动绿色、循环、低碳经济健康发展；另一方面，要以推进粤港澳大湾区建设为契机，以基础设施互联互通为重点，优化"五主四辅"铁路枢纽布局，实现城市间资源要素快速流动，共建世界级大都市圈。二是以"双区驱动"建设为契机促进"一核一带一区"协调发展。截至2018年底，广东21市中仅有7市人均GDP高于全国平均水平，发展失衡现象严峻。辩证地看，失衡与差距意味着发展动能与潜力巨大。党的十九大以来，广东省委落实主体功能区战略，构建珠三角核心区、沿海经济带、北部生态发展区"一核一带一区"区域发展新格局。深圳在党中央和广东省委支持下，在紧紧抓牢"双区驱动"建设历史机遇条件下，有能力在保持自身稳定发展的同时带动广东贫困地区脱贫致富，形成优势互补、高质量发展的区域经济布局。以深汕合作为例，王伟中指出："加快深汕特别合作区建设……创新完善、探索推广管理体制机制，拓展'深圳总部+深汕基地'发展模式，增加高质量公共服务供给，创造'飞地'发展经验。"② 深汕两市结合各自资源禀赋和区位优势，明确各自特色产业，大城市深圳发挥经济、科技等优势，落实其"生态责任"，海滨小城汕尾发挥生态环境、地理位置等功能，形成横向错位发展、纵向分工协作的发展格局。三是以"一带一路"倡议为纽带向世界传播绿色发展理念。实践证明，"一带一路"不仅是经济发展之路，更是思想观念和发展理念的交流互鉴之路。深圳是我国对外经济交流最活跃地区和最能代表改革开放形象地区，在打造"一带一路"枢纽城市上拥有得天独厚的优势。2018年10月，习近平总书记考察前海时要求深圳"在共建'一带一路'、推进粤港澳大湾区建设、高水平

---

① 习近平：《推动形成优势互补高质量发展的区域经济布局》，《求是》2019年第24期。
② 王伟中：《深圳在新时代区域协调发展中走在前列勇当尖兵》，《求是》2020年第3期。

参与国际合作方面发挥更大作用"①。言犹在耳，深圳必将不负嘱托，利用经济实力突出、港口货运发达、产业链完备等有利条件，充分发挥"两个重要窗口"作用，与沿线国家和地区实现更加紧密合作，为推动中国与世界互利共赢、传播中国发展模式与发展理念作出重要贡献。深圳市委六届十次全会作出"融入'一带一路'建设，打造全球海洋中心城市"的顶层设计。未来，深圳市将进一步落实"生态责任"，努力构建海洋科技创新体系，大力提升海洋科技创新和转化能力，将"全球海洋中心城市"与"一带一路"充分结合，推动"一带一路"行稳致远。

（三）展示先行示范区"生态形象"

深圳是向世界展示我国生态文明建设成就的窗口，也是国际社会观察我国生态文明建设的窗口，展示"生态形象"是先行示范区建设的一项重要内容。因此，深圳要深刻领会中央对深圳"可持续发展先锋"定位，让先行示范区的"生态形象"更加深入人心。一是展示"绿水青山就是金山银山"的生态理念。生态文明，理念为先。思想观念的转变是生态文明建设的先导，是推动绿色发展、建设美丽中国的前提。深圳唯有切实将发展思路转换到生态优先、绿色发展的道路上来，才能在加快推进产业结构调整和经济发展方式转变中坚定走人与自然和谐共生之路，推进经济高质量发展，让发展成果更多更公平惠及人民群众。二是展示生态文明先行区的现代化建设。生态文明，制度为纲。生态环境保护制度是现代化建设的重要保障，是最刚性的约束和不可触碰的高压线。先行区建设必须以生态文明制度为依托，以治理体系和治理能力现代化为目标，加快构建以绿色发展为导向的生态文明评价考核体系，深化自然资源管理制度改革，探索实施生态系统服务价值核算制度等一系列全国领先的具有标志性、引领性的制度创新范例，逐步形成绿色、循环、低碳发展的制度体系。三是展示"三生"空间的合理布局。生态文明，布局为重。统筹生产生活生态空间布局，是提升城市生态环境的重点。习近平总书记强调，"城市发展要把握好生产空间、生活空间、生态空间的内在联系"②。生产空间必须"安全

---

① 《高举新时代改革开放旗帜把改革开放不断推向深入》，《人民日报》2018年10月26日。
② 《十八大以来重要文献选编》（下），中央文献出版社2018年版，第88页。

高效"，生活空间应该"舒适宜居"，生态空间要"碧水蓝天"，把好山好水好风光融入城市，让深圳市民看得见山、望得见水，记得住乡愁，寻得到诗和远方。四是展示美丽中国典范的深圳标准。生态文明，美丽为基。深圳明确提出提升生态环境质量、完善治理体系、推广绿色发展方式、推广绿色生活方式等四方面路径，明确 2025 年生态环境质量达到国际先进水平，对标国际一流全面"跟跑"；2035 年生态环境质量达到国际一流水平，比照国际一流全面"并跑"；21 世纪中叶生态环境质量达到国际顶尖水平，树立"深圳标杆"全面"领跑"的三阶段发展目标。五是展示引领区域绿色发展的深圳动力。生态文明，实践为本。习近平总书记指出："我国经济发展的空间结构正在发生深刻变化，中心城市和城市群正在成为承载发展要素的主要空间形式。"① 切准经济发展时代脉搏，契合经济发展客观规律。作为特大城市，深圳发展优势持续增强，是推动形成高质量发展区域的重要增长极，具备引领区域发展的一切要素。六是展示推动中国与世界可持续发展的深圳经验。生态文明，发展为要。作为唯一入选中国推动 2030 年可持续发展议程试点的超大型城市，深圳以"创新引领超大型城市可持续发展"为主题推动国家可持续发展议程创新示范区建设，通过实施资源高效利用、生态环境治理、健康深圳建设和社会治理现代化"四大工程"，健全创新服务支撑和多元人才支撑"两大体系"，从可持续发展路径破解城市病，借力科技创新提升资源环境承载能力，加快建成现代化国际化创新型城市，为推动中国与世界可持续发展提供深圳智慧、贡献深圳经验。

南非前总统纳尔逊·曼德拉曾说，攀上一座高山后，你会发现，还有更多的高山等着你去攀登。深圳生态文明建设从无到有、从弱到强，已经走过千山万水，但仍需跋山涉水，已经啃下不少硬骨头，但还有许多硬骨头要啃。城市环境品质与国际先进城市相比还有一定差距，绿色发展水平与高质量发展要求还有一定距离，生态环境治理任务还很艰巨。此外，区域发展不平衡、不协调问题突出，"大城市病"治理面临很多难题，城市管理不够精细，全市在建工地 1 万多个，项目统筹不足，工程科学性、合理性不够，给深圳生态环境保护造成不小影响。王伟中指出："展望未来，

---

① 习近平：《推动形成优势互补高质量发展的区域经济布局》，《求是》2019 年第 24 期。

深圳要开创工作新局面,最根本的还要靠改革开放"①,世界发展日新月异,深圳还有更多的雄心壮志,以改革不停顿、开放不止步的决心和勇气去开拓未来。下一步,深圳将以粤港澳大湾区建设和中国特色社会主义先行示范区建设为牵引,着力对标国际一流城市的生态标准,建设生态环境卓越、人与自然和谐、人民生活幸福的美丽家园。走进新时代,踏上新征程,深圳务必抓牢"双区驱动"建设新的重大历史机遇,决不能有任何松松气、歇歇脚的想法,坚定信念做中国改革发展的第一艘"破冰船"、驶向中华民族复兴彼岸的第一只"冲锋舟";务必以习近平新时代中国特色社会主义思想和党的十九大精神为指引,把"五位一体"总体布局统筹推向前进,以建设"宜居宜业宜游的优质生活圈"和打造"可持续发展先锋"为目标交出深圳生态文明建设新的优异答卷。

---

① 《坚持改革不停顿开放不止步以走在最前列标准把改革开放进行到底——本刊记者专访广东省委常委、深圳市委书记王伟中》,《求是》2018年第13期。

第六章　以创新观念引领，筑科技创新之都

从改革开放的窗口，到粤港澳大湾区的核心引擎，再到中国特色社会主义先行示范区，40年来，深圳一直引领着中国的发展。2020年10月22日，中国社会科学院与经济日报社共同发布的《中国城市竞争力第18次报告》显示，城市综合经济竞争力排行榜深圳连续五年蝉联第一。

在我们惊叹于举世瞩目的"深圳速度"的时候，深圳又悄然成为"设计之都""创客之城""创新之都"。改革开放40多年来，深圳科技创新实力显著增强，为深圳经济社会发展提供了有力支撑。据统计，深圳PCT国际专利申请已连续16年全国城市排名第一，占全国总量的30.63%，占全省总量的70.61%①，创新驱动优势明显。科技创新已使深圳在新一轮的全球城市格局重塑中脱颖而出。诚然，40多年来深圳科技创新成就的取得离不开中央的坚强领导和改革推动，离不开深圳社会各界的实践探索，但毫无疑问，深圳科技发展创新的观念引领是深圳科技发展成就的重要引领和推动力量，正是对"用创新赢得尊严""改革创新是深圳的根，深圳的魂""鼓励创新、宽容失败"等系列观念的践行与传承，才推动形成了今天创新驱动的深圳模式。

一　全球最具影响力的科技创新城市之一

深圳经济特区成立以来，经济呈现爆炸式增长，年均增速达22%。超

---

① 何泳：《深圳PCT国际专利申请"十六连冠" 7家深企闯入国际专利申请50强》，《深圳特区报》2020年4月10日。

常规发展的背后，除了改革红利，更在于"创新"实践的推动。特别是党的十八大以来，深圳坚持创新驱动发展战略，加快建设国际科技、产业创新中心，创新环境不断优化，研发投入持续增加，科技人才加快集聚，创新成果不断涌现，创新能力显著提升，经济新动能加快成长，科技创新对高质量发展的支撑和引领作用日渐增强，深圳已成为全球最具影响力的科技创新城市之一。

（一）核心技术创新能力业绩骄人

习近平总书记指出，"关键核心技术是国之重器，对推动我国经济高质量发展、保障国家安全都具有十分重要的意义，必须切实提高我国关键核心技术创新能力"[1]。特区成立以来，深圳夯实基础研究，狠抓源头创新，自主创新能力实现"新跃升"，核心技术创新能力显著增强，一系列世界级创新成果从深圳走向全球。深圳作为首个国家创新型城市、首个以城市为基本单元的国家自主创新示范区，在高科技企业数量、关键核心技术创新成效、创新平台建设等方面业绩骄人。

国家高新技术企业数量众多。高新技术企业是国家实施创新驱动发展战略、推动科技创新支撑引领现代化经济体系建设的重要抓手，自1991年国家开始高新技术企业认定工作以来，截至2019年底，深圳被认定的国家高新技术企业数量总数超过1.7万家。而在2015年之时，这个数字是5524家，深圳国家高新技术企业数量年均增加近3000家。目前，深圳全国高新技术企业数量稳居全国第二，占全国认定总数的7.96%，仅次于北京市。除此以外，深圳还有超过20万家不同类型、不同规模的科技企业。它们一起为深圳科技创新提供了强大支撑和源头活水，为深圳核心技术创新奠定了坚实的基础。

核心技术创新成果丰硕。深圳已形成较强的自主创新能力，在源头创新与关键核心技术创新方面成效显著。深圳有效发明专利5年以上维持率达84.99%，高于北京、上海、广州等大中城市。PCT国际专利申请连创

---

[1] 习近平：《提高关键核心技术创新能力 为我国发展提供有力科技支撑》，《人民日报》2018年7月14日。

新高，居全国各大中城市第一，已实现全国城市"十五连冠"。[①] 在高科技产业的每个行业，包括细分行业，深圳都涌现了一批领军企业，如华为、中兴、腾讯、华亦威、比亚迪、大疆、研祥等。5G 技术、超材料、无人机、高性能计算机等多个科技领域的创新能力处于世界前沿，深圳正从观念创新、制度创新向科技创新转变，从跟随模仿式创新向源头创新、引领式创新跃升。深圳市的全社会研发投入占 GDP 比重均遥遥领先其他特区。[②] 深圳的创新观念、创新生态、创新政策、创新氛围和创新体制机制已成为深圳速度和深圳成就的动力源。

科技成果转化落地效能明显。科技成果转化是实现从科学到技术、从技术到产品，保障经济高质量发展的"关键环节"。深圳的科学技术创新能力不仅仅体现在创新成果多，更体现在它较高的创新成果转化率。深圳为加快科技成果转化速度，打通科技成果和市场需求通道，让科技成果转化实实在在"落地生根"。同时，鼓励企业与高校、科研机构进行产学研合作，促进科技优势与资金优势、市场优势相结合，加快科技成果转化为现实生产力。截至 2019 年底，深圳登记备案的技术转移服务机构共 72 家，从业人员 3000 多人。2019 年全市认定登记技术合同 10216 项，完成技术合同成交额 705 亿元，占广东省总量的 31%，占全国总量的 3.1%。[③] 丰富的科研成果转化平台，完善的科研成果转化机制，使深圳在推进科技创新的同时保障了科技创新向实际应用的转化，最终转化为推动经济社会发展的生产力。

（二）国家创新型城市试点成效显著

国家创新型城市试点是深圳加快创新资源配置、强化城市竞争力、加快转变城市发展方式的必然选择。2005 年，深圳最早提出创建创新型城市，并于 2006 年 1 月颁布实施《关于实施自主创新战略建设国家创新型城市的决定》，将自主创新作为未来城市发展的主导战略。2019 年，深圳通过了国家市场监管总局国家标准化管理委员会的验收，成为全国首个标

---

① 杜艳：《深圳国家高新技术企业达 1.44 万家》，《南方日报》2019 年 1 月 15 日第 A07 版。
② 陶一桃主编：《中国经济特区发展报告（2018）》，社会科学文献出版社 2018 年版。
③ 参见《深圳特区报》2020 年 6 月 18 日第 A02 版。

准国际化创新型城市。

R&D 研发投入占 GDP 比重位列全国前列。R&D 投入规模和 R&D 投入强度是一个城市科技创新水平的晴雨表，能在某种程度上反映出一个地区的自主创新水平。2017 年深圳研发投入占 GDP 的比重为 4.13%，相当于世界排名第一、第二的以色列和韩国的水平。2019 年，深圳 R&D 投入继续增长，全社会研发投入达到 1328 亿元，占 GDP 的比重达 4.9%，研发投入强度在大珠三角地区为最高，在全国大中城市排第三位。在创新发展已成为全球趋势的当下，深圳已具备了成为全球科技创新中心的潜质。

国际专利申请屡创新高位列全国首位。改革开放初期"三天一层楼"的"深圳速度"成为我国改革开放的象征；今天，"一天 46 件发明专利"的"新深圳速度"正成为我国新一轮深化改革开放、经济发展从要素驱动向创新驱动转型、从速度发展向质量发展迈进的新标杆，深圳已成为"创造之城"。截至 2018 年 10 月底，深圳累计有效发明专利量近 11.8 万件，每万人发明专利拥有量达 94 件，居全国大中城市第二（仅次于北京市）。2019 年深圳 PCT 国际专利申请量 1.75 万件，约占全国三分之一，连续 16 年居全国大中城市第一名。

现代化产业体系建设稳步推进。现代产业体系是现代化经济体系的重要支撑，是实现高质量发展的重要内容和关键所在。深圳加快产业链再造和价值链提升，在建设现代化经济体系上率先突破，已打造出战略性新兴产业、未来产业、现代服务业和优势传统产业"四路纵队"，形成经济增量以战略性新兴产业、工业以先进制造业、三产以现代服务业等"三个为主"的产业结构，实现了向梯次型现代产业体系的跃升。2018 年深圳制定加强基础研究的实施办法，开展芯片、医疗器械等 10 项关键零部件重点技术攻关，开工合成生物研究，脑解析与脑模拟等重大科技基础设施，启动建设肿瘤化学基因组学国家重点实验室，新组建第三代半导体研究院等新型基础研究机构 10 家。2019 年新一代信息技术、高端装备制造、绿色低碳、生物医药、数字经济、新材料、海洋经济等七大战略性新兴产业增加值达到 10155.5 亿元，增长 8.8%，占 GDP 的比重达 37.7%。深圳瞄准高端高新向上突围的态势已基本形成。

（三）高科技创新型企业活力迸发繁荣发展

深圳市以前瞻性产业规划为引导高科技创新型企业，为深圳有质量、可持续的发展提供有力支撑。深圳市高科技创新型企业依靠市场经济和自主创新，走出了一条内生研发的创新发展之路，为经济高质量发展提供动力。

高科技创新型企业梯队逐渐形成。深圳在全国率先建立起了"以企业为主导、市场为导向、政产学研资相结合"的创新综合生态体系。深圳充分发挥企业在技术创新决策、研发投入、科研组织和成果转化中的核心作用，推动形成了由国内外著名高科技企业为引领，一大批新崛起的创新企业为中坚力量，创客空间以及各类创业型创客建立的企业为重要补充的大、中、小、微企业间的阶梯式企业创新版图。以华为、中兴、腾讯、迈瑞、比亚迪、大疆等第一批既有创新动力又有创新能力的创新型企业为龙头，以1万多家国家高新技术企业为引领，以3万多家科技型企业为依托，深圳已形成覆盖各个新兴产业的"基础研究＋核心技术＋成果转化＋金融支持"的全链条多梯度全国创新样板。世界知识产权组织（WIPO）发布的2019年专利、商标和工业品外观设计国际注册数据，7家深圳企业进入国际专利申请50强，华为连续3年居企业申请人榜首。

高科技创新型企业支柱作用尽显。战略性新兴产业、现代服务业、未来产业等已成为深圳发展创新的支柱。深圳的高新技术产业从90年代初起步，至今已发展成为深圳经济的第一增长点和第一大支柱产业。2019年深圳高新技术产业增加值9230.85亿元，同比增长11.3%。1996年初，深圳只有60多家高新技术企业，产值过亿的高新技术企业仅20家。2019年，深圳7家企业上榜《财富》世界500强。深圳已形成了以企业为主体、市场为导向、产学研资相结合的技术创新体系，形成了"6个90%"的创新特点：即90%以上的创新型企业是本土企业、90%以上的研发机构设立在企业、90%以上的研发人员集中在企业、90%以上的研发资金来源于企业、90%以上的职务发明专利出自于企业、90%以上的重大科技项目发明专利来源于龙头企业。正是这些企业，这样的体系，将深圳推向全球科技创新的高地。

（四）全过程创新生态链建设日趋完善

深圳把创新作为城市发展主导战略，强化基础研究和应用基础研究，加快重大科技基础设施统筹布局，形成了"基础研究＋技术攻关＋成果产业化＋科技金融＋人才创新发展"的全过程创新生态链。创新是可持续发展的源泉。放眼长远，要走出一条有时代特征、中国特色、深圳特点的高质量可持续发展之路，打造更有说服力、竞争力、影响力的可持续发展"深圳样本"，深圳必须铆住创新。

开展基础研究攻坚源头创新。深圳不遗余力超常规布局创新载体，2017年5月，深圳出台了《深圳市十大重大科技基础设施建设实施方案》，明确将前瞻谋划和系统布局一批重大科技基础设施，加快提升源头创新能力和支撑重大科技突破，力争在重大科技领域实现跨越发展，跟上甚至引领世界科技发展新方向。从国家重点实验室、省级实验室，到诺奖实验室，再到围绕第三代半导体、人工智能、大数据、清洁能源、脑科学、合成生物学等前沿领域新设基础研究机构，截至2019年上半年，深圳累计建设国家、省、市级重点实验室、工程技术研究中心、工程实验室、工程（技术）研究中心、企业技术研究中心等创新载体2214家，其中国家级115家、省级594家。覆盖了经济社会发展主要领域，成为集聚创新人才、产生创新成果的重要平台。

开展技术攻关培育壮大战略新兴产业。2017年深圳全面启动"十大行动计划"，并组织开展重大项目技术攻关，积极筹建了8个重大科技基础设施，新组建基础研究机构3家、制造业创新中心5家、海外创新中心7家，新增福田区、腾讯等3家国家级"双创"示范基地，新设立新型研发机构11家和创新载体195家。以此为基础，深圳依托科研资源优势和高新技术产业基础，培育壮大战略性新兴产业，对深圳构建具有国际竞争力的现代产业体系，增强经济发展新动能起到重要推动作用。

加快科技金融试点城市建设。深化投融资体制改革，深圳在多领域拔得头筹。深圳加快科技金融试点城市建设，实施"科技金融计划""股权投资置换""科技创新券制度"等项目，促进创新链与资金链有机融合，促进高新技术企业发展；设立天使投资引导基金，满足深圳市企业早期融资。在产业方面，2018年，深圳市互联网银行/保险产业位居全国第一，传统金融科技化同样位居全国第一：深圳市互联网银行累计放贷量行业占比63.86%，居全国第一，其中微众银行占半壁江山；在体验上，深圳市金融科技使用者占比86%，居全国第二。深圳金融产业发展的同时正在推动金融科技的勃兴，达到金融科技发展助推产业创新，最终吸引人才流动和文化融合发展的目的。

外引内培强化创新人才支撑。创新驱动实质上是人才驱动。深圳通过出台《深圳经济特区人才工作条例》《关于促进人才优先发展的若干措施》等相关法规和政策措施，增强了深圳对人才的吸引力；通过实施高层次专业人才"1+6"政策、海外高层次人才和团队的"孔雀计划""珠江人才计划"等吸纳海内外高层次人才和团队，增强源头创新能力。通过引进办学与自主举办相结合的方式，推动高等教育实现跨越式发展。截至2019年底，深圳全市人才总量达548万人，占常住人口的40.77%，其中专业技术人才183.5万人，技能人才330多万人；高层次人才中全职"两院"院士40多人，累计认定高层次人才12480人。深圳人才发展取得了新的显著成就。

（五）科技创新软环境体制机制建设引领未来

特区成立以来，深圳不断深化科技体制改革，通过规范科技计划项目管理、完善科技专项资金管理、优化创新创业发展环境等一系列措施，形成了总体布局基本合理、功能定位基本清晰的科技创新体制机制。

深化科技体制改革，以制度创新和政策创新推动科技创新。特区成立以来，深圳不断深化科技体制改革，以优化科技创新体系顶层设计为突破口，不断推进制度创新、政策创新，科技创新环境不断优化。从20世纪八九十年代出台《1990—2000年深圳科学技术发展规划》《关于进一步扶持高新技术产业发展的若干规定》等政策、法规及规划，到进入21世纪后的《中共深圳市委关于加快发展高新技术产业的决定》《中共深圳市委深圳市人民政府关于实施自主创新战略建设国家创新型城市的决定》等，再到十八大以后的《深圳国家自主创新示范区建设实施方案》《关于促进科技创新的若干措施》等系列政策文件，形成了覆盖自主创新体系全过程的政策链。通过对科技创新体系顶层设计的不断优化，以制度创新、政策创新为深圳的创新驱动发展提供政策保障，激发了企业、高校、科研院所等各类创新主体的创新激情和活力，实现了制度创新、政策创新与科技创新全面推进。

面向市场和未来制定前瞻性产业发展规划和产业政策，助推产业发展创新。特区成立以来，从电子视听产业、电子信息产业到互联网、生物工程、人工智能等，深圳产业结构不断升级。正是在结构调整过程中，深圳市政府出台产业规划、发布产业导向目录，形成了支持高新技术发展的优惠政策，为深圳高新技术产业发展建立了良好的软环境。在深圳市"八五"计划中，深圳明确提出"以高新技术产业为先导，先进工业为基础，第三产业为支柱"的产业发展战略，"九五"计划又提出把"深圳建成高新技术产业开发生产基地"的目标。深圳市政府先后制定了《1990—2000年深圳科学技术发展规划》《深圳市科技发展"九五"计划和2010年规划》《深圳市高新技术产业发展"九五"计划和2010年规划》《深圳市年度科技开发项目计划指南》《深圳市年度重点科技开发项目计划》，明确了"九五"期间重点发展计算机、通信、微电子及新型元器件、机电一体化、新材料、生物工程、激光七大高新技术产业。关于《深圳市战略性新兴产业发展"十三五"规划》《深圳市关于进一步加快发展战略性新兴产业的实施方案》等，从过去的七大高新技术产业，到今天的七大战略新兴产业，政府的产业政策、行政手段对深圳的产业升级、产业基础和科技创新软环境建设起了决定性作用。

政府服务体系创新为科技创新提供重要支撑。从20世纪90年代开始，为促进高新技术的发展，深圳出台了一系列促进高科技发展的政策，在为高科技发展提供高质量的服务体系方面取得了巨大的成功，成为深圳高科技不断发展壮大的重要支撑。一是建立和完善不同层次的为高科技发展服务的金融服务体系。二是建立高科技产业的人才服务体系。三是建立以高交会为主要平台的高科技交易市场体系。四是建立以高新园区为平台的区域服务体系。五是建立为高科技产业服务的产品配套市场体系。完善的科技产业服务体系为深圳科技创新提供了重要支撑。

深圳科技创新成就的取得是思想观念引领下的实践必然。正是由于正确思想观念引领和实践中的执着奋斗，才有了深圳科技创新系列成就的达成。从企业核心技术培育到体制机制建设，从创新型城市试点到全过程创新生态链建设，"用创新赢得尊严""改革创新是深圳的根，深圳的魂"

"鼓励创新、宽容失败""深圳，与世界没有距离""深圳制造变深圳创造"等系列观念推动着深圳的科技创新在探索中前行。也正是因为它们，深圳的科技创新在从具体实践到制度机制建设中不断深化，已为强国城市范例打造奠定了坚实基础。

二 先进观念引领变革，创新活力竞相迸发

思想是行动的先导。思想的形成源自于观念的转变、实践的探索、科学的总结升华。解决好思想认识问题，就是解决好方向和动力问题，就是解决最根本性的问题。当我们在新时代回顾深圳40年改革发展史，当我们惊叹深圳科技创新取得的成就的时候，我们不禁会发出疑问，是什么推动深圳取得今天这样的成就，深圳成功的密码是什么？无论是访谈、参观考察还是查阅文献，我们有一个共同的感觉，深圳经济特区成立40年，科技领域所取得的一切成就离不开思想观念的转变，离不开实践中的创新探索，离不开发展历程中的规划和总结。当我们深入探索深圳创新取得成就的本源的时候，思想观念的变革引领总是占据着重要的位置，思想观念的改变是深圳改革发展创新的原动力。以此为逻辑起点，才有了深圳科技体制改革的相关文件，才有了深圳推动科技创新的体制机制，才有了深圳科技创新的生态链、软环境，才有了深圳推动科技创新的生动实践。

深圳科技创新发展经历了四个阶段。深圳科技创新发展的每一个阶段，都离不开观念的引领和加成。

第一个时期，从特区成立到党的十四大之前，深圳在缺少经济基础情况下利用国家设立经济特区的时机、特殊政策以及靠近香港的区位优势，面向市场推动体制机制改革探索，激发市场主体活力，杀出了一条血路，实现了从单一农业向发展工业、传统工业向现代工业的转变。这个时期，外资企业的引进和体制改革的探索为深圳科技创新奠定了坚实基础。"敢闯敢试"正是源于这个时期，它成为深圳后来改革发展的代名词。也正是因为它，深圳特区的改革才砥砺向前、铿锵有力。这个时期，深圳之于中国，是助推者，不仅仅是实践，更在于观念。

第二个时期，从党的十四大至十六大之前，改革发展进入到新阶段，深圳继续深化科技创新体制机制改革，高新技术产业初露端倪，开启深圳

制造向深圳创造的转变。"深圳,与世界没有距离",这一时期深圳实现了跟跑向完善自我的转变,深圳立足国内、面向全球、强化优势,推动自身融入世界并独具特色。

第三个时期,从党的十六大至十八大之前,深圳争创新优势,强化科技创新顶层设计,制定出台了一批推动深圳科学技术发展创新的规划和战略,制定了众多落实措施与相关的政策、法律和法规,成立了一批服务中心、促进中心、认证中心、研发中心等,拉开了深圳组建、认定高新科技企业,扶持发展高新技术企业的序幕,以深圳高新区为代表的高新技术产业园区快速发展,激发了市场要素活力,形成了创新活力竞相迸发的时代新局面。"鼓励创新、宽容失败"的观念让深圳成为改革的沃土、创业的摇篮,这一时期,深圳科技创新的体制、机制与平台逐步完善。

第四个时期,党的十八大至今,深圳致力于发展战略新兴产业和未来产业,在科技创新中取得了显著成就,在制度机制完善方面取得了显著进步,面向未来,推动创新,迈向产业链高端。这一时期"深圳制造变深圳创造"正由观念变为现实,深圳完成了从跟跑、并跑到领跑的切换。深圳在逐步强化其中国改革引领者的地位,即将傲然立于世界。习近平总书记在对深圳工作作出的批示中指出:"深圳市要牢记使命、勇于担当,进一步开动脑筋、解放思想,特别是要鼓励广大干部群众大胆探索、勇于创新,在全面建成小康社会、全面深化改革、全面依法治国、全面从严治党中创造新业绩,努力使经济特区建设不断增创新优势、迈上新台阶。"[①]

(一)以理念创新为引领,"敢闯敢试"

建设特区,深圳以思想观念为引领为自身发展注入源源动力。从"改革创新是深圳的根,深圳的魂"的思想共识,到"鼓励创新,宽容失败"的开放氛围,从"打造创新型智慧型包容型力量型城市"的文化创新理念,到"探求科学真理,弘扬人文精神"的文化环境,开放包容、先试先行、开放创新、锐意进取,这些先进思想观念已经浸入了深圳的血液。它们,叙述着历史,推动着实践,启示着未来。

[①] 《习近平批示深圳工作:要牢记使命 进一步解放思想》,《广州日报》2015年1月8日。

1. "深圳，与世界没有距离"

2006年，第26届世界大学生夏季运动会申办执行委员会正式向社会公布，深圳申办第26届世界大运会的口号为"深圳，与世界没有距离"。这句话虽从那时起就广为传播，但它契合了深圳特区创建以来推进城市国际化的不懈追求，彰显了深圳经济特区创建以来开放包容的特质、海纳百川的气魄。深圳作为改革开放的先行者和探索者，承担改革试验田的历史使命，肩负着拉近中国与世界距离的重担。从"深圳制造"到"深圳创造"，从"深圳速度"到"深圳标准"，深圳在不断转换发展方式的同时，一直努力追赶世界的潮流，向世界敞开胸怀，保持和世界的零距离。它内含着深圳开放、包容的基因，体现着深圳发展、创新的追求，展现着深圳坚毅、果敢的步伐。

"深圳，与世界没有距离"，不仅是深圳历史的生动写照，也是深圳创新发展的生动写照。这个观念的形成既根源于深圳特区建设发展的历史，也根源于深圳特区成长发展的历史。中央建立特区的目的就是希望深圳成为中国改革开放的窗口，成为中国与世界之间的桥梁，让世界了解中国，也让中国走向世界。同时，深圳特区又是一块试验田，希望特区走出一条自己的发展道路，拉近深圳与世界的距离，使深圳的发展与世界的发展同步，进而拉近中国与世界的距离。因此，深圳特区在坚持中国社会主义基本制度的基础上，面向世界推进着自身的改革，这包括，深圳学习面向世界、引进人才面向世界、制定政策面向世界、发展目标面向世界。也许，这句话并不仅仅是指科技，但它又包含着对科技的态度。正是在这个观念的指引下，深圳凝聚着发展的力量、汇聚着发展的资源，深圳从面向市场开始，到面向世界开展工业化，再到面向世界推进科技创新，它用创新赢得尊严，用发展赢得地位，为新时代的发展奠定了体制基础、物质基础、文化基础。

今天，深圳正在以新的实践探索践行与世界没有距离的观念，从中国特色社会主义先行示范区到社会主义现代化强国城市范例，深圳正在推动这一观念迈向新的高度，结出新的硕果。

2. "深圳制造变深圳创造"

2019年，中共深圳市委六届十二次全会明确提出了深圳实现由深圳制造向深圳创造的转变。"深圳制造变深圳创造"，是深圳特区建设40年发展历程的深刻写照,是深圳发展成就的光辉展示,它表明了深圳科技创新从无到有,再到强大的奋斗历程。从农业到工业,深圳杀出一条血路靠的是"三来一补",从那时的合资合作加工到深圳制造,再转变为深圳创造,深圳走过了劳动密集型代工制造,踏入了位于价值链顶端的产品设计、技术研发领域,实现了自身"改革之都"到"创新之城"的转变,是深圳推动科技创新主动作为的充分体现。

从世界工厂,到深圳制造,再到深圳创造,深圳从劳动力密集型代工制造,步入了高技术研发领域。如今,深圳将继续布局前沿技术领域,加速制造业产业链的智能化和现代化。深圳的发展不仅符合产业发展的逻辑,更是把准了时代的脉搏,实现了自身律动与世界发展潮流的同频共振。特区成立之初,深圳凭借着毗邻香港,土地、人工成本低等优势,吸引大量外资来深圳投资,合资合作发展"三来一补"加工业。"三来一补"使深圳加入了全球产业链,这为后来深圳发展高新技术产业奠定了基础。1993年底,在时任市委书记厉有为的主导下,深圳出台决议,停止登记注册新的"三来一补"企业,特区内已经运营的"三来一补"企业,属于污染环境的,坚决迁走。当中国实现全方位对外开放,特区优惠政策逐渐变成普惠政策的时候,为重新构建竞争优势,深圳及时调整产业方向,大力发展高附加值、低资源消耗的高新技术产业。1995年深圳率先提出调整产业结构、发展高新科技等支柱产业的发展观,吸引了华为、万科、迈瑞等一批具有自我创新意识的高新企业落户,引进了一批著名大学和科研机构。深圳为了实现从技术跟跑到自主创新的跨越性转变,通过出台高新技术产业发展22条、海外高层次人才"孔雀计划"、竞争性经费与稳定支持经费相协调的投入机制,举办"中国国际高新技术成果交易会"等措施发展高新技术产业,优化调整产业内部结构,推动工业转型升级。经过十多年快速发展,高新技术产业迅速崛起为深圳经济发展第一增长点,并逐渐形成了计算机、通信设备、平板显示、数字电视、生物制药等具有较强竞争力的产业集群,为深圳向智能制造奠定了坚实的基础。深圳的快速发展得益于对外开放,得益于深圳抢抓四轮世界产业结构调整机遇,积极融入全球产业体系,得益于深圳把握了科学技术与产业发展的规律,始终以开放的姿态、最优的发展路径发展。由"深圳制造变深圳创造"正是这种主动作为精神的充分体现。

3. "鼓励创新，宽容失败"

"鼓励创新，宽容失败"是2010年深圳市评选出的深圳最有影响力的十大观念之一。"鼓励创新，宽容失败"是深圳精神、深圳力量的体现。"宽容失败"，是一种创新、一次思想认识上的突破，是对传统意识的冲击。对于冲在前线的改革者来说，这句口号是鼓励改革的信号，让面临困境的改革者抛却顾虑，挺直腰板；对于创业者来说，这句口号是鼓励创新的"试金石"，让失败了的创新者鼓起敢于试错、不怕失败的勇气，让他们在跌倒之后有从头再来的机会。改革开放初期，正是靠这种精神和观念，催生出深圳大大小小的"第一个吃螃蟹"之举；正是由于秉持着这种精神和观念，深圳才创造出了一个又一个奇迹；正是秉持着这种精神和观念，才有了一个又一个的企业成长壮大。"鼓励创新，宽容失败"也正是今天深圳作为"创客之都"的文化积淀。

衡量整个社会对改革创新者的支持力度，往往不在于面对成功时是否欢愉，而在于面对创新失败时是否理性。如何对待失败，从另一个方面检验着整个社会对创新创业的支持力度。从一个城市对待失败的态度，更能体会到这个城市的力量。"宽容失败"是深圳对创新和创新人才进行的鼓励和保护。不仅深圳人用实践和态度践行着"鼓励创新，宽容失败"，深圳还通过法规的形式鼓励"先行先试"勇于创新的行为，宽容改革创新失败者。2005年，深圳市四届人大常委会三次会议审议的《深圳经济特区改革创新促进条例（草案）》明确规定："改革创新未达到预期效果或造成损失，只要程序符合规定，个人和所在单位没有牟取私利，也不存在与其他单位或个人恶意串通的，可予免责。"深圳用刚性的法规规范改革创新，宽容改革创新失败者。2009年以来，深圳市大力实施战略性新兴产业和未来产业专项扶持计划，对企业发展新技术、新产品、新模式、新业态进行资助，分担了企业创新风险，降低了企业创新的成本，深圳市政府在用实际行动践行"鼓励创新，宽容失败"的精神和观念。深圳的这种观念和行动无疑会激励更多的人、企业和组织去参与创新、投身创新。当深圳各项改革再次进入快车道的时候，"鼓励"和"宽容"无疑将再造一个激情燃烧的改革年代。

40年，深圳特区的观念创新在推动着深圳的改革发展，深圳特区的实践探索在推动着深圳乃至中国思想观念的转变。从整体观念到具体行动，形成了从思想到实践的良性互动，助推深圳经济特区实现了从改革先行到先行示范的跃升。

（二）打破"铁饭碗"，以市场为导向，建立新体制

市场，在40年前的深圳如果有人提这样的字眼，那大家一定觉得他不可思议，然而，1992年邓小平的南方谈话打开了人们思想解放的闸门，市场经济成为最热门的词汇，这个时候我们再继续往前回望，就会发现，市场深圳从特区开建就已经在践行了，从那个时候开始，深圳就是在以市场化的思维推进改革，可以说，深圳过去改革的成功，就是因为抓住了市场的精髓，利用了市场的高效，规避了市场的弊端，从而让市场化成为城市的灵魂。因此，以市场为导向，"杀出一条血路"，是深圳这个时期改革成功的关键。1980年，"炒鱿鱼"、打破"铁饭碗"，深圳在中国内地率先突破固定用工的传统体制，实行双向选择，确立了劳动合同制和配套制度；1983年，《深圳市实行劳动合同制暂行办法》出台，深圳成为中国内地第一个实行劳动用工合同制的城市；1987年，深圳率先放开土地市场，土地拍卖"第一槌"引发新中国土地使用制度的"第一场革命"；1985年，深圳创办科技工业园、科技商品交易所，致力推动高新技术产业发展；1987年，深圳鼓励技术入股、兴办民营科技企业，由此催生华为等一批高科技民营企业……正是在科技创新的道路上，深圳谨守并坚持以市场为导向、杀出一条血路的观念，才为深圳今天科技创新的"井喷"奠定了基础。

1. 打破"铁饭碗"——用工制度的争论

劳动制度是经济制度的重要组成部分，它的形成是与一定的经济制度相配套的。我国的"铁饭碗"制度与当时实行的计划经济体制相配套，在较长时间内起到了积极的作用。然而，随着我国生产方式的转变和国民经济的发展，"铁饭碗"似的"统包统配"劳动用工制度日益暴露出其与生产力不相适应的一面。打破这种制度，是深圳经济特区改革的重要抓手，它打破的不仅仅是这种劳动用工制度，打破的还是深圳传统的观念。从此，体制机制改革探索伴随着特区发展的全过程。用工制度的改革，是深圳体制改革的一声春雷，它激活了各种市场要素，更激活了科技创新的要素，为深圳科技发展注入了不竭动力。当然，深圳"铁饭碗"的打破不是朝夕之间完成的，合同用工、按劳分配、"炒鱿鱼"、打破"铁饭碗"、打破"大锅饭"等一系列改革与创新，它们一度引发了"特区使用资本主义用工制度"的争论。

"铁饭碗"的打破，始于深圳竹园宾馆用人用工改革。深圳竹园宾馆是新中国第一家中外合资宾馆，它是特区成立后，港商刘天就投资建立，并且按照香港的酒店标准进行管理。但运营还不到一年，深圳相关部门就接到了港商对服务员的投诉，迟到早退甚至长期旷工都肆无忌惮。竹园宾馆遇到了问题，深圳市领导指派当时分管宾馆的财贸办主任李定去处理。李定及工作组制定了一个职务工资、技术工资加浮动工资的改革方案：百分之五十是职务、技术工资，相对固定；百分之五十是浮动工资，其中一半与当月的住房率挂钩，另一半与个人考核表现挂钩，每月浮动。除了工资制度，这个方案还把干部、工人的身份打破了。过去只有干部当管理人员，并且按照级别担任职务，现在，工人干好了，也能当管理人员，干部干不好，照样当一般服务员。1982年4月，竹园宾馆在全国率先进行的人事、工资制度改革，大大调动了员工积极性，开创了职务工资加浮动工资的工资制度先河。进而，1982年7月，深圳市宣布，全面推行劳动合同制，即使是国营、集体所有制企业、政府机关和事业单位新招用工人员，也同样使用这项制度，企业拥有用工及管理人员任免的自主权，政府雇员取消内招，实行公开招考，择优录取。

打破"大锅饭"，推行经济生产责任制，实行按劳付酬，是我国城乡经济体制改革的起点，是建立和完善社会主义市场经济体制的先声。"铁饭碗"之所以能打破，最根本的是引入了市场机制、竞争的观念。它颠覆了计划经济体制下的用工传统，为深圳招聘科技人才，使用、激励科技人才乃至深化人事制度改革奠定了基础。

打破"铁饭碗"打破的不仅仅是劳动用工制度，打破的还是不适应时代发展的体制机制，以及人们固有的思想观念。从体制上探索深圳的改革创新由此成为深圳改革的着力点，深圳以此为基础推进的体制创新，为深圳的科技创新提供了源头活水和不竭动力。在此基础上，才有了探索体制机制以激发市场主体活力的创新、建构配套措施以引领科技创新的实践、创新环境营造良好市场环境的成就。

2. 探索体制创新,激发市场主体活力

随着生产力的发展,当计划经济体制压抑各种生产要素的积极性而不能适应我国经济社会发展的时候,探索新的体制机制激发各要素活力成为必然的选择。深圳一开始的成功,就是因为市场化成为了城市的灵魂,市场成为了配置资源的方式,市场成为了选择企业的主体。邓小平说:"深圳的重要经验就是敢闯","没有一点闯的精神,没有一点'冒'的精神,没有一股子气呀、劲呀,就走不出一条好路,走不出一条新路,就干不出新的事业"。① 深圳改革开放的过程从一定意义上说是产权改革、所有制改革的过程,这其中既伴随着国有企业股份制改造,又促进了新的市场竞争主体的培育和民营企业的不断涌现。

开始于1979年的蛇口工业区,通过实行"以工业为主,积极引进,内外联合,综合发展"的方针,在经济体制改革方面,蛇口大胆突破,创造出多项中国第一或全国之最,率先实行招聘用人,在各重点大学及各地公开招聘人才;率先改革干部制度,实行干部聘用制;率先实现分配制度改革,打破平均主义"大锅饭",进行工资改革,实行岗位工资,并实行职工住房商品化改革,形成了"蛇口模式"。"蛇口模式"的核心是企业充分发挥自主权,按照市场法则和经济规律办事,运用经济手段管理经济、搞活经济,也正是运用中央赋予的自主权,蛇口工业区大胆突破,大刀阔斧地开展以市场为导向的经济体制改革,并取得了巨大成功。蛇口被称为"单位面积培育知名企业最多的地方"。

1986年,深圳率先在全国进行国有企业股份制改革试点,推进了股份制改革和股票证券市场的建立。同年,深圳市政府制定了《深圳经济特区国营企业股份制试点的暂行规定》,一些企业根据规定进行股份制改造设立股份有限公司,有的还向社会公众发行了股票。在此背景下,创立了新中国第一家股份制企业——中国南山开发股份有限公司。在政府的大力推动下,深圳发展银行、招商银行、平安保险等股份制企业相继成立,成为了支撑深圳特区迅速发展壮大的企业集团。围绕市场发力,探索新的体制机制是深圳改革成功的关键。从蛇口模式到股份制企业试点,从中外合资到"三来一补",从科技工业园到民营科技企业,从首届中国国际高新科

---

① 《邓小平文选》第3卷,人民出版社1993年版,第370、372页。

技成果交易会到《深圳经济特区改革创新促进条例》出台，深圳一系列的体制探索，不仅激发了市场主体的活力，更为深圳的科技企业发展打开了一片新的天地。

3. 配套措施推动实践，引导面向科技创新

如果说探索体制机制创新是为了营造深圳经济社会发展的大环境以激发市场主体活力的话，那一系列的配套措施的出台则是深圳推动科技创新的明证。因为只有制定具体的配套措施，才能切实推动科技创新实践的发展。20世纪90年代初，当深圳工业发展出现乏力迹象时，深圳在稳定、升级"三来一补"企业的同时，通过制定一系列措施，引导面向科技创新。从前瞻性的产业发展规划、增加科技投入、鼓励科技骨干人员持股等方式，到鼓励发展以信息技术产业、生物技术产业、新材料产业为重点的高新技术产业，推动产业结构升级和转型，深圳走出了一条科技与经济结合的新路。

制定前瞻性的发展战略和规划，引导高新技术产业发展。1992年，深圳市政府出台《加快高新技术及其产业发展的暂行规定》，主动调整产业结构，着力发展高新技术产业。此后，历届领导班子都坚定不移地贯彻自主创新战略。1995年，深圳进一步坚持把高新技术产业作为第一支柱产业的战略定位，在分配制度和人才政策上实现了制度创新的突破。2005年，时任深圳市委书记的李鸿忠明确提出"要把自主创新写到深圳发展的旗帜上"，并提出建设国家创新型城市的目标。通过规范性文件鼓励自主创新和发展高新技术产业。深圳市委、市政府及其职能部门先后制定和实施了《关于依靠科技进步推动经济发展的规定》《深圳市企业奖励技术开发人员暂行办法》《深圳经济特区无形资产评估管理办法》《深圳经济特区技术成果入股管理办法》等一系列鼓励自主创新和发展高新技术产业的规范性文件。

强化知识产权保护力度服务科技创新。强化知识产权保护是有效遏制知识产权领域侵权行为的重要举措，也是营造良好营商环境的重要方面。改革开放以来，深圳相继出台了《深圳特区计算软件著作权保护实施条例》《深圳特区企业技术秘密保护条例》《深圳特区无形资产评估管理办法》《深圳经济特区技术成果入股管理办法》等一系列相关法规和条例，加大侵权假冒行为的惩戒力度，强化知识产权的保护力度，营造了有利于

技术创新和发明的市场环境。

4. 创新环境服务保障，营造良好市场环境

企业和科研院所、人才、政府、社会、金融、政策法规等是科技创新的相关要素，在这些要素中，任何一项的缺失都会阻碍或者终止科技创新的步伐。因此，创新型城市的建设不是多几个科技型企业就能够完成的，它需要政府的推动、社会的参与、企业的投入、人才的支持和制度法规的保障。只有营造良好的创新环境氛围才能够使创新诸要素效能得到充分的发挥。坚持深化"放管服"综合改革，营造充满活力的综合创新生态环境，深圳已经走在了全国的前列。

政府把准角色定位，有所为，有所不为。深圳市政府把角色定位在完善创新环境，通过制定产业政策和建立完善的创新激励机制，引导和鼓励企业进行创新。对入驻的科技创新型企业制定了具体的扶持政策，在企业开办、技术、资金、人才、信息等方面提供支持和帮助，落实好让科技创新人才先富起来的政策，鼓励大学和研究机构的科研人员创办、领办科技型高端企业。完善孵化机制，催生更多的高科技企业，增强企业的研发能力，推动高新技术成果迅速转化、走向市场。同时，政府又坚持有所不为，通过市场的利益诱导机制链接各种创新要素资源，让企业作为市场主体和创新主体在创新中扮演更加重要的角色。推动企业家走到前台，成为技术创新的主导者、组织者和风险承担者，形成创新的示范效应，通过保障技术入股等股权激励机制激发人才的创新意识与能力。同时，构筑全方位知识产权保护防线。随着创新之都建设的推进，深圳企业的创新动力日趋澎湃。为知识产权构筑全方位保护防线，破解创新创业的后顾之忧，已成为深圳创新生态打造的重点。2018年底，深圳市首个国家级知识产权保护中心——中国（深圳）知识产权保护中心正式揭牌运行，为深圳重点产业提供专利快速受理、快速审查、快速授权、快速确权服务。深圳打造全国知识产权运营航母，建立南方知识产权运营中心；设立约20亿元规模的知识产权运营基金；培育5家国家级的知识产权运营机构；培育含交易、评估、咨询、投融资、保险、证券、"互联网+"、维权等在内的各类型知识产权运营服务新业态……"1+1+5+N"的知识产权运营"深圳模式"正逐步形成。

建立以高交会为主要平台的高科技交易市场体系，加速科研成果的转

化。为加快高新技术成果的转让、引进和产业化，1999年深圳市政府与外经贸部、科技部、信息产业部、中科院进行协商，联合举办"中国国际高新技术成果交易会"（简称"高交会"）。高交会首次亮相就吸引了31个省区市和港澳台地区22所著名高校以及26个国家的402家高科技企业、大学、研究所和金融机构参加，成交金额达到64.94亿美元。今天，高交会成为深圳高新技术产业发展的"助推器"。

建立为科技发展服务的金融服务体系，解决融资难的问题。融资难、融资贵是困扰中小科技企业发展的一个难题。20世纪90年代初，深圳市委、市政府为缓解中小科技企业融资难融资贵问题专门设立了金融服务机构——深圳市高新投集团有限公司。2000年，深圳市政府出台《深圳市创业资本投资高新技术产业暂行规定》，这是我国第一部吸引国内外创业资本投资的政府规章，为创业投资公司融资开辟了新渠道。经过几十年的发展，深圳市形成了产业投资基金、天使投资基金、私募资金等构成的科技金融服务体系。建立以高新园区为平台的区域服务体系。为了发挥高科技企业的集聚效应，并为高科技企业的发展提供区域的系统服务体系，深圳最早成立高科技园区，从80年代的科技工业园到90年代的高新技术园区，再到近些年的软件园、孵化器，等等，众多的孵化器载体正在孕育更多的高科技企业。

1979年深圳建市时只是个落后的边陲小镇，2018年12月福布斯发布"中国创新力最强的30个城市"榜单，深圳位列榜首，成为全球瞩目的创新型城市。近年来，深圳在推动创新驱动发展方面取得了明显成效，其诸多成功因素中，核心经验就在于多年积累形成的完整、良好的创新生态环境。尤其是党的十八大以来，深圳进一步推进以科技创新为核心的全面创新，构建"基础研究+技术攻关+成果产业+科技金融"的全过程创新生态链，打造具有世界影响力的创新创意之都。除"基础研究+技术攻关+成果产业+科技金融"这些方面外，深圳在创新软环境、知识产权等方面深入推进，全方位涵养科技创新。

（三）以人才聚集为根本，"来了就是深圳人"

人才是城市竞争力的第一资源，是支撑发展创新的关键。作为"创新之都"和全国经济中心城市，深圳创新成果迭出，得益于国内外各类创造性人才的有效集聚。改革开放初期的深圳，大学数量是很少的，也没有多少国家级科研院所，企业需要的高科技人才只能通过深圳自身来吸引。因此，深圳通过更新观念、建立多层次人才体系，实现了人才的快速聚集。同时，深圳以人才聚集为根本，坚持培养和引进并重，营造了各类人才脱颖而出的成长环境。深圳2008年总人口为876.83万人，2019年常住人口为1343.88万人，增长了53.26%。深圳一直奉行"来了就是深圳人"的思想观念，加大对人才工作的投入力度，不断健全完善人才政策体系，在管理机制上放权，在评价机制上放开，在分配机制上放活，为人才在深圳创新创业提供全方位、大力度支持和扶持，构建了具有全球竞争力的人才制度体系，使人才效能得到了最大发挥。

1. 着力打造"人无我有、人有我优"的人才政策体系

特区成立以来，深圳关于用人机制的改革和制度化、法制化建设从未止步。深圳注重加强顶层设计，全方位加大政策支持力度，大力推进建章立制，通过人才政策的持续创新打造更具竞争力的人才环境。

从成立之初，深圳经济特区就出台了《特区干部调配暂行规定》《关于引进国内人才来深工作的若干规定》《深圳经济特区人才市场条例》《深圳市鼓励出国留学生来深圳工作的暂行规定》等政策法规，积极打造"人才高地"。进入21世纪，面对全球人才竞争日趋激烈的新态势，深圳先后制定出台了高层次专业人才"1+6"文件和引进海外高层次人才和团队"孔雀计划"等，构成了人才政策的"四梁八柱"。同时，多年来深圳出台了一系列人才服务政策，从《关于企业取消干部、工人身份界限，实行全员劳动合同制若干重大问题的意见》，到《深圳市产业发展与创新人才奖暂行办法》等，深圳每年投入大量资金培养和引进海内外高层次人才和团队，对引进的高端团队和项目给予特殊的资金支持。深圳还确定每年11月1日为"深圳人才日"，体现了对人才的高度重视和尊重。

从出台顶层法规文件、综合政策措施、配套实施办法，到具体操作规程等，深圳形成了位阶高低有序、效力统一协调的人才政策体系，构筑形成了深圳人才工作新优势。深圳的各种法规、政策和措施，以及强有力的环境支撑使得深圳各类人才快速增长，高层次人才加快集聚。使"来了就是深圳人"落到了实处，形成了人尽其用、人尽其才的良好局面。

2. 外引内育，打造人才集聚高地

围绕建设"人才强市"目标，为实现人才资源配置和产业转型升级的高端化，优化产业人才队伍结构，加快高层次人才队伍建设，推动经济发展方式向创新驱动发展转变，1979年建市之初，深圳仅有2万人口，1名工程师和325名技术人员。人才奇缺是特区建设首当其冲的突出问题。为加大人才引进力度，在取得中央同意和各省、市的大力支持下，深圳率先探索有效灵活方式，面向全国进而面向世界集聚各类人才。

一是打破固有人才行政派遣制，实行公开招聘。1981年，深圳蛇口工业区率先打破由上级部门调派干部的做法，在各重点大学及各地公开招聘人才，开创了新中国人事制度改革的先河。据深圳市人才研究会统计，从20世纪80年代初至1992年，深圳从内地引进技术干部约25万人，接收院校应届毕业生8万多人。

二是建立完善人才市场。1984年，深圳设立"人才交流服务中心"，寄放具有干部身份的科技人才档案，让企业放心与人才签订合同，解决科技人才的后顾之忧。1996年成立深圳市人才大市场，促进劳动力横向流动，为各类人才提供人事管理方面的公共服务和市场化服务。据统计，1997—1999年，人才大市场接待了350万来自全国各地的求职者和5万余家用人单位的求职和应聘活动。在深圳还活跃着大批高质量的国内外"猎头公司"，每时每刻为深圳高科技企业搜索、推荐大量的人才。

三是走出国门招揽人才。自1992年开始，深圳市领导亲自率团到海外招揽人才，这种招揽人才的方式，是深圳市在全国各省市中的首创。进入21世纪，深圳创办了国内第一家以中外合资形式创建的留学生创业园，成立首家服务外商驻深机构的劳务大市场，首次推行积分入户政策，建立劳动争议调解指导工作协调机制，等等。深圳海外延揽人才一直延续至今，并建立了更为完善的海外人才引进政策保障机制。

四是加大创新人才培养力度。深圳面向全球引进优质教育资源，推进高等教育开放式跨越发展，深圳北理莫斯科大学、深圳技术大学等正式招生，哈工大（深圳）获批开展本科教育，中山大学深圳校区加快建设，与北大、清华等国内名校合作办学，深圳的人才培养能力正在不断增强。

3. 精准定位，抢夺高端人才

人才定位准确，才能打造人才集聚新高地。深圳特区对自身人才需求的精准定位，为特区人才引进起到了非常重要的作用。深圳经济特区成立初期，需要迅速构建特区行政框架，特区将人才引进工作定位于优秀干部。1979年至1981年，深圳在周边选调优秀干部1554名到全市各部门任职，从1982年起，开始大规模选调北京、上海、天津等城市的优秀干部10129名，迅速充实了各部门技术骨干和管理人才，这为特区飞速发展打下了基础。

一是精准定位新兴产业吸引高端人才。根据特区发展战略目标，特区精准定位于高新技术、金融等支柱产业和新能源、互联网、新材料等战略性新兴产业，对人才引进工作定位为相关产业高层次人才和团队。因此，深圳加大对高层次专业技术人才和高技能人才的引进。深圳抢夺高级人才是从引进牛憨笨院士开始的。作为深圳引进的第一位全职院士，为我国国防建设和高科技发展作出了重大贡献。他说，深圳之所以吸引他，是因为在深圳有科研与产业化相结合的优势。深圳是经济特区，毗邻港澳，资金雄厚，经济更具活力，在发展民用高科技方面有得天独厚的优势。深圳的科研以企业为依托，其光电子产业的产业化进程、科技成果的转化能力、科研开发能力均走在全国前列。这里不仅有高新技术园区，还吸引国内外著名大学在深圳设立产学研基地，为深圳营造了良好的科研环境，营造了浓烈的科研氛围，这也是吸引他的团队到深圳大学设立光电子学研究所的一大动力。

二是积极落实人才计划抢夺高层次人才。深圳通过落实国家"千人计划"和广东"珠江人才计划"，实施人才强市战略，先后出台多项政策措施、高层次专业人才"1+6"文件、人才安居工程等政策，实施引进海外高层次人才的"孔雀计划"，设立"千人计划"创业园、"孔雀计划"产业园和人才研修院，举办国际人才大会，集聚海内外各类创新型人才。2016年，深圳市委市政府《关于促进人才优先发展的若干措施》问世，明确了必须坚持人才优先发展，聚天下英才而用之，最大限度激发人才创新创造创业活力。截至2019年末，深圳各类人才总量达548万余人，深圳科技大军人数超过200万人，累计认定高层次人才近1.6万人，全职院士46人，留学回国人员超过14万人。深圳以其开放包容的姿态和优厚的人才政策成为全国人才吸引力最高的城市之一。

三是制定具体政策服务高层次人才。为防止高层次人才流失，深圳建立更具弹性的项目评审机制，对于诺贝尔奖得主、"两院"院士等国内外顶级科学家申报的项目，建立"绿色通道"，简化评审环节。当前科研项目评审制度存在"中低端评高端""外行评内行"的现象，影响了积极性。深圳出台这一措施，就是要为顶级科学家牵头的项目提供最简化的评审程序，为他们参与科研活动提供尽可能的便利条件，以防错过一些可能对未来科技与产业产生革命性影响的科研项目，错过科技创新急需的顶尖人才。落实人才政策关键在行动，为了深入落实高层次人才引进计划，深圳市辖区也制定更优厚的政策。南山区强化"雨林法则"，全面营造有利于人才发展的环境，配合建设科技金融在线平台、设立政府产业引导基金、实施"互联网+政府服务"等行动，培育人才发展载体和构建发达的人力资源服务系统。龙岗区实施"深龙英才"计划，形成创新人才"选得准、引得来、留得住、用得好"的局面。

（四）以政策法规为保障，"敢为天下先"

如果说深圳的发展得益于特区的改革开放和市场经济，那么政策法规则是深圳发展创新的根本保障。在深圳经济特区建设30年100件深圳大事评选中，其中政策法规性事件就有23件，由此可见其重要性。邓小平指出，"看准了的，就大胆地试，大胆地闯"①。深圳一系列"敢为天下先"的政策法规为特区的改革开放提供了有力的法律武器和制度保障，既规范了改革行为，保障了改革的进行，又巩固了改革的成果。改革开放以来，深圳不断深化科技体制改革，以优化科技创新体系顶层设计为突破口，先后制定颁布了一系列促进科技与经济结合的配套法规、规章，逐步树立并完善了以保护知识产权为核心的政策法规体系，为保障深圳科技创新，建设创新之都发挥了重要的作用。实践证明，自1992年深圳享有立法权以来，深圳经济特区的立法工作、政策体制建设工作皆取得了巨大成就，为经济特区的科技创新发展发挥了巨大的无可替代的作用，同时也为其他地区推动科技创新提供了许多可供借鉴的成功经验。

1. "改革创新是深圳的根，深圳的魂"

2005年3月25日，中共深圳市委工作会议上提出了"改革创新是深

---

① 《邓小平文选》第3卷，人民出版社1993年版，第373页。

圳的根，深圳的魂"①，提出深圳未来的发展仍然要向改革创新要发展动力，要发展优势，要发展资源，要发展空间。此后颁布了《深圳经济特区改革创新促进条例》。这一观念不但是对过去深圳实践的高度浓缩，更是后来深圳发展的动力源泉，今天仍是助推深圳发展创新的关键所在。它不仅对深圳经济社会发展各个方面具有重要的指导作用，更直接推动着深圳的科技创新。

  作为中国改革开放排头兵，深圳坚持"敢闯敢试，敢为天下先"的改革精神，以锐意创新的改革勇气，打破各种条条框框束缚、奋力挣脱约束经济发展的桎梏，为全国改革开放积累了宝贵经验。深圳在改革开放的道路上创下了数千项"全国第一"：率先建立社会主义市场经济体制基本框架；在全国率先进行物价体制改革试验，放开价格管制，利用市场机制，发展商品市场；率先进行向社会公开发行股票的股份制试点，并成功创办了深圳证券交易市场；率先统一内外资企业所得税税率；率先尝试土地使用权制度改革，实行土地使用权的转让，发展土地市场；率先打破人才的部门垄断和劳动用工"铁饭碗"，在全国、全世界范围内广泛招聘各类人才，等等，成为体制改革"试验田"。深圳用自身广泛的实践践行着"改革创新是深圳的根，深圳的魂"的观念，也将此观念落实到了深圳的科技创新实践中。从改革开放初期出台的《1990—2000年深圳科学技术发展规划》《关于进一步扶持高新技术产业发展的若干规定》，到步入新世纪的《中共深圳市委关于加快发展高新技术产业的决定》《关于促进科技创新的若干措施》《关于促进人才优先发展的若干措施》等若干政策规定，及至最新的《深圳经济特区国家自主创新示范区条例》等一系列鼓励和支持科技创新的政策文件，从制度机制、财政金融、人才支撑、创新载体建设、科技服务业发展等方面支持、鼓励和引导科技创新。深圳正在以"走在最前列"的标准，把全面深化改革不断引向深入，成为新时代科技创新的新标杆。

  2. 完善自主创新的政策法规体系

  法律法规和制度体系是建成现代化国际化创新型城市的重要基石。无论是科研机构还是各类科技创新型企业，对现代化国际化创新型城市建设

---

① 《改革创新：深圳的根，深圳的魂》，《南方日报》2005年8月24日。

的法律制度环境都有更高的要求。法律法规的完善也是保障创新主体利益、激发创新主体积极性的重要条件。

在深圳创新发展的不同阶段，都出台了不少促进自主创新的政策文件。2008年，深圳再一次大规模推出鼓励自主创新的政策。这些政策以深圳市委、市政府《关于加快建设国家创新型城市的若干意见》为统领，同时推出《深圳国家创新型城市总体规划（2008—2015）》《关于增强自主创新能力促进高新技术产业发展的若干政策措施》、高层次人才队伍建设"1+6"文件体系，这些文件成为深圳全市实施自主创新主导战略的行动纲领。市人大还制定了《深圳经济特区科技创新促进条例》，将自主创新纳入法制化轨道。针对知识产权保护问题，颁布了《深圳经济特区企业技术秘密保护条例》《深圳经济特区无形资产评估管理办法》《深圳经济特区计算机软件著作权保护实施条例》等；为了激发科技人员从事技术开发的积极性，颁布了《深圳市奖励企业技术开发人员暂行办法》《深圳市企业技术开发经费提取和使用暂行办法》；为加大人才引进和培养力度，颁布了《深圳经济特区民营科技企业管理规定》《关于加快高新技术产业人才队伍建设和人才引进工作的若干规定》，使民营科技企业成为深圳发展高新技术产业的一支生力军。1998年初，市政府出台了《关于进一步扶持高新技术产业发展的若干规定》（简称"22条"），这是迄今为止，扶持高新技术产业内容系统、力度较大的一个文件，对促进深圳高新技术产业发展产生了积极影响。深圳是全国首个将专利、商标、版权、技术秘密等知识产权进行集中管理的城市，在全国设立第一个知识产权法庭，通过加强执法和司法力度，推行行政、刑事、民事的三者合一，从立法、执法等方面全面加强知识产权保护，打击侵权、假冒行为，保护创新成果。相对成熟完善的政策法规体系为深圳科技创新提供了根本保障。

3. 前瞻性产业规划致力引导高新技术产业发展

现在的深圳已成为国内最重要的高科技企业集聚和创新基地，在高新技术发展关键指标之一的PCT（专利合作协定）国际专利申请上，深圳遥遥领先于其他城市，以一城之力几乎占据中国的半壁江山（2017年占全国的43%），同时仅次于东京位列全球第二，深圳的产业发展和科技创新在世界城市发展史上都是罕见的。作为全国乃至世界最成功的经济特区，深圳的成功不仅仅得益于政策和自身的区位优势，还得益于发展过程中不断的产业转型与升级。过去 40 年，深圳从工业制造产业链的最低端"三来一补"，到今天致力发展电子信息、生物医药以及新能源、新材料产业高新技术三大领域和新一代信息技术、数字经济、生物医药、高端装备制造、绿色低碳、新材料、海洋经济七大战略新兴产业，深圳走到了高新技术产业的最前端，每个阶段的积极变革，成就了今日的深圳。深圳市正是通过制定前瞻性的产业发展规划，引导科技创新型企业的发展取得了良好的效果。

一是初加工时代"三来一补"发展工业。初加工时代指 1979 年至 1995 年前后这一段特殊时期。1979 年建立经济特区伊始，深圳凭借着中央所给予的特区政策优惠，吸引了大批的"三来一补"企业发展工业。通过由外商提供设备（包括由外商投资建厂房）、原材料、来样，并负责全部产品的外销，由国内企业提供土地、厂房、劳动力的方式，使二者一拍即合，通过来料加工、来样加工、来件装配这种基础的加工制造，迅速累积建设基金、技术和管理经验，规模化、集群化的代工厂不断发展壮大。凭借低成本的土地空间和劳动力资源，逐步形成了西部以制造业为主的蛇口工业区和沙河工业区，东部在华强北、上步、皇岗片区形成了电子、轻纺、建材工业为主导的工业园区。其中，1982 年开工建设的上步工业区是中国大陆地区最早成立的电子产品加工生产基地。"三来一补"在深圳发展历史中发挥了巨大的作用，它开启了深圳对外开放的大门，推动深圳从根本上改变了落后的面貌，从农业经济走上了工业化和贸易化的道路。

二是科技兴市阶段发展科技产业。1986 年，深圳第一版城市总体规划出炉，根据总体规划的指导，深圳主要做了两方面产业升级变动，一方面是停止登记注册新的"三来一补"企业，另一方面是前瞻性地提出"科技兴市"战略，把高新技术产业作为深圳的第一经济增长点，并根据总体规划制定了系列发展科技产业的战略和计划，有针对性地布局了电子信息、新材料和生物工程技术等战略性新兴产业。正是凭借着深圳的地缘优势和国际产业的梯度转移，以电子和计算机为龙头的高科技企业及配套产业集群开始迅速发展起来。以轻工业代加工为主的福田中心区开始发展成为电子信息产业聚集区和专业交易市场，华强北得到了业界"中国电子第一街"的称号，时至今日依然在电子市场有一席之地。

三是高新技术发展阶段布局高新技术产业园区。1996 年，深圳第二版城市总体规划，以计算机和通讯、电子、生物技术产业为重点，大力发展高新技术产业；以金融、信息和新兴商贸业为支柱，积极发展现代服务业；以集装箱、航空和口岸过境运输为主题，加速发展现代物流业。这一阶段，高新技术成为深圳产业发展的重点，高新科技园在政府的强力主导下快速发展壮大。深圳市出台了《关于推动科学技术进步的决定》，提出科学规划高新技术产业布局，加速发展高新技术产业开发区。在南山区整合了深圳科技工业园、中国科技开发院、高新技术工业村，设立高新技术产业园区。1997年，出台《深圳市高新技术产业园区发展规划》，在高新区初步形成了集研发区、工业区、生活配套区等严格功能分区的高新技术产业园区。在高新区形成了通讯产业群、计算机产业群、软件产业群、医药产业群、新材料产业群、光机电一体化产业群。2013年出台未来产业发展政策，提前布局生命健康、海洋经济、航空航天、智能装备、机器人、可穿戴设备等未来产业，加快转变经济发展方式，主动淘汰和转型低端落后产业，实现了结构性改革的超前引领。前瞻布局未来产业，打造梯次型的现代产业体系，培育创新型经济新的增长点，让深圳创新型经济"主引擎"作用更加突出。2019年5月，深圳市政府公布了《深圳市新一代人工智能发展行动计划（2019—2023年）》，目标在5年内建成20家以上创新载体，培育20家以上技术创新能力处于国内领先水平的龙头企业，打造10个重点产业集群，全市人工智能核心产业规模突破300亿元，带动相关产业规模达到6000亿元，将深圳发展成为我国人工智能技术创新策源地和全球领先的人工智能产业高地。培育一批行业领军企业，打造有国际竞争力的人工智能新兴产业集群。为推动产业集聚，深圳市政府在2017年和2018年分两批启动建立了15个新兴产业集聚区，分别是2017年建立的龙岗阿波罗、南山留仙洞、龙华观澜高新园、大鹏坝光、坪山聚龙山、宝安立新湖、深圳高新区北区和2018年建立的福田深港科技创新特别合作区、罗湖大梧桐新兴产业集聚区、宝安大空港新兴产业集聚区、光明石墨烯新兴产业集聚区、坪山第三代半导体新兴产业集聚区、盐田河临港新兴产业集聚区、龙华九龙山新兴产业集聚区、龙岗宝龙科技城。迄今为止，深圳的新型显示器件产业集群、人工智能产业集群和智能制造装备产业集群已被列入国家战略性新兴产业集群发展工程建设名单。通过产业发展推动原始创新是创新的最优路径，可以实现创新到产业的同步推动，是科技创新规律的必然逻辑。

4. 接轨国际市场，致力营造高新技术产业发展新机制

习近平总书记指出："改革开放已走过千山万水，但仍需跋山涉水，摆在全党全国各族人民面前的使命更光荣、任务更艰巨、挑战更严峻、工作更伟大。"[①] 改革开放是中国特色社会主义最显著的时代特征，深圳是改革开放最成功的经济特区，深圳高科技的发展和崛起，既是多年来坚持市场经济改革的成果，也是不断接轨国际市场、参与世界经济一体化的重要成果；既是发挥人民群众"大众创业、万众创新"积极性的结果，更是打开开放大门，与世界经济接轨，学习、借鉴、引进外国先进的技术、人才和管理经验，分享经济全球化带来的红利的结果。在这个过程中，深圳对外开放的基本国策和融入世界经济体系的基本方向保持一致，成就了深圳高新技术产业发展的新机制。

一是外资企业、合资企业为深圳高科技产业发展作出了重要贡献。20世纪80年代深圳首先吸引了港台资本在这里投资发展加工贸易，奠定了深圳外向型、出口加工型经济的基础。深圳在引进港资、台资的基础上，吸引了一大批世界跨国公司在深圳建立生产制造基地，成就了"深圳制造"。在与国外资本和跨国公司合作过程中，诞生了一大批高科技民营企业，他们从中获得了市场，学到了技术，引进了管理，有的还"青出于蓝胜于蓝"，成为"深圳创造"的重要来源。

二是国际市场为深圳高科技产业发展提供了广阔的市场。截至2019年，深圳外贸出口连续27年居全国第一，2019年深圳出口1.67万亿元人民币，其中高科技产品接近50%。从地域来看，2017年深圳出口主要集中在中国香港地区以及美国、日本和欧盟28国，其中美国占出口总额约15.3%。

三是深圳通过对外开放引进了大量先进的技术和科技成果。经过40年的改革开放，已有多家全球500强跨国公司在深圳投资高新技术产业，如计算机产业的IBM、康柏、希捷、三洋、施乐，通信产业的菲利浦、北方电信、朗讯科技，新材料产业的杜邦，等等。外资高新技术企业为深圳高新技术产业的发展积累了资金，培养了人才，带来了信息。

---

① 习近平：《在庆祝改革开放40周年大会上的讲话》，人民出版社2018年版，第42页。

正是在这样与世界接轨的过程中，深圳在研究学习西方国家分配制度和经营管理制度经验的基础上，改变了传统的分配方式，逐步建立起按劳分配与按生产要素分配相结合的分配制度，形成了符合高科技产业特点的、以保护知识产权为核心的分配制度和科技激励机制、社会化的技术定价体系和经营管理制度。1987年深圳市政府出台了全国首个《关于鼓励科技人员兴办民间科技企业的暂行规定》，鼓励高科技人员以技术专利、管理等要素入股。中兴通讯在分配上实行了三个层次的分配方法，即按劳分配、按股分配、奖励分配，并将科研开发人员和市场销售人员列为倾斜对象。通过企业创业初期的骨干员工持股、公司上市的全员持股及上市后对期权制的探索，使全体员工依据职务、才能、责任、贡献、工作态度和风险承诺，参与企业利润的再分配。2001年，深圳市政府出台了《关于进一步推行按劳分配与按生产要素分配相结合分配制度的指导意见》，这是深圳市近20年来，制定的一个比较全面系统的关于分配制度改革方面的规范性文件。近年来，深圳逐渐建立起技术入股制度和科技人员持股经营制度，初步形成了与国际惯例接轨的、符合高新技术产业特点的、以保护知识产权为核心的分配制度和经营管理制度。

5. 企业技术开发体系建设致力开辟科技与经济结合新路

20世纪90年代以来，深圳实施"科教兴市"发展战略，大力发展高新技术产业，先后确定"以高新技术产业为先导"，建设"高新技术产业开发生产基地"的发展战略和奋斗目标，形成了以企业为主体、以市场为导向、以全国高等院校和科研院所为依托、产学研相结合的技术开发体系，形成了"90%的创新型企业是本土企业、90%的研发人员在企业、90%的科研投入来源于企业、90%的专利生产于企业、90%的研发机构建在企业、90%以上的重大科技项目发明专利来源于龙头企业"的"六个90%"的局面，走出了一条科技与经济结合的新路子。

深圳在全国率先建立起了"以企业为主导、市场为导向、政产学研资相结合"的创新综合生态体系。政府充分发挥企业在技术创新决策、研发投入、科研组织和成果转化中的核心作用，推动形成了由国内外著名高科技企业为引领，一大批新崛起的创新企业为中坚力量，创客空间以及各类创业型创客建立的企业为重要补充的大、中、小、微企业间的阶梯式企业创新版图。

深圳创新科研机构扶持模式，建立"民办非企业"类新型研发机构。这些研发机构组织架构灵活，给予研究人员更多自由发挥的空间，能最大限度地避免体制性束缚，大大增强研发主体的独立性和自主性，既不需要政府主管部门审批，也不需要专家评审，可以自主选择科研方向、制定研发战略、从事研发活动，也可以自主组建科研团队，不受编制所限，为科研成果企业化应用奠定了基础。

在政府资金投入方面，深圳财政科技资金近70%投向企业，每年企业承担科技计划项目数量占立项总数的50%，70%以上创新载体布局在企业。通过产学研资相互作用，精准对接市场需求与技术研发，打通产业化全链条，集成优势资源，实现规模化生产，完成科技成果的增值，再通过良好收益反哺原始创新，如此形成的全链条良性循环，能有效解决科研成果资本化"最后一公里"的问题，实现科技成果资本化的裂变式发展，企业也因此获得了源源不断的创新驱动力。

深圳市大力推进产学研合作，加大力度培育引进各式新型研发机构，累计培育了几十家集科学发现、技术发明、产业发展"三发一体化"发展的新型研发机构，这些机构以其突出的创新能力和巨大的增长潜力，成为引领源头创新和新兴产业发展的重要力量，为深圳经济发展和创新注入了源头活水。

思想是行动的先导。深圳在一系列先进理念观念的指引下探索着科技创新的前行路。他们以"与世界没有距离"的宽阔视野融入世界科技竞争；以"打造创新型智慧型力量型城市"的科技思维布局未来；以"来了就是深圳人"的博爱吸纳天下英才；以"敢为天下先"的勇气探索建立新体制；以"鼓励创新、宽容失败"包容激励各个层次的创新；以"杀出一条血路"坚毅地汇聚改革创新动力；以"人无我有，人有我优"的追求涤荡科技创新品质……当我们回看深圳，把眼光聚焦到深圳相对完善的体制机制、催人奋进的顶层设计、应接不暇的创新成果、充满活力的创新人群的时候，我们不得不承认，正是上述一系列思想观念的推动，才有了这一切的一切。这些观念已融入深圳的一切，成为这个城市的基因。正是它们的传承，才成就了深圳的过去和今天，也必然继续成就深圳的未来。

（五）致力完善机制，实现全方位创新

形成良好的科技创新制度机制是深圳建设中国特色社会主义先行示范区的重要使命。从1980年特区成立至今，深圳经济特区40年来在制度机制方面进行了不懈探索，形成了一套完备的制度体系，为推动特区科技创新发展奠定了坚实的制度基础。习近平总书记强调："改革更多面对的是深层次体制机制问题，对改革顶层设计的要求更高，对改革的系统性、整体性、协同性要求更强，相应地建章立制、构建体系的任务更重。"① 尤其是党的十八大以来，从政府机构建设支撑、保障、服务科技创新到科技体制改革完善，从法制建设保驾护航到完善创新生态链打造，推动全方位创新的制度机制已经得到实践的检验，并在继续创新完善中发挥更大的作用，引领深圳向国际性创新之都进发。

1. "用创新赢得尊严"

"用创新赢得尊严"的口号是康佳集团总裁侯松容在2006年提出来的。在此之前，中国企业以低成本、低价格来打市场，但这样的做法在新形势下日益难以为继，为此康佳提出了价值经营，用创新来提升利润，改变低成本加工的简单再生产模式。2008年7月，时任国务院总理温家宝在广东调研时，特别强调创新的重要性。7月20日，温家宝视察康佳集团，对康佳在激烈的市场竞争中始终坚持创新给予了充分肯定。同年8月26日，温家宝亲笔题词"用创新赢得尊严"送达康佳。同时，这一观念的提出，还源于当时严峻的国际国内形势。2008年美国次贷危机引发国际金融危机，导致全球经济放缓，当时，我国还遭遇雨雪冰冻、汶川地震等自然灾害。中国经济面临着如何应对集中释放、相互叠加的国内外不利因素的难题，已经严重阻碍了中国经济和社会发展。"用创新赢得尊严"揭示了康佳企业精神，既是激励康佳创新，其实也是在激励深圳乃至全国的企业积极进行创新，更透露出对以康佳为代表的中国企业的期待。"用创新赢得尊严"，是深圳经济特区改革创新精神的高度浓缩，也是深圳企业精神的集中体现。从此，它以更强的力量指引着深圳政府、社会和企业在致力

---

① 习近平：《关于〈中共中央关于坚持和完善中国特色社会主义制度、推进国家治理体系和治理能力现代化若干重大问题的决定〉的说明》，《人民日报》2019年11月6日。

创新的道路上奋力前行。

改革开放初期，深圳凭借着毗邻香港的地缘优势、低成本的土地空间、优惠的税收政策和丰富的劳动力发展起来。但是当时的深圳只能从事初级工业产品生产，这些产业处于价值链的低端，且污染多、能耗大，对生态环境造成了污染与破坏。如果只局限于从事技术含量低的产业，只会将道路越走越窄。面临着严峻的发展形势，深圳将压力化为动力，通过科技创新，跳出低端局限，推进整体的产业升级，为破解这一难题提供了深圳智慧和方案。同年，时任国务院总理温家宝4个月之内两次考察深圳，充分肯定深圳以自主创新应对危机的路径选择，勉励深圳"用创新赢得尊严，用创新创造财富"。他强调："一个国家、一个民族、一个企业要发展，关键在于创新。只有不断创新，中华民族才能够屹立于世界民族之林，企业才能成为同行业的领军企业。"正是在这个观念的指导下，深圳将自主创新作为城市发展的主导战略，通过出台创新政策体系、扶持高新技术产业、加大创新科技投入、强化人才支撑等方式改变企业不可持续的发展模式，推动企业自主创新，实现产业转型升级，用创新为自己赢得尊严。习近平总书记明确表示"经济特区不仅要办下去，而且要办得更好"[1]。因此，"用创新赢得尊严"代表的不仅是深圳的过去，它指引着深圳政府通过制度、机制保障创新，通过服务助力创新，通过人才推动创新，也激励着深圳无数的企业通过科技创新走向全国乃至世界，赢得自己的一席之地。

2. 机构改革领航科技创新

在创新发展方面一路前行的深圳，科技创新改革也大步向前推进。党的十八大以来，深圳认真落实中央科技创新重大决策部署，将创新驱动战略作为主导战略，以落实增加知识价值为导向的分配政策、构建科技资源开放共享平台、完善技术转移转化体系、改革创新科技项目管理模式等为重要抓手，推动科技创新与体制机制创新紧密结合，实施"双轮驱动"，不断增强新常态下可持续发展动力。为此，深圳成立了科技创新委员会，专门负责深圳科技创新。

---

[1] 习近平：《在庆祝海南建省办经济特区30周年大会上的讲话》，《人民日报》2018年4月14日第2版。

2012年，深圳市进行大部制改革，率先成立科技创新委员会，这是政府科技管理模式创新与体制机制创新的一次重要尝试，进一步加大政府职能转变，减少了行政手段对企业和科研机构不必要的干预。科技创新委承担有关科技行政管理、高新技术企业服务、高新技术产业园区管理服务职责，承担科技成果评审和科技创新奖评定等职能。把科技和创新两个元素融入一个政府部门，科技创新委形成了一种协同创新的大科技观。强化自主创新，强化科技管理，强化转型升级，强化统筹协调，成为深圳市委市政府和社会各界的共识。机构改革的成效已经充分显现。

3. 法制建设保障科技创新

依靠法制推进创新是深圳经济特区40年发展的基本经验。深圳经济特区成立以来，在科技体制建设法制化推进中取得了优异的成绩，为深圳科技创新提供了良好的法制保障。尤其是近几年随着深圳科技创新的快速推进，深圳的法制建设围绕"鼓励创新、宽容失败"的观念在推进，围绕释放创新要素活力在建设，围绕支持科技创新在完善，已经形成了相对成熟的科技创新法制体系。推进特区社会主义法治现代化，让法治成为深圳新的发展阶段更为显著的城市特质和更加重要的竞争优势，为法治中国建设贡献深圳经验。[①]

一是统筹规划于法有据。从经济社会发展的各个方面落实依法治理是法治型社会建设的必然要求。深圳在科技创新中坚持用法制规划科技创新、保障科技创新、服务科技创新。在2014年制定的《深圳经济特区国家自主创新示范区条例》基础上，进一步修改完善，迅速出台《深圳现代化国际化创新型城市建设条例》，将现代化国际化创新型城市建设纳入法制化轨道，确保主要目标任务的实现和重大改革举措于法有据。

二是具体推进依法进行。深圳在自主创新发展的不同阶段，都出台了促进自主创新的政策法规。2008年，深圳大规模推出鼓励自主创新的政策。这些政策以市委、市政府《关于加快建设国家创新型城市的若干意见》为统领，同时推出《深圳国家创新型城市总体规划（2008—2015）》《关于增强自主创新能力促进高新技术产业发展的若干政策措施》、高层次人才队伍建设"1+6"文件体系，这些文件成为深圳全市实施自主创新主

[①] 俞可平：《论国家治理现代化》，社会科学文献出版社2014年版，第50—52页。

导战略的行动纲领。市人大还制定了《深圳经济特区科技创新促进条例》，将自主创新纳入法制化轨道。深圳还在保护知识产权、营造创新软环境上不遗余力，先后颁布和修订实施了《深圳经济特区加强知识产权保护的若干规定》《深圳经济特区技术秘密保护条例》《深圳市互联网软件知识产权保护若干规定》等法规条例。

三是鼓励创新法治化落实。除了在资金、政策、人才引进、项目评选和管理方面的积极推进，深圳在"宽容失败"方面也切实贯彻落实。2016年，深圳市人民检察院联合深圳市科技创新委员会、深圳市市场和质量监督管理委员会，发布了《关于依法保障和促进科技创新的工作方案》。就深圳检察机关保障和促进科技创新制定了具体措施。其中关于支持改革创新、建立容错纠错机制的若干规定，明确了广大干部只要主观上出于公心、行为上没有谋私、程序上符合规定，就可以大胆闯、大胆试。同时，方案强调，各部门要尊重科技创新规律，保护科技创新主体积极性、创造性。坚持查办案件和依法监督并重，依法办案与保护企业合法权益并重，努力营造法治化创新环境。并具体明确了"慎重选择办案时机和方式，慎重对科技企业、科研单位主要负责人、技术骨干和关键岗位人员采取强制措施，慎重查封扣押冻结科技企业和科研单位财产，慎重发布涉及知名科技企业和科研单位的案件信息"的"四个慎重"和"对于在科研项目实施中突破现有制度，但有利于实现创新预期成果的轻微犯罪，依法从宽处理；对于在完成重大科研创新任务中发生的过失犯罪，依法从宽处理；对于在科技创新活动中犯罪情节较轻的从犯，依法从宽处理"的"三个从宽"。深圳正是以这种创新、宽容的姿态引领科技领域的点滴变革，焕发出日新月异的生机和活力。

4. 科技体制改革助推科技创新

深化科技体制改革是全面深化改革的重要内容，是实施创新驱动发展战略、建设创新型国家的根本要求。作为全国高新技术产业发展的一面旗帜，紧紧扭住科技体制改革这块"硬骨头"，深圳对标国家、省市关于科技体制改革的各项任务，狠抓落实，强力推进，以深化体制机制改革释放科技创新活力。深圳围绕解决当前科研管理环节中遇到的痛点问题，提出实施科研体制机制改革工程，强化企业的主导作用，发挥市场对技术方向、路线选择、要素价格、要素配置的导向作用，全力破除一切制约科技创新的思想障碍和制度藩篱，打造科技体制改革先行区，为国家实施创新驱动发展战略提供了地方实践样本。

一是建立灵活的科研项目管理机制。一直以来，深圳对标全球创新高地，按照国际通行规则和科研规律深化科技体制机制改革，使科研项目的管理更加灵活。创新科研项目的立项、组织、实施、管理机制，进一步强化成果导向，项目管理流程更精简。建立市场化的项目遴选机制，建立常态化的政企科技创新咨询制度，在制定科技计划和遴选攻关项目时，充分征求企业和科研机构意见；探索建立科研项目经理人制度，提高研发效率和成果质量；探索建立科研容错机制，鼓励科研人员大胆探索、挑战未知。同时，探索从政府科研立项为主转向企业自主立项为主，将科研项目的立项权交给企业，对符合条件的企业由其自主立项，政府给予适当资助，充分发挥企业在科技创新中的主体作用。深圳正以探索科研项目管理为重点，走出一条产业与资本紧密结合的创新发展之路。

二是优化创新资源配置机制。优化创新资源配置，深圳紧紧抓住了市场这个关键。深圳提出让机构、人才、装备、资金、项目充分活跃起来，形成推动创新的强大合力。由市场规则来主导或转入竞争性配置，资源的分配、调拨与使用在阳光下进行，摆脱政府配置资源的"扭曲"之困。对配置资源方式改革提出的基本思路是市场导向，对适宜市场化配置的公共资源，充分发挥市场机制作用，对不完全适宜市场化配置的资源，则探索引入竞争规则。提出探索建立科研项目攻关动态竞争机制，实现科研攻关由预选单一主题向多元化竞争转变。鼓励企业与高校、科研院所等共建研发机构和实验室，加强面向行业共性问题的应用基础研究。

三是创新评价机制更完善。习近平总书记强调，要改革科技评价制度，建立以科技创新质量、贡献、绩效为导向的分类评价体系，正确评价科技创新成果的科学价值、技术价值、经济价值、社会价值、文化价值。深圳完善价值导向的科技创新评价机制，建立科学分类、合理多元的科研项目评价体系，提出深入推进"三评"改革，构建突出创新质量、贡献、绩效的分类评价体系，科学评价创新成果的科技价值、经济价值、社会价值。改进科技人才评价方式，注重标志性成果的质量、贡献、影响。完善科研机构评估制度，避免简单以高层次人才数量评价科研事业单位。创新评价机制的完善，能够极大地释放创新活力。四是科技创新服务机制更加精细。科技服务业是实现创新驱动发展的重要路径。深圳设立技术服务专项资金，成立科技服务业协会，培育和壮大科技服务市场主体，鼓励和引导开展各类科技服务，形成了涵盖研发设计、技术转移、检验检测认证、创投孵化、知识产权等在内的覆盖科技创新全链条的科技服务体系。深圳已成为国家首批科技服务体系建设试点城市和"中国创新驿站"首批试点地区。

先进的思想观念已经融入深圳科技创新的具体实践，已经成为深圳科技创新的自觉追求和原则规范，我们有理由期待，这些先进思想观念必将推动深圳科技创新达到新的高度。

三 面向未来，推动创新，打造"强国城市范例"

过去四十年，思想观念的创新引领在深圳改革发展中发挥了重要作用，助推深圳在实践中不断创新，使创新体系逐步建立、制度机制不断完善，为深圳经济特区过去四十年的发展奠定了良好的物质基础、制度基础、科技基础和产业基础。未来，深圳在党中央的正确领导下，继续践行"敢闯敢试"的特区精神和观念，以建设中国特色社会主义先行示范区为目标，不断探索致力发展战略新兴产业和未来产业，在制度机制完善方面不断取得新的显著进步，是深圳创建社会主义现代化强国城市范例的一个关键。

（一）适应新时代，推动原始创新

2018年3月7日，习近平总书记在参加十三届全国人大一次会议广东代表团审议时发表重要讲话，对广东提出了"在构建推动经济高质量发展体制机制、建设现代化经济体系、形成全面开放新格局、营造共建共治共享社会治理格局上走在全国前列"的殷殷重托。[1] 而深圳作为引领广东经济发展的先驱和典范，在广东实现"四个走在全国前列"的发展目标中发

---

[1] 本报评论员：《在构建推动经济高质量发展体制机制上走在前列》，《深圳商报》2018年3月8日第A01版。

挥核心引擎功能、强化引领带动作用，使命更重，责任更大，要求更高。怎样的深圳才能不辱使命？怎样的深圳才能在全球城市之林中，从跟跑、并跑迈向领跑？答案也许很多，但其中关键一条，深圳必须推动原始创新，成为世界新经济策源地，唯此，才能掌握发展的主动。

1. 实施创新驱动发展战略，推动原始创新

创新是深圳经济特区发展的根与魂。作为经济特区，深圳扮演着改革开放先行者、探路者、奋进者的角色，以"摸着石头过河"的智慧和"敢为天下先"的锐气，不断探索新模式、创造新经验。改革开放初期，深圳以"杀出一条血路"的勇气，敢闯敢试，从一个边陲小镇快速崛起为一座现代化大都市；20世纪90年代，面对全国实行全方位对外开放，全国普遍进行"招商引资"，特区优惠政策边际效应降低，倒逼深圳从城市长远发展角度出发，大力发展高新技术产业，推动产业转型升级，积极探索适合自己的发展路径与模式。2015年，习近平总书记在对深圳工作重要批示中明确要求，深圳市要牢记使命、勇于担当，开动脑筋、解放思想，大胆探索、勇于创新，在"四个全面"中创造新业绩，努力使经济特区建设不断增创新优势、迈上新台阶。深圳市应认真贯彻落实习近平总书记批示精神，把创新驱动发展战略作为经济社会发展的核心战略和经济结构调整的总抓手，通过出台政策、优化创新环境、加大研发投入等一系列举措推动发展向创新驱动全面转变。

一是出台前瞻性的创新政策，进一步完善"雨林式"政策体系。党的十八大以来，深圳市相继出台了《中共深圳市委深圳市人民政府关于加快建设国家创新型城市的若干意见》《深圳经济特区科技创新促进条例》《深圳市人民政府关于增强自主创新能力促进高新技术发展的若干政策措施》《深圳经济特区国家自主创新示范区条例》等一系列政策、法规和文件，强化相关政策文件的落地并继续推动政策体系完善是未来重点。二是以高新技术产业为引导，提升自主创新能力。深圳应聚焦体制机制创新、科技创新、场景创新、创新生态、保护和激励创新、开放协同创新，实施体制机制攻坚、科技创新能力跃升、产业结构提质升级等重大工程，补足原始创新不强、基础研究不够深入的短板。同时，开展高新技术企业增量提质行动，建立细分行业领军企业培育库，大幅提升科技产业质量和转化效率。三是加强基础研究和应用基础研究，提升原始创新能力。基础研究

是原始科技创新的源头动力。深圳应从整体规划、战略重点、基础核心、关键抓手等方面进行布局，致力创新推动、落实原始创新已经成为深圳经济社会发展的共识和着力点。

2. 打造高端产业集群，培育原始创新

原始创新的培育不是朝夕就能完成的，它需要持续的投入和长久的建设。发达国家科技创新发展的实践证明，通过产业集聚可以有效推动原始创新。通过产业集聚建立产业集群不仅可以推动产业链完善、企业主体大量集聚，还可以在产业及其各环节包括价值及利润分配、资源配置、供应关系等方面有更强的决定和支配作用。同时，高端产业集聚可以提升在核心装备、关键材料与先进工艺等产业高端环节的控制力，尤其是产业核心技术与关键技术领域的原创能力与引领能力。原始创新能力与产业价值创造的基础、内生动力的强弱以及对抗市场波动的能力息息相关。因此，培育原始创新需要区域内完整且强大的科技创新体系、产业发展规划和创新创业生态系统。

一是面向未来开展产业规划与实施。通过产业发展推动原始创新是创新的最优路径，可以实现创新到产业的同步推动，是科技创新规律的必然逻辑。继续推进产业的转型升级，一方面，继续强化支柱产业，进一步巩固和加强高新技术产业等支柱产业，把提高支柱产业增加值比重作为重要的任务，形成产业集群优势。另一方面，大力推进传统产业升级改造，运用高新技术、先进适用技术和现代管理技术提升改造传统优势产业，培育具有自主创新能力的龙头企业。二是立足产业集聚落地实施。将深圳发展成为我国人工智能技术创新策源地和全球领先的人工智能产业高地，培育一批行业领军企业，打造有国际竞争力的人工智能新兴产业集群。

3. 推动创新资源导入，协同原始创新

创新不是单要素能够实现的，需要多种或全方位的创新资源导入并协同作用。深圳通过人才引进和培育汇聚了全球顶尖科技人才，吸引了多家全球 500 强企业在深圳建立研发中心，推动建立了鹏城实验室和多个诺奖实验室等，构建创新资源与产业的有效互动机制，形成以高等学校、科研院所、企业研发平台、大科学装置及应用型新型研发机构五大研发为主体的自由探索机制，为原始创新奠定坚实基础。

实现前沿创新赋能集群发展，进而推动原始创新的有效协同。一是加快基础设施建设，超常布局创新载体。着眼全球的开放创新布局，以开放的眼光和姿态来做创新，吸引全球创新要素聚集，推动创新生态再优化、创新能力再突破和创新经济再升级，推动产业创新与基础研究结合，实现高端人才和关键技术紧密布局，全面提升创新的软硬环境，打造全球创新生态圈，实现经济发展、产业推进与原始创新的同步跃升。二是加强内外联动，激发创新资源聚合效应。应布局建设一条融研发、转化、制造于一体的粤港澳大湾区创新通道，推动新技术、新思维跨界融合，推动资本、技术、人才、信息等关键要素加速流转，推动粤港澳大湾区进入深度协同创新的崭新时期。将打造粤港澳大湾区科创中心核心引擎的深圳共识变为现实，使深圳成为原始创新策源地。

（二）做好顶层设计，规划未来发展

创新决胜未来，改革关乎国运。从深圳创造到自主创新，深圳始终坚持把创新作为城市发展主导战略，瞄准世界科技前沿，强化基础研究，加快高新技术产业高质量发展，不断完善全过程创新生态链，为实现"先行示范区、强国城市范例"蓝图而不懈努力。推动深圳科技创新，需传承深圳优良传统，承继深圳创新基因，做好顶层设计，为深圳科技创新指引方向、保驾护航。

1. 目标导向为基，以开阔视野层层科学规划

在党的十九大报告中，习近平总书记指出，要加快建设创新型国家。要瞄准世界科技前沿，强化基础研究，实现前瞻性基础研究、引领性原创成果重大突破。深圳应遵循中央建设要求，坚持把创新作为城市发展主导战略，摆在与改革、开放同等重要的位置，以开阔视野层层科学规划，形成目标导向的激励机制，在加快建设现代化国际化创新型城市和国际科技、产业创新中心中走在全国的前列，在创新型国家建设中发挥特区示范引领作用。

一是深圳明确自身科技创新发展的重要着力点。深圳市委市政府依据中央顶层设计出台了一系列政策措施，着力打造创新驱动的核心、载体和根基，将"创新科技管理机制，打造科技体制改革先行区；提升产业创新能力，打造新兴产业聚集区；强化对外合作，打造开放创新引领区；优化综合创新生态体系，打造创新创业生态区"的政策框架，"目标型科研项

目管理体系、融合型科研组织体系、突破型实验室体系、成长型激励体系、政府间科技合作体系"五大体系作为更高水平的国家自主创新示范区的发展目标。二是区域科技创新发展规划协同。深圳各区分解实施推动实现深圳的科技创新目标，为深圳创新型城市建设提供重要保障。要形成从宏观到微观的创新计划和目标，为深圳科技创新发展聚集有效动能。

2. 平台打造为要，以开放眼光汇聚创新资源

新一轮科技革命和产业变革蓬勃兴起，科学、技术、工程日趋交叉融合，大跨度学科交叉、跨主体协同创新的科研组织在科技创新中扮演着愈加重要的角色，而科技创新平台作为区域创新系统的重要组成部分，其合理布局已成为提升地区自主创新能力及综合竞争力的重要途径。深圳应以开放眼光汇聚创新资源，破解过去存在的资源来源渠道单一、体制机制僵化、管理运行效率低等问题，在多个领域共同发力。

一是结合人才计划打造创新平台。深圳创新大平台通过实施"孔雀计划"等，面向海内外引进高层次人才及团队；发挥"三部（教育部、科技部、工信部）、两院（中科院、工程院）、一省（广东省）"产学研合作优势，组建高水平的产学研创新联盟和基地；推进"深港创新圈"建设，落实深港创新圈三年行动计划，集聚香港优质创新资源等。二是建设新型研发机构平台。继续建设集基础性研究、应用技术开发和产业项目孵化于一体的新型研发机构。三是打造科技创新资源共享平台。通过共享平台把深圳高校、科研院所及粤港澳大湾区的科技资源链接起来，把全市的仪器设备整合起来为社会所用，盘活存量的科技创新资源。架起产品技术创新的桥梁，进一步激发创新活力。

3. 产业发展为轴，以科学谋划推进长远布局

习近平总书记指出，要坚持需求导向和产业化方向，坚持企业在创新中的主体地位，发挥市场在资源配置中的决定性作用和社会主义制度优势。强化企业创新主体的作用，正是深圳一以贯之、成效斐然的实践。深圳应以产业发展为轴，科学谋划推进长远布局，紧跟时代步伐有效推进产业结构调整。

一是科学合理布局产业梯次。自上而下的高端布局和提前谋划布局，是深圳政府在科技创新中积极作为的表现和经验，也是未来继续推进的基本方略。要前瞻布局未来产业，打造梯次型的现代产业体系，培育创新型

经济新的增长点，让深圳创新型经济"主引擎"作用更加突出。二是积极鼓励科技型企业发展。除了加大对战略性新兴产业和未来产业等科技型企业的支持力度，还要积极探索建设对科技型企业的新型服务体系，打造新型服务平台，激励科技型企业创新发展。三是打造价值链高端企业集群。深圳应全力打造"中国制造2025"国家级示范区，实施新一轮产业链拓展工程，系统梳理战略性新兴产业和未来产业，甄别产业链中关键或缺失环节，实施"强链"和"补链"；瞄准世界科技前沿和产业发展趋势，推动互联网、大数据、人工智能和实体经济深度融合，培育形成若干新产业链，推动制造业迈向全球价值链高端。

（三）延揽科技人才，筑科技创新持久动力

改革开放以来，深圳经济特区作为一座创新创业之城和开放包容多元的年轻移民城市，始终牢固树立人才是第一资源的理念，坚定不移实施人才优先发展战略。"创新驱动实质上是人才驱动。"刻在深圳人才公园语录石上的这句话，昭示着深圳重才、爱才、求才的意志和决心。强化人才支撑、大力构筑科技创新人才高地，是深圳推动科技创新工作的重中之重。

1. 通过积极政策吸引人才

"人才是实现民族振兴、赢得国际竞争主动的战略资源。"深圳应不断创新人才资源开发的体制机制，全力做好人才改革、开放、发展、服务等各项工作，努力打造创造活力竞相迸发、聪明才智充分涌流的"人才特区"。

2. 通过高端平台打造吸引人才

一方面，继续推动各类人才培养载体建设规模持续扩大，质量不断提升。另一方面，推动全球化高端聚才平台建设效能最大化。深圳应着力推动建成深圳大学、南方科技大学、香港中文大学（深圳）、哈尔滨工业大学（深圳）、深圳北理莫斯科大学等12所高校，以及清华—伯克利深圳学院、天津大学佐治亚理工学院等10家特色学院，将他们打造成区域创新高端平台。同时，高效运用已成立的10家诺贝尔奖科学家实验室，推动建设未来网络实验设施、深圳国家基因库（二期）、脑解析与脑模拟重大基础设施、合成生物研究重大科技基础设施、材料基因组大科学装置平台等重大科技基础设施，不断实现其创新功能。尤其是侧重于应用基础研究、致力于增强原始创新能力、解决制约发展瓶颈问题的光明科学城建设，正将高端平台打造推向新高度，充分发挥它的引智和创新能力是深圳科技创新引领未来的关键。

3. 通过优质服务吸引人才

深圳应继续强化"来了就是深圳人""深爱人才，圳等您来"理念，积极构建人才思想、工作、创业、学习、生活的优质规范服务体系，从大环境营造，到个性化服务，都做实做细。为各类人才来深创新创业打造平台载体，提供落地注册、员工培训、企业孵化、上市辅导等全链条服务。以财政资金为引导，设立人才创新创业基金，为人才项目提供融资支持。建立人才荣誉和奖励制度，由市、区政府对有重大贡献的各类人才授予荣誉称号，让人才"名利双收"。

以习近平总书记关于科技创新的重要论述为指导，深圳以中国特色社会主义先行示范区打造和社会主义现代化强国城市范例创建为抓手，正成为原始创新的策源地、创新世界新经济的策源地、新思想的诞生地、新技术的发明地、新产业的发源地。愿深圳以策源地、诞生地、发明地为支撑，朝着更高远的目标奔跑，创造深圳、中国新的更大的奇迹。

第七章　新时代党的建设"精彩样板"

深圳经济特区一路走来，正道直行、高歌猛进，创造了震惊世界的经济增长奇迹和世界城市发展奇迹。深圳特区党的队伍从创办特区之初的14000多名党员、700多个党组织①，发展到今天的52万名党员、2.8万个基层党组织②。深圳经济特区的发展实践，是中国特色社会主义建设伟大事业与党的建设新的伟大工程交相辉映、良性互动的绝佳范例。

从中国共产党的党建理论和实践视角看，深圳经济特区的发展史，就是党建工作在深圳的创新史、发展史。加强党的全面领导和党的建设，是深圳经济特区各项工作创新发展的根本保障。始终坚持党对特区工作全面领导，毫不动摇地加强党的建设，坚定不移地推进党的建设新的伟大工程，是深圳经济特区快速发展的根本经验。

一　"坚定不移推进党的建设新的伟大工程"

"不是人们的意识决定人们的存在，相反，是人们的社会存在决定人们的意识。"③ 社会存在决定社会意识。社会实践决定社会意识，也是社会意识的基础来源。这就是马克思主义的唯物论。一定实践基础上产生的观念意识对行动、行为具有反作用，这就是马克思主义的辩证法在认识论上的体现。理念、观念是行动的先导，思想走在行动之前，正如闪电走在雷鸣之前一样，正是从这个意义上阐发的。深圳经济特区党建实践发展中，

---

① 深圳市史志办公室：《李灏深圳特区讲话集》，深圳报业集团出版社2015年版，第402页。
② 《南方日报》2018年9月21日第SC01版。
③ 《马克思恩格斯文集》第2卷，人民出版社2009年版，第591页。

形成了以重视党的建设、以改革创新精神抓党建等为主要内容的先进思想观念。先进的思想观念来源于实践，并指导新的实践。这些先进的思想观念，为深圳经济特区始终坚定不移推进党的建设伟大工程提供了思想指引，为推动深圳经济特区党的建设行稳致远提供了思想保证。

（一）坚持"政治建设是党的根本性建设"

政治建设是党的根本性建设，决定党的建设的方向和效果。近年来，深圳市委认真贯彻落实《中共中央关于加强党的政治建设的意见》，以"走在最前列、勇当尖兵"的标准，抓紧抓牢抓实政治建设。一是坚决做到"两个维护"。深圳市委坚定执行党的政治路线，坚决做到"两个维护"，"一切听党中央的，一切听习近平总书记的，习近平总书记怎么讲、我们就怎么做，做到唯一的、彻底的、无条件的绝对忠诚"。[①] 广大党员干部"始终在思想上政治上行动上同以习近平同志为核心的党中央保持高度一致，把忠诚核心、拥戴核心、维护核心作为最大的政治、最大的大局"[②]，确保了以习近平同志为核心的党中央在特区定于一尊、一锤定音的权威，确保了党在特区事业发展中把方向、谋大局、定政策，始终总揽全局、协调各方的作用。二是让党员领导干部在党内政治生活"熔炉"中淬炼成钢。只有开展严肃的党内政治生活，开展党内积极健康的思想斗争，党的建设才能获得坚实的政治基础，以政治纪律约束党员干部才不至于成为"高空作业走过场"。深圳市委坚持开好高质量民主生活会，增强各级领导班子严格遵守党的政治纪律和政治规矩的自觉性，在特区营造风清气正、干事创业的良好政治生态。三是严格遵守、模范执行民主集中制。深圳市委严格对标党中央要求，通过严格遵守、模范执行民主集中制，加强党内团结和监督，进一步扩大党内民主，不断提高领导班子决策的民主化、科学化。

（二）学好、用好"最强武器、最强法宝"

思想建设是党的基础性建设。新时代，深圳市委领导班子不断加强思

[①] 《中国共产党深圳市第六届委员会第八次全体会议决议》。
[②] 《深圳特区报》2017年9月13日第A01版。

想建设，强化理论武装，认真开展"不忘初心、牢记使命"主题教育，深入开展"大学习、深调研、真落实"活动。一是坚持"第一议题"学习制度。深圳从市委常委会做起，各级党组织坚持把学习习近平新时代中国特色社会主义思想列为第一议题，作为最强法宝、最强武器。二是用好调查研究"传家宝"。近年来，深圳市委推出的很多立竿见影、行之有效的方案举措和行动计划，都是在调查研究基础上谋划制定的。近年来，在深入调查研究基础上，深圳市委制定实施了《关于推进社区党建标准化建设的意见》《关于推进城市基层党建"标准+"模式的意见》《关于加强新时代互联网企业党建工作的若干措施》等11项制度，对城市基层党建进行了全面规划和有力部署。三是"必须交出优异答卷"。"我们必须以最高最好最优标准落实习近平总书记重要批示精神，不能只交合格答卷、满意答卷，必须交出优异答卷。" 2019年8月，《中共中央国务院关于支持深圳建设中国特色社会主义先行示范区的意见》印发。深圳市委六届十二次全会、十三次全会，形成"1+10+10"工作安排，对建设粤港澳大湾区和深圳先行示范区全面铺开、纵深推进作出具体部署，明确时间表、路线图和任务书，打造向世界展示践行习近平新时代中国特色社会主义思想的重要"窗口"。

（三）"要把各级党组织锻造得更加坚强有力"[①]

党的基层组织是确保党的路线方针政策和决策部署贯彻落实的基础，是党的全部工作和战斗力的基础。"正确的政治路线要靠正确的组织路线来保证。"[②] 深圳市委贯彻新时代党的组织路线，以提升政治功能和组织力为重点，推动基层党组织全面进步全面过硬，为特区事业发展提供坚强的组织保证。一是建设好各级领导班子。把各级党组织建设得更加坚强有力，关键是要建设好各级领导班子。从2012年开始，深圳市委开展创建"五好"班子活动，优化各级领导班子结构，建立健全领导班子综合分析研判制度，打造坚强有力的高素质执政骨干队伍。党的十八大以来，深圳市委把专业化能力建设落实到具体班子上，坚持精准科学选人用人，努力

[①] 《深圳特区报》2019年10月18日第A01版。
[②] 《邓小平文选》第3卷，人民出版社1993年版，第380页。

把最合适的人用到最合适的岗位。二是锻造特区建设的"精兵劲旅"。按照十九大提出的"建设高素质专业化干部队伍"的总要求,深圳市委六届八次全会明确提出,要建设全面过硬干部队伍,培养一支高素质专业化干部队伍。坚持引进和培养相结合,制定并落实《关于建设高素质干部队伍的若干意见》及配套制度,强化基层导向,坚持"在干事创业中锻造'硬干部'"。坚持政治标准和实干导向,用"两张清单"考察评价干部,充分发挥考核的正面激励作用,让优秀的干部脱颖而出、让在职的干部奋发有为。三是充分发挥特区党员的先锋模范作用。近年来,深圳市委加强党员队伍管理,积极做好发展党员工作,加大在高层次人才和基层优秀人才中发展党员的力度,及时处置不合格党员,优化结构、提升质量;通过创新流动党员管理机制,加强"两新"组织党员管理,推动各领域党员立足岗位发挥作用;加快党员志愿服务"四化"体系建设,落实党员干部直接联系服务群众制度,扎实开展党代表、党员等进社区活动,打通服务群众"最后一公里",引导广大党员扎根基层、扎根群众,不断增强党在全社会的影响力和凝聚力。

(四) 打造城市基层党建的"深圳品牌"

深圳市委通过坚持大抓基层、大抓支部,把城市基层党建工作摆在城市管理的重中之重,在基层党建标准化建设、智慧党建、企业党建、基层党建述职评议等方面取得一批示范性成果,基层创新案例不断涌现,使党在基层的战斗力和凝聚力得到明显加强。一是党建"标准+"从社区起步,在全市铺开。"1+10+N"党群服务体系建成,统一标准的1050个党群服务中心覆盖全市"各个角落",确保了党员群众在1公里范围内可以找到党组织。二是率先建立党建述职评议制度。深圳严格落实基层党建领导责任制,率先建立基层党建述职评议制度,把各级党组织书记履行党建工作责任情况纳入述职评议考核,对落实"两个责任"不力等问题进行严肃问责,增强基层党组织主要负责同志抓党建的"主业"意识。三是互联网让基层党建如虎添翼。深圳是全国首屈一指的科技创新城市,以信息技术为代表的高科技企业在深圳占有举足轻重的地位。在深圳南山区率先探索智慧党建成功的基础上,深圳市、区统筹的"智慧党建"信息系统,从上到下延伸到街道社区,从点到面发散到每个支部,实现对基层党组织和党员全覆盖管理。四是非公有制企业党建与发展同频共振，在全国久负盛名。深圳90%以上的企业是非公企业。非公有制经济党组织是深圳创新发展的重要人才支撑，聚集了企业的业务骨干和精英分子，党员在非公企业中的先锋作用越来越突出，企业发展的"红色动能"愈发强劲。

（五）坚定不移正风肃纪反腐

深圳坚定不移正风肃纪反腐，严格贯彻落实中央八项规定精神，持之以恒"打虎""拍蝇""猎狐"，让铁的纪律成为全市党员干部的自觉遵循，努力打造向世界彰显中国共产党先进性、纯洁性的"精彩样板"。一是推动八项规定成风化俗。2012年12月8日，习近平总书记在党的十八大后首次离京到深圳经济特区考察，不清场、不封路、不搞隆重的欢迎仪式，率先遵守八项规定。深圳是这一历史时刻的见证者，始终把贯彻落实中央八项规定精神、驰而不息纠正"四风"问题作为重大的政治任务，释放了全面从严治党的强烈信号。二是维护政治生态"绿水青山"。"营造良好政治生态是全面从严治党题中应有之义。"[①] 制定实施《关于进一步营造良好政治生态的意见》，推动全面从严治党向纵深发展，严肃查处一批严重违纪违法案件，在广东省率先实现"百名红通人员"清零，强化震慑效应，不断巩固发展反腐败斗争压倒性胜利。三是坚决整治形式主义、官僚主义。始终把作风建设摆在重要位置，以优良的干部作风推动和保障改革开放顺利进行。深入开展"作风建设深化年"活动、推出《关于集中整治形式主义、官僚主义推进作风建设再深化的行动方案》，把形式主义、官僚主义作为执纪审查的必查内容，以壮士断腕的勇气，搬掉这些"绊脚石"，为建设中国特色社会主义先行示范区提供了坚强的作风保障。

正是在这些先进思想观念引领下，深圳始终坚持以党的政治建设为统领，以坚定理想信念为根基，全面推进党的政治建设、思想建设、组织建设、作风建设和纪律建设，推动特区党的建设质量不断提高，为特区事业持续快速发展提供了根本保证。也正是在这些观念的引领下，深圳经济特区党建也正和经济一样行稳致远。

---

① 《深圳特区报》2017年9月13日第A01版。

二 先进思想观念引领特区党建行稳致远

深圳经济特区党建工作，是与特区各项建设发展基本同步、密不可分的。大体上可以分为：1980年到1992年，是特区党建工作初创期；1992年到2002年，是特区党建工作探索期；2002年到2012年是特区党建工作创新发展期；党的十八大之后，是特区党建工作全面加强期。深圳经济特区成立以来，党建工作不断创新并走在全国前列，形成了党的建设先进思想观念：始终围绕坚持党的领导不动摇，保持一以贯之的高度自觉抓党建，坚持党的实事求是思想路线贯穿特区党建始终，坚持以改革创新精神不断探索党建新路。

"思想、观念、意识的生产最初是直接与人们的物质活动，与人们的物质交往，与现实生活的语言交织在一起的。"① "所以，直接的物质的生活资料的生产，从而一个民族或一个时代的一定的经济发展阶段，便构成基础，人们的国家设施、法的观点、艺术以至宗教观念，就是从这个基础上发展起来的"②。从意识对行动的反作用来看，党的建设作为一种实践活动，离不开正确的思想观念的引领。"凡是把理论引向神秘主义的神秘东西，都能在人的实践中以及对这种实践的理解中得到合理的解决。"③ "思想的历史除了证明精神生产随着物质生产的改造而改造，还证明了什么呢？"④ 进一步而言，特区党的建设先进思想观念是特区党的建设实践的产物，更是特区改革发展的产物。"手推磨产生的是封建主的社会，蒸汽磨产生的是工业资本家的社会。"⑤ "人们按照自己的物质生产率建立相应的社会关系，正是这些人又按照自己的社会关系创造了相应的原理、观念和范畴。"⑥ "所以，这些观念、范畴也同它们所表

---

① 《马克思恩格斯文集》第1卷，人民出版社2009年版，第524页。
② 《马克思恩格斯文集》第3卷，人民出版社2009年版，第601页。
③ 《马克思恩格斯文集》第1卷，人民出版社2009年版，第501页。
④ 《马克思恩格斯文集》第2卷，人民出版社2009年版，第51页。
⑤ 《马克思恩格斯文集》第1卷，人民出版社2009年版，第602页。
⑥ 《马克思恩格斯文集》第1卷，人民出版社2009年版，第603页。

现的社会关系一样，不是永恒的。它们是历史的、暂时的产物。"① 没有经济特区的改革发展，没有特区热火朝天的建设实践，就没有特区党建的生机和活力。特区事业发展实践尤其是党的建设生动实践，是特区党建先进思想观念的"源头活水"。这些先进思想观念是对特区党建实践活动的客观反映，是特区党建实践经验的系统总结，蕴含着特区党建工作的根本原则、思想自觉、根本方法和主要目标，贯穿特区党建工作的全过程和各方面。

（一）先进思想观念之根本：坚持党的领导不动摇

"人们是自己的观念、思想等等的生产者。"② "意识在任何时候都只能是被意识到了的存在。"③ 深圳经济特区党的建设先进思想观念，也是实践的产物，是深圳历届市委带领党员干部在加强党的建设中推进特区事业发展，在特区快速发展中不断深化对党建重要性认识的必然结果。坚持党的领导不动摇，是特区党的建设的根本原则，是特区党的建设先进思想观念之根。作为改革开放后中国共产党一手缔造的城市，作为改革开放的重要起源地、中国特色社会主义的忠实践行地，自建立伊始，党的旗帜始终在深圳经济特区高高飘扬。没有中国共产党的坚强领导就没有深圳发展的伟大成就。特区各项事业是特区干部群众在党的领导下进行的伟大实践。在深圳经济特区发展的重大历史进程中，党始终在经济特区事业中发挥着"中流砥柱"作用，在敢闯敢试、敢为天下先中带领特区人民群众劈波斩浪、奋楫前行。

1. 发挥党的领导核心作用，是办好经济特区的根本保证

改革开放的实践证明，只有紧紧围绕坚持和加强党的全面领导，推进党的建设新的伟大工程，才能抓住党的建设的根本，不断提高党的建设水平，确保我们党在世界风云变幻面前，在建设中国特色社会主义的伟大征程中，始终成为坚强领导核心。1981年5月，国务院在北京召开广东、福建两省和经济特区工作会议时，广东省委书记任仲夷在会上提出，"能不

---

① 《马克思恩格斯文集》第1卷，人民出版社2009年版，第603页。
② 《马克思恩格斯文集》第1卷，人民出版社2009年版，第524页。
③ 《马克思恩格斯文集》第1卷，人民出版社2009年版，第525页。

能定出几条杠杠：第一，不走资本主义道路；第二，坚持四项基本原则；第三，坚决完成中央规定的任务；第四，不做特殊党员；第五，执行统一对外政策"①。从此表态中，我们可以看出当时省委主要领导人在特区工作中对坚持党的领导这一原则问题的清醒和自觉。1982年的广东、福建两省座谈会议指出，"广东、福建两省实行特殊政策和灵活措施，是在遵守国家宪法法律基础上的特殊，就是在坚持党的路线方针前提下的灵活。政治上必须坚持四项基本原则。"② "在整个改革开放的过程中，必须始终注意坚持四项基本原则。"③ 坚持四项基本原则，最根本的是要坚持党的领导，发挥党的领导核心作用。"在建设特区的实践中，既要提倡和发扬敢闯精神，创造性地开展工作，又要顾全大局，自觉维护党中央的权威；与党中央保持高度一致，保证政令畅通。"④ 坚持党中央权威和集中统一领导，是党的政治建设的首要任务，是深圳经济特区优良传统。正是因为深圳历届市委把坚持和加强党的领导作为党的建设的根本着眼点，不断提高执政能力和领导水平，才得以带领广大人民群众推动特区各项事业不断向前发展。

在经济特区成立之初，在围绕发挥党的领导核心作用这一重大问题上，在涉及外资企业是否应该建立党组织、能否开展党的工作这一敏感问题上，深圳市委召开了两次重要座谈会，从思想上、理论上予以澄清回答。经济特区建设初始，在外资企业是否应该坚持搞党的建设、是否应该建立党组织、是否能够开展党建工作，是有争议的。外商不理解不支持，有的党员不敢公开身份，主张不要公开亮旗帜。1984年12月，深圳经济特区召开了第一届外商投资企业党的工作经验交流会，主要讨论了三个问题：在外资企业为主的非公企业内开展党的建设是否合法；在外资企业里要不要建党；在外资企业里怎样开展党的建设。经过广泛讨论、争论，与会人员普遍认为：在外商投资企业里坚持搞党建，不存在合法不合法的问题，要按照《中华人民共和国宪法》规定，在每个基层企业都要建立党组织。党组织在外资企业的活动，是通过宣传贯彻党的方针，选派党性强、

---

① 《广东改革开放决策者访谈录》，广东人民出版社2008年版，第20页。
② 陈夕：《中国共产党与经济特区》，中共党史出版社2014年版，第225页。
③ 《邓小平文选》第3卷，人民出版社1993年版，第379页。
④ 厉有为：《在中国共产党深圳市第二次代表大会上的报告》。

作用过硬、素质较高的党员干部到外资企业里去，在外资企业中发展党员，发挥党员模范作用来体现和实现。

1985年10月，中共深圳市委办公厅转发了市委组织部《深圳经济特区中外合营企业党的组织工作暂行规定》的通知。这是深圳经济特区非公企业党建的第一份规范性文件，主要是为了加强中外合资经营企业、合作经营企业和外商独资经营企业（简称合营企业）党的工作，发挥党组织在深圳经济特区建设中的作用。《暂行规定》明确要求："所有中外合营企业都要根据规模大小和党员人数情况，建立和健全党的组织。中外合营企业的党组织一般应与企业的筹建同步进行，在条件具备时及时在企业中建立党、团和工会组织。建立或改变党的组织形式，都要经过上级党委批准。"① 随着在三洋电机公司建立第一个外商独资企业党支部的试点成功，深圳经济特区在所有涉外企业推广成立党总支、党支部的经验，真正做到"把支部建立在连队"转向"把支部建立在车间"，从而发挥党支部、党员的先进模范作用。

1992年6月，深圳市外商投资企业党建工作座谈会召开。这次座谈会，在理论上完全突破了党内对在非公企业内要不要建立党组织、党组织要不要公开活动的争议：必须公开建立党组织，理直气壮地开展党组织活动，党组织的建立力求与企业的开工投产同步进行。坚持党的集中统一领导，包括党对经济工作的集中统一领导，不仅要通过制定发展计划和方针政策来加强对经济领域的领导，还要在经济组织中建立党组织来加强组织和政治领导。在中国共产党领导下，建设中国特色社会主义，外资企业不是党的建设的域外之地。在非公有制企业推进党的建设，既与我国非公有制企业的发展紧密相连，又与中国共产党对非公有制经济的认识息息相关，也与中国共产党领导的中国特色社会主义事业的发展息息相关。坚持党的领导是党的建设先进思想观念之根本，深圳经济特区市委始终能够认识到，党的领导核心作用是办好经济特区的根本保证，特区各项工作包括党的建设工作，都要围绕发挥党的领导核心作用来加强，都要通过发挥党的领导核心作用来提高，这既是重要原则，也是根本保证。

---

① 中共深圳市委组织部编印：《深圳市组织工作规范性文件（1979—2004）》，海天出版社2005年版。

2. "坚决守好我国意识形态安全南大门"

"对社会主义思想体系的任何轻视和任何脱离，都意味着资产阶级思想体系的加强。"①"所以某一个国家中的社会主义运动愈年轻，也就应当愈积极地同一切巩固非社会主义思想体系的企图作斗争"②。特区是社会主义的经济特区。特区既是改革开放的前沿阵地，也是我国与西方在意识形态领域较量的前沿阵地。深圳经济特区不仅具有特殊的经济使命，同时也具有特殊的政治意义。坚持党的领导不动摇，就是要不断同各种反马克思主义的思潮作斗争，确保特区意识形态安全。

1978年7月，时任广东省委第一书记习仲勋在宝安调研时指出："这里是我国的南大门，你们要给国家争得荣誉，让外国人进来看到社会主义的新气象。"③在深圳经济特区建设之初，党中央明确指出："我国试办经济特区，是根据对外开放的要求，参考国外经验提出来的。它是我国人民民主政权管辖下的一个行政区域，在政治、思想、文化上坚持社会主义方向。"④1980年12月，中央特别强调，"我们搞的是经济特区，不是政治特区"⑤；"试办经济特区，在经济上，意识形态上，有一个谁战胜谁的问题"⑥。中央还明确指出，"经济特区的管理，在坚持四项基本原则和不损害主权的条件下，可以采取与内地不同的体制和政策，特区主要实行市场调节"⑦。深圳经济特区能够充分认识意识形态工作的极端重要性，直面特区在意识形态方面存在的问题并不断加以解决。针对当时极少数干部贪污腐败问题，深圳市委认为，一些党员出现这样那样的问题，一个很重要的原因，就是社会主义理想信念淡薄了，要加强教育和管理，使党员干部要经受执政和改革开放的双重考验，做一个坚定的清醒的共产党员。

1989年下半年至1991年，深圳市委带领全市党员干部消除1989年的

---

① 《列宁专题文集·论无产阶级政党》，人民出版社2009年版，第85页。
② 《列宁专题文集·论无产阶级政党》，人民出版社2009年版，第87页。
③ 《习仲勋传》编委会：《习仲勋传》（下），中央文献出版社2013年版，第404页。
④ 陈夕：《中国共产党与经济特区》，中共党史出版社2014年版，第230页。
⑤ 陈夕：《中国共产党与经济特区》，中共党史出版社2014年版，第216页。
⑥ 广东省政协文史资料研究委员会：《经济特区的由来》，广东人民出版社2002年版，第40—44页。
⑦ 《中共中央关于〈广东、福建两省会议纪要〉的批示》（1980年5月16日），广东省政协文史资料研究委员会编：《经济特区的由来》，广东人民出版社2002年版，第40—44页。

政治风波给深圳经济特区思想和经济领域带来的影响,通过狠抓思想理论教育和制度建设全面加强党的建设,形成了比较完备的党建工作制度。在思想教育方面,主要通过各种文化载体和生动活泼的形式对广大人民群众和全体党员进行"四个坚持"的教育,取得较好的效果。在工作制度方面,创造了用好"党片"(电视教育片)、过好"党日"(规定每个党支部每周开展两小时的党日活动)。1991年制定的《中共深圳市委关于加强党的建设的意见》明确指出,"越是改革开放越要加强党的建设,把党组织建设成为领导深圳社会主义现代化建设的坚强核心和反和平演变的坚强堡垒"①,体现了深圳市委在意识形态问题上的高度自觉和政治清醒。

深圳市委充分认识到,中国共产党作为执政党,经济特区又处在改革开放前沿,确保特区意识形态安全,关键是要抵制资产阶级思想的侵蚀。一方面,要毫不动摇地坚持党的领导,反对资产阶级自由化;另一方面,要坚决抵制资产阶级"一切向钱看"的思想和腐朽没落的生活方式的影响。前者就是要摆正自己的政治立场、政治方向;后者就是要正确处理好公与私的关系和生活作风问题,要坚持共产主义的道德品质。将抓好意识形态工作与特区建设、安全摆在同样的高度是深圳经济特区党的建设的重要内容,它保障了特区一直沿着正确的方向前进,在不断扩大开放的今天,对其他地区具有同样重要的意义。

3. 坚持"两个文明一起抓"

马克思曾有过"一切生产力即物质生产力和精神生产力"的表述。马克思、恩格斯在其著作中也使用了诸如"物质生产资料和精神生产资料""物质财富和精神财富""物质力量和精神力量""物质需要和精神需要""物质交往和精神交往"等概念。这些都表明,马克思主义从来不把社会生产力仅仅看作是物质生产力,而是把它如实地理解为既包含物质生产力又包含精神生产力在内的完整的生产力。物质生产力对精神生产力以及整个社会历史都有着决定性的制约作用,但是如果把生产力仅仅理解为物质生产力,则是片面的,是非马克思主义的。

马克思主义的生产力论,是坚持"两个文明"一起抓的战略方针的重要理论依据。对特区而言,坚持党的领导,坚持以马克思主义为指导,就

---

① 《中共深圳市委关于加强党的建设的意见》,《特区党的生活》1991年第11期。

是要始终坚持"两个文明一起抓",把精神文明作为特区重要任务来抓,使两个文明建设协调发展。我们党在试办深圳经济特区的各类文件、会议上都一再强调:一方面要发展经济,另一方面要注重政治、思想、精神文明建设,也就是"两手抓,两手都要硬"的思想。"我们的经济特区,一定要办的既有高度的物质文明,又有高度的社会主义精神文明,真正成为'技术的窗口、管理的窗口、知识的窗口、对外政策的窗口'。"① "特区的经济一定要搞的很活,特区的社会风气一定要搞的很好。"② 20世纪80年代开始,邓小平同志多次强调特区的精神文明建设。他特别指出:"没有好的道德观念和社会风气,即使现代化建设起来了也不好,富起来了也不好。"③

建立经济特区,允许外资企业大规模进入大陆投资、建厂,在为国家带来资金、经济效益、技术等有益方面的同时,也带来一些资本主义腐朽的产物,比如自由主义、腐朽思想等,对党员领导干部和特区广大群众都产生强大的冲击作用。1985年,胡耀邦同志到广东考察工作时指出,"广东的物质文明建设比较好,但精神文明建设差一些,是一条腿长,一条腿短"④。在一定程度上,这反映了当时广东包括深圳精神文明建设的薄弱状况。改革开放为经济建设注入了强大的活力,但拜金主义、享乐主义、狭隘的功利主义等消极思想有所抬头。但更为严重的是部分党政干部从思想观念上存在问题:认为物质文明建设是硬任务,精神文明建设是软任务,硬任务作出的成绩容易看到,也容易得到实惠,软任务是事倍功半,费力不见成绩;有一些干部认为,物质文明搞好了,精神文明自然会发展上去的;还有的人认为,"黄赌毒"抓狠了,会把外商吓跑,影响投资和贸易;等等。这些思想认识误区,决定了相当一部分干部不能够把精神文明建设放在应有的重要位置上来,对精神文明建设存在的问题视而不见、见而不抓。久而久之,使得物质文明、精神文明发展不协调的问题逐渐显现。

---

① 陈夕:《中国共产党与经济特区》,中共党史出版社2014年版,第246页。
② 陈夕:《中国共产党与经济特区》,中共党史出版社2014年版,第281页。
③ 中共中央文献研究室编:《邓小平年谱(1975—1997)》(下),中央文献出版社2004年版,第705—706页。
④ 中共广东省委党史研究室:《广东改革开放决策者访谈录》,广东人民出版社2008年版,第82页。

加强党的建设，促进物质文明和精神文明协调发展，关键就是解决党员干部思想认识上存在的误区。要让党员干部明白，物质文明和精神文明互为作用，只有加强精神文明建设，才能为改革开放提供强大的精神动力和智力支持，精神文明建设是社会主义现代化建设的重要组成部分。1990年，中共中央政治局委员、国务委员李铁映视察经济特区时形象地指出：深圳要争取两个"金牌"，一个是经济发展的"金牌"，另一个是党风和精神文明建设的"金牌"。深圳坚持"有所引进、有所抵制"和"排污不排外"的方针，既吸收世界各地的先进科学技术、思想文化、经营管理制度等，又要引导人们排除和抵制封建主义、资本主义的腐朽思想和文化，清除各种丑恶现象。1995年，深圳市二次党代会报告明确指出："发展物质文明，任何时候都不能以削弱甚至牺牲精神文明为代价。深圳是社会主义的经济特区，更要坚持'两手抓'的方针，在建设高度物质文明的同时，努力建设高度的社会主义精神文明，成为社会主义精神文明的示范区。"① 深圳经济特区发展过程中，涌现出了杜天宋、朱晓华、章飞云等"特区勇士"，涌现出了岳占伟、周益飞、林飞鹤等一大批见义勇为人士。深圳是见义勇为之城，志愿者之城。作为全国公益慈善的先锋城市，深圳由于人均捐赠额数次达到全国第一而被誉为"最慷慨城市"。1997年，中宣部在北京召开精神文明建设"五个一工程"第六届颁奖大会，深圳市选送的歌曲《春天的故事》、长篇小说《花季·雨季》和广播剧《水暖香港》等获得"五个一工程"大奖。1999年，深圳莲花北村确认为"全国精神文明创建活动示范点"。2000年，深圳提出要创建全国文明城市。2001年，深圳市横岗镇、沙井镇被授予"全国创建文明小城镇示范点"。2002年，深圳书城被授予"全国创建文明行业示范点"。2005年，深圳在国内率先完成"城市文明指数评价体系"的编制，包括关爱指数、安全指数等82项指标。2009年，深圳市南岭村社区荣获"全国文明社区"荣誉称号。2017年，深圳实现全国文明城市"五连冠"。2019年5月，以深圳市委书记王伟中任组长的"深圳市创建全国文明城市工作领导小组"正式成立。全市上下同心，凝心聚力，把精神文明建设贯穿城市各项事业发展全过程，坚持常态化、长效化推进，培育和践行社会主义核心价值观，提

---

① 厉有为：《在中国共产党深圳市第二次代表大会上的报告》。

升市民文明素养和城市文明程度,让城市更加安全稳定、更加文明和谐、更加宜居舒适、更加崇德向善,努力实现争创全国文明城市"六连冠"目标。

没有中国共产党的坚强领导就没有深圳经济特区改革发展的伟大成就。深圳经济特区之所以能够战胜各种风险和挑战,取得举世瞩目的发展成就,最根本在于坚持党的领导。坚持党的领导是特区党的建设先进思想观念之根本。毫不动摇坚持和完善党的领导,毫不动摇把党建设得更加坚强有力,紧紧围绕坚持和加强党的全面领导推进党的建设,是特区党的建设必须坚守的"信条"。

(二)先进思想观念之灵魂:一以贯之抓党建的高度自觉

"发展着自己的物质生产和物质交往的人们,在改变自己的这个现实的同时也改变着自己的思维和思维的产物。"[1] 打铁还需自身硬,打铁必须自身硬。坚持党的领导,聚精会神地抓好党的建设,才能充分发挥党在特区建设中的领导作用。这是特区在加强党的建设中推进事业发展,在推进事业发展中对党建重要性的必然认识。1992年,邓小平在南方谈话中指出:办好中国的事情,关键在党。"特区搞建设,花了十几年时间才有这个样子,垮起来可是一夜之间啊。垮起来容易,建设就很难。在苗头出现时不注意,就会出事。"[2] 这一连串振聋发聩的话语,谆谆告诫我们:坚持党的领导必须加强党的建设,坚持党的全面领导必须全面加强党的建设。

1. "首先是要把党组织建设好"

特区各领域基层党组织建设是实现党的领导的坚强战斗堡垒。组织建设是党的建设的重要基础。在特区毫不动摇坚持和完善党的领导,就是要不断加强特区党的建设,不断把党建设得更加坚强有力,最重要的是把特区党组织建设得更加坚强有力,把特区广大人民群众紧紧团结在党的周围。特区建设伊始,深圳市委就明确,"要建设好深圳经济特区,我们需

---

[1] 《马克思恩格斯文集》第1卷,人民出版社2009年版,第525页。
[2] 《邓小平文选》第3卷,人民出版社1993年版,第379页。

要做许许多多的工作。当前最主要的,是要把特区的党组织建设好"①。深圳市委反复强调,在深圳工作半年以上的党员,不论其户口和行政关系在不在深圳,都要把组织关系转来,接受党组织的教育、管理和监督;凡有正式党员三人以上的单位,都必须建立基层党组织,保证每个党员参加一个基层组织,并在其中活动,充分发挥党员的先锋模范作用。1980年,深圳市委下发了《关于进一步学习、贯彻〈关于党内政治生活若干准则〉的意见》,要求全市各级党组织进行一次认真的对照检查,推广好的经验,对存在的问题,采取有力措施加以解决,切实把特区党风、党纪整顿好。②正确的政治路线形成之后,干部就是决定的因素。1981年1月,深圳市委、市政府颁布《深圳干部准则》,提出特区干部要努力学习,勇于创新,搞好团结,遵守纪律,廉洁奉公,提高效率等。③ 执政党的党风问题是有关党的生死存亡的问题。1981年6月,深圳市委发出《关于端正党风、反对"三特"的若干规定》,明确指出,建设好深圳特区必须有好的党风,要维护党规、党法,要切实解决目前一些党组织和党员存在的搞特权、搞特殊化、不守党纪的不正之风。④ 1982年中央发出《关于开展打击经济领域严重犯罪活动斗争的紧急通知》,明确指出"对于这个严重毁坏党的威信、关系到党的生死存亡的重大问题,全党要抓住不放,雷厉风行地加以解决"之后,深圳市委迅速发出《关于搞好党风的十条规定》,提出要同中央保持政治上一致,实行集体领导与个人分工负责相结合的原则;加强调查研究,认真总结经验;努力学习,提高理论和管理水平,树立雷厉风行、办事讲效率的作风。⑤ 1989年,在复杂国际国内形势下召开的深圳党的建设工作会议,旗帜鲜明地指出:"我们党正处在一个历史性的大转变时期,面临着领导人民建设有中国特色社会主义的新考验,面临着改革开放、发展有计划的商品经济的新考验。在这个新的历史时期,党的建设应该摆在首要位置上,这是特区所担负特殊任务所决定的,是特区面临的特

---

① 中共深圳市委办公厅:《深圳特区发展的道路》,光明日报出版社1984年版,第19页。
② 陶一桃:《深圳经济特区年谱》,社会科学文献出版社2018年版,第20页。
③ 陶一桃:《深圳经济特区年谱》,社会科学文献出版社2018年版,第32页。
④ 陶一桃:《深圳经济特区年谱》,社会科学文献出版社2018年版,第27页。
⑤ 陶一桃:《深圳经济特区年谱》,社会科学文献出版社2018年版,第38页。

殊环境所要求的。"① 这次会议提出的"党的建设应该摆在首要位置",表明特区对党的建设极端重要性认识上升到新高度。1991年的《中共深圳市委关于加强党的建设的意见》,是特区党建工作的纲领性文件。在这个文件指导下,深圳经济特区党的建设领导体制和管理体制不断完善,层层负责、级级落实的党建工作格局逐渐形成。

经济特区成立以来,在机关事业单位中充分发挥党的领导核心作用的同时,加强党对非公有制经济领导。针对特区发展过程中非公有制经济不断发展壮大,深圳非公有制党建工作紧紧跟进、顺势而为,真正把坚持党的领导体现在对非公有制经济工作领导之中。20世纪90年代前后,外商投资企业、股份制企业、私营企业相继出现,加强这些企业党的建设势所必然。党内外对这些企业要不要建立党组织、如何开展党建工作怀有疑虑。深圳市委态度非常坚决,及时出台了关于加强外商投资企业、股份制企业、私营企业和个体工商户党建工作的意见和规定,明确规定了这些企业党组织应承担的任务、开展党建工作的基本原则和方法等。从多年实践来看,深圳非公有制企业党建的最基本原则,就是首先把党组织建起来、建设好,确保党组织的建立和活动公开化,不搞"地下党"或"地下活动"。首先把党组织建立起来,才能探索党组织"业余""小型""分散"为主的活动方式,用机动灵活的弹性制度来保证党组织活动的开展。不论是外资企业还是私营企业,只有把党组织建立起来,才能开展党建工作。只有把党组织建设好,才能发挥党员先锋模范作用。在1989年的政治风波中,深圳外商投资企业党员立场坚定,带领职工坚守岗位,经受住了严峻考验。主要原因是外资企业党组织建设起来,发挥了作用。只有把外资企业的党组织建设好,才能够发挥党组织的作用,有效组织广大党员认真学习我们党关于办好深圳经济特区功能、任务和作用的指示精神,统一在外商投资企业中建立健全党组织,公开开展党组织活动。只有把外资企业的党组织建设好,才能够引导党员员工明确工作的立足点,主动自觉地围绕提高企业经济效益这个中心,开展党的工作,发挥党员在生产经营中的先锋模范作用,打消了外商的疑虑,赢得了外商的信赖。

---

① 深圳经济特区研究会:《深圳经济特区改革开放专题史》,海天出版社2010年版,第355页。

2. "越是改革开放,越要加强党的建设"①

深圳经济特区是经济特区,不是政治特区。特区虽然在经济上实行特殊政策,但在政治上要严格,一定要坚持正确的政治方向,坚持四项基本原则,大力加强社会主义精神文明建设。也就是说,在讲政治这个根本问题上,特区不能有特殊,更不能有特殊党员、特殊公民。1982年的广东、福建两省座谈会明确指出:"广东、福建发展党员要特别严格,宁缺毋滥。"②"广东、福建两省实行特殊政策和灵活措施,是在遵守国家宪法法律基础上的特殊,就是在坚持党的路线方针前提下的灵活。政治上必须坚持四项基本原则,……思想文化上,必须坚决抵制资本主义腐朽思想的侵蚀,加强社会主义精神文明的建设。否则,我们就是从根本上打了败仗,违背了特殊政策和灵活措施的根本出发点。"③"大力整顿党风,严肃党纪。越是实行特殊政策和灵活措施,越要对党员、干部严格要求。所有党员、干部必须坚决遵守党纪国法、坚决执行党的路线、方针和政策。"④ 1987年,老一辈无产阶级革命家习仲勋同志视察深圳经济特区时指出,我们总的方针是:坚持四项基本原则,坚持改革、开放、搞活。只有这样,特区的各项工作才能做得更好。在谈到党的建设时,他指出,"在改革、开放、搞活中,一定要加强和改善党的领导,加强思想政治工作。特区的各级党组织,要注意加强自身建设"⑤。1994年,时任中共中央总书记江泽民考察广东时在深圳的讲话中指出:"随着深化改革、扩大开放和发展社会主义市场经济的向前推进,经济特区也面临着许多新矛盾新问题。迫切需要进一步加强和改善党对经济特区工作的领导,迫切需要进一步加强经济特区党的思想、组织、作风建设。"⑥

客观而言,在特区成立之初,深圳市委正确处理了经济政策的"特"与政治原则不能"特"的关系,时刻保持、校正了特区发展的正常航向,端正了特区建设的指导思想,也端正了特区党的建设的指导思想。但不可

---

① 《中共深圳市委关于加强党的建设的意见》,《特区党的生活》1991年第11期。
② 陈夕:《中国共产党与经济特区》,中共党史出版社2014年版,第216页。
③ 陈夕:《中国共产党与经济特区》,中共党史出版社2014年版,第226页。
④ 陈夕:《中国共产党与经济特区》,中共党史出版社2014年版,第226页。
⑤ 陶一桃:《深圳经济特区年谱》,社会科学文献出版社2018年版,第177页。
⑥ 《江泽民文选》第1卷,人民出版社2006年版,第381—382页。

否认的是，深圳党的建设存在着薄弱环节，党员干部对党的建设重要性认识落后于改革开放和经济发展步伐。深圳虽然对走私贩私问题有所警惕，并采取了相应措施，但对资本主义腐蚀的斗争和打击经济领域内的犯罪活动思想准备不足。1984年下半年出现的"海南汽车事件"对深圳就是一次严重的警醒和考验。一些地方在急功近利思想的影响下，以各种名目大量进口汽车等物资倒卖牟利，给国家带来了损失，对改革开放造成了不良影响。深圳市委当时结合正在进行的整党工作，认真总结改革开放以来的经验教训，端正了经济工作的指导思想，引导广大干部认识到，改革开放必须坚持正确的方向，必须严格执行党和国家的方针政策，从本地实际出发，扬长避短，扎扎实实地办实业。1990年，深圳市第一次党代会报告明确指出："越是改革开放，越要加强党的建设，充分发挥我们的政治优势。我们要聚精会神地抓好党的建设，使各级党组织更好地经受执政和改革开放的考验，真正成为特区各项事业的坚强领导核心。"[1] "要聚精会神抓好党的建设。"[2] "不论是各省、市、自治区还是中央部委办在深的企、事业党委都要在成立的同时，把党组织建立健全起来，明确隶属关系。所属党员要自觉地严格按照党内有关规定做好党组织关系的转移，保证每一个党员都能在一个党的基层组织领导和监督之下，过好组织生活，决不允许有游离于党组织之外的'特殊党员'存在。"[3] 1995年，深圳市第二次党代会明确提出了建设现代化国际性城市的目标，同时特别强调："加强党的建设，改善党的领导，是实现建设社会主义现代化国际性城市奋斗目标的根本保证。"[4] 1998年，深圳市委常委会通过《中共深圳市委、深圳市人民政府关于进一步精简会议、文件、减少领导同志事务性活动的决定》和《深圳市执纪执法人员十不准》通告。2000年，深圳市第三次党代会总结特区二十年发展成绩时强调指出，"深圳经济特区两个文明建设所取得的巨大成就，归根到底靠的是党的领导"[5]，明确提出"面向新世纪，要率先实现现代化的目标，关键取决于党，取决于党的思想、作风、组织、纪律

---

[1] 深圳市史志办公室：《李灏深圳特区讲话集》，深圳报业集团出版社2015年版，第402页。
[2] 深圳市史志办公室：《李灏深圳特区讲话集》，深圳报业集团出版社2015年版，第402页。
[3] 李灏：《在中国共产党深圳市第一次党代会上的报告》。
[4] 厉有为：《在中国共产党深圳市第二次党代会上的报告》。
[5] 张高丽：《在中国共产党深圳市第三次党代会上的报告》。

状况和战斗力，领导水平。我们要按照'三个代表'要求，全面加强党的建设，把各级党组织真正建设成为体现'三个代表'的富有战斗力的坚强集体"①。2005年深圳市第四次党代会报告特别指出，"建设和谐深圳效益深圳，关键在于加强和改善党的领导"②，"用改革的精神积极探索改革开放和市场经济条件下，加强和改善党的建设的新路子"③，要"以提高执政能力为重点，全面加强党的思想建设、组织建设、作风建设和制度建设"④。2010年，深圳市第五次党代会报告再次强调，"实践证明：正是由于始终坚持党的领导、充分发挥党的领导核心作用，才使深圳抓住机遇、战胜挑战，开创了各项事业发展的新局面。越是改革开放和发展中国特色社会主义，越要始终坚持党的领导，不断加强和改进党的建设，这是我们事业持续健康发展的根本保证。"⑤

越是改革开放，越要加强党的建设，这体现了深圳经济特区重视党的建设的高度自觉，既体现了特区坚持改革开放政策不动摇，也体现了特区始终坚持走社会主义道路的政治清醒。越是改革开放，越要加强党的建设，这有利于特区比资本主义以更快的速度、更好的效益向前发展，也有利于特区始终坚持社会主义方向，防止"从根本上打了败仗"。

3."把抓好党建作为最大政绩和'第一天职"⑥

特区的角色、使命决定了特区事业的极其重要性，赋予特区各级党组织和党员干部群众光荣而神圣的历史使命，这就要求特区各级党组织必须"要用心抓好思想建设和组织建设"⑦，更好地经受改革开放和市场经济的考验，使党真正成为特区事业发展的领导核心。2012年9月14日，华为和中兴代表在华盛顿出席美国国会听证会。美国议员质问为什么一个私人企业有党组织？美国人不知道华为、中兴公司党委是根据中国公司法设立的。在中国，在深圳，就连富士康、沃尔玛等外资企业一样设有党组织。

---

① 张高丽：《在中国共产党深圳市第三次党代会上的报告》。
② 李鸿忠：《在中国共产党深圳市第四次党代会上的报告》。
③ 李鸿忠：《在中国共产党深圳市第四次党代会上的报告》。
④ 王荣：《在中国共产党深圳市第五次党代会上的报告》。
⑤ 王荣：《在中国共产党深圳市第五次党代会上的报告》。
⑥ 《南方日报》2019年1月23日第A02版。
⑦ 陈夕：《中国共产党与经济特区》，中共党史出版社2014年版，第218—219页。

但是，在外资企业成立党组织并不容易。这就需要深圳市委必须对党建工作的重要性要有足够的认识，必须把党建工作放在重中之重的位置。深圳富士康企业集团是一个台资大企业，但在很长一段时间，始终没有把党组织建立起来。1998年，也只是在深圳龙华总部建立了党支部。深圳市委有关领导带领相关部门负责人到富士康企业搞调查研究，同企业集团总裁郭台铭先生反复协商沟通，说明在台资企业建立党的组织，符合《中华人民共和国宪法》《中华人民共和国公司法》《中国共产党章程》的规定，党组织组建后，能够发挥党组织战斗堡垒作用和党员的先锋模范作用，这是推进企业发展的中坚力量。郭台铭最初从一口否定、回避不谈到最后认同支持，也是与深圳主要领导亲自沟通，做思想工作分不开的。2001年12月，中共富士康企业集团党委成立，成为深圳市首家成立党委的台资企业。富士康集团总裁郭台铭发来了贺电。他表示，集团党委的成立是中国共产党在新的形势下巩固和扩大阶级基础与群众基础的一个范例，也是集团创造新局面的开始。之后，富士康还专门拨出了党的活动经费，腾出了房子作为党委办公室和党员活动室，配备了专职党务干部，购置了办公设备。富士康科技集团成立党委这件事情，引来了媒体的争相报道，足以说明台资企业在大陆能够建立党组织还是不容易的。从富士康建立党组织的事例可以看出，深圳经济特区抓非公企业党建的决心和立场，以及对外资企业党建工作的重视，体现了深圳市委坚持党要管党、从严治党，党的执政能力建设和先进性建设不断加强，不断提升党的凝聚力、影响力和战斗力，为特区各项事业发展提供了坚强的组织保证。深圳市第六次党代会提出了"努力建成现代化国际化创新型城市"的奋斗目标，同时指出"履行新使命，实现新目标，必须充分发挥党在深圳经济特区各项事业中的领导核心作用"[1]，要"坚持把抓好党建作为最大政绩，切实落实党建工作责任制"[2]，"严格落实管党治党责任，切实将党建工作抓实抓好抓出成效"[3]。第六次党代会以来，深圳市毫不动摇坚持和完善党的领导，推动全面从严治党向纵深发展，把各级党组织建设得更加坚强有力，夯实自觉维护核心

---

[1] 马兴瑞：《在中国共产党深圳市第六次党代会上的报告》。
[2] 马兴瑞：《在中国共产党深圳市第六次党代会上的报告》。
[3] 马兴瑞：《在中国共产党深圳市第六次党代会上的报告》。

的思想根基，打造城市基层党建的"深圳品牌"，建设全面过硬的特区干部队伍，加大正风反腐工作力度，进一步营造良好政治生态，凝聚推动经济特区各项事业发展的强大合力，为中国特色社会主义先行示范区建设提供了坚强保证，使重视党建，真抓党建的观念更加转化为特区党员干部的自觉行动。广东省委副书记、深圳市委书记王伟中多次强调：要"坚持把抓好党建作为最大政绩和第一'天职'，切实履行好管党治党主体责任"。加强党的领导和党的建设是深圳经济特区各项事业发展的根本保障。把抓好党建作为最大政绩和"第一天职"，是特区各级党委坚持把党建工作放在特区工作的第一位，坚持抓发展必须抓党建、抓发展必须先抓党建，这是特区各级党委一以贯之抓党建的体现。

党的事业发展到哪里，党的建设跟进到哪里。一以贯之抓党建，是历届深圳市委在推进事业发展中始终不渝遵循的工作原则。深圳经济特区历届市委坚持把党的建设放在重中之重位置，以永远在路上的执着，始终秉持重视党建、真抓党建的高度思想自觉、政治自觉和行动自觉。特区党的建设是一个逐步发展的过程，党的建设先进思想观念也是逐步沉淀深化的过程。从特区建设之初的"首先要把党的组织建设好"到"党的建设应该摆在首要位置上"，发展到"要把抓好党建作为最大政绩和第一天职"。一以贯之抓党建的高度自觉，是特区党建先进思想观念的灵魂。这一先进思想观念体现的是特区对党建工作极端重要性的认识，是特区快速发展的深刻经验总结。

（三）先进思想观念之精髓：党的实事求是思想路线

《中国共产党章程》规定指出，党的建设必须坚持党的实事求是的思想路线。党的思想路线是一切从实际出发，理论联系实际，实事求是，在实践中检验真理和发展真理。只有坚持党的思想路线，党的各项工作才能够体现时代性，把握规律性，富有创造性，才能不断有新开拓，迈上新台阶。改革开放以来，党的建设的一条成功经验就是始终坚持党的实事求是的思想路线，不断研究新情况、解决新问题，不断推进理论创新、实践创新、制度创新。曾任深圳市委书记（时任第一书记）的方苞认为，深圳经济特区快速发展，"最重要的经验是：坚持解放思想，坚持改革开放，坚持实事求是地思想路线，在贯彻中央指示精神时，一定要与本地实际情况相结合,坚持抓好党的建设,特别是抓好领导班子建设和廉政建设,坚持两手抓,两手都要硬"①。深圳经济特区的党建史是不断解放思想、坚持实事求是、与时俱进的改革史、创新史、发展史。党的实事求是思想路线是特区党的建设的"生命线",是特区党建工作的根本思想武器,是特区党的建设先进思想观念的精髓。

1. 不断解放思想:特区党的建设永恒主题

观念先进、思想解放,是一个社会活力的来源。纵观历史上任何社会变革和大发展,都离不开思想解放和观念更新。从我们党的发展历史来看,没有解放思想,我们党就不可能在十年动乱结束不久作出把党和国家工作中心转移到经济建设上来、实行改革开放的历史性决策,开启我国发展的历史新时期;没有解放思想,我们党就不可能在实践中不断推进理论创新和实践创新,有效化解前进道路上的各种风险挑战,把改革开放不断推向前进,始终走在时代前列。

首先,引导特区干部群众不断解放思想,是特区党的建设的重要任务。实行改革开放,建立经济特区都是新生事物,都要经过同旧体制和"左"的思想的严重斗争才能实现。在 20 世纪 80 年代的特区初创阶段,面对社会主义国家"能不能办特区"的各种疑虑、纷争,特区党组织通过加强党的建设,正确处理了经济政策的"特"与政治原则不能"特"的关系。在此期间,深圳虽然没有召开党的代表大会,但党的建设也在特区建设的起步开局中仍然发挥着极其关键的作用。特区党组织在解放思想中统一思想,排除姓"资"姓"社"争论,清除在特区长期存在的"左"的错误思想影响,为建设特区、办好特区统一思想、坚定信心、振奋精神。一方面特区党组织坚持把政治思想建设放在首位,正确理解党中央创办经济特区的目的、意义和方针、政策,坚定改革开放的信心。另一方面特区党组织反复向党员干部群众讲明,特区虽然在经济上实行特殊政策,但在政治上要严格,一定要坚持四项基本原则,保持正确的政治方向。深圳经济特区加强党的建设工作尤其是思想建设,广大党员干部认清了改革开放形势,正确理解了党中央创办经济特区的目的、意义、方针和政策,彻悟

---

① 中共广东省委党史研究室:《广东改革开放决策者访谈录》,广东人民出版社 2008 年版,第 472 页。

"办特区不是搞资本主义",有力地推动了特区干部群众的思想观念转变,增强了继续办特区和"特区要越办越好"的决心和信心。进入21世纪,深圳经济特区在经过二十多年的快速发展后,开始面临"难以为继"的发展困境。为了把特区牌子擦得更亮,让特区这面旗帜更加鲜艳夺目,让特区作用发挥得更好。深圳市委带领广大党员干部,进一步解放思想,坚持与时俱进,要以思想观念创新引领其他各个领域、各个方面的创新。2008年1月,深圳市委四届八次会议决定,深圳要勇当实践科学发展观的排头兵,以新一轮的思想解放推动新一轮发展跨越。2008年4月,《中共深圳市委深圳市人民政府关于进一步解放思想学习追赶世界先进城市的决定》出台。深圳特区党的建设工作以学习实践科学发展观为契机,又一次吹响了解放思想的号角,掀起了解放思想、加快科学发展的热潮。

实践发展永无止境,解放思想永无止境。解放思想的过程就是统一思想的过程,解放思想的目的是更好统一思想。思想统一了,才能最大限度凝聚共识,形成合力。没有党的建设尤其是党的思想建设,没有全党的思想解放、广东省委的思想解放,就不可能有深圳经济特区的建立。回望特区建设发展历程,不难发现,深圳经济特区之所以能够在爬坡过坎中,接续回答好每一次"发展之问",是历届深圳市委重视党的建设特别是思想建设,推动特区党员干部群众解放思想和观念转变的必然结果。

其次,不断解放思想是党建工作开拓创新的源泉。邓小平同志指出:"解放思想,开动脑筋,实事求是,团结一致向前看,首先是解放思想。"[1]解放思想是马克思主义本质属性的体现。只有不断解放思想,才能有创新的思维和办法,才能解决前进路上的新情况、新问题。只有解放思想,不断推动党建工作实践创新,才能增强党的生机活力,确保党始终走在时代前列。解放思想是特区党建工作创新的"点火器"和总开关。深圳特区建设起步早,特区建设包括党的建设都是在理论上、思想上、组织上很不充分的情况下开展的。只有不断解放思想,逢山开路、遇河架桥,才能回答特区党的建设出现的新情况新问题,特区党建工作实践才能有所创造、有所前进,进而形成更多可复制可推广的制度创新成果。在改革开放和市场经济条件下探索党建新路子,必须破除因循守旧的思想藩篱,更加自觉地

---

[1] 《邓小平文选》第2卷,人民出版社1994年版,第141页。

解放思想。特区党的建设实践领域的每一新突破，特区党建工作之所以能够在改革开放实践中不断加强并走在全国前列，离不开特区成立以来不断解放思想的好传统。

面向社会公开招聘领导干部，是深圳引入竞争机制加强领导班子建设的一项重要举措。这项举措，不是少数人拍脑袋的突发奇想，是特区人才队伍建设和干部人事制度改革的必然结果，已被多年实践证明是成功的。这种举措克服了特区事业发展快与领导人才缺口之间的矛盾，有利于组织部门拓宽识人用人视野和渠道，解决了人才选用局限性小，市属单位和驻深单位之间人才渠道不够通畅，人事管理上的条块分割如同壁垒，"井水不犯河说水"等弊端。全国第一个公开招考录用的工程师王潮梁，当年到蛇口应聘成功之后，原单位扣住档案不放人。当时蛇口工业区领导得到了这样的指示：如果原单位一定扣住档案不放，没关系，让王潮梁自己做一份档案，我们认可。这种敢于打破"部门所有制""干部私有制"的做法，体现了解放思想的勇气和力量，也只有在深圳，在当时才敢于打破。深圳组织人事部门在干部选拔使用上最早解放思想，不断解放思想，敢于冲破思想观念的障碍，跳出条条框框限制，造就了一支规模宏大的干部人才队伍，这是特区事业快速发展的重要原因之一。

以个体私营经济党的建设为例，这就需要深圳经济特区在党建工作不断解放思想，敢于突破思想禁锢，才能大胆实践探索。党的十四大之后，深圳的个体私营经济呈现出迅猛发展的形势。从 1993 年起，深圳把个体私营企业党建工作作为经济特区党的建设的新领域和重要课题。1994 年，深圳印发了《关于加强私营企业、个体工商户党组织和党员管理的意见》，在继续加强外商投资企业、股份制企业党建工作的同时，加大个体私营企业党的工作力度，比 2000 年中央下发的《关于在个体和私营等非公有制经济组织中加强党的建设工作的意见（试行）》早了六年。党的十五大解决了发展个体私营经济的诸多思想障碍和疑虑，而且解开了制约非公党建发展的思想束缚。伴随着私营企业的快速发展，深圳个体私营企业党的建设工作迎来一次大发展，但也带来了新的挑战。私营企业主党员教育管理问题包括后来"私营企业主入党"都是比较敏感的重大问题，处理好坏与否直接关系到党建工作开展顺利与否。深圳市委提出一个总的原则：对私营企业主党员不应歧视，更不能视其为政治上的"异己分子"，将他们划到党的对立面，共产党员办私营企业就应该受到肯定。在不违反国家有关法规、党内有关规定和机关行政纪律的前提下，党组织不应反对党员办私营企业。在处理私营企业主党员问题时，深圳主要是通过理顺管理关系，把私营企业主党员纳入组织管理的轨道，加强对私营企业主党员的教育和管理。一是要正确看待党员办私营企业的问题。围绕党的中心工作，坚持对私营企业主党员进行正面教育，正常召开专题座谈会，倾听私营企业主党员的意见，及时解除他们思想上的顾虑，增强他们搞好经营、造福社会的信心。二是对已经是私营企业主的党员，区别情况加强管理。对私营企业主党员，坚持实事求是态度，尊重历史，慎重对待，不轻易挫伤他们对党的感情。同时按党章规定的党员条件和义务，严格要求，不降低标准。

私营企业主能不能入党？有声音认为："吸收私营企业主入党不会影响党的性质和先进性；私营企业主'是先进生产力的代表'，应该成为发展党员的对象。"也有声音认为："从所有制性质上看，私营企业主作为生产资料私人占有者，与广大员工存在着雇佣关系，按照党章规定不能吸收他们入党。否则，将会模糊党的性质和工人阶级先锋队战士的标准，产生'谁是富有者谁就具备入党条件'的误导；以至使深知旧社会嫌贫爱富之苦的广大工农基本群众在思想上误解党，在感情上疏远党，影响和削弱党的群众基础，如果允许他们入党，其中有的人还可能利用经济实力操纵基层选举，控制基层组织，甚至产生严重的政治后果。"① 反对的声音认为中央关于私营企业主不能入党的规定必须严肃执行，不能突破。在深圳，这项试点工作也有人持不同意见，并且发生了举报预备党员的情况。2002年10月，有人举报反映中共预备党员、九届全国人大代表郑焯辉拥有"双重国籍"。经过严格调查，举报情况被认定为不实之词。由此可见，在党内"对私营企业主能不能入党"曾引发了强烈讨论，并备受争议。关于"私营企业主入党"问题，中央组织部和广东省委组织部先后四次到深圳调研。早在1998年9月，中央组织部、广东省委组织部"关于私营企业主入党"课题调研组就到深圳总商会民营党委进行调研，听取深圳市发展非公企业党建的工作汇报和私营企业主入党问题的意见。2001年8月，深圳

---

① 张德江：《加强非公有制企业党建工作需研究解决的几个问题》，基层党建网，2005年3月8日。

市委组织部启动了在新的社会阶层中发展党员试点工作。郑焯辉等3名企业主从成为发展对象,到作为预备党员,预备期满一年后顺利转为正式党员。民营企业党委要求他们以一名正式党员的标准来严格要求自己,以党员的身份来处理好各种关系,鼓励他们把企业做好做大做强。深圳这项试点工作的成功,为中央出台非公企业党建的政策提供了实践经验,为党中央决策提供科学有力的依据。中共十六大报告把私营企业主作为新的社会阶层纳入中国特色社会主义事业的建设者队伍,这是我们党在理论、观念上的一次创新,为私营企业主的入党问题奠定了理论基础。党的十六大通过的新党章提出"其他社会阶层的先进分子"可以申请入党的条文,十六届四中全会通过的《中共中央关于加强党的执政能力建设的决定》中,提出了"做好在其他社会阶层先进分子中发展党员工作,不断增强党的阶级基础、扩大党的群众基础"①。这与深圳经济特区坚持解放思想,敢于大胆探索,不断实践创新密不可分。

2. 坚持实事求是:直面解决党建突出问题

实事求是是马克思主义哲学的精髓,是我们党始终坚持的根本思想方法。问题是时代的声音。"深圳的改革是逼出来的,是在实践工作中、在困境中、在问题中提出来的。有需求、有要求,才会有思路、有动力。"②党建工作实践发展中必然会遇到新情况、新问题。深圳党建创新之路是一条不断自我完善的改革之路。对经济特区来讲,让党的各级组织和党员干部经受改革开放和市场经济条件的考验是永恒课题。坚持实事求是,强化问题意识,树立问题导向,是须臾不可离开的重要法宝。针对经济特区腐败问题,历届深圳市委充分认识反腐败的重要性,坚持反腐倡廉和促进经济发展"力度统一论",改革进行到哪里,严肃执纪就延伸到哪里,改革发展的力度有多大,反腐倡廉的力度就要有多大,行政权力运行到哪里,监察工作就要开展到哪里,公共财政支出到哪里,审计工作就要跟进到哪里,政府公共服务到哪里,绩效监督就要覆盖到哪里,以最大决心惩治腐败,用严明的纪律为改革开放保驾护航。深圳经济特区建立后,随着市场

---

① 《中共中央关于加强党的执政能力建设的决定》,2004年9月19日,中国共产党第十六届中央委员会第四次全体会议通过。

② 中共广东省委党史研究室:《广东改革开放决策者访谈录》,广东人民出版社2008年版,第367页。

经济日趋活跃，经济犯罪和腐败问题也开始出现。"正因为商品经济比较发达，商品交换的原则侵蚀党的肌体的可能性更大一些；正因为毗邻港澳，更加开放一些，国外资产阶级腐朽作风侵蚀的机会就可能多一些。"①这些严重经济犯罪案件引起了深圳市委的高度重视。深圳市委认识到：在商品经济活跃的开放前沿，新旧体制交替。在监督体制还不健全的情况下，党政机关和企事业单位的极少数人，包括个别领导干部会经不住金钱的诱惑，出现腐败现象和腐败行为，甚至会毁掉一批干部，这是严峻的现实课题。1987年，深圳市监察局挂牌办公，成为我国恢复并确立监察体制后最早组建的地方性监察机关。1988年，深圳市人民检察院成立了全国检察机关第一个经济罪案举报中心，掀开了中国检察史上新的一页。深圳经济特区坚持党要管党、从严治党，坚持反腐倡廉工作要与经济社会发展工作紧密结合，努力实现反腐倡廉和推动经济发展"两不误、两促进"。

针对特区非公有制党建问题，深圳市委根据深圳经济特区存在的外商投资企业、股份制企业、个体私营企业迅猛发展的形势，不是采用一刀切的方式开展非公企业党建工作，而是坚持实事求是的原则，具体问题具体分析，制定了采用分类指导的方法来加强深圳非公企业基层党组织建设。面对经济特区成立之后非公有制经济蓬勃发展的新形势，以及新形势下企业党的建设出现的各种新问题，对处于不同基层组织的党组织，分别提出不同的要求，帮助他们找到发挥作用的途径。尤其是针对非公有制党的建设出现的问题，都认真加以解决。出现什么问题，就解决什么问题。什么问题突出，就重点抓什么问题。1988年，深圳市政府积极支持民间科技发展的政策，在社会上引起了强烈反响。乘借这一东风，民营科技企业华为技术有限公司成立。1996年，深圳市委组织部在一次党建摸查中发现，华为技术有限公司1000多名党员，还只是一个支部。究其原因是华为技术有限公司党组织由深圳市科委统一管理，对各私营企业党组织管理中有一定疏漏，才出现了华为公司这么庞大的党支部。为了改变这种管理不到位的情况，深圳市委大胆提出了对私营企业、外资企业党组织加强管理的建议，根据中国共产党建立党委的组织程序，果断在华为公司建立了党委。2000年1月，深圳市总商会民营企业党委接管深圳市华为技术有限公司党

---

① 深圳市史志办公室：《李灏深圳特区讲话集》，深圳报业集团出版社2015年版，第13页。

支部。4月，深圳市总商会民营企业党委研究决定，鉴于深圳市华为技术有限公司党员人数较多的实际，撤销中共华为技术有限公司支部委员会，成立中共深圳市华为技术有限公司委员会。华为技术有限公司党委的成立，为加强企业党建工作开展和党员管理奠定了基础，也为华为公司后来的快速发展增添了动力和活力。

调查研究是谋事之基、成事之道。深圳市委坚持用调查研究方法，切实解决特区经济发展包括党建工作的重大问题，体现了实事求是的原则和精神。1990年，深圳召开了第一次党代会，提出了深圳经济特区第二个十年的目标任务是，在保持"深圳速度"基础上再创"深圳效益"。为了把深圳经济特区的各项决策建立在科学的可靠的基础上，深圳市委决定就深圳经济特区的社会经济发展规划、经济体制和政治体制改革、社会主义精神文明建设和党的建设等4个专题进行调查研究。1991年，深圳召开了全市调查研究工作大会。从1991年3月上旬到6月底，深圳市委对4个专题开展深入调查研究。其中，党的建设专题调查从各单位抽调60多人参加，由市委常委带队，深入基层，调查研究，最后形成了《中共深圳市委关于加强党的建设的意见》。1992年，邓小平南方谈话提出"比如广东，要上几个台阶，力争用二十年的时间赶上亚洲'四小龙'"[①]。1992年底，为贯彻邓小平这一指示精神，深圳市委推出的《跨世纪的抉择——深圳赶超亚洲"四小龙"若干重大策略》，也是在广泛深入调查研究基础上形成的。并且在1992年后，深圳市委高度重视非公有制经济党建工作，在深入调查研究、广泛征求意见的基础上，制定颁发了《深圳经济特区外商独资企业党组织工作暂行规定》《关于加强流动党员管理的意见》等重要文件，积极探索搞好非公企业党组织建设的新路子，在摸索过程中使非公企业党的建设工作不断走向制度化、规范化。2001年出台的《深圳争当建设有中国特色的社会主义示范地区实施纲要》是在深入的专题调研基础上形成的。2008年的《中共深圳市委深圳市人民政府关于进一步解放思想学习追赶世界先进城市的决定》《中共深圳市委深圳市人民政府关于坚持改革开放推动科学发展努力建设中国特色社会主义示范市的若干意见》都是经过前期广泛调查研究的结果。2015年，深圳市委组织100名干部组成10个

---

① 《邓小平文选》第3卷，人民出版社1993年版，第378页。

组，用 6 个月时间，走访 70% 的社区，广泛听取意见，最后制定了《关于推进社区党建标准化建设的意见》。2015 年底，深圳市对全市干部队伍结构进行摸底调研发现，干部专业背景与特区产业发展吻合度不够。为及时培养引进紧缺专业干部，并优化特区干部队伍结构，2016 年，深圳推出了党政干部人才"苗圃计划"。2017 年，深圳市委开展了基层党建大起底调研。市委书记王伟中带头参加，市委、市政府领导班子成员及各区、各部门党委（党组）书记等积极参加，880 名干部踊跃参加调研工作。在 89 篇、近百万字调研报告基础上，深圳市委制定并实施了《关于推进城市基层党建"标准+"模式的意见》《关于加强新时代互联网企业党建工作的若干措施》等 11 项制度，对城市基层党建进行了全面规划和有力部署。2019 年，在"不忘初心、牢记使命"主题教育中，深圳市委围绕落实党中央决策部署和省委、市委中心工作，确定了 11 个专题、44 个子课题[①]，坚持将调查研究贯穿主题教育全过程。

　　3. 关键在与时俱进：服务特区党的中心工作

　　"一个正确的认识，往往需要经过由物质到精神，即由实践到认识，由认识到实践这样多次的反复，才能够完成。这就是马克思主义的认识论，就是辩证唯物论的认识论。"[②] 我们的思想观念反映客观实际，不可能一下子就反映得完全正确，无疑无误。而且，客观实际是错综复杂的，不断发展变化的。"我们的头脑、思想对客观实际的反映，是一个由不完全到更完全、不很明确到更明确，不深入到更深入的发展变化过程，同时还要随客观实际的发展变化而发展变化。"[③] 紧密联系党所肩负的历史使命加强党的建设，才能保证党的建设新的伟大工程始终朝着正确的方向推进。"推进伟大工程，要结合伟大斗争、伟大事业、伟大梦想的实践来进行"[④]。改革开放以来，中国特色社会主义事业所取得的伟大成就，根本原因就在于我们党始终紧紧围绕党的历史任务和政治路线不断加强党的建设，以适应新形势新任务的要求。党的建设是为党的政治路线服务的，必须根据党

---

　　① 《深圳特区报》2019 年 12 月 26 日第 A01 版。
　　② 《毛泽东文集》第 8 卷，人民出版社 1999 年版，第 321 页。
　　③ 《毛泽东文集》第 7 卷，人民出版社 1999 年版，第 16—17 页。
　　④ 习近平：《决胜全面建成小康社会 夺取新时代中国特色社会主义伟大胜利——在中国共产党第十九次全国代表大会上的报告》，人民出版社 2017 年版，第 17 页。

的政治路线来进行。加强党的建设，必须紧紧围绕党的历史使命和政治路线去部署落实，围绕党的中心任务来展开，朝着党的总目标来加强。必须把党的政治路线坚持得好不好，党的中心任务完成得好不好，作为党的建设方向是否正确、成效是否显著的重要检验标准。党的建设工作什么时候紧紧围绕中心、自觉服务大局，什么时候就大有作为；什么时候游离中心、偏离大局，什么时候就难有作为。

邓小平指出，"今后，政治路线已经解决了，看一个经济部门的党委善不善于领导，领导得好不好，应该主要看这个经济部门实行了先进的管理方法没有，技术革新进行得怎么样，劳动生产率提高了多少，利润增长了多少，劳动者的个人收入和集体福利增加了多少。各条战线的各级党委的领导，也都要用类似这样的标准来衡量。这就是今后主要的政治。离开这个主要的内容，政治就变成空头政治，就离开了党和人民的最大利益。"[1] 经济特区党建工作，只有从特区党和事业发展大局出发，始终把党的建设与特区改革开放和现代化事业紧密结合，与党在特区各个发展阶段的中心任务联系在一起。截至目前（2020年6月），深圳已经召开了六次党代会。重温历次党代会报告，不难发现有这样的规律：深圳每次党代会在对党建工作进行部署时，会根据特区发展实际，明确下一阶段党的中心工作新任务。这说明，深圳特区党建工作始终能够主动融入特区事业发展，以围绕发展抓党建，抓好党建促发展的"大党建"格局，将服务大局作为深圳特区做好党建工作的大方向、总目标。1990年的深圳首次党代会，是在深圳党的建设历史上具有里程碑意义的大会。时任深圳市委书记李灏在党代会作报告时明确提出，要更好探索有中国特色社会主义道路的"排头兵"，把深圳建成以工业为主，第三产业比较发达，农业现代化水平较高、科学技术比较先进的综合性经济特区和外向型、多功能的国际性城市，成为经济繁荣、社会全面进步的社会主义窗口。1995年的第二次党代会明确提出，要以"抓住机遇，扩大开放，促进发展，保持稳定"的方针总揽全局，以率先建立社会主义市场经济体制和运行机制，优化经济结构，完善城市功能为重点，以加强党的建设和精神文明建设为保证，把深圳初步建设成为社会主义现代化的国际性城市。2000年的第三次党代会明

---

[1] 《邓小平文选》第2卷，人民出版社1994年版，第150页。

确提出，以"增创新优势、更上一层楼，率先基本实现社会主义现代化"为总目标、总任务统揽全局，实施科教兴市和可持续发展战略，继续增创体制机制创新等新优势，全面加强党的建设，率先基本实现社会主义现代化。2005年的第四次党代会提出，以中国特色社会主义理论体系为旗帜，以科学发展观统领经济社会发展全局，以改革创新为动力，以全面加强党的建设提高党的执政能力为保证，努力建设和谐深圳效益深圳，为建设国际化城市奠定坚实基础。2010年的第五次党代会明确提出，高举中国特色社会主义理论伟大旗帜，以邓小平理论和"三个代表"重要思想为指导，深入贯彻落实科学发展观，以加快经济发展方式转变为主线，以创新发展、转型发展、低碳发展、和谐发展为导向，着力推动经济、政治、文化、社会、生态文明建设和党的建设协调发展，为努力当好科学发展排头兵、加快建设现代化国际化先进城市而奋斗。2015年的第六次党代会明确提出，高举中国特色社会主义理论伟大旗帜，以邓小平理论和"三个代表"重要思想和科学发展观为指导，深入贯彻落实党的十八大以来党中央各项决策部署、习近平总书记系列重要讲话和对深圳工作的重要批示精神，以"四个全面"统领各项工作，按照省第十一次党代会以来的各项部署要求，解放思想、真抓实干，勇当"四个全面"排头兵，努力建成现代化国际化创新型城市，为实现"三个定位、两个率先"目标和中华民族伟大复兴中国梦而奋斗。梳理深圳经济特区的改革发展历程，不难发现，特区党的建设始终与特区发展进程紧密结合。也就是说特区党的建设，坚持与时俱进，始终围绕特区中心工作抓党建。

此外，深圳非公有制经济党建之所以取得很大成效，一个主要原因就是深圳市委坚持以经济建设为中心，始终围绕特区中心工作，在促进企业发展中加强党建工作。大量的外资企业、股份制企业、民营企业等一个个实现了大发展，深圳经济特区才会有生机勃勃的发展景象。在不违反国家法律的前提下，千道理万道理，党建只有促进企业发展才有道理，才能立得住、行得通。对于任何一个非公有制企业、任何一种类型的非公有制企业，党建工作始终围绕助推企业发展，围绕搞活、做大做强企业这个中心工作。深圳光明华侨电子公司就是一个典型案例。该公司是深圳经济特区华侨城经济发展公司与香港港华电子有限公司合资经营的企业，实行董事会领导下的总经理负责制，总经理由港方担任，副总经理由中方担任。开始时，企业主要部门和大部分管理人员都由港方员工担任。党组织要进行党的活动，加强职工的思想政治工作，立即引起港方员工的疑虑和不安。他们主要有三怕：一怕针对港方员工搞"阶级斗争"；二怕组织工人闹工资工潮；三怕培植实力，与港方争夺权利。公司党组织建立起来以后，坚决贯彻执行党的开放政策，积极开展党的活动，坚持做好思想政治工作，充分发挥党组织在合资企业中的作用和党员的先锋模范作用，与港方真诚合作，和衷共事，用实际工作推动企业经济效益提高，实现了企业快速发展，取得了港方对党组织的理解、信任和支持，使党组织在企业树立了良好形象，进而党的工作也就逐渐有利于开展。从外商投资企业特点出发，坚持"精简""高效""兼职"的原则，进行党的工作机构的设置和党务干部配备；坚持"业余""小型""分散"的原则，开展党的活动，党组织按"内外有别"的原则改进工作方法，要求党员不以党员个人身份、党组织不以组织名义干预企业管理和生产经营事务，从而开辟了一条外资党建的合理化路径。之所以坚持上述三个重要原则，还是在开展外资企业党建工作时，要注意考虑外资企业的经济效益。置外资企业利益于不顾，离开了企业发展谈党建，企业党建最终就成了"空中楼阁"，于特区发展也不利。

解放思想、实事求是、与时俱进是马克思主义活的灵魂，是党的实事求是思想路线的精髓。对于任何一种实践活动，思想解放是改革创新的前提，实事求是是改革创新的原则，与时俱进是改革创新的必然要求。只有不断解放思想，坚持实事求是，坚持与时俱进，党建工作改革创新才能够取得实效。如上所述，深圳经济特区正是紧紧围绕特区经济发展这一中心工作，从各类非公有制企业实际出发，探索出一整套非公有制经济党建的新路子。

（四）先进思想观念之核心：以改革创新精神不断探索特区党建新路

实践发展到哪里，认识就必然深化到哪里。特区党的建设工作是一个逐步发展完善的过程，党的建设先进思想观念也是不断发展、逐步深化的过程。改革创新精神是深圳经济特区党建先进思想观念的核心内容。一方面，与内地其他地方相比，深圳由于处在改革开放的前沿阵地，党的建设面临的挑战比内地要早，经历的困难比内地要多。中国共产党面临的各种考验，深圳从来都是在前沿。改革创新由问题倒逼而致，不改革就是"死路一条"，不创新就没有出路，这在深圳体现得更为突出。另一方面，新情况新问题的不断出现并不断解决，不断探索出在改革开放和市场经济条件下开展党建工作的新路子，催生了深圳党建改革创新的思想观念，也使得特区党建工作可圈可点，创新做法不断涌现并有很多成果在全国推广。

1. 改革创新是特区党的建设的鲜亮底色

"深圳的重要经验就是敢闯。没有一点闯的精神，没有一点'冒'的精神，没有一股气呀、劲呀，就走不出一条好路，走不出一条新路，就干不出新的事业。"① 广东省省长、时任深圳市委书记马兴瑞指出，"改革创新是深圳经济特区的永恒主题，是深圳实现新跨越的必由之路"②。深圳经济特区成立以来创下的 1000 多项"全国率先"，其中每一项创新与党建工作都不无关系，有很多"全国率先"项目和党的建设创新密不可分。从改革初期开展"三资企业"党建，到拓展社会领域党建，从推动基层党建创新到探索信息化时代的互联网党建和智慧党建，深圳经济特区把党的建设作为发挥窗口作用、试验作用和排头兵作用的重要组成部分。用改革的思路研究党建的新情况、新问题，用创新的办法破解党建的难题，成为深圳党的建设的一大特色。在党建工作实践创新方面，深圳在全国建立第一个私营企业党支部、第一个外资企业党支部、第一个民营企业党委、第一个台资企业党委、第一个驻深单位统管党委。在扎根基层、服务群众、凝聚人心方面，深圳在全国率先全面开展党员志愿者服务，组织党员进社区亮身份树形象，探索民意畅达机制，成立和谐企业工作室，深化党群共建帮发展促和谐，建立党员议事会、推行社区党员民主提案制参与社区管理。深圳经济特区的基层党组织建设一直走在全国前列，靠的就是不断创新。

深圳经济特区事业发展到哪里，党建工作创新就跟进到哪里。深圳经济特区是中国改革开放的试验场，率先进行市场化改革，最先面临非公经济领域党建工作的难题，也率先进行非公经济领域的党建探索并不断创新。从非公有制经济党建管理部门名称的更新更替都可以看出，深圳对非公有制经济党建工作的管理创新从来没有停止。在 1992 年前，深圳的非

---

① 《邓小平文选》第 3 卷，人民出版社 1993 年版，第 372 页。
② 马兴瑞：《在中国共产党深圳市第六次代表大会上的报告》。

公企业以外资企业为主的外商投资企业居多。深圳非公有制党建的重点在外资企业党建上。当时对外资企业党建和其他非公有制经济党建的管理部门是市委组织部。邓小平南方谈话之后，民营经济等非公有制经济的快速发展，非公有制经济党建成为特区党建工作重点。1995年，中共深圳市总商会民营企业委员会就这样应运而生。深圳市总商会民营企业委员会承担着深圳市委和市委组织部赋予的党建任务，统一管理深圳市民营企业和外商投资企业党建工作，自成立初就从民营企业的实际出发，不断发展非公企业党组织，扩大党的组织工作覆盖面，指导非公企业党的建设工作，解决了一定时期内党建工作实际操作中多头管理，效率低下，看似具体分工，齐抓共管，但仍然存在互相推诿扯皮的情况。深圳市总商会民营企业党委成立，被当时中央统战部等部门领导称为是一个"创举"，开了全国工商部门统管非公企业党建工作的先例，并逐渐在全国推广由工商部门统筹非公企业党建工作。1999年，深圳调整市民营企业党组织和党员的管理关系，强化市总商会民营企业党委的职能，进一步加强民营企业党的建设。2003年，深圳撤销市总商会民营企业党委及纪委，成立中共深圳市民营经济工作委员会及纪律检查工作委员会。中共深圳市民营经济工作委员会是在全国副省级以上城市中率先成立的。深圳民营工委是在市总商会民营企业党委基础上成立的，开启了积极开展深圳市民营经济和民间组织领域党的工作新篇章，积极探索新形势下党建工作的新路子。2009年，深圳民营工委更名为中共深圳市委新经济和新社会组织工作委员会（简称市委"两新"组织工委）。2015年，深圳市委决定在市工商联成立深圳市非公有制经济党委组织，市工商联党组创新地提出既要把"政治核心和政治引领"两个作用作为党建目标，也要把服务"两个健康"作为党建任务，党建带会建，会建促党建，实现了工商联工作与非公有制经济党建的有机融合。

2018年12月13日，王伟中在主持召开市委理论学习中心组专题学习会时强调："经济特区就是要敢闯敢试。不敢闯不敢试，要我们特区干什么。""怎么闯？""就是要创新。"深圳经济特区党的建设工作碰到过各种困难，遇到过各种挑战，经历过各种坎坷，但始终"敢为天下先"，锐意改革，勇于创新，积极探索适合特区发展实际的党建新路子。可以说，特区的历史有多长，党建工作的创新探索就有多久。正是由于以改革创新精神全面推进特区党的建设,党在特区的执政能力才不断提高,党的先进性不断增强,从而为深圳特区事业健康发展提供了坚强有力的保障。

2. 抓住干部人事制度改革的"牛鼻子"

深圳在干部选拔任用中,在全国较早地推行了考察工作责任制、考察公告制和差额考察制,大力推进公开选拔、竞争上岗等竞争性选拔,大力推行干部选拔任用票决制,不断加大领导班子配套改革制度,通过科学考核,调整不称职、不胜任现职的领导干部,坚持树立正确的用人导向,让"地下组织部长"和"民间说客"失去土壤。

在20世纪80年代初,深圳在企业实行选举聘用合同制,在事业单位实行干部聘任制,在党政机关实行领导干部试用期制度,对干部任用的终身制、铁交椅产生了较大冲击,在一定程度上优化了选贤任能机制,增加了干部队伍的活力。1981年,深圳蛇口工业区率先对外招聘干部,发全国组织人事制度改革之先声。从1982年开始,深圳连续5年到全国各大城市公开招聘干部,冲破了传统的用人"铁板"制度。经过公选担任深圳市标准计量局局长的黄钊镜,抱着"试试看"的心理,成了首批公开招聘的局级干部。1983年,蛇口工业区第一届管委会直选,"把对领导干部的监督权、罢免权交给了群众"①。这是蛇口工业区第一次成功的民主选举,在全国引发一场大争论。1985年的蛇口工业区第二届领导班子换届,"把干部体制改革又推进了一步,从各个方面废除领导职务终身制"②。1987年,深圳启动特区行政体制和政府机关人事制度的改革,率先探索国家公务员制度。1987年,蛇口工业区突然发生重大停电事故。供电公司总经理丁传作引咎辞职。丁传作主动承担责任和引咎辞职,对当时我国干部制度和领导观念是一次巨大冲击。1993年,深圳市宝安区沙井镇蚝二村开创了中国农村"一张白纸选村官",开创了中国农村村民自治的先河。1993年,深圳市出台了《深圳市国家公务员管理办法》,标志着深圳市的国家公务员制度全面实施,该办法成为我国第一部地方性公务员管理规章。1995年,深圳市在全国公开招聘市卫生局局长,在中国内地属首次。1995年,深圳

---

① 张江明:《建设民主的窗口——蛇口工业区选举领导班子的调查》,《人民日报》1986年7月30日。

② 张江明:《建设民主的窗口——蛇口工业区选举领导班子的调查》,《人民日报》1986年7月30日。

市政府常务委员会审议通过了《深圳市人民政府关于加强机关建设的若干规定》。该规定共6条22款，要求完善优胜劣汰的竞争机制，完善规章制度，提高办事效率；加强监督检查，保证政府行为公正廉洁，严格依法行政，加强机关的规范化、法制化建设等。目的是要造就忠于职守、清正廉洁的公务员队伍。1998年，全国人大常委会批准，深圳在镇级政府换届中以"两票制"方式进行直选乡镇长试点选举。深圳市选择了大鹏镇作为乡镇试点。1999年，曾经担任某公司老总的李伟文调任大鹏镇镇长，成为国内首位"两票制"选举出来的镇长。2000年，深圳市事业单位人事制度改革试点——深圳市粤剧团职位竞聘考试正式拉开序幕，除团长由主管单位考核聘任外，其他全部职位都实行竞争上岗。2005年，深圳市出台了《关于在全市掀起"责任风暴"、实施"治庸计划"、加强执行力建设的决定》，目的是要改进部门职能交叉重叠、懒散浮泛、没有量化考核、缺少监督问责机制等问题，在很大程度上解决了执政能力建设背景下政府工作部门主要领导干部的执行力问题。

2006年，为进一步解放思想提高选人用人的透明度，体现公开、公平、竞争、择优的原则，市委组织部决定，在全市范围内公推公选团市委副书记。作为非公有制企业从业人员，创维集团营销部副总经理、创维集团党委副书记、纪委书记、团委书记张志华被深圳市民营工委列为推荐人选，并顺利进入市委组织部敲定的全市36名人选的"大名单"。2007年2月，不到30岁的张志华走马上任，任职团市委副书记，标志着深圳市委选人用人思路的大转变，真正实现了不拘一格选人才的用人新风。这个消息传出去之后，在全市引起广泛关注，不少媒体进行专门报道。2008年，深圳率先开展公务员聘任制和公务员职务分类管理改革试点。2009年，深圳市对政府机构和职能进行了大幅度的"退、转、减、合"，在转变职能、实行大部门体制及优化行政运行机制方面取得了重大突破，这是全国大城市中力度最大的一次机构改革。2014年，深圳在全国率先"试水"聘任制公务员制度。2016年出台的《关于推进社区党建标准化建设的意见》，明确建立教育培训和考核退出机制，对年度考核不合格的及时依法予以解聘。干部人事制度改革是广大人民群众最为关注的事情之一，是深圳组织工作改革创新的首要任务，也是深圳经济特区党建工作创新的亮点，还是特区事业创新发展的"牛鼻子"。这一个又一个创新举措，在全国、广东省党的建设工作中产生了广泛影响，受到中央组织部和广东省委组织部的肯定推广，这些都是深圳组织人事工作解放思想、实践探索的成果。

3. 重视基层党建的鲜明导向

党的一切工作到支部。大抓基层大抓支部，是深圳经济特区加强基层党建的重要举措。随着改革开放和社会主义市场经济的发展，深圳的外商投资企业、私营企业、个体工商户以及民办非企业单位、社会团体、市场中介等非公有制经济和社会组织得到了迅猛发展，呈现出数量不断增多、规模不断扩大、经营和业务领域不断拓宽，科技含量及从业人员素质不断提高的发展趋势，深圳市委从巩固党的执政基层和执政地位、保证党的基本路线全面贯彻执行的战略高度出发，出台了《中共深圳市委关于加强非公有制经济和社会组织党建工作的意见》《深圳市私营企业与个体工商户党组织工作暂行规定》《关于进一步加强外商投资企业党建工作的通知》《关于加强社会团体党建工作的通知》《关于加强社会中介组织党建工作的通知》《关于加强社会力量办学校党建工作的通知》《关于进一步加强流动党员管理工作的意见》等一系列文件，以健全组织、理顺关系为重点，实事求是、分类指导，从思想上、组织上、作风上，全面加强了基层组织党的建设，进一步巩固党在深圳各项事业中的领导核心地位。

近年来，社区党建标准化建设和网格党支部建设是深圳基层党建的新亮点。作为一个没有农村建制的超大型城市、一个充分城市化的深圳，社区党群服务中心是党密切联系群众、服务社区居民、促进社区和谐稳定的主阵地。深圳市出台的《关于推进社区党建标准化建设的意见》，主要就是针对深圳社区里各类组织繁杂、治理体系不健全，党组织领导核心地位弱化，党组织和党员管理不到位、服务群众的能力意识弱、党员作用发挥不明显，社区行政事务繁多、不堪重负，人员身份复杂、素质参差不齐，社区党建整体发展不均衡等"老大难"问题给出具体的解决方案。北站社区党群服务中心——一个五星级的党群服务中心。现在，当人们走进龙华区占地面积最大、服务功能最全、建设标准最高的社区党群服务中心——位于龙悦居的北站社区党群服务中心时，立即惊艳于它的"高大上"：占地面积2800平方米，总投入1400万元，设有26个功能室。中心内，浓浓的"党味"迎面扑来，除了随处可见的党徽、党旗外，社区党校、党建联盟、党建长廊……各种党建阵地一应俱全。同时，24小时自助便民服务区、老年日间照料中心、儿童之家等便民服务设施,更是带给社区居民一站式服务的全新体验。网格党支部建在家门口,有事就找"红小二"。深圳市光明街道和润网格党支部打造基层治理和服务"先行示范"标杆,现在已初步形成以党支部为核心,党支部、业委会、物业公司紧密协作,居民有序参与的"一核多元"小区治理新模式,成为光明街道党建引领基层治理工作的典型标杆。作为党建末梢的党支部建在小区家门口,实实在在来到群众身边,以人民为中心,大大增强了群众对党的认同感,赢得人民支持与信任,让网格党支部真正发挥了作用。组建"红小二"服务队,支部成员作为"红小二",照片、姓名和个人电话,都展示在小区每栋楼的门厅,便于群众联系。

  党的十八大以后,以改革创新精神探索党建新路子,重视基层党建的鲜明导向,还体现在基层组织的"减负"上。社区作为最基层,社区工作人员本应与群众打成一片,却天天与各类材料"打作一团",陷于台账多、评比多、检查多、证明多的尴尬境地而不能自拔。各部门均将任务层层下派由社区来承接,导致"上面千条线,下面一根针"。深圳市出台的《关于推进社区党建标准化建设的意见》提出对社区职责进行全面清理,严格社区事务准入机制,功能能减则减,牌子能摘尽摘,切实为基层"减负"。社区办公场所大门只能统一悬挂社区党委、居委会、工作站三块牌子,一律不得悬挂其他牌子,其他机构均在其对应的办公用房门口挂牌,严禁以各种名义在社区增挂牌子。对社区的职责进行全面清理,建立科学、规范、简洁的社区工作职责目录,大幅减少社区行政事务。严格落实社区事务准入机制,未经区级党委政府集体研究同意,不得向社区下达或转移工作任务。市、区(新区)各部门和街道应独立完成的工作不得转移给社区,如协商由社区完成的必须一事一议,严格落实"费随事转"。也就是说,要让社区能够回归其政治功能和服务功能,让社区能有更多的时间、精力来干"正事",更好服务社区居民群众。此外,深圳坚持大抓基层大抓支部,推进支部标准化、规范化建设,切实加强机关党建工作,推动基层党组织全面进步、全面过硬,打造城市基层党建质量的"深圳品牌"。

  "人们是自己的观念、思想等等的生产者"[①]。"不是从观念出发来解

[①] 《马克思恩格斯文集》第 1 卷,人民出版社 2009 年版,第 524 页。

释实践，而是从物质实践出发来解释各种观念形态"①。从经济特区建立之初的姓"资"姓"社"争论到邓小平南方谈话的一锤定音；从经济特区"要不要继续特下去"到中央明确提出"三不变"方针、再到习近平总书记明确宣示"经济特区不仅要办下去，而且要办得更好"；从"深圳的重要经验就是敢闯"，到"增创新优势，更上一层楼"，到"努力当好推动科学发展、促进社会和谐的排头兵"，再到在"四个全面"中创造新业绩，奋力朝着中国特色社会主义先行示范区方向前行，努力创建社会主义现代化强国的城市范例……在特区改革发展的每一个关键时期和重大历史进程中，党始终在经济特区事业中发挥总揽全局、协调各方的领导核心作用。"发展着自己的物质生产和物质交往的人们，在改变自己的这个现实的同时也改变着自己的思维和思维的产物。"② 特区在建设之初，是按照党中央指示和排除"左"的思想干扰的实际需要而加强党的建设。在特区实现大发展、党建"甜头"不断显现和党建实践经验越来越丰富之后，势必更有"意识"、更有"信心"、更有"资本"抓党建。

先进的思想观念正推动着深圳党的建设逐渐深化，它们引领推动深圳各级党组织成为改革发展的中流砥柱和主心骨，它们引领推动深圳的基层党建创新遍地开花，它们引领深圳的党员干部成为服务深圳改革发展实践的先锋模范。

三　坚定不移加强党的领导，扛起先行示范区建设主体责任

习近平总书记在深圳经济特区建立40周年庆祝大会上的讲话中强调，"经济特区处于改革开放最前沿，加强党的全面领导和党的建设有着更高要求。要深入贯彻新时代党的建设总要求，以改革创新精神在加强党的全面领导和党的建设方面率先垂范。"深圳经济特区要在党建先进思想观念的引领下，坚持加强党的全面领导和党的建设，切实扛起沉甸甸的主体责任，以只争朝夕的使命感、时不我待的紧迫感、舍我其谁的责任感，奋力

---

① 《马克思恩格斯文集》第1卷，人民出版社2009年版，第544页。
② 《马克思恩格斯文集》第1卷，人民出版社2009年版，第525页。

跑好示范区建设"第一程",不仅要把党的领导贯彻好、落实好,更要把党的建设搞成样板、形成示范。

(一)坚持中国特色社会主义道路

方向决定道路、道路决定命运。方向问题历来十分重要。方向对了,只要锲而不舍、持之以恒,任何艰难险阻终将烟消云散,我们一定能够胜利达到光辉彼岸。反之,若方向错了,就会南辕北辙、人心涣散,必然遭受失败。改革开放以来,从党的十二大第一次提出"建设有中国特色的社会主义"这一重大历史命题,到十九大提出"夺取新时代中国特色社会主义伟大胜利"的重大历史任务,中国特色社会主义是改革开放以来党的全部理论和实践的主题。"我们要建设的是中国特色社会主义,而不是其他什么主义。"① 习近平总书记这句话,是讲给全党全国的,也理应引起深圳重视。建设中国特色社会主义先行示范区,是党中央着眼于展现中国特色社会主义真理力量的重大战略。"道路只有一条,就是中国特色社会主义道路。"② 深圳发展奇迹背后的根本"政治动因",就在于"中国共产党领导是中国特色社会主义最本质的特征"所彰显的政治优势。建设中国特色社会主义先行示范区,深圳要牢牢把握中国特色社会主义根本方向,坚持和发展中国特色社会主义。而"要坚持社会主义道路,在中国条件下,没有党的领导,是根本不可能的"③。邓小平指出:"党的领导是正确还是错误,是坚强还是软弱,就看这个领导能够不能够坚持社会主义道路。"④ "深圳的改革是在社会主义基本制度下或框架下进行的,我们的改革,不能背离社会主义的基本原则和客观事实,也就是说:方向一定要把准,不能偏离社会主义制度。"⑤ 广东省委副书记、深圳市委书记斩钉截铁地说:"我们就是要通过建设中国特色社会主义先行示范区的生动实践,雄辩证

---

① 《习近平谈治国理政》第 2 卷,外文出版社 2017 年版,第 37 页。
② 《学习时报》2019 年 10 月 18 日第 A01 版。
③ 中共中央文献研究室编:《邓小平年谱(1975—1997)》(下),中央文献出版社 2004 年版,第 809 页。
④ 中共中央文献研究室编:《邓小平年谱(1975—1997)》(下),中央文献出版社 2004 年版,第 809 页。
⑤ 中共广东省委党史研究室:《广东改革开放决策者访谈录》,广东人民出版社 2008 年版,第 367 页。

明中国特色社会主义道路走得通、走得对、走得好，向世界展示中国特色社会主义的勃勃生机和光明前景。"①

（二）高举新时代改革开放旗帜

改革是中国发展的根本动力。开放是当代中国的鲜明标识。改革开放是当代中国发展进步的活力之源，是深圳的"金字招牌"。深圳奇迹般的发展成就，充分证明了党中央关于兴办经济特区的战略决策是完全正确的，充分证明了党的十一届三中全会以来党的改革开放政策是完全正确的。进入新时代，改革开放面临的任务更艰巨、挑战更严峻。深圳"金字招牌"的四个大字——改革开放，不能丢，丢了就不叫经济特区。老一辈无产阶级革命家习仲勋曾经多次勉励深圳经济特区要坚定不移推进改革，加快改革开放。"改革是一项十分艰巨的任务，难免出现某些失误，但改革的方向必须坚定不移，不能踏步不前"②。"改革开放，深圳走在前头，实践经验比较多，要把这些经验提高到理论上进行总结，深化改革，加快改革的步伐。"③党的十八大召开后，习近平总书记离京视察第一站就到了深圳，要求坚定不移走改革开放的强国之路。关于深圳建设中国特色社会主义先行示范区的重大意义，《中共中央国务院关于支持深圳建设中国特色社会主义先行示范区的意见》开宗明义提出的"三个有利于"，"有利于在更高起点、更高层次、更高目标上推进改革，形成全面扩大开放新格局"首先提出，再次凸显了深圳作为我国改革开放重要起源地的崇高使命，充分体现了以习近平同志为核心的党中央，对深圳经济特区牢牢把握改革开放再出发重大历史机遇的殷切期待。

深圳，因改革开放而生、因改革开放而兴、因改革开放而强。深圳建设中国特色社会主义先行示范区，要继续高举改革开放伟大旗帜，继续发扬特区建设之初"特殊政策真特殊、灵活措施真灵活、先走一步真先走"的优良作风，以改革开放的眼光看待改革开放，以改革开放的办法推进改革开放，要跨越更多的"娄山关""腊子口"，突破"深水区""无人区"，

---

① 《学习时报》2019年10月18日第A01版。
② 《习仲勋传》编委会：《习仲勋传》（下），中央文献出版社2013年版，第624—625页。
③ 《习仲勋传》编委会：《习仲勋传》（下），中央文献出版社2013年版，第625页。

永立潮头、勇当尖兵,把改革开放"金字招牌"举得更高、擦得更亮,努力当好展示我国改革开放成就的重要窗口和国际社会观察我国改革开放的重要窗口。

(三)为全国提供更多可复制可推广的经验

"我是崇尚行动的。实践高于认识的地方正在于它是行动。从这个意义上说,我们不担心说错什么,只是担心'意识贫困',没有更加大胆的改革开放的新意;也不担心做错什么,只是担心'思路贫困',没有更有力度的改革开放的举措。"① 建设中国特色社会主义先行示范区,深圳要做完善和发展中国特色社会主义制度的推动者,在坚持中国社会主义方向,坚持中国特色社会主义根本制度的前提下,在具体制度层面上应该先行示范。全面建设社会主义现代化国家,深圳应该走在前面,成为新时代党的建设创新的模式引领者、效能示范者,成为服务社会主义现代化强国的重要支撑。在这些方面,深圳有制度创新的"基因"优势。深圳经济特区成立以来创下的"全国率先"达 1000 多项,其中很多是制度层面的创新。2019 年,前海新推制度创新成果 81 项,累计推出 505 项、在全国复制推广 50 项。"深圳要继续发扬敢闯敢干的精神,拿出特的意识、特的思考和特的措施,率先探索完善中国特色社会主义的制度模式。"② 深圳有这些"骄人战绩"支撑,要有能够"特"的信心,在不断完善和发展中国特色社会主义制度上先行示范,为"中国之治"贡献"深圳智慧"。

"历史不外是各个世代的依次交替。每一代都利用以前各代遗留下来的材料、资金和生产力,由于这个缘故,每一代一方面在完全改变了的环境下继续从事所继承的活动,另一方面又通过完全改变了的活动来变更旧的环境。"③ 新形势下,坚持和发展中国特色社会主义仍然有许多重大课题需要探索实践,有许多新的领域需要开拓创新。制度是关系党和国家事业发展的根本性、全局性、稳定性、长期性问题。"一切事实都证明:我们的人民民主专政的制度,较之资本主义国家的政治制度具有极大的优越

---

① 习近平:《摆脱贫困》,福建人民出版社 1992 年版,第 160 页。
② 陶一桃:《深圳经济特区年谱》,社会科学文献出版社 2018 年版,第 834 页。
③ 《马克思恩格斯文集》第 1 卷,人民出版社 2009 年版,第 540 页。

性。在这种制度的基础上，我国人民能够发挥其无穷无尽的力量。"① 但新时代改革开放具有许多新的内涵和特点，其中很重要的一点就是制度建设分量更重。习近平总书记指出："深圳等经济特区的成功实践充分证明，党中央关于兴办经济特区的战略决策是完全正确的。经济特区不仅要继续办下去，而且要办得更好、办得水平更高。"② 功成名就时做到居安思危、保持创业初期那种励精图治的精神状态不容易，执掌政权后做到节俭内敛、敬终如始不容易，承平时期严以治吏、防腐戒奢不容易，重大变革关头顺乎潮流、顺应民心不容易。深圳经济特区要始终在改革开放中走在最前列，在各方面体制机制改革方面要先行先试、先行示范，为全国提供更多可复制可推广的经验，在特区建立 40 年的新起点上，再造激情燃烧、干事创业的火红年代，续写特区事业发展新篇章。

---

① 《毛泽东文集》第 6 卷，人民出版社 1999 年版，第 184 页。
② 习近平：《在深圳经济特区建立 40 周年庆祝大会上的讲话》，《人民日报》2020 年 10 月 15 日。

结束语　深圳示范中国，中国将为人类作出更大贡献

综上所述，我们从经济建设、政治建设、文化建设、社会建设、生态建设、科技创新、党的建设各个方面，追溯了深圳先进思想观念产生和发展的不同历史阶段，论证了先进思想观念和中国化马克思主义最新成果对经济特区的引领和指导，回答了深圳发展奇迹的内在原因，展望了深圳未来发展的前景。深圳经济特区40年发展的历程表明：深圳示范中国，深圳是中国改革开放的缩影。

今天，站在新的历史起点上，随着深圳续写坚持和发展中国特色社会主义的新篇章，建设中国特色社会主义先行示范区；随着深圳新的先进思想观念的不断涌现，精神文明建设继续攀登新的高峰，我们完全可以得出这个结论和预判：深圳示范并引领中国，中国将为人类作出更大贡献。

（一）通过先行示范引领中国

深圳经济特区在40年历史发展的进程中，一直作为中国改革开放的"排头兵"，始终走在中国的最前列。作为中国特色社会主义先行示范区，其"示范"就是"引领"，引领中国特色社会主义建设事业，引领中国全面建设社会主义现代化国家。那么，中国为人类作出更大贡献何以可能？深圳先行示范区与中国为人类作出更大贡献有什么关系？需要从历史和现实的结合上，回答这个问题。

2021年7月1日，习近平总书记在庆祝中国共产党成立100周年大会上指出："中国特色社会主义是党和人民历经千辛万苦、付出巨大代价取得的根本成就，是实现中华民族伟大复兴的正确道路。我们坚持和发展中国特色社会主义，推动物质文明、政治文明、精神文明、社会文明、生态

文明协调发展，创造了中国式现代化新道路，创造了人类文明新形态。"[①]这里，习近平总书记关于中国特色社会主义创造人类文明新形态的论断，具有非常丰富的科学内涵，更给予我们新的启示，需要深入研究，进一步论证和阐发。毋庸置疑的是，无论是深圳经验、深圳模式、深圳智慧、深圳方案，还是深圳经济建设、政治建设、文化建设、社会建设、生态建设、科技创新、党的建设各个方面取得的成就，都是对中国特色社会主义的重大贡献。进而言之，也是对创造人类文明新形态作出的重大贡献，这是必须肯定的。也就是说，中国创造人类文明新形态，其中就有深圳的一份功劳。深圳为此付出了艰辛的努力和探索，成就卓越，居功甚伟，已载入中国改革开放的史册。

1. 从经济特区到中国特色社会主义先行示范区的历史性飞跃

深圳经济特区40载风雨兼程，实现了从经济特区到中国特色社会主义先行示范区的历史性飞跃。

竖看中国40年改革开放取得的巨大成就，如何看深圳引领中国？一般说来，人们看到的是深圳的历史性贡献。

首先，人们最容易看到的是深圳速度，看到深圳经济总量的增长。深圳GDP从1979年的1.97亿元上升到2017年的2.24万亿元；2018年上升为2.4万亿元，超过了香港；2019年达到了2.6万亿元。其次，直接看到的是深圳这座城市的巨变。从1978年到2018年，中国城市化水平由17.9%提高到59.6%，40年里大约有6.4亿的农村人口转移到城市就业和居住。伴随这一过程，深圳由一个仅3万人的边陲小镇迅速发展为一个实际人口超过2000万的超大型城市，成为中国城市化波澜壮阔历史进程的缩影。[②] 再次，看到的是深圳的政治和历史地位的变化。深圳作为副省级城市，不仅经济总量超越香港，成为粤港澳大湾区的核心引擎，更主要的是在"一国两制"促进祖国和平统一大业中发挥桥梁和纽带作用。

事实上，深圳引领中国是全方位的，表现在贯彻落实"五位一体"总

[①] 习近平：《在庆祝中国共产党成立100周年大会上的讲话》，人民出版社2021年版，第13—14页。

[②] 邹兵：《从特区到大湾区 深圳对中国城市化的历史贡献与未来责任》，《时代建筑》2019年第4期。

体布局和协调推进"四个全面"战略布局，取得了突出成绩，不仅在经济发展上引领中国，在政治建设、文化建设、社会建设、生态建设、党的建设各方面，都走在了全国前列。党中央国务院之所以支持深圳建设中国特色社会主义先行示范区，正是基于深圳全面发展的事实。从经济特区到先行示范区的历史性飞跃表明，深圳的使命和定位已经发生了改变。过去主要是在改革开放和经济发展方面发挥先锋示范作用，作为"试验田""排头兵"和对外开放的"窗口"；现在则是在新时代中国特色社会主义建设上发挥先行示范作用。中国特色社会主义是改革开放以来党的全部理论和实践的主题。党的十九大从十四个方面论述了新时代中国特色社会主义思想和基本方略。深圳作为中国特色社会主义先行示范区，从整体上也要按照这十四个方面贯彻执行。

现在，深圳贯彻落实《中共中央国务院关于支持深圳建设中国特色社会主义先行示范区的意见》，《深圳市建设中国特色社会主义先行示范区行动方案（2019—2025）》也已出台，全面开启了建设中国特色社会主义示范区的新征程。2020年8月深圳迎来了经济特区建立40周年。市委书记王伟中表示，深圳将继续发扬敢闯敢试、敢为人先的改革精神，低调务实、埋头苦干的奋斗精神，敢于斗争、善于斗争的斗争精神，只争朝夕、不负韶华，以中国特色社会主义先行示范区建设的优异成绩庆祝深圳经济特区建立40周年。[1]

从经济特区到中国特色社会主义先行示范区这一历史性的飞跃，决定了深圳将继续引领中国。深圳引领中国，肩负新的历史使命，也将促使中国为人类作出更大贡献。

党的十九大报告指出："中国特色社会主义进入新时代，意味着近代以来久经磨难的中华民族迎来了从站起来、富起来到强起来的伟大飞跃，迎来了实现中华民族伟大复兴的光明前景；意味着科学社会主义在二十一世纪的中国焕发出强大生机活力，在世界上高高举起了中国特色社会主义伟大旗帜；意味着中国特色社会主义道路、理论、制度、文化不断发展，拓展了发展中国家走向现代化的途径，给世界上那些既希望加快发展又希望保持自身独立性的国家和民族提供了全新选择，为解决人类问题贡献了

---

[1] 王伟中：《以优异成绩庆祝深圳经济特区建立40周年》，《深圳特区报》2020年1月19日。

中国智慧和中国方案。"①

中国将为人类作出更大贡献，这是一种使命和担当，是大国责任，是大国风范。在世界百年未有之大变局下，中国提出正确主张和正确导向，勇立世界潮头，坚持推动构建人类命运共同体，坚持用"五个世界"② 去建设世界。这是用全新的思想观念或理念建设世界，为人类作出更大贡献。

2. 中国方案和中国之治在世界舞台举足轻重

今天，中国已走近世界经济政治舞台的中心，这是一种大趋势，是被公认、被客观现实所证明了的。最突出的表现，除了深圳这张金光灿灿的"名片"以外，莫过于中国改革开放40年取得的辉煌成就，震惊了整个世界。

习近平总书记在庆祝中国改革开放40周年大会上的讲话中，谈到了中国的经济实力，他这样说："40年来，我们始终坚持以经济建设为中心，不断解放和发展社会生产力，我国国内生产总值由3679亿元增长到2017年的82.7万亿元，年均实际增长9.5%，远高于同期世界经济2.9%左右的年均增速。我国国内生产总值占世界生产总值的比重由改革开放之初的1.8%上升到15.2%，多年来对世界经济增长贡献率超过30%。我国货物进出口总额从206亿美元增长到超过4万亿美元，累计使用外商直接投资超过2万亿美元，对外投资总额达到1.9万亿美元。我国主要农产品产量跃居世界前列，建立了全世界最完整的现代工业体系，科技创新和重大工程捷报频传。我国基础设施建设成就显著，信息畅通，公路成网，铁路密布，高坝矗立，西气东输，南水北调，高铁飞驰，巨轮远航，飞机翱翔，天堑变通途。现在，我国是世界第二大经济体、制造业第一大国、货物贸易第一大国、商品消费第二大国、外资流入第二大国，我国外汇储备连续多年位居世界第一，中国人民在富起来、强起来的征程上迈出了决定性的步伐！"③

---

① 习近平：《决胜全面建成小康社会 夺取新时代中国特色社会主义伟大胜利——在中国共产党第十九次全国代表大会上的报告》，人民出版社2017年版，第10页。

② 即构建人类命运共同体主张的"建设持久和平、普遍安全、共同繁荣、开放包容、清洁美丽的世界"。

③ 习近平：《在庆祝改革开放40周年大会上的讲话》，人民出版社2018年版，第12页。

习近平总书记讲话中提到同期世界经济年均增速2.9%，而中国年均增长9.5%；中国对世界经济增长贡献率超过30%；建立了全世界最完整的现代工业体系；还有中国是"世界第二大经济体、制造业第一大国、货物贸易第一大国、商品消费第二大国、外资流入第二大国"，"外汇储备连续多年位居世界第一"。所有这些，都是客观事实，是被世界人民所目睹的。

中国改革开放以来这些巨大的经济成就，在民主政治发展、先进文化、保障和改善民生、保护环境和节约资源等方面的突出贡献，为解决人类问题提供了中国智慧和中国方案。它们也可以称之为中国模式、中国经验、中国道路、中国之治。这些方面鲜活的实例，不胜枚举。

更为突出的，就是中国在国际舞台上的表现。一是中国构建以合作共赢为核心的新型国际关系，旨在推动世界各国走出一条结伴而不结盟、合作而不对抗的国与国交往的新路。二是打造人类命运共同体，旨在为人类社会确立共同努力目标，实现全球范围的共同发展和长治久安。两者相辅相成，体现了中国发展同世界发展相统一的全球视野、世界胸怀和大国担当，具有强大的吸引力、感召力和生命力，从而得到了世界各国的普遍赞誉和支持。

中国在世界经济政治舞台中，大展身手，举足轻重。许多重大的国际性会议在中国召开。例如，中国共产党与世界政党高层对话会由中共中央对外联络部主办，于2017年11月30日至12月3日在北京举行。主题是"构建人类命运共同体、共同建设美好世界：政党的责任"。有120多个国家200多个政党和政治组织领导人参会。这次会议的目的和意义：一是希望与世界各国政党共商共议、平等交流，为应对人类社会面临的发展难题和共同挑战，携手构建人类命运共同体凝聚更多的动力和智慧。二是希望与各国政党相互借鉴治党治国经验，共同提高执政和参政能力。中国共产党是开放包容的，既向世界介绍我们的经验做法，也向世界学习。三是为各国各类政党相互沟通，深入交流提供契机，推动各政党在涉及人类前途命运等重大战略问题上形成更多的共识。中国能够召开这样大规模的政党会议，足以说明中国的吸引力和凝聚力。

3. 深圳奇迹和深圳经验告诉世界什么？

深圳奇迹和深圳经验告诉世界：中国在改革开放之初，决定建立经济特区，敢试敢闯，"杀出一条血路来"，这一历史性的战略决策是非常英明的，这是推进中国改革开放和社会主义现代化建设进行的伟大创举。以深圳经济特区为代表形成的深圳模式和深圳经验，不仅影响和引领了整个中国，而且以其创造的巨大成就震撼了世界。

深圳奇迹和深圳经验告诉世界：改革开放是中国的第二次革命，道路决定命运。深圳经济特区是中国改革开放的缩影，是深圳人民和全国人民共同拥有、标志改革开放成果的一张金光灿灿的名片。深圳经济特区发展的历程和中国改革开放取得的巨大成就，表明通过艰辛探索形成的中国道路、中国模式、中国智慧、中国方案、中国之治，来之不易。"艰难困苦，玉汝于成"，这是一条通向共同富裕的康庄大道，也是对世界文明和人类社会发展的重大贡献。

深圳奇迹和深圳经验告诉世界：深圳经济特区对市场经济的成功探索和发展外向型经济，融入世界，引领并促进了中国全面深化改革和全方位对外开放，不断提高"引进来"的吸引力和"走出去"的竞争力。在顺应经济全球化的历史潮流中，中国正在形成以国内大循环为主体、国内国际双循环相互促进的新发展格局。深圳将率先建设更高水平开放型经济新体制；中国将更加坚定不移地全面扩大开放，推动建设开放型世界经济，推动构建人类命运共同体。

深圳奇迹和深圳经验告诉世界：坚持创新是第一动力，在全球科技革命和产业变革中赢得主动权，是深圳经济特区走在世界前列的重要法宝。深圳夯实基础研究，狠抓源头创新，自主创新能力不断实现"新跃升"，核心技术创新能力显著增强，一系列世界级创新成果从深圳走向全球。深圳不仅在加快建设现代化国际化创新型城市和国际科技、产业创新中心中走在全国的前列，还将继续发挥产学研资深度融合优势，融入全球创新网络，对标国际一流水平，聚天下英才而用之，成为原始创新的策源地、创新世界新经济的策源地。

深圳奇迹和深圳经验告诉世界：深圳经济特区是中国共产党和中国人民缔造的，党的领导是中国特色社会主义的本质特征；人民至上是中国共产党的根本政治立场。深圳经验表明，必须坚持党对经济特区建设的领导，始终保持经济特区建设正确方向；必须坚持以人民为中心的发展思想，让改革发展成果更多更公平惠及人民群众。

深圳奇迹及其经验告诉世界：深圳经济特区和中国改革开放之所以取得成功，最重要的原因之一，是形成了一整套科学的制度体系，这就是中国特色社会主义制度体系。它包括社会主义基本经济制度、根本政治制度、基本政治制度等。它用大量的无可置疑的生动鲜活事例，证明这一制度体系与西方资本主义社会制度相比，具有巨大的优越性。

深圳奇迹和深圳经验告诉世界：深圳经济特区和中国改革开放，高举马克思主义伟大旗帜，以中国特色社会主义理论体系为指导，在实践中形成了邓小平理论、"三个代表"重要思想、科学发展观、习近平新时代中国特色社会主义思想，是中国共产党和中国人民与时俱进的思想武器和行动指南，是凝聚和统一中国共产党和中国人民思想的理论基础。

深圳奇迹和深圳经验告诉世界：理念引领行动，方向决定出路。深圳经济特区在改革开放实践中，实现解放思想和改革开放相互激荡、观念创新和实践探索相互促进，充分显示了思想引领的强大力量。

总之，深圳奇迹和深圳经验，是中国共产党和中国人民创造和总结出来的，是中国改革开放的产物，也是人类社会和世界文明的宝贵遗产。随着新时代中国特色社会主义建设伟大事业的不断深入，随着深圳中国特色社会主义先行示范区的成功建立和不断完善，蓦然回首，深圳奇迹和深圳经验永远不会过时，而是历久弥新；深圳奇迹和深圳经验的意义永远不会淡化，而是历久弥深；深圳奇迹和深圳经验的作用永远不会削弱，而是历久弥坚。展望未来，深圳和中国将创造出让世界刮目相看的新的更大奇迹。

4. 先行示范区建设有助于中国为人类作出更大贡献

深圳经济特区四十载取得了巨大的成就，已证明深圳引领中国。中国特色社会主义先行示范区建设，将有助于中国为人类作出重大贡献。这是因为，先行示范区建设的提出，具有国际大背景的考量，是国家发展战略的重大决策。

被称为"施工图"和"任务书"的《深圳市建设中国特色社会主义先行示范区的行动方案（2019—2025年）》（以下简称《行动方案》），我们从中可以清晰地看到，许多内容和条文，都是站在中国改革开放的最前沿，站在世界各领域的最前沿，引领中国是必然的，也将有助于中国日益走近国际舞台中央。

例如，《行动方案》把《意见》每一项任务逐一细化、分解、落实，充分衔接2025年"建成现代化国际化创新型城市"的第一阶段发展目标，对标全球最高最好最优，分阶段推动未来六年先行示范区各项重点工作，体现了在中央和广东省的全力支持下，深圳发挥核心引擎和先行示范作用，充分释放"双区驱动"效应。① 其中的"对标全球最高最好最优"意味着什么？做到了并付诸行动，则意味着中国走在世界的前列。

又例如，《行动方案》第二部分聚焦富强、民主、文明、和谐、美丽，对照《意见》"五个率先"的任务部署，明确了八个方面的百余项具体工作举措。这八个方面，形成了八个率先：

一是率先实施新一轮创新驱动发展战略。包括全面推进光明科学城建设、高水平规划建设西丽湖国际科教城、建设国际科技信息中心、规范有序建设知识产权和科技成果产权交易中心等。

二是率先构建具有世界级竞争力的现代产业体系。包括大力发展以5G为代表的新一代信息技术产业、加快发展生物医药产业、加快创建制造业创新中心、开展数字货币研究与移动支付等创新应用、先行先试推进人民币国际化等。

三是率先突破重点领域和关键环节改革。包括建设国际一流营商环境改革创新实验区、开展区域性国资国企综合改革试验、试点深化外汇管理改革、推进"数字政府"改革建设、推行信用监管改革、先行先试教育体制改革、深化自然资源管理制度改革等。

四是率先形成全面开放新格局。包括加快建设深港口岸经济带、加快建设沙头角深港国际旅游消费合作区、加快建设全球海洋中心城市、加快建设国际航空枢纽、打造国家综合铁路和公路枢纽等。

五是率先营造彰显公平正义的民主法治环境。包括加强社会信用体系建设、加快建设智慧城市、建设粤港澳大湾区大数据中心等。

六是率先塑造展现社会主义文化繁荣兴盛的现代城市文明。包括规划建设一批重大公共文化设施、开展跨界重大文化遗产保护、建设创新创意设计学院等。

七是率先形成共建共治共享共同富裕的民生发展格局。包括扩大中小

---

① 《深圳市建设中国特色社会主义先行示范区的行动方案（2019—2025年）》。

学教育规模、高质量普及高中阶段教育、加快创建一流大学和一流学科、放宽境外医师到内地执业限制、先行先试国际前沿医疗技术、建立和完善房地产市场平稳健康发展长效机制等。

八是率先打造人与自然和谐共生的美丽中国典范。包括强化区域生态环境联防共治、大力发展绿色产业、促进绿色消费、发展绿色金融等。①

我们看到，这八个率先，无论其中的哪一个率先，都有着不仅引领中国而且将为人类作出更大贡献的意义。仅从语言文字上，可以看到的是："国际科技中心""具有世界级竞争力的现代产业体系""国际一流营商环境改革创新实验区""全球海洋中心城市""粤港澳大湾区大数据中心""国际前沿医疗技术"，等等，这些一旦建设成功，就意味着深圳和中国将为人类作出更大贡献。

（二）抓住历史新机遇，以科学技术革命新成果为引领

如前所述，在建设中国特色社会主义先行示范区的伟大实践中，深圳将继续引领中国，而且是全面引领，这是必然的；中国将为人类作出更大贡献也是可能的。我们认为，对于深圳来说，抓住历史新机遇，以科学技术革命新成果为引领，这应该是首要的任务。

1. 世界科学技术革命的最新成果向深圳招手

2018年11月17日，在巴布亚新几内亚首都莫尔兹比港，国家主席习近平出席亚太经合组织工商领导人峰会，发表题为《同舟共济创造美好未来》的主旨演讲。他说："新科技革命和产业变革是一次全方位变革，将对人类生产模式、生活方式、价值理念产生深刻影响。公平和效率、资本和劳动、技术和就业的关系成为国际社会的共同课题，处理不当将导致南北贫富差距进一步拉大。我们应该审时度势、科学决策，引领新科技革命和产业变革朝着正确方向发展。"②

我们知道，"近代以后，由于国内外各种原因，我国屡次与科技革命失之交臂，从世界强国变为任人欺凌的半殖民地半封建国家，我们的民族经历了一个多世纪列强侵略、战乱不止、社会动荡、人民流离失所的深重

---

① 《深圳市建设中国特色社会主义先行示范区的行动方案（2019—2025年）》。
② 习近平：《同舟共济创造美好未来》，《人民日报》2018年11月8日。

苦难"①。事实上，以习近平同志为核心的党中央对科技革命非常重视。早在2016年5月30日，习近平总书记出席全国科技创新大会、两院院士大会、中国科协九大，他在讲话中指出："历史经验表明，科技革命总是能够深刻改变世界发展格局。""一些国家抓住科技革命的难得机遇，实现了经济实力、科技实力、国防实力迅速增强，综合国力快速提升。""当前，信息技术、生命科学、智能制造、绿色能源等前沿领域不断突破，新材料、新产品、新业态迭代周期不断缩短。大数据、3D打印、人工智能，这些曾经的科学幻想，如今已经融入人们的衣食住行用，未来已经来到我们身边。""百舸争流，奋楫者先。新科技革命和产业变革的时代浪潮奔腾而至，如果我们不应变、不求变，将错失发展机遇，甚至错过整个时代。"总书记的讲话，对于深圳来说，应该是感同身受。因为这些就是现实，已客观地摆在深圳面前。

毫无疑义，世界科技革命的最新成果已经向深圳招手。问题在于，深圳能不能牢牢抓住历史新机遇，占领科技革命制高点。显然，世界百年之大变局，首先是以新科学技术革命为引领；科学技术是第一生产力，新科学技术革命正在推动和改变世界。

我们欣喜地看到深圳在把握科学技术革命新成果所作出的努力。《2019全球科技创新策源城市分析报告》显示，全球20座城市以不到2.5%的人口，稳定贡献超过全球四分之一的高水平科技创新，北京、上海、深圳为代表的中国城市进入全球创新策源力引领者行列。深圳把科技创新放在首位，2017年4月，诺贝尔化学奖得主阿里耶·瓦谢尔、布莱恩·科比尔卡领衔的两个实验室，落户香港中文大学（深圳）。如今，这种由诺奖科学家组建的实验室，在深圳已有5家。深圳市委书记王伟中说："我们坚持创新只有第一、没有第二，坚持打基础、谋长远，着力推进以科技创新为核心的全面创新，狠抓以科学仪器、工业母机、核心芯片、关键零部件等为重点的核心技术攻关。"许多有识之士认为，深圳最有可能成为中国的"硅谷"。在这里，无数高新科技产业快速发展，平均每天诞生48件发明专利，平均每63人拥有一家高新技术企业。粤港澳大湾区同时应成为引领全球科技创新的"银河带"。港湾城市汇聚了信息和

---

① 何传启：《牢牢把握新科技革命的主动权》，《中国青年报》2016年6月25日。

人才资源，激发了创新活力，也提升了创新结构的发展，涌现出大批创新成果。

这里需要指出，科学技术革命成果与先进思想观念的关系，非常密切。恩格斯有一句很有名的话："随着自然科学领域中每一个划时代的发现，唯物主义也必然要改变自己的形式"[1]，正是由于科学技术的发展才导致了生产方式的发展，从而引发了观念的变革。科学技术的进步对传统思维方式的突破，引起很多思维观念的变革，例如道德观、管理理念、教育观等。科学技术的发展提升了人们的文化品位和道德修养水平，形成具有鲜明时代特征的新思想观念和文化价值观。同时，新思想观念和文化价值观，又促进了科学技术进步和发展，形成了一种良性的循环。这种情形，应该就是深圳在新的发展征程中的要求、希望和结果。

2. 新兴市场经济国家的崛起和深圳的新机遇

2019年9月《新时代的中国与世界》白皮书，这样阐述百年变局："最近100多年来，人类经历了血腥的热战、冰冷的冷战，也取得了惊人的发展、巨大的进步。21世纪以来，随着经济全球化深入发展，国际政治经济格局加速演变，全球发展深层次矛盾日益突出，国际力量对比日趋均衡，国际秩序和全球治理体系变革更加深入，世界进入大发展大变革大调整的新时期，处于百年未有之大变局。"

《白皮书》还指出："大变局催生新的机遇。百年未有之大变局的最大变化，就是以中国为代表的新兴市场国家和发展中国家群体性崛起，从根本上改变了国际力量对比。工业革命以来，西方世界在国际政治经济格局中长期占据主导地位。近几十年来，新兴市场国家和发展中国家紧紧抓住经济全球化历史机遇，实现了快速发展。国际货币基金组织最新数据显示，按购买力平价计算，新兴市场国家和发展中国家经济总量2008年已经超过发达国家，到2018年占世界经济比重达到59%。"

国际力量对比发生重大变化。"新兴市场国家和发展中国家加速发展已经成为不可阻挡的历史潮流。这带来国际力量对比的重大变化，改变着上一个百年形成的西方发达国家占据主导地位的国际格局。"[2] 那么，深圳

---

[1] 《马克思恩格斯选集》第4卷，人民出版社1995年版，第228页。
[2] 张蕴岭：《在大变局中把握发展趋势》，《理论导报》2019年第3期。

的新机遇在哪里呢？

深圳的新机遇无疑是多方面的，央视新闻曾总结中央直接为深圳带来30个利好，件件都是重磅。实际上，这都是在一般的层面上总结的，是从直接带给深圳的利益和好处上而言的。从深层次上看，我们认为最重大的历史新机遇，就在于深圳在创造出已有辉煌成就的基础上，能够插上翅膀，再次腾飞。不仅是深圳跻身于世界级创新型城市，使粤港澳大湾区建成为世界一流湾区，更重要的是，以科学技术革命新成果为引领，带动整个中国，不断攀登新的发展台阶，顺利实现建成社会主义现代化强国，实现中华民族伟大复兴。

深圳的历史新机遇，在于它的使命和担当，将永远载入中华文明发展的史册。从人类文明发展的视角，世界人民看到的深圳，不再仅仅是经济的发达和科学技术的进步，更重要的是，展现社会主义文化繁荣兴盛的现代城市文明，精神文明建设的高水平发展，人的素质全面提高，彰显人的全面自由发展和共同富裕。深圳就是世界级幸福之城。幸福深圳这座全球关注的城市，不再是人们心中的"理想国"，更不是"乌托邦"，而是活生生的现实。可以想见，深圳会对人类社会文明发展作出何等伟大的贡献！

3. 坚持人才优先发展战略

深圳人民描绘出了未来发展的最美好图景，也深知幸福深圳不是靠喊口号和敲锣打鼓就可以实现的。中国特色社会主义先行示范区建设的成功，是干出来的，不是等来的。当年邓小平在视察深圳等经济特区后发表的南方谈话，一直回响在深圳人民的耳旁，铭刻在心中："我们要在建设有中国特色的社会主义道路上继续前进。资本主义发展几百年了，我们干社会主义才多长时间！何况我们自己还耽误了二十年。如果从建国起，用一百年时间把我国建设成中等水平的发达国家，那就很了不起！从现在起到下世纪中叶，将是很要紧的时期，我们要埋头苦干。我们肩膀上的担子重，责任大啊！"① 深圳人民将在建设中国特色社会主义先行示范区的伟大实践中，继续勇往直前，党中央国务院的意见和深圳行动方案所制定的目标，一定会达到，一定能够达到。

---

① 《邓小平文选》第3卷，人民出版社1993年版，第383页。

深圳未来发展，靠的是人才。2019年11月13日，第21届高交会在深圳拉开帷幕。广东省委副书记、深圳市委书记王伟中作开幕致辞时指出，深圳每年安排不低于30%的科研财政资金，投向基础研究和应用基础研究，今年的投资为48亿元；近些年大力引进人才，深圳目前各类人才580万，占常住人口的44.5%。王伟中说："我们以更加开放包容的胸怀广泛汇聚创新人才，坚持人才优先发展战略，对现有人才政策进行全面梳理和系统性优化重构，实现在创新实践中发现人才，在创新活动中培养人才，在创新事业中集聚人才。我们设立深圳人才日、深圳企业家日，在全社会营造尊重知识、尊重人才、尊重企业家，鼓励创新创业的浓厚氛围。"

当今世界，各国之间科技创新的竞争实质就是人才的竞争。人才是创新的根基，创新驱动实质上是人才驱动，谁拥有一流的创新人才，谁就拥有了科技创新的优势和主导权。深圳市委市政府清醒地认识到，人才资源是第一资源，也是创新活动中最为活跃、最为积极的因素。在创新成为新时代潮流的今天，经济和科技的竞争，归根结底是人才的竞争。无论社会经济发展到何种阶段，人才都是其最重要的关键所在。以国家级、国际化、综合性的人才交流盛会带动人才、智力、技术、项目、资金和管理的聚集，体现了深圳对人才、对创新的高度重视。

深圳坚决把人才优先发展战略作为新时代深圳城市发展的核心战略，遵循社会主义市场经济规律和人才成长规律，加快人才发展体制机制改革，开发利用好国内国际人才两种人才资源，实行更加积极、更加开放、更加有效的人才政策。深圳大力推进"孔雀计划""十大人才工程"，营商环境改革20条，企业减负36条，出台经济特区人才工作条例，以立法形式，将每年的11月1日确立为深圳人才日。此外，深圳还即将出台以人才培养、激励、服务和体制机制改革为重点的"鹏城英才计划"。这一系列体现深圳特色、具备突破性的人才政策，充分彰显深圳爱才惜才的城市情怀。[①]

当前，深圳人才发展的主要任务就是大力提升人才国际化程度，促使人才构成国际化、人才素养国际化及人才活动国际化发展。支持企业引进在世界著名跨国公司、金融机构、国际组织担任高级职务的专业技术人

[①] 《让人才在深圳得其所哉》，《深圳晚报》2018年4月16日。

员。推进深圳与香港人才市场建设的深度合作；大力加强社会科学人才队伍建设，加大社科研究平台建设。整合政府各部门现有科研机构，以行业为主把分散的社科研究机构集中起来，组建一批有一定规模、学科门类相对较多、有较大发展潜力，能够集聚一批优秀人才并能承担重大社科项目的社科研究机构。

（三）站在人类社会文明发展的高地上

站在世界经济政治的舞台上，看今天的深圳和中国，我们认为呈现这样的特点：新形象——深圳和中国正站在人类社会文明发展的高地上；新贡献——深圳和中国为人类社会发展提供深圳模式、中国智慧、中国经验、中国方案、中国之治；新使命——深圳和中国与世界各国为构建人类命运共同体而努力奋斗；新机遇——深圳和中国以科学技术革命新成果引领世界并与各国重塑世界新秩序。这里，重点阐述深圳和中国如何站在人类社会文明发展的高地问题。

1. 得道多助，失道寡助

深圳和中国站在人类社会文明发展的高地，主要表现在顺应世界历史发展的潮流，首先站在了人类社会文明道德的高地。

站在了人类文明道德的高地，这个判断，我们用的是现在时，即中国正站在人类道德文明的高地上。英文表述为 China is standing on the highland of human moral civilization，没有用过去时 China has stood on the highland，也不是将来时 China will stand on the highland。

按照马克思主义的基本原理，经济基础决定上层建筑（决定意识形态，决定思想道德，物质决定精神），作为世界第二大经济体的中国，经济正在发生巨大的结构性变化。党的十九大报告明确指出了中国发生的伟大的历史性变革，随着中国特色社会主义进入新时代，随着社会主要矛盾的转化，随着中国经济发展的新态势，中国人的道德文明水准正在有新的提高，提出新的要求，以适应新形势发展的需要。这主要表现在：在国际，提出构建人类命运共同体，实施"一带一路"倡议，得到了国际社会的高度认同。在国内，把人民对美好生活的向往与发展的不平衡、不充分作为主要矛盾，提出以人民为中心，加快社会主义现代化强国建设的步伐，得到了广大人民群众的高度认同。社会主义核心价值观的培育和践行，使人民的精神面貌发生了重大变化。中国人民对构建人类命运共同体、筑牢中华民族共同体意识，普遍支持、积极参与。

2. 深圳独特的条件、基础与筑牢中华民族共同体意识

深圳引领中国，中国为人类作出更大贡献，绝不是自吹自擂，空穴来风。深圳具备了引领的条件和基础，有条件和有能力引领，具有先天的优势。这里，不妨从深圳作为一个移民城市谈起。

深圳虽然只有2000平方公里，但从2013年开始，连续5年成为全国最具竞争力的城市。虽然在改革开放后，北京、上海、广州也吸收了大量外地移民，但原居民的基数远远大于深圳。深圳是改革开放后外来移民远超原居民的城市，是最典型的新兴移民城市。除原居民外，主要包括特区建立之初由全国各地征调的干部，有一批先来援助深圳建设，后来就地转业变为深圳人的基建工程兵，还有部分是由全国各高校毕业分配而来，其余的大部分人是为了寻找理想而自发迁移来的。

作为新兴移民城市的深圳，几乎不存在原居民对外来移民的歧视和排外现象。凡是到深圳创业和闯天下的移民，英雄不问出处，来了就是深圳人。合适则留下来，生根开花结果，不合适则收拾行囊再出发。人才流动高度自由，人才竞争高度平等，从而极大地提升了城市的人才竞争力。因而，开放性和包容性成为移民城市的文化特征。移民文化的开放性使移民以开放的心态放眼全球、展望世界，融入全球化浪潮，汲取最新信息、高端技术和先进文化，并内化为自身的本质力量，不断丰富自己、完善自己，实现人与社会的和谐发展、人与自然的生态平衡。同时，在全球性的对话与交流、外交与外贸中，输出优质产品。在走向世界、影响世界的过程中，提升城市的可持续竞争力。绝大多数深圳人认为，生活的幸福绝不是靠别人给予的，而是靠自己的艰苦奋斗、靠个人的双手创造出来的。兼容并包的心态和独立进取的人格，深圳开发初期恶劣的自然环境和生活境况，使深圳人逐渐形成了独立进取的人格。

作为移民城市，善于向先进城市学习，成为深圳特有的秉性。例如，学习和借鉴新加坡发展的许多经验。和新加坡一样，深圳营造语言国际化环境，形成国际化的交通港，国际交流的广泛性不断增强，让各种思想交融，激发出创新的火花，并使之成为深圳城市升级的强劲动力。

深圳市是多民族居住的城市。深圳原居民为单一的汉民族，自改革开

放以来，从单一的民族成分，发展到 2002 年已拥有 55 个少数民族，是继北京之后全国第二座汇聚齐 56 个民族成分的大城市，被国家列为全国 12 个"少数民族流动人口服务管理体系建设工作试点城市"之一，2016 年被国家民委确定为全国首批"少数民族流动人口服务管理示范城市"之一。2017 年，深圳市少数民族人口总数 105.18 万人。

深圳是广东省少数民族人口流入最多的城市（少数民族人数占广东省的三分之一），也是全国少数民族人口聚居最大的城市。人口超过 1 万人的少数民族有壮族、苗族、土家族、布依族、彝族、回族、朝鲜族、满族、蒙古族、白族、黎族。深圳市少数民族的特点是：年轻化、文化程度较高、没有专门的聚居区、民族感情比在内地更浓、上进心强、联系面广。这就为筑牢中华民族共同体意识，打下了牢固的基础。

深圳市委市政府历年来高度重视民族工作，通过建立健全民族工作机制，搭建综合工作平台；大力宣传倡导民族团结进步，弘扬开放包容特区精神；提高服务质量，让各民族群众同享改革开放和城市发展成果；夯实民族工作基层基础，帮助少数民族群众更好地融入城市；不断探索城市民族工作新路径，促进各民族交往交流交融。深圳市政府先后三次获得国务院民族团结进步模范集体称号，城市民族工作受到中央和国务院的高度肯定。

中华民族伟大复兴，包含着构成中华民族的各民族共同团结奋斗、共同繁荣发展，是 56 个民族的"多元"熔铸中华民族"一体"的伟大事业。习近平总书记强调，推动民族工作要依靠两种力量，一种是物质力量，一种是精神力量。要解决好民族问题，物质方面的问题要解决好，精神方面的问题也要解决好，哪一方面的问题解决不好都会出更多的问题。"当前解决精神层面问题的一项重要工作是大力推进'五个认同'教育。'五个认同'是对伟大祖国的认同、对中华民族的认同、对中华文化的认同、对中国共产党的认同、对中国特色社会主义的认同，这是维护国家统一、民族团结、社会稳定的思想基础，也是培育所有公民中华民族共同体意识、构筑中华民族共有精神家园的基石和底线。"①

深圳上述这种独特的条件、基础与牢固的中华民族共同体意识，强化了深圳软实力，有力地促进深圳引领中国。

---

① 王延中：《筑牢中华民族共同体意识》，《中国民族报》2018 年 5 月 8 日。

3. 坚持共同富裕，坚持改革的社会主义方向

社会主义的本质是解放生产力，发展生产力，消灭剥削，消除两极分化，最终达到共同富裕。共同富裕是社会主义的根本原则，深圳作为经济特区，40年来始终坚持社会主义的改革方向，坚持走共同富裕道路。这方面的事例不胜枚举，作为榜样引领中国，名副其实。同时，深圳放眼世界，主张世界大同，践行构建人类命运共同体，从思想观念和实际行动上，努力做到引领世界。

"建立经济特区，是在一个具有近半个世纪传统计划经济历史的国家里，平稳且低成本完成社会转型的正确选择；是在一个曾经普遍贫穷的具有13.7亿人口的大国中，逐步走向共同富裕的必由之路。"① 40年前，与香港一河之隔的深圳宝安县渔民村的村民还住在船上，过着浮家泛宅的生活；如今，富裕起来的村民，过上了让许多城里人都要羡慕的小康生活。而多个渔民村组成的深圳，已成为迅速崛起的现代城市。

改革开放初期，渔民村利用地理优势和特区政策，引入香港工厂在村里投产，到1981年渔民村的集体收入达到60多万元，在全国率先成为"万元户村"。1992年，村集体成立深圳渔丰实业股份有限公司，成为全国第一批村办股份制公司，村民人人得到分红，如今渔民村每户家庭年收入约70万元，集体经济年收入约1000万元。

90年代随着经济发展和外来人口的增多，村里违章抢建成风，2001年深圳市将渔民村列为"城中村改造"试点。村里专门成立了旧村改造领导小组，重建过程中不要国家和政府一分钱，自筹资金9000多万元，创造了"村股份公司自己组织改造、村民自筹资金"的独特改造模式。是年8月，渔民村重建工程全面动工，数辆掘进机伸出长臂，将一座座"握手楼"推倒，拉开了全市城中村改造的序幕。2004年8月18日，改造后的渔民村变成了一个现代化的"花园式"住宅小区。新渔民村由1栋20层高的综合楼和11栋12层的小高层组成，总建筑面积约6.5万平方米，共有1300多套单元房。分到的房子除了自己居住外，渔民村人都将余下的房间委托社区的物业公司进行统一出租，业主每月坐享租金。这一城中村改造样本，随后被媒体称为"渔民村模式"。新村内各种设施一应俱全，

---

① 陶一桃：《深圳经济特区的成功经验》，深圳市民大讲堂，2018年第51场。

并实行智能化社区管理。现今的渔民村已是一个典型的现代住宅小区,村内自助图书馆、家庭文化屋、4点半学校、老年人日间照料中心等各种文化、休闲、娱乐设施齐全,并实行智能化社区管理,为居民生活提供了极大的便利。

渔民村的发展史,是深圳特区改革开放40年辉煌成就的缩影,是中国特色社会主义优越性的有力证明。邓小平同志和胡锦涛同志分别在1984年和2010年视察渔民村。2012年,习近平总书记在渔民村视察时表示,希望渔民村人坚定改革开放的决心,在创新发展的道路上再走出新路。此后,渔民村人牢记习近平总书记视察渔民村时关于加强党的建设,加强社区建设的重托,渔民村所在的罗湖区南湖街道办事处以问题为导向,以民生需求为动力,继续开拓创新,2014年,在全市先行先试"社区体制改革";同时,针对党的建设"虚化"、法制建设"滞后"、民生服务"弱化"等问题,南湖街道加强系统化的改革设计和精细化的实践探索,在社会管理领域引入经济管理领域关于"标准化"的概念,探索形成了"精良党建、精准行政、精密法治、精心服务"为核心的街道治理精细化建设思路的路径和模式。

渔民村创办的渔丰股份公司,创出"统一出租、统一管理、统一经营"的物业管理模式,渔民村的特色就是一个"共"字:共同富裕、共同发展、共同管理。饮水思源,渔丰股份公司还积极参与西部大开发建设,坚持十年时间在新疆阿勒泰地区,对5万亩荒漠实施了绿洲工程,为国家的绿色生态环保事业竭尽所能。

类似渔民村走共同富裕道路的事例,在深圳比比皆是,这里不再赘述。

需要强调的是,深圳正是坚持走共同富裕道路,坚持改革的社会主义方向。为人民谋幸福、为民族谋复兴,是中国共产党人的庄严承诺和使命担当。深圳为此作出了卓越的贡献。

4. 坚持互利共赢,不断提高国际影响力

深圳是国际化创新城市,需要与世界各国打交道。深圳有合作共赢的广阔胸襟和切实行动,走与各国共同发展、共同繁荣、开放融通、互利共赢之路。构建开放型世界经济,加强多边框架内合作,推动经济全球化朝着更加开放、包容、普惠、平衡、共赢的方向发展;坚持兼容并蓄、和而不同,推动文明互鉴，使之成为增进各国人民友谊的桥梁、推动社会进步的动力。

中国发展离不开世界，世界发展也需要中国。深圳作为中国改革开放的"排头兵"，作为中国特色社会主义先行示范区，当然也代表了中国。中国推动人类文明进步的决心坚定不移，始终是世界和平的建设者、全球发展的贡献者、国际秩序的维护者。

深圳在世界广交朋友。从 1986 年深圳与休斯敦结缘首个姐妹城市直到今天，深圳友城从无到有，对外交流和特区同步发展。如今，85 个国际友城遍布全球 55 个国家（地区），仅仅在三年多时间里，深圳友城大家庭就新添 24 名新成员。深圳国际友城网络建设一直坚持不求数量更重质量、不求形式但求内涵的原则，无不彰显拓展新友城的"深圳标准"。友城不仅是洋亲戚，更是一个个世界标杆。当然这一"标准"中更蕴含着交往的质量，深圳通过首创一系列品牌项目在国际友城网络中正扮演着"引领"的重要角色。服务国家整体外交的同时结合不同阶段的城市发展目标，深圳正以开放为导向、以合作为动力、以共享为目标，在拓展全球"鹏友圈"之路上不断寻找城市发展的新坐标。

作为高科技之城，深圳以高交会、文博会为平台在国际友城网络中正在扮演重要的引领角色：推动友城企业开拓海外市场。遍布世界的友城纷纷来到深圳寻觅对接中国市场的机遇，深圳正在成为友城企业进军中国市场的第一站，在这里，他们找到前沿技术，更找到了商业合作伙伴。2014 年 11 月 17 日，由南方科技大学发起倡议成立的"深圳国际友好城市大学联盟"吸引了来自五大洲 12 个国家的 17 所高校加盟，被业界期冀成为新时代的大学联盟"常春藤"。深圳在国际化平台上博采众长，友爱协作，在全球优秀青年中开拓更加广阔的"朋友圈"。

深圳坚持共同富裕，建设幸福之城，彰显国际主义精神。2015 年 4 月 25 日，尼泊尔发生 8.1 级大地震，友城加德满都受灾严重，深圳在第一时间发去了慰问信，而且以市政府名义向加德满都捐款 100 万元，并从此建立起友城受灾捐助机制以及专门的国际捐助账户，树立国际友城援助典范。

2016 年 11 月 17 日，"深圳鹏友圈"正式启动，践行共创、共享、共赢。早在"深圳鹏友圈"启动之前，深圳就一直在探索建立多项友城合作新机制，完善国际友城交往平台，逐步实现以深圳为纽带的多边化、常态化合作机制。

值得一提的是 2019 年 11 月 16 日在深圳召开的国际青年创新大会。本次大会围绕"青年创新与可持续发展"主题，高度关注和聚焦青年参与可持续发展。在短短三天的时间里，来自 70 多个国家近 1500 余名国际青年创新人才围绕青年如何在实现消除贫困、消除饥饿、促进经济增长、应对气候变化等联合国可持续发展目标中发挥作用，深入开展研讨交流和项目合作，共同为落实联合国 2030 年可持续发展议程贡献深圳经验、青年力量。

总之，深圳的国际地位及其影响力，是和深圳先进思想观念、世界胸怀、切实行动成正比的。以德配位，深圳引领了中国，深圳代表了中国。

（四）践行构建人类命运共同体

深圳属于中国，深圳也属于世界。"深圳，与世界没有距离"这一先进思想观念，无论在现象还是在本质上，都是对深圳的真实写照和反映。党的十九大报告，明确把构建人类命运共同体作为中国特色社会主义的发展方略。深圳作为中国特色社会主义先行示范区，正在努力践行之。

1. 思考时代主题和深圳发展的大背景与新格局

践行构建人类命运共同体，一个重要的前提，是正确认识时代问题。正确认识时代主题和深圳发展的大背景与新格局，很有必要。这里所阐述的时代问题，是从世界发展的视角、范围和发展大趋势进行的。不是谈中国的新时代。当下中国的新时代，特指中国特色社会主义进入了新时代，而不是别的什么新时代，是在和平与发展的时代主题下和社会主义初级阶段中的新时代。当然，中国的新时代与世界时代问题、时代主题，也是有密切关系的。

2018 年 9 月 3 日，中非合作论坛北京峰会开幕式在人民大会堂举行，中国国家主席习近平出席开幕式并发表主旨讲话。习近平说，我们坚信，和平与发展是当今时代的主题，也是时代的命题，需要国际社会以团结、智慧、勇气，扛起历史责任，解答时代命题，展现时代担当。他还说，面对时代命题，中国把为人类作出新的更大贡献作为自己的使命。中国愿同世界各国携手构建人类命运共同体，发展全球伙伴关系，拓展友好合作，走出一条相互尊重、公平正义、合作共赢的国与国交往新路，让世界更加和平安宁，让人类生活更加幸福美好。

深圳建设中国特色社会主义先行示范区，正是在上述大背景下进行的。深圳的未来发展，早已超越了原有的模式，时间和空间都发生了改变。格局也不再是深圳自身，而是在粤港澳大湾区和全球标杆城市的国际视野中。《行动方案》已初步作出了安排，未来可能还需要加大力度，扩展广度和推进深度。

2020年10月26日至29日，党的十九届五中全会在北京举行。全会审议通过了《中共中央关于制定国民经济和社会发展第十四个五年规划和二〇三五年远景目标的建议》。全会提出和强调三个"新"，即新发展阶段、新发展理念、新发展格局。逻辑主线是：在全面建成小康社会之后，开启全面建设社会主义现代化国家新征程，要科学把握新发展阶段，深入贯彻新发展理念，加快构建新发展格局，以推动高质量发展为主题，以深化供给侧结构改革为主线，实现经济行稳致远、社会安定和谐，为全面建设社会主义现代化国家开好局、起好步。

显然，深圳在科学把握我国新发展阶段，深入贯彻新发展理念，加快构建新发展格局中，一定能扛起历史责任，解答时代命题，展现时代担当。作为中国特色社会主义先行示范区，义不容辞，当仁不让。

2. 回答时代之问，深圳是答卷人，历史是见证者

什么是时代之问？简言之就是，当今世界正处在百年未有之大变局，面对复杂变化的世界，人类社会向何处去？世界的前途在哪里？

习近平总书记不止一次指出，人类又一次站在十字路口。2018年11月17日，习近平在亚太经合组织领导人峰会上，指出："当今世界的变局百年未有，变革会催生新的机遇，但变革过程往往充满着风险挑战，人类又一次站在十字路口。"11月18日出席亚太经合组织第26次领导人非正式会议时，习近平强调："站在历史前进的十字路口，我们应该认清世界大势，把握经济脉动，明确未来方向，解答时代命题。"

习近平总书记认为，回答这些时代之问，我们要不畏浮云遮望眼，善于拨云见日，把握历史规律，认清世界大势。他明确指出：当今世界，和平合作的潮流滚滚向前。和平与发展是世界各国人民的共同心声，冷战思维、零和博弈愈发陈旧落伍，妄自尊大或独善其身只能四处碰壁。只有坚持和平发展、携手合作，才能真正实现共赢、多赢。当今世界，开放融通的潮流滚滚向前。人类社会发展的历史告诉我们，开放带来进步，封闭必

然落后。世界已经成为你中有我、我中有你的地球村，各国经济社会发展日益相互联系、相互影响，推进互联互通、加快融合发展成为促进共同繁荣发展的必然选择。当今世界，变革创新的潮流滚滚向前。中国的先人们早在2500多年前就认识到："苟利于民，不必法古；苟周于事，不必循俗。"变革创新是推动人类社会向前发展的根本动力。谁排斥变革，谁拒绝创新，谁就会落后于时代，谁就会被历史淘汰。习近平希望各国人民同心协力、携手前行，努力构建人类命运共同体，共创和平、安宁、繁荣、开放、美丽的世界。

深圳作为中国特色社会主义先行示范区，需要回答时代之问，以其新思想观念和辉煌业绩交出答卷，深圳是答卷人，历史是见证者。中国人民和世界人民相信，深圳一定会交出优异的答卷。

3. 牢记"四个坚持"，肩负"两个定位"的历史使命

"坚持和加强党的全面领导，坚持全面深化改革，坚持全面扩大开放，坚持以人民为中心"，是习近平总书记对深圳作出的重要批示，这是对深圳的谆谆嘱托和殷切热望，同时更为深圳在新的历史起点上干事创业、再创辉煌提供了方向指引、注入了磅礴动力。

在建设中国特色社会主义先行示范区的伟大实践中，深圳还肩负"两个定位"的历史使命。这就是："朝着建设中国特色社会主义先行示范区的方向前行，努力创建社会主义现代化强国的城市范例。"

"两个定位"的提出，是以习近平同志为核心的党中央对深圳的最新定位。党的十八大以来，党中央从战略和全局高度为深圳领航定位、指明方向，定位要求越来越明细和具体。2012年，习近平总书记在党的十八大之后离京视察"第一站"就来到了广东、来到了深圳，对广东提出"三个定位、两个率先"的殷切期望，要求深圳"充分发挥特区人敢为天下先的精神，敢于'做第一个吃螃蟹的人'"。2015年，习近平总书记对深圳工作作出重要批示，首次赋予深圳在"四个全面"上创造新业绩的光荣使命。2018年3月，习近平总书记参加全国两会广东代表团审议时，嘱咐广东实现"四个走在全国前列"、当好"两个重要窗口"，强调"深圳高新技术产业发展成为全国的一面旗帜，要发挥示范带动作用"。2018年10月，习近平总书记亲临广东、深圳视察并发表重要讲话，对广东提出四个方面重要要求，赋予深圳"朝着建设中国特色社会主义先行示范区的方向

前行，努力创建社会主义现代化强国的城市范例"的崇高使命；12月对深圳工作作出重要批示，再次明确这一伟大使命。完成这"两个定位"使命，深圳有战略定力和坚定信心。这就是坚定道路自信、理论自信、制度自信、文化自信。

我们注意到深圳作为"驶向中华民族伟大复兴光辉彼岸的第一艘'冲锋舟'"的新提法，彰显了深圳全面建设社会主义现代化国家的英雄气魄。深圳市委书记王伟中在深圳经济特区建立40周年庆祝大会上的发言中指出："我们将更加紧密地团结在以习近平同志为核心的党中央周围，增强'四个意识'、坚定'四个自信'、做到'两个维护'，抢抓建设粤港澳大湾区、深圳先行示范区和实施综合改革试点重大历史机遇，瞄准深圳先行示范区2025年、2035年、21世纪中叶三个阶段发展目标，认真学习贯彻总书记在这次大会上的重要讲话精神，坚决扛起经济特区、深圳先行示范区建设主体责任，勇当驶向中华民族伟大复兴光辉彼岸的第一艘'冲锋舟'，向党中央、总书记，向全市人民交出一份优异答卷，为全面建设社会主义现代化国家、实现第二个百年奋斗目标作出新的更大贡献！"这是深圳市和深圳人民坚定的信念和奋斗目标，我们为此喝彩和点赞，也感到无上的荣光。

党的十九届五中全会指出，全党要统筹中华民族伟大复兴战略全局和世界百年未有之大变局，深刻认识我国社会主要矛盾变化带来的新特征新要求，深刻认识错综复杂的国际环境带来的新矛盾新挑战，增强机遇意识和风险意识，立足社会主义初级阶段基本国情，保持战略定力，办好自己的事，认识和把握发展规律，发扬斗争精神，树立底线思维，准确识变、科学应变、主动求变，善于在危机中育先机、于变局中开新局，抓住机遇，应对挑战，趋利避害，奋勇前进。

在前进的征途中，我们深信，深圳建设中国特色社会主义先行示范区，一定能够成功。深圳的明天一定会更加美好！

参考文献

一 经典著作

《邓小平文选》第1—3卷，人民出版社1993—1994年版。
《胡锦涛文选》第1—3卷，人民出版社2016年版。
《江泽民文选》第1—3卷，人民出版社2006年版。
《列宁专题文集》第1—5卷，人民出版社2009年版。
《马克思恩格斯文集》第1—10卷，人民出版社2009年版。
《毛泽东文集》第1—8卷，人民出版社1993—1999年版。
《毛泽东选集》第1—4卷，人民出版社1991年版。
《习近平谈治国理政》第1—3卷，人民出版社2017—2020年版。
《中国共产党第十九次全国代表大会文件汇编》，人民出版社2017年版。
中共中央党史和文献研究院编：《十八大以来重要文献选编》上，中央文献出版社2014年版。
中共中央党史和文献研究院编：《十八大以来重要文献选编》下，中央文献出版社2018年版。
中共中央党史和文献研究院编：《十九大以来重要文献选编》上，中央文献出版社2019年版。
中共中央文献研究室编：《邓小平年谱（1975—1997）》上、下，中央文献出版社2004年版。

二 研究著作

白天主编：《走向现代化——深圳20年探索》，海天出版社2000年版。
陈宏：《1979—2000深圳重大决策和事件民间观察》，长江文艺出版社2006年版。

陈夕主编：《中国共产党与经济特区》，中共党史出版社2014年版。

陈永林、郑军编著：《承传与融合：深圳文化创新》，中央编译出版社2017年版。

戴北方主编：《深圳口述史（1992—2002）》（上中下），海天出版社2017年版。

邓纯东主编：《社会建设思想研究》，人民日报出版社2019年版。

丁元竹：《中国社会建设战略思路与基本对策》，北京大学出版社2008年版。

方钦：《观念与制度：探索社会制度运作的内在机制》，商务印书馆2019年版。

龚维斌：《中国社会治理创新之路》，经济科学出版社2019年版。

谷牧：《谷牧回忆录》，中央文献出版社2009年版。

广东省政协文史资料研究委员会编：《经济特区的由来》，广东人民出版社2002年版。

贾和亭、梁世林主编：《深圳市改革政府制度》，海天出版社1999年版。

江潭瑜主编：《深圳改革开放史》，人民出版社2010年版。

江潭瑜主编：《深圳香港社会比较研究》，人民出版社2007年版。

金观涛、刘青峰：《开放中的变迁：再论中国社会超稳定结构》，法律出版社2011年版。

乐正主编：《深圳之路》，人民出版社2010年版。

李长春：《文化强国之路——文化体制改革的探索与实践》（上），人民出版社2013年版。

李瑞琦主编：《文化深圳2015》，人民日报出版社2016年版。

李文主编：《中华人民共和国社会史（1949—2012）》，当代中国出版社2016年版。

李小甘主编：《深圳文化创新之路》，中国社会科学出版社2018年版。

李永清主编：《深圳行政变革大事》，海天出版社2008年版。

厉有为：《厉有为文集》，海天出版社2010年版。

厉有为、邵汉青主编：《深圳经济特区的探索之路》，广东人民出版社1995年版。

刘中国主编：《纪事——深圳经济特区25年》，海天出版社2006年版。

陆学艺主编：《当代中国社会结构研究报告》（全四册），社会科学文献出版社 2018 年版。

路云辉主编：《深圳党建创新之路》，中国社会科学出版社 2018 年版。

孟伟主编：《深圳社会变革大事》，海天出版社 2008 年版。

深圳创新发展研究院编：《改革者：百位深圳改革人物》，中信出版社 2019 年版。

深圳经济特区研究会编著：《深圳经济特区改革开放专题史》，海天出版社 2010 年版。

深圳经济特区研究会、深圳市史志办公室编著：《深圳经济特区三十年》，深圳报业集团出版社 2011 年版。

深圳史志办编：《深圳市大事记》，海天出版社 2001 年版。

深圳市史志办公室编：《李灏深圳特区讲话集》，深圳报业集团出版社 2015 年版。

深圳市史志办公室编：《深圳改革开放实录（第一辑）》，深圳报业集团出版社 2015 年版。

深圳市史志办公室编：《中国经济特区的建立与发展（深圳卷）》，中共党史出版社 1997 年版。

深圳市史志办公室编著：《深圳改革开放纪事（1978—2009）》，海天出版社 2009 年版。

深圳特区科技杂志社编：《深圳科技年鉴 2017》，深圳报业集团出版社 2017 年版。

深圳特区科技杂志社编：《深圳科技年鉴 2018》，深圳报业集团出版社 2018 年版。

沈建波：《社会思想动态研究》，社会科学文献出版社 2014 年版。

沈杰主编：《深圳观念变革大事》，海天出版社 2008 年版。

苏伟光主编：《深圳文化 15 年》，海天出版社 1995 年版。

陶一桃等：《深圳改革创新之路：1978—2018》，中国社会科学出版社 2018 年版。

陶一桃主编：《深圳经济特区年谱（1978—2018）》（上下），社会科学文献出版社 2018 年版。

田丰主编、中国人民政治协商会议广东省委员会编：《敢为人先：改革开放广东一千个率先·卫生生态卷》，人民出版社 2015 年版。

王处辉主编：《中国社会思想史（第三版）》，中国人民大学出版社 2015 年版。

王京生主编：《十大观念》，深圳报业集团出版社 2011 年版。

王京生主编：《文化立市论》，海天出版社 2005 年版。

王鑫主编：《深圳党的建设大事》，海天出版社 2008 年版。

魏礼群主编：《社会治理新思想、新实践、新境界》，中国言实出版社 2018 年版。

温诗步主编：《深圳文化变革大事》，海天出版社 2008 年版。

吴俊忠主编：《深圳文化三十年：民间视野中的深圳文化读本》，商务印书馆 2011 年版。

吴忠明：《社会公正论》，山东人民出版社 2004 年版。

《习仲勋传》编委会编：《习仲勋传》（上下），中央文献出版社 2013 年版。

《习仲勋主政广东》编委会：《习仲勋主政广东》，中共党史出版社 2007 年版。

杨广慧主编：《深圳十年的理论探索》，海天出版社 1990 年版。

杨宏海：《我与深圳文化》（上），花城出版社 2011 年版。

俞可平主编：《城市治理现代化与城市治理创新》，中国社会出版社 2018 年版。

张静：《社会治理：组织、观念与方法》，商务印书馆 2019 年版。

张军主编：《深圳奇迹》，东方出版社 2019 年版。

张思平、高兴烈主编：《十大体系——深圳社会主义市场经济体制的基本框架》，海天出版社 1997 年版。

张思平：《深圳奇迹：深圳与中国改革开放四十年》，中信出版社 2019 年版。

张云飞：《唯物史观视野中的生态文明》，中国人民大学出版社 2018 年版。

赵智奎主编：《改革开放 30 年思想史》，人民出版社 2008 年版。

中共广东省委党史研究室编：《广东改革开放决策者访谈录》，广东人民出版社 2008 年版。

中共深圳市委办公厅编：《深圳特区发展的道路》，光明日报出版社 1984

年版。

中国人民政治协商会议广东省深圳市委员会编:《敢闯敢试:改革开放以来深圳创造的全国"率先"》(上中下),海天出版社2018年版。

周宏仁:《信息化论》,人民出版社2008年版。

[美]约瑟夫·熊彼特:《经济发展理论》,商务印书馆2009年版。

三 研究论文

《坚持改革不停顿开放不止步以走在最前列标准把改革开放进行到底——本刊记者专访广东省委常委、深圳市委书记王伟中》,《求是》2018年第13期。

蔡永生:《深圳科技工业园现状及其成因浅析》,《中国工业经济研究》1994年第8期。

陈搏:《深圳建设全球科学中心的战略评价》,《科研管理》2017年第S1期。

陈汉新:《深圳建设国家创新型城市的发展战略与政策措施》,《经济地理》2008年第1期。

陈红喜、姜春、罗利华、陈涛涛、杨兴龙:《改革开放40年产业科技创新动态演进的"深圳模式"》,《科技进步与对策》2018年第24期。

简兆权、刘荣:《建设创新型城市的深圳模式研究》,《科技管理研究》2009年第11期。

李鸿忠:《落实科学发展观 建设和谐深圳效益深圳》,《求是》2005年第16期。

李进华、耿旭、陈筱淇、郑维东:《科技创新型城市科技成果转移转化政策比较研究——基于深圳、宁波政策文本量化分析》,《科技管理研究》2019年第12期。

梁宏、王燕军:《邓小平深圳谈话的深远意义》,《毛泽东思想研究》2002年第3期。

苏东斌:《深圳在邓小平理论中的意义——写在小平诞辰百年纪念日》,《深圳大学学报》(人文社会科学版)2004年第4期。

王全国、杨应天、张汉青:《深切怀念习仲勋同志》,《广东党史》2002年第4期。

王荣：《经济特区：中国特色社会主义道路的先行探索——制度创新：创造奇迹的不竭动力》，《求是》2010年第17期。

王伟中：《深圳在新时代区域协调发展中走在前列勇当尖兵》，《求是》2020年第3期。

吴南生口述，萧冬连、杨继绳整理：《亲历经济特区的决策过程》，《炎黄春秋》2015年第5期。

周良武：《智能化生产力与中国自主创新战略研究》，博士学位论文，华南理工大学，2015年。

周振江、何悦、刘毅：《深圳科技创新政策体系的演进历程与效果分析》，《科技管理研究》2020年第3期。

后　　记

《思想破冰——深圳观念创新的逻辑》这本书，是中国社会科学院马克思主义研究院与深圳社会科学院合作开展研究的一项成果。从课题立项到结项，历时一年半时间。两院学者精诚团结、联合攻关、五易书稿，终于以现在的形式画上句号。但是，当我们双方为完成这一课题而松一口气时，心情却是忐忑的。我们深知这一研究成果，必须经受深圳经济特区40年历史的检验，更要经受深圳人民的检验。其中，兴奋、遗憾、欣慰、希望交织在一起。这就需要给读者有一个交代，也给自己留作备忘录，进行总结和反思。

兴奋的是，这是两院学者合作开展研究的一次成功尝试。课题组成员相互学习、取长补短、切磋心得、共同提高，为今后进一步合作打下了基础，开拓了新的研究空间。深圳从经济特区到中国特色社会主义先行示范区，这是伟大的历史性飞跃。毫无疑问，深圳这片热土，不仅仅使深圳的学者为之奋斗而充满激情，更吸引深圳以外的无数专家学者密切关注，愿意为之奉献自己的聪明才智。这是因为，深圳不仅属于深圳人民，更属于全中国，她是中国共产党和中国人民亲手缔造的。特别是对于中国社会科学院马克思主义研究院和中国社会科学院大学马克思主义学院的青年学者来说，能够亲身在深圳进行考察和研究，是非常难得的学习机会，是幸运的。在调研中我们强烈感受到了深圳人民在改革开放40年历程中，敢试、敢闯，"杀出一条血路"，创造出了世界瞩目的辉煌成就；为其产生的巨大精神力量所震撼，深受教育和鼓舞，这是学者学术生涯中永远难忘的经历。

遗憾的是，这一课题研究成果是初步的，尚需要深入下去。尽管我们认识到课题研究意义重大，不能浅尝辄止，但是由于结项时间的限制，只能就此打住。事实上，合作研究进展也并不顺利。首先是受到新冠肺炎疫情的冲击，课题组不得不中断了第三次大型调研，使调研的深度和广度受到影响。其次是课题组成员几经变化，一些骨干成员由于特殊原因，不得不中途转战其他战场；又有几名成员在课题接近尾声时，去完成更迫切的任务。再次是部分成员对课题自身的认识曾有反复和疑虑，认为强调先进思想观念的引领，可能会淡化甚至否定深圳的实践。最后就是作者自身能力和水平的局限性。面对深圳作为中国特色社会主义先行示范区的迅猛发展，我们明显感到理论的滞后性，认识到没有充分的理论自觉和高度的使命担当精神，难以适应深圳活生生实践的现实要求。尽管我们尽力了，但是看到了自身存在不小的差距。

欣慰的是，两院领导对课题立项给予了高度重视和大力支持。时任中国社会科学院党组成员、当代中国研究所所长、马克思主义研究院院长姜辉同志，亲自对课题组的调研报告进行批示，支持课题组开展工作。马研院党委书记辛向阳和原党委书记樊建新同志，先后审读部分或全部书稿。为了严格把关，同时还请院外两位专家评审，听取他们的修改意见。课题的策划和立意由深圳市社会科学院党组书记、院长吴定海提出，他始终参加课题组工作。王为理副院长、谢志岿副院长、罗思巡视员等亲临课题组指导。办公室主任何勇和科研处工作人员热情为课题调研服务。课题组组长赵智奎同志身先士卒，坚持实事求是，尽职尽责，多次往返于深圳和北京，组织了多场次调研和学术研讨会议，带领课题组较好地完成了课题任务。

希望课题成果能够得到深圳学界和全国理论界的关注和批评，使得这一课题有再深入研究的机会。我们认为，本书的读者对象不仅仅是深圳学界和深圳市民，更主要的是全国干部和群众。希望通过本书，可以进一步了解深圳的先进思想观念是怎样引领深圳社会实践的。本书的书名《思想破冰——深圳观念创新的逻辑》，是对习近平总书记在深圳经济特区建立40周年庆祝大会上的讲话关于深圳经验总结的解读和响应。总书记指出深圳的经验之一就是："必须坚持发展是硬道理，坚持敢闯敢试、敢为人先，以思想破冰引领改革突围"，对此我们有着深切的体验，还需要深入领会。我们认为，用这一书名代替原有课题名称《深圳经济特区40年社会思想观念研究》，是适宜的，也是必要的。

本书围绕思想观念的变革和引领，探寻并阐述深圳经济特区40年发展的巨大成就和创造世界城市发展史奇迹的原因；追溯深圳先进思想观念产生和发展的不同历史阶段；论证先进思想观念和中国化马克思主义最新成果对经济特区的引领和指导；展望深圳未来发展的前景。

对深圳社会思想观念的研究，本书的布局及篇章结构和主要内容，是从宏观的视角，在整体上认识和把握深圳社会思想观念的。党的十九大在全面总结经验、深入分析形势的基础上，从经济、政治、文化、社会、生态文明建设五个方面，制定的新时代统筹推进"五位一体"总体布局的战略目标及战略部署。我们遵循并以此作为参照系，结合深圳科学技术发展的突出成就和始终坚持党的领导这一中国特色社会主义的本质特征展开研究。这是本书对深圳社会思想观念研究的大逻辑。我们认为，这个大逻辑是和深圳经济特区40年发展的历史相符合的，体现了逻辑和历史的统一。

当然，如果从微观认识论的视角，深入探索和研究深圳社会思想观念，写出一部思想史，本书还难以胜任这一任务。不仅挂一漏万之处很多，对深圳社会思想观念自身的深层次研究，也远远不够。毫无疑问，从当代中国思想史上看，深圳社会思想观念的研究，是一个很大的富矿区，具有极其广阔的研究空间，需要更多的仁人志士、专家和学者深入研究下去。

从深圳社会思想观念研究的大逻辑出发，本课题的研究，力图从整体上体现深圳社会思想观念的系统性。这是因为，深圳经济特区是一个完整的社会系统，社会存在决定社会意识，其派生的社会思想观念，当然也是一个系统，是对社会不同领域、不同方面、不同层次的反映。而经济建设、政治建设、文化建设、社会建设、生态文明建设和党的建设，也都有各自的系统性。不同领域的思想观念之间的联结、交叉、结合以及相互之间的影响，是必然的。思想观念的社会性，是由思想观念的普遍性和特殊性的相互联结和统一所决定。从这一认识出发，本书从整体上认识和把握深圳社会思想观念的逻辑和系统性，尽可能侧重不同领域思想观念的特性，尽力彰显思想观念的强大力量及其丰富性。

如果从中国道路的高度，来总结和分析深圳社会思想观念，这是又一个层面的要求。本书曾试图在这一高度上思考和发力，但是由于受到能力和水平限制，没有很好地展开阐述。我们赞同深圳专家学者的观点，认为深圳经济特区，绝不只是一座城市，它是中国道路的探索者，是社会主义市场经济体系创建的先行者。中国经济特区的形成，远远大于一座城市的形成；经济特区的成长，远远高于一座城市的成长；经济特区的发展，远远重于一座城市的发展；经济特区的影响力，也远远超越一座城市的影响力。正是在这个意义上，我们认为，深圳先进的社会思想观念，不仅属于深圳和深圳人民，更属于中国和中国人民。

研究无止境。我们将继续对深圳社会思想观念深入研究下去。也希望更多的学者加入此研究的行列，辛勤耕耘，深入探索，取得更多的成果，献给深圳和深圳人民，献给伟大的中国和中国人民。

本书分为导论、第一章至第七章、结束语。具体分工是：

赵智奎：导论、第一章、结束语、后记。

彭海红、曹洪滔：第一章。

周良武：第二章。

祁凯丽、陈亚联：第三章。

林昌华：第四章。

包瑞：第五章。

曹洪滔：第六章。

熊项斌：第七章。

全书初步统稿：赵智奎、陈亚联、周良武、曹洪滔。复审统稿：赵智奎、陈亚联。再审统稿：赵智奎、陈亚联。全书终审定稿：吴定海、樊建新、赵智奎。

参与课题调研和参与书稿讨论的还有：任珺、吴燕妮、唐霄峰、李锦顺。特别是彭海红、陈亚联、包瑞、任珺、唐霄峰为课题组调研、组织研讨会以及成果印刷和人员迎来送往等，兢兢业业，任劳任怨，获得了两院领导充分肯定和课题组全体成员的好评。陈亚联为课题后期工作顺利开展，付出了辛勤劳作。

本课题五易书稿，在不同阶段先后征求过深圳和北京有关专家的指导意见，他（她）们是（排名不分先后）：深圳市社会科学院原院长彭立勋、乐正、吴忠，副院长黄发玉；深圳大学副校长陶一桃；深圳市市委原常委、宣传部长王京生；中国人民大学教授金元浦；北京市委党校教授周春明；中国社会科学院马克思主义研究院研究员刘志明等。深圳市社会科学院各研究所所长和负责人，也对课题成果提出过很好的建议。在此，课题组谨向以上各位专家致以最诚挚的谢意！

最后，我们期待各位专家学者和广大读者对本书给予批评指正，我们将进一步修改和完善。让我们无愧于新时代，把对深圳先进思想观念的研究继续深入下去，为建设中国特色社会主义先行示范区提供智力支持，贡献自己的全部力量！

中国社会科学院马克思主义研究院
深圳社会科学院
课题组组长　赵智奎
2021 年 8 月 15 日